사회복지법제론

김 기 옥
김 진 경 공저

법 영 사

머 리 말

빈곤이 문화를 형성하는 수준에 이르게 되면 빈민과 저소득층의 신음은 사회문제를 넘어 정부체제에 대한 위협으로 나타난다.

우리는 그러한 현실을 목격하면서 21세기에 들어섰다.

20세기 말에 무능한 위정자들에 조성되었던 IMF관리경제체제의 터널을 지나오면서 '2:8사회' 또는 '1:9사회'라는 현상을 맞게 되었고, 소수의 부유층에 대한 다수의 빈자들의 상대적 박탈감은 사회복지에 대한 기대로 대체되어가고 있다.

그러므로 국민의 정부에 이어 참여정부에 이르는 지난 10년 동안 설익은 과일을 따먹듯이 분배정책을 시행하였기에 한강의 기적을 일궈냈던 성장의 동력을 상실하고 말았다는 비판은 일면의 타당성을 갖는다고 보여 지기도 한다.

'선 성장 후 분배정책'으로 어느 정도 허리를 펼 수 있었던 국부는 분배우선정책에 밀려 외환위기를 겪었고 설상가상으로 일자리 창출이라는 마수에 걸려 주5일제 근무라는 아주 희한한 제도시행은 국민들의 근고의욕상실, 기업의 해외이전이라는 사생아를 출산하였다고 보여 지기 때문이다. 거기에 인도주의라는 미명으로 분별력을 상실한 북한지원은 국민들의 안보의식 마저 실추시키고 있다.

물론 고루 잘사는 분배정책을 부인하는 것은 아니다. 성장동력을 마비시킨 체 국민들에게 무리하게 과징하는 세금만을 재원으로 밖으로는 북한지원, 안으로는 분배확대를 외치는 일부 정치권에게 이의를 제기하는 것이다.

이러한 상황에서 사회복지이론을 가르치는 대학 강단은 공허한 이론만을 외치거나 이념의 위기를 조장하려는 시도 등은 어리석은 유희로 치부하게 되었다.

따라서 사회복지행정론이나 사회복지정책론은 참고할 정도 밖에 되지 않는 외국학자들의 이론이나 앵무새 같은 국내학자들의 소음에서 벗어나야 한다.

그 탈출의 방법은 사회복지에 관련된 제 규범들을 먼저 가르치고 법령미비에서 비롯되는 문제점을 가려내어 정책대안을 제시하는 것이라고 단정하여도 과언이 아니라고 생각된다.

법치주의 국가에서 행정은 법령에 기초하고, 정책은 법령과 행정현실과의 괴리를 메우는 수단이기 때문이다.

이러한 시각에서 이 작은 책자는 사회복지행정법론(2004)을 개필 하고 새로이 제·개정된 법령 등을 추가 해설 보완하여 대학 강의와 실무에 참고하도록 편집하였다.

다만 이 강의안에서는 사회복지에 관련된 광범위한 법령들을 다 소화하지 못하고 주요법령만을 소개하는 한계를 지니고 있다.

여기에서 분명히 논구해 둘 것은, 사회복지법제론이 사회복지사 자격취득에 있어서 이수과목으로 추가된 이후 그 명칭의 적절성과 그 범위 설정에 따른 이견 조정이다.

원래 사회복지에 관한 제 법령은 특수 행정법 분야이므로 '사회복지행정법'이라는 명칭을 써야 한다고 보는 것이 필자들의 소견이다. 그 범위 또한 행정법에서 가르치는 한계를 벗어나서는 안 된다고 본다.

그러나 본서에서는 사회복지 분야를 강의하는 학자들의 관례를 따라 '사회복지법제론' 이라는 명칭을 사용하였다.

저자들의 집필범위는, 법령해설 분야는 행정법을 전공·강의하고 있는 김 기 옥이, 사회복지이론 분야는 보건복지정책을 전공·강의하고 있는 김 진 경 이 저술하였음을 밝혀 둔다.

이 강의안이 우리나라 사회복지제도의 법적 기초를 이해하려는 학생들에게 주어지는 교과서로서의 한계를 벗어나지 못하고 있음을 솔직히 시인한다.

그 한계와 미비점을 강의를 해가면서 보완하기로 하고 부끄러운 미소를 햇볕아래 내놓으면서 자료를 제공해주고 조언을 아끼지 않으신 동료연구진에 대한 감사를 기록해 둔다.

"여호와 이레"

주후 2008. 8. 15.

공저자 씀

차 례

제 1 장 사회복지행정법의 기초이론

제 2 장 사회복지행정법체계와 사회보장기본법

제 3 장 사회복지서비스관련 행정법령

제 4 장 공공부조관련 행정법령

제 5 장 사회보험관련 행정법령

제 1 장 사회복지행정법의 기초이론

Ⅰ. 사회복지와 사회복지행정

Ⅱ. 빈곤과 빈곤문화

Ⅲ. 지방자치제와 사회복지제

Ⅳ. 우리나라의 사회복지행정

제 1 장 사회복지행정법의 기초이론

'사회복지행정법'은 사회복지에 대하여 지원·지도, 규제하는 일련의 규범을 총칭한다.

법치주의 국가에서 사회복지행정은 법령에 근거하여야 하고, 그에 저촉할 수 없다. 법령에 근거 없는 사회복지행정은 성립할 수 없고 각종 법령에 저촉하는 사회복지행정은 위법행위가 된다.

반면에 사회복지정책은 사회복지에 관련된 법령이 사회복지 행정현실에 부합되지 아니할 때 그 법령과 행정수요를 개선하는 대안으로 제기된다. 따라서 사회복지행정이나 사회복지정책은 사회복지에 관한 일련의 행정법규를 떠나서는 논구될 수 없다.

[그림 1-1] 법·행정·정책의 순환논리

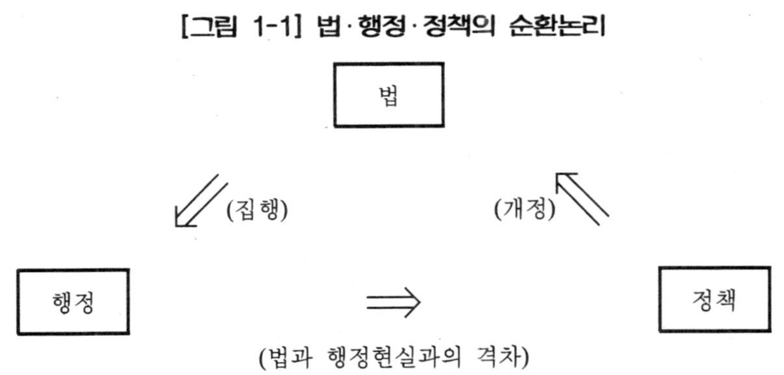

여기에서는 사회복지행정에 관한 개개의 법령을 논의하기 위한 기초 또는 전제이론으로, 사회복지와 사회복지행정, 사회복지가 논의되는 출발점으로서 빈곤과 빈곤문화, 그리고 지방자치행정이 사회복지정책에 미치는 영향을 검토한 다음 우리나라에서 사회복지행정이 전개되어 온 과정을 살펴보고자 한다.

Ⅰ. 사회복지와 사회복지행정

'사회복지'는 인간의 보다 나은 삶을 가져오기 위한 사회적 노력으로 파악된다.

사회복지라는 개념이 오늘날처럼 과학적으로 쓰이게 된 것은 산업사회에 있어서 사회문제의 해결 내지는 예방이라는 것과 관련해서 비롯되었다고 볼 수 있다.

19세기와 20세기에 걸친 산업화로 인하여 발생되는 사회문제는 가족이나 이웃·작은 촌락·교회 같은 전통적인 제도로서는 그 해결이 불가능하여 좀 더 광범위한 규모의 서비스를 조직적으로 제공하여야 할 필요가 있게 되었다.

이러한 사회문제의 해결로서 출발한 사회복지는 각국의 산업화의 정도와 그에 따라 발생되는 여러 사회문제 및 그 해결의 방법과 내용에 따라 다양하게 정의되고 있다. 우리나라에서는 사회사업을 일반국민은 자선사업이나 구호사업 혹은 사후적인 사업으로 이해하는 등 사회복지(social welfare)와 사회사업(social work), 사회복지서비스(social welfare service), 사회보장(social security) 및 사회정책(social policy)이란 용어들이 서로 경계가 명백하지 않다.

그 이유는 사회복지라는 개념이 이념적·목적적 개념으로서 복지국가 내지 이상국가의 건설이라는 형이상학적 의미로 사용될 뿐만 아니라 이러한 용어들이 모두 각국에 있어서는 그 사회적·경제적·정치적·문화적 상황에서 유래되고 또는 그것에 의해서 영향을 받는 동적 활동인 까닭에 고정된 의미를 가지는 동시에 새로운 상황에 대응할 수 있는 것이 되지 못하였다.

그럼에도 불구하고 오늘날 우리 사회의 정치·경제·문화에 걸치는 변화는 복지문제, 즉 사회복지에 대한 관심을 드높이고 있다.

"사회복지"는 개발도상국가에 있어서 국가개발이나 경제개발의 궁극적 목표가 되고 있으며 "사회사업"은 시대적 요청에 따라 종전의 사회적 약자만을 위한 책임 한계를 벗어나서 국가전체의 경제개발이나 사회개발에 적극 호응하며 공헌할 수 있는 전문분야의 하나로 등장하고 있다.

1. 사회복지와 사회사업

복지란 "안정된 생활"이라든가, "생활욕구의 충족상태"를 나타내고 있으며, ill-fare에 대치되는 말로 사용되고 있다. 그리고 19세기말부터 20세기에 걸쳐서는

well-being의 상태 또는 조건의 동의어로서 사용되어 왔다. 사회복지는 사회의 복지(welfare of human society)와는 달라 현실적으로 생활이 파괴되었거나 불안전한 생활을 하고 있는 사람들에 대한 公私의 사회적 정책 및 방법의 총체를 가리키고 있다.[1)]

사회복지(social welfare), 사회사업(social work)이란 용어는 같은 의미로 사용되기도 하지만 때로는 여러 면에서 서로 다른 의미로도 사용된다. 어원적인 면에서 고찰하면 "*welfare*"란 "*well*"과 "*fare*"의 복합명사로서 "평안히 잘 지내는 상태"를 의미한다.

여기에 "*social*"이란 형용사를 붙여 "사회적으로 행복한 상태"를 뜻하며, "*fare*"는 "지나가다, 통과하다"가 암시하는 바와 같이 진행적인 활동의 의미를 포착할 수 있으므로 행복에 대한 이념뿐 아니라 그것을 향한 실천적 활동까지 내포한다.

"*welfare*"는 인간생활의 이상상태를 의미하는 개념인 동시에 이상상태를 지향하는 실천적 활동을 포괄하는 개념이라고 하겠다. 대체로 사회복지라 하면 실천적 활동보다는 이상적 상태를 의미하는 경향이 있다.

"*social work*"은 "*social service, social welfare work*"의 유의어로서 앵글로 색슨계의 용어이다. 사회사업이란 복지적인 이념을 실천, 수행하고자 하는 기술활동을 의미하며, 이상보다는 실천적 면이 강조되는 용어이다. "사회복지"란 인간의 행복을 증진시키기 위해서 정부나 민간이 제반 프로그램이나 서비스 또는 시설을 통해서 사회적 장해(social dysfunction)를 예방하고 경감시키기 위한 체계적·조직적 노력이다.

사회사업은 개인·가정·집단·지역사회에 대한 서비스 형태의 조력과 구호활동인 것이다. 즉, 사회복지는 제도나 정책의 목적적 개념을 중시하고 있으나, 사회사업은 사회복지 운영의 실질적·전문적 활동 면을 시사해 준다.

그리고 사회복지(social welfare)라는 용어는 협의로는 어떠한 특정의 활동을 지칭하여 구체적인 정책·제도·서비스 내지 실천프로그램을 뜻할 때도 있고 또는 광의로 정의되어 복지실현을 위한 공공적시(公共適示)로 전반을 사회정책 내지 공공정책과 동의어로 사용되기도 하기 때문이다.

사회복지에 대한 정의는 다양하나 가장 흔히 인용되는 정의는 프리드렌더(Walter Friedlander)의 정의로서 "사회복지란 국민의 복지를 도모하고 사회질서를 원활히 유지하는데 반드시 필요하다고 생각되는 사회적 욕구를 충족시키기 위한

---

1) 박송규, 「사회복지법제론」, 서울, 법문사, 2003. pp.35～36.

제도로서 이를 강화하기 위한 제반시책으로서의 입법·프로그램·혜택(Benefits)과 서비스를 포함하는 제도"라고 정의하고 있다.[2)]

또 로만니쉰(J. M. Romanyshyn)의 정의에 따르면 "사회복지는 개개인과 사회전체의 복리를 증진시키려는 모든 형태의 사회적 노력을 포함하며, 사회문제의 치료와 예방·인력자원의 개발·인간생활의 향상에 직접적인 관련을 갖는 일체의 시책과 과정을 포함한다. 또 사회복지는 개인이나 가정에 대한 사회복지서비스의 제공뿐만 아니라, 사회제도를 강화하거나 개선하려는 노력을 포함하는 것"이라고 정의하고 있다.[3)]

이러한 정의에 따르면 사회복지의 개념에는 다음과 같은 속성(屬性)이 있음을 알 수 있다.[4)]

① 사회복지는 인간이 만들어낸 사회제도의 하나이다.

② 사회복지제도는 사회성원의 복리를 추구한다.

③ 사회성원의 복지는 그들의 사회적 욕구를 충족시킴으로서 증진된다.

④ 사회복지는 인간생활을 향상시키는 제반시책과 노력을 포함한다.

⑤ 사회복지는 사회질서를 유지하고 사회 안정을 도모하는 수단이 된다.

사회복지가 사회문제의 해결을 위한 분야로 파악될 때 이러한 사회문제의 발생과 원인을 어떻게 이해하는가에 따라 사회복지의 개념에 대한 상호 대립하는 2개의 관점이 있는 바, 사회복지의 보완적 개념(residual conception of social welfare)과 사회복지의 제도적 개념(institutional conception of social welfare)이 그것이다.

보완적 개념은 두 개의 자연적인 경로인 가족과 시장경제를 통해 각 개인의 필요가 적절히 충족될 수 있다는 것을 전제로 하여 이와 같은 정상적인 공급구조가 여러 기능을 발휘하지 못할 때에만 사회복지제도가 활동을 시작하여야 한다는 것이다. 이 경우에 사회복지제도는 주로 응급조치적인 기능을 수행하는 보완적인 활동을 하는 것으로 간주되며, 정상적이고 보다 바람직한 사회제도로 파악되는 가족과 경제제도가 제 기능을 발휘할 때에는 활동을 중지하여야 한다고 한다.

이러한 개념의 사회복지는 그것의 보완적이고 임시적이며 대체적인 특성 때문에 "시혜(Dole)"나 자선(Charity)"과 같은 오명을 수반하게 된다.

사회복지 개념과 관련하여 그 영역은 다양하게 분류해볼 수 있으나 우리나라

---

2) W. A. Friedlander and R. Z. Apte, *op. cit.*, p. 4.

3) J. M. Romanyshyn, *Social Welfare*, New York, Random House, 1971, p. 3.

4) 安海均, 「社會福祉政策의 槪念과 接近方法의 再檢討」, 행정논총, 서울대학교 행정대학원 제19권 제1호, 1981, p. 167.

학자들은 지칭범위에 따라 분류하고 있다.

첫째, 가장 좁은 의미로는 국가가 무상으로 제공하는 공적 부조(public assistance)를 지칭한다. 미국 등 서구에서 일반적으로 사용하는 개념이다.

둘째, 좁은 의미로는 사회보장(social insurance)을 의미한다. 여기에는 공적부조는 물론 사회보험(social insurance)과 사회복지서비스(social welfare service)를 포함한다. 우리나라 사회보장기본법에서 사용하는 개념이다.

셋째, 넓은 의미로는 사회보장 외에도 노동복지, 환경복지, 교육복지, 문화복지, 주택복지 등을 포함한다.

넷째, 가장 넓은 의미로는 사회적 연대감, 경제적 풍요, 정신적 만족감 등을 포괄하는 개념으로 사용한다.

따라서 좁은 의미의 사회복지(공적부조, 사회보험, 사회복지서비스)에는, 보건복지가족부, 노동부, 교육과학기술부, 행정안전부, 문화체육관광부, 국가보훈처 등에서 관할하는 일련의 사회복지정책이 포함된다.

넓은 의미의 사회복지(노동복지, 환경복지, 교육복지, 주택복지 등)에는 중앙부처 외에도 지방자치단체의 관련부서가 담당하는 일련의 정책을 포함한다.

2. 사회복지행정과 그 체계[5)]

각 나라별로 사회복지정책의 개념에는 차이가 있다. 영·미의 사회복지정책은 사회요구와 사회복지를 해결하기 위한 정책을 의미하고, 독일의 경우는 사회문제와 노동문제 대한 정부의 역할을 의미한다. 독일에서는 사회문제로서 노동문제와 분배문제를 중요시하지만, 영미에서는 사회해체와 탈선행위를 중요시한다.

그런데, 최근에 이러한 사회복지정책의 개념이 상호 밀착되어 가는 경향이 있다. 영국에서는 사회문제 중에서 불평등문제를 중요시하고 복지를 평등과 보장으로 간주하려는 경향이 있다. 최근 미국학자들 중에서는 복지의 개념을 생활의 질로 규정하는 입장 즉, 기능주의적 입장을 고수하는 학자들도 있다.

1) 사회복지행정의 분류

사회복지행정 분야를 대상별 혹은 기능별 등으로 분류할 수 있는데 그것은 각

5) 김기옥, '사회복지행정체계 개편안', 「사회복지행정」 제1집, 호남대 행정대학원, 2001, pp. 4~30.

국의 사회복지제도에서의 차이를 나타내는 것이다.

(1) 팔(M. Phall)의 분류; 영국의 사회복지 분류

① 기본적인 욕구에의 대응

빈곤문제, 사회보호와 사회부조, 보건서비스의 발달, 국가의료서비스, 주택 및 도시계획의 사회적 측면

② 개인의 social service

social case work, 주민상담사업, 가정문제

③ 아동 및 청소년에의 social service

모자복지, 아동의 보건과 복지, 신체장애아 치료시설, 문제가정의 아동보호, 청소년고용 service, 연소노동자 청소년의 복지

④ 노령자와 심신장애자

노인복지, 신체장애자 복지, 정신위생 service

⑤ community service

settlement와 community center 사회사업의 연락 조정 등

(2) 핑크(A.E. Fink); 미국의 사회사업의 분류

① social case work	② 갱생보호사업	③ 가정복지사업
④ 학교사회사업	⑤노인복지사업	⑥ 지역복지사업
⑦ 아동복지사업	⑧ social group work	⑨ 정신의학 social work
⑩ community organization	⑪ 의료사회사업	

2) 사회복지행정의 특징

(1) 사회적 책임과 주관성

사회복지는 사회적, 공공적인 목적 때문에 사회적인 책임으로 전개되는 공적, 사회적인 활동이며 따라서 사회복지는 사회적인 자금, 즉 동적 기금이나 지역사회의 성금에 의해서 충당되고 있다. 사회복지에 있어서는 각종의 복지시설이나 기관들이 설치되는데, 이들은 모두 사회적으로 설치되고 규정되어지는 것이지 어떠한 명예나 이윤추구를 위한 것이 아니다. 즉, 사회복지는 어디까지나 복지대상

자의 이익추구와 복지향상이 주목적이 되지 않으면 안 된다.

(2) 조직적 활동성

사회복지는 공식조직을 기본으로 하는 조직적인 활동이어야 한다. 복지사업이 일관성을 띤 안정적인 것이 되기 위하여서는 조직화되어 공식적인 사회단체를 형성해야만 한다. 그렇게 할 때 사회복지단체는 제 기능을 수행할 수 있고 사회적으로 승인된 제 시설 및 규정에 의거하는 정규적, 전임적, 조직적 활동이 가능하게 된다.

(3) 이용자와의 직접적인 관련성

사회복지는 인간의 소비욕구에 직접적으로 관련되는 것이어야 한다. 인간의 대부분의 활동은 사회적 목적을 가지고 있고 넓은 의미에서 보면 인간의 복지문제와 그 어떤 관련성을 가지고 있다고 할 수 있다. 따라서 국가나 지방자치단체가 행하는 모든 시책은 인간의 복지문제와 관련이 있다고 할 수 있다. 이러한 견지에서 보면 국가나 지방자치단체의 시책과 사회복지는 구분이 어렵게 되는데 양자간의 구분의 기준은 이용자와의 직접적인 관련성 여부로 구성되어야 할 것이다. 즉 사회복지는 직접적으로 이용자의 복지와 직결되어 있다는 특징을 지니고 있다.

(4) 인간의 복지우선성

사회복지는 인간의 복지를 우선시하며 그것을 최고의 직접목적으로 여긴다. 사회복지는 다른 그 무엇을 위하는 것이 아니라 개인의 복지를 유지하고 향상시키는 그 자체를 위하여 사회에 의하여 마련되고 있는 것이다. 따라서 다른 목적에 부수하여 나타나는 것은 결코 사회복지라고 할 수 없다. 즉 사회복지는 인간의 복지를 제일 목적으로 하여 대상자에게 직접적으로 작용하는 사회적 시책인 것이다.

3) 사회복지행정의 구성요소

사회복지행정의 구성은 주체, 객체 및 기능으로 나누어 살펴볼 수 있다. 사회복지는 원래 인간의 존엄성을 바탕으로 사회연대성의 관념을 그 기본인식으로 하여 발전하여 왔기 때문에 주체와 객체간의 원조관계의 방법과 내용을 살펴보는 것은 매우 중요하다.

인간이 공동생활을 시작하면서부터 생존을 위하여 서로 간에 상부상조하는 제도가 필요하게 되었는데, 이것이 사회복지의 원초적인 형태였다. 또한 사유재산제도가 출현하고 사회가 점차로 불평등해짐에 따라 가진 자 혹은 자본가계급이 없는 자 혹은 노동자계급에게 도움을 주는 자선사업 또는 노사협약과 같은 원조관계가 등장하였다. 그러나 이러한 원조관계만으로는 사회의 통합과 연대를 이루는 데 미흡하였기 때문에 국가가 개입하게 되었고 체계적인 민간조직이 등장하여 근대적인 복지제도가 발달하게 되었다. 즉, 원조관계에서 자원의 재분배적 기능뿐만 아니라 인간의 자조적 능력을 효과적으로 향상시키기 위하여 복지행정의 주체로서 정부와 민간조직이 활동하게 되는 것이다.

(1) 주 체

오늘날의 사회복지사업은 고도의 전문화와 기술화가 요구되게 되어 지난날의 개인적인 선행이나 자원봉사적인 방법으로는 그 기능을 다 할 수 없게 되었고, 그 주체는 국가와 특별시·광역시·도·시·군·구 등의 지방자치단체 등으로 형성되고 있다. 자유방임주의 사회에서는 사회요구와 사회문제는 민간의 자조적인 노력에 의하여 해결하려고 한다. 그러나 국가의 개입 시 그러한 요구와 문제가 해결되기란 점차로 어렵게 되었기 때문에 복지국가에서는 국가의 적극적 개입이 바람직한 것으로 생각되고 있다. 오늘날 세계의 모든 나라에서도 국가가 사회복지문제에 적극적으로 개입하고 있고 그 개입의 정도는 점점 더 커져가고 있는 실정이다. 한편 개인 또는 민간단체가 주체가 되어 복지사업을 계획, 설정하여 직접운영에 임하고 있는 민간사회복지단체도 점차 늘어가고 있는 추세이다. 민간사회복지단체는 민주사회에서만 그 존재가치가 있으며 그 창의성 같은 것은 공적 사회복지제도의 발전에 좋은 자극제가 되고 있다.

공적 사회복지기관의 경우에 있어서는 민간복지기관보다 그 대상범위가 매우 넓고 복지대상자에 있어서도 무차별적으로 임하게 되지만 민간사회복지기관은 비교적 융통성 있게 대상에 접근하고 확고한 사명감과 창의성을 지니고 있으며 새로운 문제에 접할 때 그 대책을 즉시 수립하여 실시할 수 있는 점이 특징이다. 공적기관과 민간기관은 각각 장단점이 있고 그 범위도 광협의 차이가 있지만 양자간의 상호보완, 협력관계를 통하여 사회복지 증진에 이바지할 수 있다.

그러나, 최근에는 국가나 지방자치단체가 토지, 건물, 설비를 마련하고 실제운영은 민간에 맡기는 공설민영의 새로운 형태가 등장하고 있다. 이것은 지방자치단체가 관리운영의 책임을 벗어나 인건비의 경감과 풍부한 사업경영 등 민간단체가 가지고 있는 장점을 활용키 위한 새로운 실험적 형태로 볼 수 있다.

(2) 객 체

사회복지의 객체 혹은 대상이라고 하면 흔히 자선사업이나 사회사업의 대상자인 빈곤자나 사회적 장애를 가진 자라고 생각하기 쉬우나, 오늘날에 와서는 그 범위가 이들 일부 특정계층에만 국한되는 것이 아니고 국민대중 전체로 확대되었다. 이들 사회복지의 객체는 보다 구체적으로 사회요구와 사회문제 측면에서 살펴볼 수 있다.

사회요구를 해결하기 위한 정책이 사회복지정책이다. 사회요구란 사회적으로 규정된 수요로서 정부의 개입에 의하여 해결 될 수 있는 재화와 서비스로서 사회적으로 중요한 것을 말한다. 이러한 수요는 사회내의 불만과 긴장을 해소하기 위한 서비스와 재화로부터 노인들을 위한 휴식시설 설비에 이르기까지 그 수요가 다양하다.

기능주의적 관점에서 볼 때 사회문제는 가족해체, 범죄, 비행과 같은 사회해체와 탈선행위가 그 핵심이다. 기능주의적 사회정책은 사회문제를 주로 비정치적, 비 이념적 측면에서 다루기 때문에 사회정책 입법을 매우 중요시한다. 즉 사회정책은 산업화가 초래하는 여러 가지 문제점을 해결하여 사회의 안정과 균형을 유지하기 위한 제도적 도구로서 인식된다. 산업화는 개인의 이동거리를 확장시키고 가족제도에 긴장을 초래하는데 이를 해소하기 위해서 노령연금이나 아동보호입법과 같은 사회정책이 필요하다. 또한 산업이 발달함에 따라서 공장의 자동화가 촉진되고 이에 따라 초래된 근로자들의 불만을 해소키위해서는 사회보장대책이 필요하게 된다. 이와 같이 기능주의적 사회정책에서는 사회체제가 경제적 성장과 함께 사회의 안정과 통합을 이룩하기 위한 제도적 장치로서 사회복지제도를 인식하고 있다.

(3) 기 능

사회복지행정의 기능은 두 가지로 나누어 볼 수 있다. 하나는 상부상조 기능이고, 다른 하나는 재분배 기능이다. 상부상조 기능은 오늘날 사회정책의 부차적 기능에 속하지만 자유주의 국가의 사회정책 프로그램에는 이 정신이 구체화되어 있다. 재분배기능은 사회정책의 기본적 기능이라고 할 수 있다. 사회요구나 사회문제는 그것을 해결하기 위한 자원이 부족하거나 불평등하게 배분되어있기 때문에 발생한 것으로 볼 수 있다. 이를 해결하기 위한 제반노력이 사회정책의 핵심 기능이라고 할 수 있다.

4) 사회복지행정체계의 기능

사회복지 서비스 전달체계가 그 기능을 제대로 발휘하기 위해서는 사회복지기관들이 그 역할을 원만하게 수행하여야 한다. 만약 이들이 자신들의 기능을 제대로 수행하지 못할 때는 자원의 낭비, 서비스의 중복 및 누락과 함께 복지 대상자의 치료와 재활에 역기능을 초래하기 때문이다. R. Perlman은 사회복지기관들이 수행해야 하는 이상적인 기능으로 다음의 4가지를 지적하고 있다.

(1) 투입기능(entry functions)

사회복지기관은 주민들이 해당 서비스의 내용에 대하여 이해할 수 있도록 적극적인 홍보활동을 전개해야 하며 또한 이를 필요로 하는 주민들에 대한 교육업무와 함께 지역사회의 다른 복지기관들과 협력하여 복지대상자의 문제해결에 노력하여야 한다.

(2) 책임기능(accountability functions)

사회복지기관은 해당 서비스에 대하여 책임기능을 수행하여야 한다. 사회복지기관은 복지대상자의 문제를 종합적으로 검토하여 적절한 해결책을 제시하고 복지대상자가 이를 이용하도록 도와주어야 한다.

(3) 서비스 제공기능(provision of services)

사회복지기관은 사회복지대상자에게 필요한 서비스를 제공해주어야 한다. 이것에는 개별지도 사업, 재활서비스, 법률구조사업, 재정적 지원 등이 포함된다.

(4) 계획 및 통제 기능(plan & control functions)

사회복지기관은 복지대상자의 수요를 측정하고 이를 충족시켜 줄 수 있는 자원을 가지고 있어야 한다. 또한 복지혜택을 받고 있는 인구의 동태를 파악하고, 복지혜택이 필요한 인구에 대한 조사도 병행되어야 한다. 필요한 경우에는 다른 기관과 공동으로 복지대상자의 생활향상을 위하여 노력하거나, 수요에 맞도록 자체의 서비스 수준을 향상시켜야 한다.

이상에서 제시한 펄만의 사회복지기관의 기능은 매우 이상적인 것이다. 그러나 사회복지기관은 복지대상자 중심의 서비스의 제공을 그 존재가치로 삼아야 한다는 것을 위의 4가지 기능은 시사해주고 있다. 우리나라의 사회복지기관에서 나타나는 여러 가지 문제점들은 복지대상자 중심의 서비스제공이 이루어지지 않고 있기 때문이라고 할 수 있다.

3. 사회복지행정체계의 현황과 문제점

현대적 의미의 사회복지행정은 산업사회의 산출물로 이해되고 있다. 그것은 산업화에 따른 사회계층의 다원화, 빈부격차의 심화 그리고 그것으로 인한 각종 사회문제가 사회체제를 붕괴시킬지도 모른다는 위기의식 속에서 태동되었으며, 또한 전통적으로 복지기능을 수행하던 가족혈연중심의 상호부조제도가 산업화로 점차 약화됨에 따라 이를 대신하기 위하여 발전되어 왔다는 것이다. 우리나라 사회복지행정도 급격한 산업화에서 생겨난 사회적 갈등과 모순을 치유하고 산업화로 약화된 전통적인 사회적 차원에서 마련된 것이며, 이를 수행하는데 있어 국가의 책임이 강조되고 있다.

1) 중앙정부의 사회복지행정조직과 업무

(1) 보건복지가족부

보건복지가족부는 1948년 정부수립과 동시에 사회부로 발족되어 이듬해에 보건에 관한 기능을 분리, 보건부를 신설하였다가 1955년 정부의 조직통폐합작업에 따라 보건부와 사회부를 통폐합하여 보건사회부로 재편되었으며 그 후 20여차례에 걸친 직제개편을 거쳐 오늘에 이르고 있다. 현재 보건복지가족부는 사회복지증진과 국민건강의 향상에 기여함을 기본임무로 하는 중앙행정기관으로서 사회복지, 공적 부조, 사회보험, 보건, 방역, 가족계획, 의정, 약정, 부녀아동 등에 관한 사무를 관장하고 있다.

(2) 보건복지가족부 외의 중앙행정부처

보건복지부 외에 행정안전부, 노동부, 국가보훈처, 교육인적자원부, 국방부 등이 부분적으로 사회복지행정에 관여한다.

① 행정안전부

국민의 정부가 제1차 행정개혁으로 총무처와 내무부를 통합한 행정안전부는 공무원과 그 가족을 대상으로 사회복지행정을 수행하고 있다.

② 교육과학기술부

교원과 그 가족을 대상으로 사회복지행정을 수행하고 있다.

③ 국방부

국방부는 군인과 그 가족을 위하여 사회복지행정에 관여하고 있는데, 국방부 산하 재무국의 연금과가 군인 및 그 가족의 사회복지 전반에 관여하고 있다.

④ 노동부

노동자를 대상으로 사회복지행정을 수행하고 있으며 이와 가장 직접적으로 연관되어 있는 노동부의 행정조직은 근로기준국과 노동보험국이다. 노동보험국에는 보험관리과, 보험징수과 및 재해보상과가 있고 근로기준국에는 노동기준과, 임금복지과, 부녀소년과를 두고 있다.

⑤ 국가보훈처

국가보훈처는 국가유공자와 그 가족의 사회복지행정을 수행한다. 특히 보훈국과 운영국이 복지행정에 밀접하게 연관되어 있다. 보훈국에는 복지과, 직업보도과, 의료보호과 및 지도과를, 운영국은 기금과, 대부과, 대부관리과, 군인보험과를 두고 있다.

2) 지방자치단체의 사회복지행정조직과 업무

현행 사회복지행정체계는 중앙의 보건복지가족부에서 사업을 계획하고, 지방자치단체의 행정기관이 이를 집행하는 이원적 구조로 되어있다. 따라서 사회복지행정의 최 일선기관은 주무부서인 보건복지가족부가 아닌 행정안전부의 일선 지방행정조직에 편입되어 있는 것이 특징이다. 지방자치단체의 사회복지행정조직과 그들이 담당하고 있는 업무를 서울특별시·광역시·도·시·군·자치구, 그리고 읍·면·동 단위로 나뉘어 살펴본다.

① 특별시·광역시·도·자치도 단위

특별시·광역시·도. 자치도 단위의 사회복지행정조직으로는 보건사회국과 가정복지국이 있다. 그 산하에는 사회과, 보건과, 가정복지과, 부녀복지과 등이 있다.

② 시·군·자치구 단위

시·군·자치구 단위의 사회복지행정은 지역별로 차이가 있으나, 일반적으로 사회과와 가정복지과 그리고 이들 산하에 사회계, 복지계, 부녀청소년계가 있다. 또한 시·군·자치구에는 보건의료업무를 수행하는 보건소 또는 보건의료원이 있으며, 시·군에는 사회복지위원회와 생활보호위원회를 두고 있다.

③ 읍·면·동 단위

읍·면·동 단위의 사회복지행정조직을 보면 인구 40,000명 이상인 읍의 경우 주민과 밑에 사회계 또는 복지계를, 인구 30,000~40,000명 미만인 읍은 총무과 밑에 사회계를, 인구 30,000명 미만의 읍은 부읍장 밑에 사회계를 각각 설치하고 있다.

그 외에 면·동의 경우는 총무계 소속으로 사회담당공무원을 두고 있다. 또한 읍·면·동장은 자원봉사자인 복지위원 및 아동위원을 위촉하여 그들의 활동을 보좌토록 하고 있다. 이들은 생활보호대상자의 조사, 선정, 구호양곡지급, 영세민 치료사업, 불우이웃돕기, 가족계획사업 등을 주 임무로 한다.

3) 사회복지행정체계의 문제점

현행사회복지행정체계와 관련하여 여러 가지 문제점을 지적할 수 있는데, 이들은 ① 상부하달식의 수직적 행정체계 ② 행정체계의 다원화 ③ 행정부서와 집행부서간의 연결 미숙 ④ 전문성 미숙 ⑤ 종합적 복지서비스기관의 부재 ⑥ 주민참여의 미숙으로 요약 할 수 있다.

(1) 상부하달식의 수직적 행정체계

앞에서 말한바와 같이 현행 사회복지행정체계는 중앙정부의 보건복지가족부가 복지업무의 기본방향 및 세부지침을 수립하면 그것이 서울특별시·광역시·도·자치도를 거쳐 시·군·구에 이어지며 최종적으로 말단행정조직을 통하여 수혜대상자에게 전달되는 상부하달식의 수직적인 행정체계로 되었다. 이러한 행정체계 때문에 지방자치단체는 그 지역의 특성과 상황 그리고 지역주민의 욕구를 고려하는 적절한 사회복지정책을 독자적으로 수립 시행하기가 불가능하다는 것이다.

지방자치단체는 지역주민과 일상적으로 접촉하고 있어 그들의 실태를 가장 현실적으로 정확하게 파악할 수 있다. 사회복지정책은 가급적 지방자치단체에서 수립 시행되어야만 주민접근이 용이하고 주민의 욕구와 지역특성을 고려한 현실성이 있는 정책의 수립과 집행이 가능할 것이다. 그러나 현행 사회복지행정체계에서는 지방자치단체는 중앙행정기관이 정한 획일적인 정책지침을 집행하는 수동적인 기능을 가지고 있을 뿐이므로 지방자치제가 본격화됨에 따라 지방분권형 행정이 요구되고 지역단위의 사회복지욕구가 증대되어 가는 현시점에서 제 기능을 수행하기가 어려운 상황에 처해있다고 하겠다.

(2) 행정체계의 다원화

우리나라 사회복지행정은 그 출발과정에서 통일적이고 통합적 이념에 기초하여 체계적으로 제도화된 것이 아니라 개별 분립제도로 도입된 것으로서 사무관장도 자연히 각 부처별로 분산되어 왔다. 또한 각 부처가 관장하는 사회복지제도는 출범한 후 각각 뿌리를 내림으로써 우리나라 사회복지행정체계는 현재와 같이 다원적인 형태로 유지되어 왔다. 이러한 다원화는 사회복지의 범위가 날로 확대되어 가는 추세에 비추어 볼 때 불가피한 현상이라 할 수 있겠으나 합리적인 사회복지업무의 수행에는 저해요인으로 작용하고 있다. 무엇보다도 사회복지행정의 지도, 감독, 운영조직이 산재됨으로써 사회복지업무의 수행에 혼란과 마찰이 일어나고 있으며 이에 대한 부처 간의 합리적인 업무조정 및 협력기능이 미약한 실정이다. 또한 중복행정으로 말미암아 인력과 재원의 낭비가 발생하여 효율적인 복지업무가 이루어지지 못하고 있을 뿐 아니라 복지서비스의 전문화와 체계화를 저해하는 요인이 되고 있다. 아울러 이러한 분산 때문에 수혜대상자들의 서비스 활용 면에도 커다란 불편을 초래하고 있다.

(3) 정책부서와 집행부서간의 연결미숙

현행 사회복지행정체계에서는 정책결정기관과 집행기관이 구조적으로 상호단절되어있어 한 체계로서의 기능적 연결이 부족하다는 문제점을 안고 있다. 구체적으로 현행 사회복지행정체계가 이원화되어 있어 보건복지부의 정책의도가 정확하게 지방자치단체로 연결되기 어려우며 정책실시 결과 발견되는 문제점이나 평가의 결과가 다시 환류되는 데에도 문제가 있다는 것이다. 또한 사회복지행정을 집행하는 일선 행정기관의 인사, 예산, 통제 및 감독은 복지부가 아닌 행정자치부가 관장하기 때문에 업무수행에 대한 정책결정기관의 통제력이 약화되어 있으며 그 결과가 본래의 정책의도와 다르게 집행이 되어도 효과적인 통제와 감독이 매우 어려운 상태이다.

(4) 전문성의 미숙

우리나라 사회복지행정은 전문적 서비스보다 구호성을 중시하는 경향을 지니고 있다. 그러나 현재의 사회, 경제적 상황은 과거의 구호성 사회복지행정에서 탈피하여 수혜대상자들의 다양한 욕구를 해결해 줄 수 있는 전문적 사회복지행정의 전개를 요구하고 있다. 더구나 사회복지행정기관의 성공여부는 기관이 제공하는 서비스의 질에 달려있으며 서비스의 질은 전문화정도와 정비례한다.

그러나 사회복지행정의 최 일선기관이 행정안전부에 편입되어 있어 복지행정에 대한 전문성이 결여되어 있다. 행정안전부의 인사관리 관행상 사회복지 담당자들은 수혜대상자와 직접적인 관계를 유지 할 수 없고, 다년간의 업무수행을 통하여 전문성을 축적하는 데에도 한계가 있으며, 또한 순환보직의 원칙에 따라 사회복지업무에 경험이 없는 문외한이 보직되는 사례가 많다. 따라서 사회복지일선기관은 복지서비스기관으로서의 전문성을 살리지 못하고 있다는 것이다. 아울러 사회복지담당자들이 행정안전부의 일반 행정계통에 의하여 빈번히 이직과 전직됨으로써 서비스의 전문화가 이루어지지 못하고 있다.

(5) 종합적 복지서비스기관의 부재

복지서비스 대상자들은 일시에 여러 사회복지 기관들로부터 도움을 받아야 할 복합적인 문제를 가지고 있다. 영세민의 경우 저소득으로 인한 생계유지의 어려움뿐만 아니라 주택, 건강, 가구원의 탈선, 교육의 기회부족, 가족구성원간의 불화, 사회부적응 등 다양한 문제로 어려움을 겪고 있다. 이와 같이 복지대상자의 문제는 한두 가지의 서비스로 해결될 성질의 것이 아니라 다양한 서비스가 동시에 투입되어야 할 정도로 복잡하게 얽혀 있는 것이 특징이다. 이러한 점에 비추어 볼 때 사회복지행정체계는 복지대상자의 다양한 문제를 한 장소에서 종합적으로 취급할 수 있도록 구성되어야 한다. 그러나 현행 사회복지행정체계에서의 서비스기관은 행정편의상 다양하게 분산되어 있어 여러 개의 서비스기관이 각기 독자적으로 동일한 복지대상자에게 서비스를 제공하고 있는 실정이다. 그 결과 복지서비스의 효과가 저하되고 있고 복지대상자들의 서비스 활용 면에서도 커다란 불편을 야기하고 있다.

(6) 주민참여의 미숙

사회복지행정은 대민서비스의 일종으로서 그 결정 및 집행과정에 주민참여가 보장될 때 제대로 이루어 질 수 있다. 주민참여는 보다 정확한 복지욕구의 파악이나 적절한 복지정책의 수립 및 집행을 가능하게 해주며 나아가서 복지서비스의 효과를 증대시키는 데에도 기여하게 된다. 이러한 맥락에서 사회복지행정에는 주민참여가 보장되어야 하며 행정체계는 주민참여를 도모하는 방향으로 구성되어야 한다. 그러나 현행 사회복지행정체계는 주민참여를 원활히 수용할 수 있게 구성되어 있지 않다. 무엇보다도 현행 사회복지행정체계는 주민의사가 정책결정기관에 전달되기까지는 적게는 2단계 많게는 5, 6단계를 거치게 되어 주민참여는 극히 제한되어 있는 실정이다.

4) 사회복지행정체계의 개편방안

여기에서는 전술한 문제점들을 극복하여 제 기능을 효과적으로 수행할 수 있는 새로운 사회복지행정체계를 모색하고자 한다. 이를 위하여 먼저 그 동안 개진되어온 여러 가지 개편방안을 검토·평가하고, 사회복지행정체계를 설계함에 있어서 최대한 지켜야 하고 지향해야 할 기본원칙과 방향을 기술하고자 한다.

(1) 기존 개편안의 검토와 평가

① 기존개편안의 검토

개편안들의 논의의 초점은 지방화시대를 맞이하여 보건복지부와 지방자치단체의 관계를 어떻게 재설정할 것인가 하는 문제이다. 이들 논의에서는 현행 사회복지행정체계가 처해 있는 문제점들에 대한 해소방안으로 조직개편방안이 개진되었으며, 거의 모두가 이원화되어 있는 체계를 보건복지부조직으로 일원화 시켜야 한다는 내용을 담고 있다.

㉠ 개편안 1

이 개편안은 사회복지업무전체를 보건복지부가 통괄해야한다는 것을 전제로 중앙에서는 여러 부처에 분산되어 있는 복지업무를 보건복지부가 관장케 하고 지방에서는 시·도의 사회복지기능, 보훈지청 및 노동지청의 기능과 시·군·구의 복지기능을 보건복지부산하의 시·도 보건복지지청과 시·군·구의 보건복지 지방사무소를 신설하여 담당케 한다는 것이다. 이 개편안이 채택되면, 지방자치단체의 사회복지업무가 전부 국가사무로 전환되고 이는 보건복지부 산하의 특별지방행정관서에 의해 집행하게 된다. 따라서 지방자치단체의 사회복지 기능은 사실상 소멸되는 것이다.

㉡ 개편안 2

이 개편안은 시·도의 보건사회국과 가정복지국을 시·도에서 분리, 보건복지부 산하의 특별지방행정관서에 흡수하는 내용을 담고 있다. 이 개편안은 중앙부처의 복지기능을 보건복지부에 흡수하지는 않으나, 지방자치단체의 사회복지기능을 보건복지부 산하의 기관에 흡수함으로 첫 번째 개편안과 같이 지방자치단체의 복지기능은 없어지게 된다.

㉢ 개편안 3

세 번째 개편안은 보건복지부소속으로 사회보장의 집행업무를 담당할 사회보장청을 신설하고 그 산하에 지방조직으로 시·도 사회보장지방청과 시·군·구 사회복지사무소를 두도록 하는 내용이다. 이는 보건복지부에 복지정책국과 사회보험정책국을 신설하여 기존의 사회보장분야의 정책기능을 수행케 하고 집행기능은 전부 사회보장청으로 이관한다는 것이다. 이 개편안은 지방자치단체의 관련기능을 흡수하지는 않고 기능적 연관만 맺도록 하고 있다. 따라서 이 안은 중앙직할의 일선기관을 설치하면서도 지방자치단체의 관련기능을 소멸시키지는 않도록 하는 방안이다.

㉣ 개편안 4

네 번째 개편안은 보건복지부에 특별지방자치단체를 설치하는 것으로 보건자치제를 도입하자는 것이다. 이는 시·도 보건복지위원회는 시·도의회에서 선출된 위원으로 구성하고 그들 중 보사위원회가 호선한 보사감이 집행조직을 거느리도록 하자는 것이다. 그리고 집행조직은 기존의 보건사회국, 가정복지국, 공공의료기관등의 조직을 흡수하여 사회복지업무를 집행하도록 하자는 것이다.

또한 시, 군, 구에는 지방보사위원회를 설치하도록 하고, 보사감은 지방의회, 보건복지위원회, 보건복지부장관에 의해 조정과 통제를 받도록 한다. 이 개편안은 일선 사회복지행정조직이 일반 행정과 분리되어야 한다는 논리에 부합되면서도 지방자치의 기능을 유지시키는 방안이라 할 수 있다.

② 기존 개편안의 평가

위의 개편안들은 공통적으로 현재 지방자치단체에 편입되어 있는 사회복지 일선기관을 보건복지부의 하부기관으로 재편성한다는 내용을 골자로 하고 있다. 이러한 조직개편은 사회복지행정체계의 이원화로 야기된 결함들을 시정하기 위한 방안이다. 이들의 근거는 다음과 같다.

㉠ 사회복지업무는 전문적 성질을 갖고 있는 반면 행정자치부의 업무는 일반행정의 특성을 띠고 있어 복지업무를 지방자치단체에서 수행하기는 곤란하다.

㉡ 사회복지업무는 전문화되어야 하는데, 이는 행정자치부의 순환보직의 원칙 때문에 수행되기 어렵다.

㉢ 사회복지행정이 지방자치단체의 일반행정에 편입되어 담당자들의 승진기회 부족, 사기저하, 자긍심부족 등과 같은 문제가 발생한다.

㉣ 지방자치제의 재개와 사회복지에 대한 국민적 요구의 증대로 지역단위의 사회복지업무가 급격히 늘어날 것인데, 현행의 지방조직으로는 이러한 행정수요의 증대를 수용하기 어려우며 따라서 독립행정기관의 설치가 필요하다.

㉤ 현행 복지업무에서 정책결정기관의 통제력이 미흡한 실정을 보완하기 위해서 지방에 보건복지가족부 직속의 일선행정기관이 설치되어야 한다는 것 등이다.

③ 기존 개편안의 문제점

㉠ 지방에 중앙부서의 직속기관인 시·도 보건사회청이나 지청을 신설하여 지방자치단체의 사회복지기능을 국가기능으로 흡수한다는 개편안은 지방화시대에 역행하는 것이다. 특별행정관서는 그가 속해있는 중앙행정기관의 구체적인 지시에 따라 행정을 수행 할 뿐 주민참여나 주민에 대한 행정책임 등 주민적 통제가 지방자치단체의 경우에 비하여 원할 하지 못하다. 아울러 특별지방행정관서는 지역적 여건에 대한 적응성이 부족하고 전국적인 획일화의 행정을 펼칠 위험이 있다.

㉡ 일선 사회복지행정을 특별지방행정관서에 일임할 경우 현행 사회복지행정체계의 문제점으로 지적한 주민참여의 부족뿐 아니라 상부하달식의 수직적인 행정체계에서 파생되는 폐단은 더욱 악화 될 것이다. 즉 특별지방행정관서가 설치되면서 현행 상부하달식의 수직적인 사회복지체계는 더욱 공고해져, 주민접근이 용이하고 주민의 욕구와 지역의 특성을 충분히 고려한 현실성이 있는 사회복지정책의 수립과 집행은 거의 불가능해진다는 것이다.

㉢ 특별지방행정관서의 설치는 지방행정의 종합성을 저해할 것인데 이는 곧 행정부서간의 중복을 야기하고 나아가서는 상충적인 행정수행을 초래할 것이다. 또한 특별지방행정관서의 설치는 결과적으로 정부의 규모를 확대시킨다.

㉣ 일선 사회복지행정기관이 지방자치단체에 소속되어 있을 경우 지방행정조직의 협조를 확보하기가 용이하며 최소한 그 영향력을 등에 업고 업무추진을 원활히 할 수 있다. 그러나 일선 사회복지행정기관이 지방자치단체로부터 분리, 독립될 경우 일반 지방행정조직의 협조와 행정적 편의제공을 받기가 어렵게 되므로 사회복지업무는 효율적으로 수행 될 수 없을 것이다.
따라서 일선 사회복지행정기관은 지방자치단체로부터 분리되어서는 곤란하다.

㉤ 앞으로 사회복지행정의 수요가 증대된다하여도 그 규모가 교육행정의 수요

처럼 광범의해지고 커져서 독립된 특별지방자치단체의 설치를 필요로 하기에는 아직 요원한 실정이다. 그러므로 지방자치단체에 편입되어 있는 일선 사회복지행정기관을 특별지방자치단체로 대치하는 것은 현실적 요청에 부합하는 개편안으로 보기가 어렵다. 아울러 사회복지행정은 교육행정과 같이 고도의 정치적 중립성이 요구되는 기능이 아니라는 점에서 이를 특별자치단체에 담당케 하는 것 또는 바람직하지 못하다. 그리고 지방의 보사위원회들은 법률에 의한 중앙통제가 강화될 경우 중앙행정기관의 특별 지방행정관서와 같이 변질되어 위에서 지적한 문제들을 유발시킬 위험이 있다.

위에서 본 개편안들은 공통적으로 사회복지일선기관을 지방자치단체로부터 분리시켜 보건복지부의 하부기관으로 재편성한다는 내용을 담고 있으며, 이들은 어느 정도 타당한 이유에 근거를 두고 있다. 특히 이 개편안들은 사회복지행정의 전문화를 촉진하고 정책결정부서와 집행부서간의 연계를 강화시킬 수 있다는 장점을 가지고 있다. 그럼에도 불구하고 이 개편안들은 지방자치단체의 사회복지기능을 소멸 또는 약화시키려는 쪽으로 그 기본방향을 설정해 놓고 있어, 이 안들이 관철될 경우에는 앞에서 지적한바와 같이 많은 부작용이 따를 것으로 예상된다. 이러한 점들에 비추어 볼 때, 현행 사회복지행정체계가 지니고 있는 문제점들을 시정하기 위해서는 그 동안 여러 곳에서 개진되어 온 개편안들과는 다른 조직설계가 필요하다. 이는 반드시 문제점들을 해결할 수 있으면서도 시대에 걸맞는 사회복지행정체계가 되어야 한다.

(2) 개편의 기본원칙과 방향

① 기본원칙

효과적인 사회복지행정체계를 마련함에 있어 반드시 고려되어야 할 기본원칙들은 지역특성의 원칙, 접근용이성의 원칙, 서비스의 종합성의 원칙, 서비스전문화의 원칙, 주민참여의 원칙, 그리고 통합조정의 원칙이다.

㉠ 지역특성의 원칙

주민들의 복지욕구는 그들이 거주하는 지역의 사회적, 경제적 또는 지리적 특성에 따라서 다르게 나타나는 것이 일반적인 현상이다. 그러므로 사회복지행정체계는 지역특성에 따라 다양하게 표출되는 복지욕구에 맞는 정책수립과 집행이 가능하도록 설계되어져서 지역에 적절한 복지서비스가 제공 될 수 있게 해야 한다.

㉡ 접근용이성의 원칙

접근용이성은 수혜대상자가 복지서비스를 필요로 한 때에 편리한 곳에서 해당 서비스를 제공받을 수 있는가 하는 문제로서 수혜대상자와 서비스 행정기관과의 상호연결 정도를 의미한다.

㉢ 서비스의 종합성의 원칙

사회복지 수혜대상자의 문제는 저소득, 무주택, 질병, 사회적 부적응 등 복합적이기 때문에 한두 가지의 서비스로 해결 될 수 있는 것이 아니라 다양한 서비스가 동시에 투입되어야만 해결될 수 있는 성질의 것이다. 그러므로 수혜대상자의 문제는 한 장소에서 종합적으로 처리될 때 보다 효과적으로 해결 될 수 있다.

㉣ 서비스전문성의 원칙

국민의 복지욕구가 다양화 및 복잡화됨에 따라 그들의 복지욕구의 파악이나 진단 그리고 욕구충족에 필요한 서비스의 종류 및 범위의 결정에는 전문적 지식이 요구되고 있으며 이에 사회복지업무는 최소한의 전문적 접근을 전제하지 않는 한 성공적으로 수행될 수 없게 되었다. 이상적인 사회복지행정체계는 사회복지 전문인력을 서비스기관에 확보 유지할 수 있고 업무수행에 있어 그들의 전문성이 충분히 발휘될 수 있도록 구성된 것이라야 한다.

㉤ 주민참여의 원칙

사회복지행정의 정책결정과 사업진행에는 주민참여가 필요하다.

주민참여는 정책결정과 사업집행과정에서 주민의 의사와 요구사항을 표출시켜 사회복지행정이 주민의 욕구와 기대에 보다 민감하게 반응하면서 수행되도록 하여야 하며, 나아가서는 책임 있는 행정을 확보하는데 기여하게 하여야 한다. 사회복지행정체계는 주민참여가 도모되고 보장될 수 있게 조직되는 것이 바람직하다.

㉥ 통합조정의 원칙

사회복지행정의 범위가 날로 확대되어 감에 따라 사회복지기능이 여러 부처에 분산되어 있는 것이 현실이다. 그러므로 사회복지업무의 수행에 있어 혼란과 마찰이 일어나고 중복행정으로 말미암아 인력과 재원의 낭비, 서비스 효과의 저하 등의 문제가 야기될 수 있다. 이 같은 문제를 예방하기 위해서는 여러 부처에 산재되어 있는 사회복지기능을 통합, 관리할 수 있고 업무수행 시에 관련기관 및 관계자들간의 협조와 조정이 원활하게 이루어질 수 있는 사회복지 행정체계의 확립이 필요하다.

② 기본방향

㉠ 사회복지행정체계를 구상함에 있어 지방화시대에 역행하는 조직개편은 배제한다. 따라서 지방에 중앙부서 산하 특별지방행정관서를 설치하여 지방자치단체의 사회복지기능을 국가기능으로 흡수해 버리는 조직개편은 고려대상에서 제외시킨다.

㉡ 사회복지업무는 가급적 지방자치단체의 책임 하에서 수행되도록 한다. 이는 지방자치단체의 목적과 기능에 합당할 뿐만 아니라 지역특성에 적합한 정책 수립과 집행을 가능케 하며 아울러 사회복지행정에 주민참여를 도모할 수 있고 서비스 기관에 대한 수혜대상자의 접근용이성을 제고 할 수 있다.

㉢ 사회복지행정의 전문성을 제고하기 위하여 지방자치단체 산하에 사회복지 전문기관을 신설하고, 이 기관에 사회복지 전문요원들이 확보, 유지, 양성될 수 있는 여건을 마련한다.

㉣ 서비스의 종합성과 접근용이성을 제고하기 위하여 현재 일선 사회복지기관과 분리, 설치되어 있는 보건의료조직을 신설될 사회복지전문기관과 통합, 운영케 한다. 그렇게 함으로써 보건의료를 포함한 모든 사회복지업무가 동일한 기관에서 종합적으로 처리될 수 있도록 한다.

㉤ 사회복지업무의 수행에 있어 발생하는 혼란과 마찰 그리고 중복행정을 방지하기 위해서 여러 부처에 분산되어있는 사회복지기능을 심의, 조정할 수 있는 기구를 설치한다. 이는 중앙부처간 및 중앙부처들과 지방자치단체간에 연관된 사회복지업무를 심의, 조정한다.

(3) 사회복지행정체계의 내용

여기에서 제안하는 사회복지행정체계의 주요특징은, 시·도의 사회복지국 그리고 일선조직인 시·군·자치구의 사회복지사무소와 필요한 경우 설치되는 읍·면·동의 사회복지출장소 등 사회복지전문기관을 지방자치단체의 하부조직으로 설치하며 이들은 보건의료를 포함한 모든 사회복지업무를 처리하는 하나의 종합된 사회복지전문기관으로 구성하는 내용이다. 이 관계를 표시한 것이 [그림 1-2]이다. 따라서 그 동안 제시되어 온 개편 안들과는 달리 여기의 사회복지전문기관은 해당지역의 사회복지행정의 총괄기관으로서 사회복지에 관한 포괄적인 계획, 집행, 통제와 평가기능을 담당하며 이는 지방자치단체와 분리 독립된 것이 아니라 지방자치단체소속으로서 해당 단체장의 지휘 감독을 받는다. 이와 더불어 여기에는 중앙부처간 그리고 중앙 부처들과 지방자치단체간의 연관된 사회복지업무를 심의, 조정하는 사회복지정책심의·조정위원회의 구성을 제시하고 있다.

이러한 내용을 구체적으로 살펴보면 다음과 같다.

[그림 1- 2] 사회복지행정체계(안)

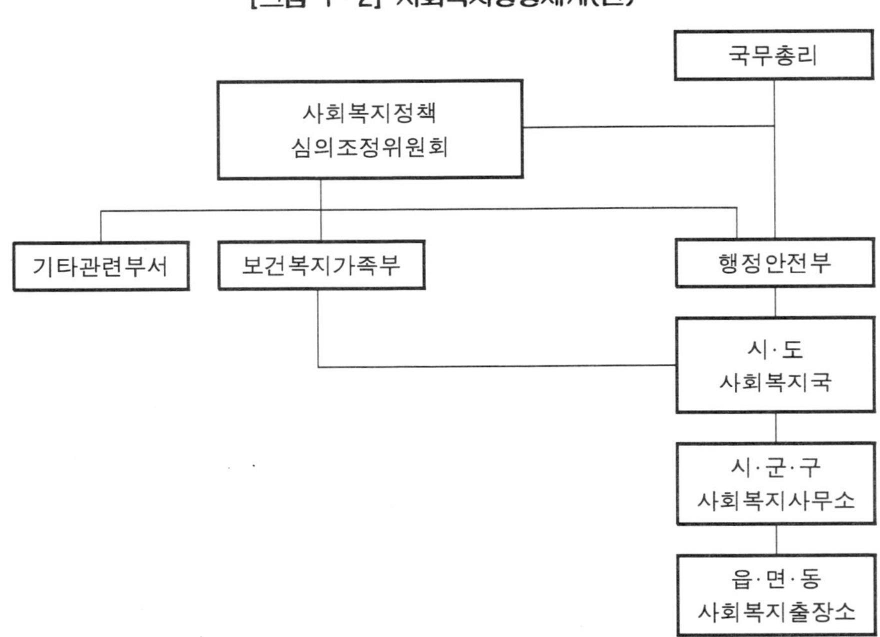

① 사회복지국

사회복지행정의 전문화를 촉진하고 지역특성에 적절한 정책수립 및 집행을 도모하기 위하여 지방자치단체 소속의 사회복지전문행정기관인 사회복지국을 시·도에 설치 운영한다. 시·도의 사회복지국은 현재의 보건사회국과 가정복지국의 조직 중 환경과 일부 노동관련 업무조직을 제외한 모든 사회복지 관련조직들을 통폐합하여 구성하고 이들의 업무를 관장한다. 행정체계상 사회복지국은 국고예산으로 실시되는 사업에 관여하는 보건복지부의 지휘 감독을 받으나, 이는 시·도의 하부기관으로서 그 밖의 사업계획 및 집행과 기관운영에 관한 지휘감독권 그리고 국장을 비롯한 소관직원들의 인사권은 해당자치단체장이 보유한다. 사회복지국의 보직은 [그림 1-3]에서 보는바와 같이 5과 16계로 구성한다.

[그림 1-3] 시·도 사회복지국의 조직

② **사회복지사무소**(출장소)

일선 사회복지사무를 효과적으로 합리적으로 수행하기 위해서는 시·군·자치구에 사회복지사무소를 설치하여 이들로 하여금 수혜대상자들에게 전문적이고 종합적인 서비스를 제공하게 한다. 그리고 특별관리가 필요한 대도시 등의 영세민 집단지역과 상대적으로 넓은 지역으로 되어 있어 서비스 접근이 어려운 군의 경우에는 그 읍·면에 사회복지 출장소를 두도록 한다. 사회복지사무소와 출장소는 현재 보건소 또는 보건지소와 다른 사회복지 관련조직들을 통합하여 만들어지는데 이들에 대한 지휘감독 및 인사권은 해당지방자치단체장이 관할하고 국고예산으로 실시되는 사업에 관여하는 보건복지부의 기술지도와 감독을 받는다. 필요한 경우 읍·면·동에 설치되는 사회복지출장소의 조직은 그 담당지역의 특성과 필요에 따라 융통성 있게 구분한다. 사회복지출장소의 경우, 지역의료시설이 부족하여 의료이용에 많은 불편이 있는 농어촌지역에는 의료기능이 강화될 수 있게 하며 그렇지 않은 대도시지역에는 다른 서비스 제고에 역점을 두어 조직 설계하는 것이 바람직할 것이다.

[그림 1-4] 시·군·구 사회복지 사무소의 조직

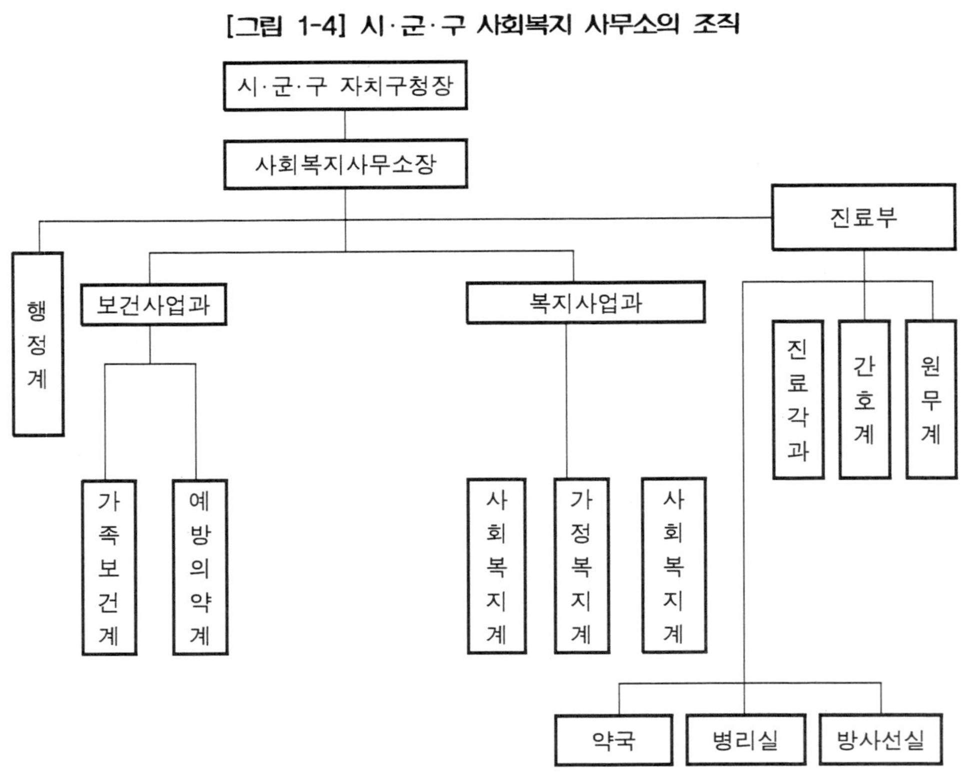

③ 사회복지정책심의조정위원회

현재 사회복지행정의 책임은 여러 부처에 분산되어있어 포괄적인 사회복지정책을 국가적 차원에서 종합적으로 계획, 조정하기가 어려운 실정이다. 이를 시정하기 위해서 기존의 국가 정책심의기구인 국가안정보장위원회, 평화통일정책자문회의에 대응한 사회복지정책심의·조정위원회의 설치를 제안한다.

㉠ 구 성

- 위원장 : 국무총리
- 부위원장 : 보건복지가족부장관(사회복지 담당부처 장으로서)
  행정안전부장관(대부분의 사회복지업무를 실질적으로 수행하고 있는 지방자치단체장들의 대표로서)
- 당연직위원 : 노동부, 보훈처, 교육과학기술부, 국방부, 법무부, 여성부장관
- 위촉위원 : 사회복지전문가 또는 관련 학계인사
- 실무소위원회 : 사회복지관련 실무자들로 구성된 의료보험 소위원회, 국민연

금소위원회 등

ⓛ 기 능

- 사회복지정책을 국정차원에서 종합적으로 심의
- 사회복지분야의 특성에 따라 중앙 부처들 간 및 중앙부처와 지방자치단체들 간의 업무담당에 관한 심의 및 조정
- 사회복지정책에 대한 각 부처의 의견조정 등

21세기에 들어서면서 사회복지욕구는 그 어느 때 보다도 고조되어가고 있으며 그 내용도 다양화 및 복잡화 되어가고 있다. 과거의 중앙집권적인 체제하에서 마련된 현행 사회복지행정체계는 지방자치제가 본격적으로 재개됨 따라 지방분권적 또는 지역사회 중심의 행정체계로의 체질변화가 불가피하게 되었다.

여기에서 제안하는 사회복지행정체계의 내용을 요약해 보면,

첫째, 사회복지행정체계를 구상함에 있어 지방화시대에 역행하는 요소는 배제하였다. 따라서 여기 에서 제시하는 조직개편안은 지방에 중앙부서 산하 특별지방관서를 설치하여 지방자치단체의 사회복지기능을 국가기능으로 흡수해 버리는 내용을 담고 있지 않다.

둘째, 사회복지업무는 가급적 지방자치단체의 책임 하에서 수행되도록 하였다.

이는 지방자치의 목적과 기능에 합당할 뿐만 아니라 지역특성에 적합한 정책수립과 집행을 가능케 하며, 아울러 사회복지행정에 주민참여를 도모할 수 있고 서비스에 대한 수혜대상자의 접근용이성을 제고할 수 있을 것이다.

셋째, 일선 사회복지행정의 전문성을 제고하기 위하여 지방자치단체 산하에 사회복지국, 사회복지사무소 그리고 필요할 경우에는 사회복지출장소와 같은 사회복지전문기관을 신설토록 하였다. 이로써 지방자치단체에 사회복지전문요원들을 보다 손쉽게 확보·유지·양성할 수 있는 여건이 마련될 수 있을 것이다.

넷째, 서비스의 종합성과 접근용이성을 제고하기 위하여 현재 일선 사회복지전문기관과 분리·설치 되어있는 보건의료조직을 신설될 사회복지 전문기관과 통합·운영케 하였다. 그렇게 함으로써 보건의료를 포함한 모든 사회복지업무는 동일한 기관에서 종합적으로 처리할 수 있을 것이다.

다섯째, 사회복지업무의 수행에서 발생하는 혼란과 마찰 그리고 중복행정을 방지하기 위하여 여러 부처에 분산되어 있는 사회복지기능을 심의·조정할 수 있는 사회복지정책심의조정위원회를 구성하도록 하였다. 이는 중앙부처간 및 중앙부처들과 지방자치단체들 간에 연관된 사회복지업무를 심의·조정하는 기능을 맡는다.

이러한 내용들을 담고 있는 사회복지 행정체계가 수용되어 실시된다면 지역특성에 맞고 지역주민의 복지수요에 부응하는 전문적이고 효율적인 사회복지행정이 발전·정착될 수 있을 것이다.

4. 사회복지의 행정법적 기능

생존권 이념의 실현을 직접목적으로 하는 사회복지 입법이 전개됨에 따라 새로운 법 영역과 체계를 갖춘 사회복지법의 분야가 형성되었다. 사회정책적인 사회보장의 법적 반영인 사회복지행정법은 현대사회에서 가장 새로운 법 분야의 하나로서 국민의 생활복지의 확보와 직결되는 중요한 법적 기능을 수행하고 있다.

1) 사회복지의 권리성 확보

사회복지입법에 의하여 생존권의 실현이 구체화됨으로써 그것을 기초로 한 국가에 대한 국민의 사회보장청구권은 구체적 권리성을 가지게 되었다.

제2차 대전 후 미국에서는 생활보호계층의 복지수급권(Welfare Right)의 주장과 그 확립을 위한 운동이 전개되었고, 영국에서도 복지수급권의 보장과 함께 각종의 사회보장급여에 대한 이의신청 및 소송이 제기되었다.[6)]

권리로서의 사회보장의 바탕에는 생존권의 확인이 있다. 생존권이란 국민의 최저생활의 유지를 위하여 필요한 제 조건의 확보를 국가에 대하여 요구하는 권리이다.

생존권이란 사람이 어떠한 상태에 처하게 되더라도, 즉 소득이 부족하든지 또는 전혀 없더라도 생존을 지속할 수 있는 권리를 말한다. 인간이 살기 위한 기본적 조건은 의식주와 그 밖의 생활 자료의 조달과 확보이다. 따라서 인간은 어떠한 사태에 처하더라도 의식주와 그 밖의 생활 자료를 확보할 권리가 있다.

생존권은 20세기에 들어와서 자본주의의 구조적 모순의 격화에 의한 빈곤 및 상병 등의 사회문제에 대하여 국가의 적극적인 사회적 시책에 의하여, 그와 같은 모순을 완화할 필요가 있다고 하는 사상, 즉 복지국가론의 대두와 관계가 있다.

종래의 국민의 국가에 대한 법적 지위가 국가권력의 간섭을 배제하는 자유를 중심으로 전개되는 가운데 생존권은 단지 자유권으로서 국가가 국민의 생존권을 부당하게 침해하지 않으며, 침해되지 않도록 보장한다는 소극적인 의미로부터 적극적으로 생존권이 보장되도록 국가권력의 발동을 요구하는 작위요구권으로서의

---

6) 佐藤進, 「勞動法と社會保障法との交錯」, 東京, 勁草書房, 1979, pp. 83～86.

사회권(社會權)인 것이다. 국가는 모든 국민의 생존권이 확보되도록 공적으로 배려할 정치적이며 도의적인 의무를 지며, 생존권은 빈곤자에 대하여 국가의 책임으로 그의 최저한의 생활을 보장하는 공적제도로서의 공공부조 등의 사회보장으로 체계화되어 가고 있다.

더욱이 제2차 세계대전 후에는 국민이 가져야 할 최저한의 권리는 단지 생존권만이 아니라 생활권이라고 하는 주장이 일반화되어 생존권의 사상은 생활권의 사상으로 확대되었다. 따라서 사회보장도 생활권사상의 이념 하에 있어서는 건강하고 문화적인 최저한의 생활을 영위하는 권리의 보장, 즉 사회권으로서의 의미를 갖게 되었다.

이와 같이 아름다운 생활의 보장을 국가의 책임으로 보장하는 이른바 생존권은 다음과 같은 두 가지의 특색을 지니고 있다고 볼 수 있다.

첫째로, 생존권은 사회적 패배자에 대한 국가의 은혜로서가 아니라, 사회에서 생을 향유하는 자의 당연한 권리이다(權利性).

둘째로, 생존권은 단지 살아간다는 정도가 아니라 문화적인 인간에 상응하는 정도의 것이 되지 않으면 안 된다.

생존권의 보장에 있어 "인간으로서의 가치 있는 생존"이나 "인간다운 생활"의 의미에 있어서도, 어떠한 생활수준이 헌법이 예정한 인간다운 생활인가에 대해서는 일반적으로 확정하기가 불가능한 것이며, 그 수준은 국가나 시대 또는 사회적 여러 요인에 다라 유동적이라고 할 수 있다.

인간의 생존권이 인정되고 그것이 단순한 염원이 아니라 하나의 권리로서 인정된다고 하면, 이 권리를 수호하기 위한 의무자가 존재하지 않으면 안 된다. 이와 같이 인간의 생활을 보장하며 생존권을 보장할 수 있는 것은 바로 국가이며 사회이다.

대체로 충분한 자산을 갖지 못한 근로계층에 속하는 자에게 있어 출산·상병·실업·노령 및 사망 그 밖의 사고에 의하여 생활의 위협을 받지 않도록 언제나 정상적인 생활이 보장되도록 바라지 않는 사람은 없다.

이와 같은 생활의 보장은 은혜로서 주어지는 것이 아니라 권리로서 얻어지는 것이 아니면 안 된다. 이것이 사회복지의 권리성이다.[7]

---

7) 小川政亮, 「權利としての社會保障」, 東京, 勁草書房, 1964, p. 120.

2) 사회복지행정과 주민참여문제

사회복지행정법은 그 전문적·기술적 성격상 행정주도에 의한 정책 입법적 성격을 가지는 것이 일반적인 경향이다. 입법과정에서 뿐만 아니라 사회복지행정법의 시행과정에서 행정기관이 중심적 역할을 하고 있음은 물론이다.

사회복지행정법의 발전은 필연적으로 사회보장의 확충을 위한 행정권의 확대를 초래한다. 이에 따른 사회복지행정의 합리성과 민주성의 확보를 위하여 사회복지행정법의 역할이 더욱 중요시되고 있다.

특히 사회보장 급여수준·재원부담·수급요건 등에 현저히 나타나는 격차와 불공평을 시정하기 위하여, 제도의 관리운영에 노동자와 지역주민이 주체적으로 참여할 수 있는 방도가 모색되어야 할 것이다.

3) 사회복지행정에서의 법의 우위

사회복지의 시행과정에서 한편으로는 행정권의 역할이 중요시되고, 또 한편으로는 경제적·재정적 압력에 의한 사회복지의 위축현상을 직시하게 됨으로써 사회복지에 있어서의 법의 우위가 문제되고 있다.

사회복지에서 법의 우위가 새삼스럽게 논의되는 배경은 사회복지의 법이념인 생존권의 논리보다는 그것의 실현수단인 경제의 논리가 더욱 지배하는 사회복지의 현실에 대한 비판이다.

이는 사회복지를 경제나 재산의 배려에 종속시킨 나머지 국가의 경제적·재정적 사정이 사회복지를 정체시키고 그 법이념의 후퇴를 가져온 사회복지의 위기현상에서 비롯된 것이다.

인권(生存權)의 논리는 경제의 논리를 제약할 수 있어도, 경제의 논리가 인권의 논리를 제약하여서는 안 된다는 것이 사회복지행정에서의 법 우위론의 전제이다. 다시 말하면 생존권의 구체화를 위하여 한 국가의 경제나 재정은 오히려 사회복지의 실현·확보에 맞추어서 운영되어야 한다는 논리이다.

Ⅱ. 빈곤과 빈곤문화[8)]

「빈곤은 해결되어질 수 없는 것인가?」

이 질문은 인류역사의 과거와 현재는 물론 미래에도 난제임이 분명하다. 과학문명과 경제발달의 고도화가 이룩된 현대에도 정도의 차이는 있으나 빈곤층이 엄연히 존재하고 있다. 현대자본주의사회에서는 이제 빈곤은 개인의 문제로만 보지 않으며, 오히려 사회제도와 사회적으로 발생하는 점이 불가피하다고 보아 사회적, 공공적 책임 아래 국가의 손에 의해서 계획적으로 치유하려 하고 있다. 이와 함께 현대사회에서는 빈곤의 개념이 절대적 빈곤보다는 문화적, 상대적 빈곤이 차원에서 크게 부각되고 있다.

그러나 우리나라에서도 경제의 양적·질적 성장의 결과 전체인구에서 차지하는 절대 빈곤층의 비율은 감소하였다고 정부는 발표하고 있으나, IMF관리경제체제 이후 소외계층이 늘어나는 실태에 있다. 특히 60년대 이후 급격한 산업화와 경제성장과정의 희생자로서의 농촌이주자와 도시비공식부문이 다수를 차지한다는 면에서 공적지원의 정당성이 높다. 현재 우리나라에서는 절대빈곤층을 위한 정부정책으로 생활보호사업이 시행되고 있다.

생활보호제도는 빈곤에 빠져 있는 생활보호대상자들의 욕구충족과 자활의 달성을 목표로 하고 있으며, 이를 위해 대상자들에게 재정적 원조를 하고, 요보호상태에 빠지게 된 원인 및 그들의 능력을 이해시켜 자립할 수 있도록 도와야 하며, 이와 관련된 서비스를 제공해야 한다.

한편 빈곤의 원인으로 빈곤문화론을 주장하는 학자들에 의하면 생활보호제도는 그 근본 기반이 무너진다. 빈곤문화론자들에 의하면 생활보호사업과 같은 공적부조제도는 문제의 원인을 제거하지 못하고, 오히려 빈곤문화를 강화시킬 따름이다. 우리의 경우도 도시화가 진전되고 서구화가 지속되면서 빈곤문화를 경계해야 할 시점에 이르렀다.

빈곤문화는 존재하는가? 빈곤문화가 존재한다면 바람직한 사회보호사업은 어떻게 달라져야 하는가?

---

8) 김기옥, 「빈곤문화의 이론과 실제에 관한 연구」, 인문사회과학연구 제6집(호남대, 1999), pp. 455 ~478

1. 빈곤이론과 공적 부조로서의 생활보호제도

1) 빈곤에 대한 일반이론

(1) 빈곤의 개념

① 절대적 빈곤

절대적 빈곤이란 개념을 처음 사용한 라운트리(Rowntree, 1901)에 의하면 "가구의 전체소득이 단지 육체적 활동을 유지하기에 필요한 필수품을 획득하기에 불충분한 상태"를 의미한다.

② 상대적 빈곤

상대적 빈곤은 빈곤을 한 사회의 기존생활기준과 직접 비교하여 정의한다. 순소득으로 하위 일정 비율을 빈곤층이라 정의하는 순수상대빈곤개념(pure-relative poverty)과 빈곤층을 전체평균소득 또는 일정비율로 정의하는 유의상대빈곤개념(quasi-relative poverty)으로 나뉘어진다.

③ 법적·행정적 빈곤

생활보호대상자 선정의 기준이 되는 빈곤이다.

④ 사회·문화적 빈곤(준빈곤, Quasi poverty)

심리적·사회적·문화적 박탈을 포함하는 사회적 가치의 전반적인 상대적 결핍상태이다. 주관적 빈곤이 포함된다고 할 수 있다.

(2) 빈곤의 원인

우리나라에서 빈곤을 보는 시각은 도시 비공식부문론, 주변화론, 생산양식집합론, 상대적 과잉인구론 등으로 구분되어 논의되고 있다.

또한 빈곤의 원인은 크게 개인적 책임과 사회적 책임으로 나눌 수 있다.

빈곤에 대한 일반이론으로는 안정이론, 인적 자본론, 노동시장분절이론, 빈곤문화론으로 나눌 수 있다.

우리나라에서는 무자산, 남편의 사망, 질병, 불구, 과다한 자녀수 등 가족적 요인이 빈곤의 원인으로 가장 많이 지적되고 있다. 그러나 사회가 발전하면서 복지권이 강조되고 빈곤의 사회적 책임이 크게 부각되고 있다. 따라서 이후 국가의 손에 의한 빈곤의 치유 요구가 고조될 것이다.

빈곤에 관한 또 하나의 견해로 빈곤문화론이 있다. 이러한 개념에 의하면, 빈곤은 매우 안정적이고 지속적인(stability and durability) 생활양식(way of life)으로 세대간 전송된다는 것이다. 이 경우는 제반 정책이 시행된다 할지라도 빈곤문화를 제거하지 못하면 효과가 없다는 것이다.

(3) 빈곤의 유형

빈곤의 유형은 자활 가능한 저소득층의 범주를 규정하여 자립방안에 접근하는 것이 바람직하다. 디니토와 다이(Dinitto & Dye, 1983)는 빈곤의 유형을 다음과 같이 네 가지로 분류하고 있다.

- 박탈로서 빈곤(poverty as deprivation)
- 불평등으로서 빈곤(poverty as inequality)
- 문화로서 빈곤(poverty as culture)
- 착취로서 빈곤(poverty as exploitation)

우리나라에서 빈곤은 개인적 차원에서 개인의 동기부족, 게으름, 의타성, 부적응 등의 요인에서 기인하고, 구조적 차원에서는 사회구조의 모순, 사회제도의 결여, 기회의 제한 등이 주요 요인이 되는 것으로 알려져 있다.

그리고 빈곤의 요인은 개인적 차원에서 볼 때 열망수준으로 측정이 가능하며, 그 외의 구조적 변수는 간접적인 추론에 의존할 수밖에 없다. 즉, 열망수준은 높은데도 근로능력이 없기 때문에 빈곤하다면, 일단 기회구조의 제한이 그 원인이 된다고 볼 수 있다. 근로능력의 개념은 숙련된 기능의 보유를 중심으로 교육을 통해서 기능의 유용성을 갖춘 경우며, 또한 신체적 장애가 없고 기술적 근로능력과 신체적 근로능력을 모두 갖춘 사람으로 보고 있다. 이러한 면에서 빈곤의 결정 요인을 크게 두 가지로 요약할 수 있다. 첫째는 근로능력의 유무에 있고, 둘째는 근로의욕의 유무로 볼 수 있다. 따라서 이상의 기준으로 빈곤의 유형을 분류하면 다음과 같다.

- 제 Ⅰ형: 만성적 빈곤(chronic poor)으로서 개인의 열망수준이 낮고 근로능력이 없는 경우
- 제 Ⅱ형: 나태적 빈곤(sluggish poor)으로서 근로능력은 갖추고 있으나 열망수준이 낮아서 빈곤한 경우

- 제 III형: 불행한 빈곤(unfortunate poor)으로서 근로능력은 없으나 열망수준은 높은 빈곤의 경우
- 제 IV형: 박탈적 빈곤(deprivated poor)으로서 근로능력도 있고 열망수준도 높은 빈곤의 경우

이와 같은 빈곤의 유형을 도표로 제시하면 <표 1-1>과 같다.

<표 1-1> 빈곤의 유형

구 분		근로능력	
		무	유
열망수준	무	제 I형 (만성적 빈곤)	제 II형 (나태적 빈곤)
	유	제 III형 (불행한 빈곤)	제 IV형 (박탈적 빈곤)

- '만성적 빈곤자'는 지역사회 내의 장애자, 무의무탁한 노인 등 생활무능력자로서 생활보호법에 따라 지속적인 서비스를 제공해야 한다.
- '나태한 빈곤자'는 지역사회 내에서 활동능력은 있으나 근로의욕이 상실되어 있으므로, 이들의 자립유도와 성취의욕을 고취하는 자립프로그램이 필요하다.
- '불행한 빈곤자'는 지역사회 내에서 활동능력은 없지만 열망수준이 높으므로 신체적 노동능력의 재활과 직업훈련, 재교육 등의 서비스제공이 요구된다.
- '박탈된 빈곤자'는 지역사회 내에서 활동능력과 근로의욕은 있지만 사회구조적 모순과 결함, 자립기회의 부족 등에 기인하므로 근로활동의 기회를 부여하여 자립을 유도하는 것이 필요하다.

이와 같은 지역사회 내 빈곤의 유형화를 통해 자립프로그램이 효과적으로 영향을 미칠 수 있는 대상은 우선적으로 근로능력이 있는 사람들이다. 그러므로 근로능력이 있는 '나태한 빈곤자'에게 심리적 소외감, 박탈감, 무관심 등을 회복하도록 심리적인 서비스가 요구되며, 개인적으로 동기유발을 할 수 있는 제도적 장치가 마련되어야 한다. 또한 열망수준은 높으나 근로능력을 갖추지 못한 '불행한 빈곤자'에게는 기능교육을 통한 자립책이 마련되어야 한다.

이상의 네 가지 유형 중 '박탈된 빈곤자'는 그동안 활동기회가 부족하여 빈곤한 삶을 영위해 왔기 때문에 그들에게 적합한 자영업프로그램을 개발하여 보급하

고 지원한다면 충분한 자립생활이 가능할 수 있다.

(4) 빈곤과 저소득층

저소득층(low-income people)이란 일반적으로 공적인 빈곤 기준에 의해 생활보호 수준과 동등하거나 그 이하의 소득으로 생활하는 계층을 말한다. 즉, 이들은 생활보호 기준에 따라 최저소득에 위치한 보더라인(border line)이라고 칭한다. 사회적 통념으로 저소득층은 국민기초수급자뿐만 아니라 빈곤자를 포함하는 경향이 있다. 그러므로 저소득계층은 영세민을 포함한 불안정 취업으로 생활하는 계층을 총괄하여 사용하기도 한다.

발킨(Balkin)은 저소득층의 의미를 보다 다양하게 제시하였다. 즉, 교육수준이 낮고, 인종적 차별을 당하며, 모자세대며, 신체적, 사회적 어려움(handicap)을 지니면서 단지 수입이 적은 것 이외에 사회적으로 불이익을 당하는 극빈계층을 포함한다고 강조하였다.

이러한 저소득층의 특징은 그들의 취업형태에 반영되면서 점차, 불안정한 취업상태에 있다는 점이다. 그리고 저소득층은 단지 소득이 적다는 것에 그 성격 자체가 규정되는 것이 아니라 근로빈곤자(working poor)라는 점이 특징이다. 즉, 직업의 불안정성, 소득의 불규칙성, 사회적 활동력의 약화 등 경제적 지위가 낮은 결과를 반영하는 저소득자를 말한다.

우리나라의 경우 저소득층의 개념은 협의의 의미로서 빈곤층 또는 중요하지 않은 존재로 수용하는 경향이 있다. 즉, 빈곤자를 지칭하는 경우로는 주로 '영세민', '저소득층', '빈곤층' 등의 용어를 사용하며, 빈곤 자체를 사회구조적, 역사적 산물로 보는 것이 아니라 개인적인 책임으로 전가하고 있다. 그러나 저소득층의 의미는 단지 어려운 생활이라든지 육체적 곤란에 초점을 둘 뿐만 아니라 빈곤을 통해 개인의 존엄성을 침해하는 사회적 상황에 두고 있다. 저소득층의 유형을 두 가지로 제시하면 다음과 같다.

- 소득 중단자로서 실업자, 기타 결손가정 등
- 소득 부족인 자로서 영세서민, 어민, 영세근로자 등

여기서 전자는 소득이 중단된 사람으로서 영세민자활지도사업의 대상이 되며, 후자는 소득이 부족한 사람으로서 단기구호사업의 대상이 된다. 따라서 저소득층이란 국민기초수급대상자에 속하는 자활보호대상자로서 대개 활동능력은 있지만 실직상태거나, 취업을 하더라도 취업구조에서 낮은 임금과 취업의 불안정성으로

자립을 못하는 사람들이다. 또한 공식적, 비공식적 부문(Friedmann & Sullivin)이나 영세자영업, 소규모 서비스업계 등에 일시적으로 고용된 사람을 말한다. 특히 저소득층은 열악한 주거환경 속에서 저소득자의 불완전 취업이라는 특징을 공유하면서 빈곤지역에 밀집되어 살아가는 가난한 사람들을 말한다.

저소득층의 심리적 상태는 어느 정도고, 정신적 상태는 어떠하며, 그들이 갖는 심적 상태는 무엇에 영향을 받는가는 매우 중요하다. 특히 저소득층의 심적 상태를 보면, 첫째, 버림받은 존재, 둘째, 천한 존재, 셋째, 적의심을 가는 존재, 넷째, 싫은 무리들의 존재 등으로 인식한다. 이를 구체적으로 제시하면 다음과 같다.

- 저소득층은 자신들이 버림받은 사람이라고 생각한다. 즉, 지역사회에서 떨어져 나간 사람 또는 예외자 등으로 보고 있다. 이들은 지역주민들의 관심에서 멀어지고 접근할 수 없는 사람으로서 거리감을 두고 생활한다. 또한 이들은 지역주민들이 기대하는 것에 부응할 수 없고 자신이 희망하는 것을 이룰 수 없어 절망적이라고 생각한다. 대부분의 저소득층이 좌절감에 사로잡히는 것은 자신의 기대와 소망을 앞세우지 못하는 심리적 위축감에 기인하기 때문이다. 이는 결국 타인과 관계성에서 마음이 멀어지려고 애쓰며, 지역사회의 밑바닥에서 움츠린다는 것이다.
- 저소득층은 타인이 자신을 천하고 볼품없는 사람이라고 생각한다. 그들은 스스로 게으르고 복을 지니지 못하며 의욕과 성의가 없다고 자인한다. 즉, 지역사회에서 무가치하고 쓸모없는 존재라고 생각하면서 자신들을 경멸하고 자학하고 자포자기 하는 경우가 많다. 이들은 밝은 태양 빛을 맞이하고, 신선한 공기로 호흡하는 것이나 사람들과 정다운 이야기를 나누는 것 등을 만끽하지 못한다. 그러므로 인간으로서 가장 중요한 인격성의 가치마저 포기하고 살면서 귀한 생명의 존엄성을 천하게 여긴다.
- 저소득층은 지역사회 내의 부유층에 대하여 적의감을 가지고 있다. 이들은 가난하다는 낙인을 가지고 잘사는 사람들에게 이유 없이 적개심을 품는다. 대개 다른 사람에 대한 적의심이나 증오심은 자기 자신에 대한 증오와 자신의 운명에 대한 적의심으로 연결된다. 기존 연구에서 이와 같은 적의심이나 증오심은 물질적 소유의 여하에서 오는 것보다 오히려 자신들이 스스로 '버림받은 자', '천한 자', '게으른 자' 등과 같이 생각하는 데서 기인한다고 본다.
- 저소득층은 다른 사람들이 자신을 싫어한다고 생각한다. 이들은 이웃의 사랑

과 관심을 받을 수 없는 예외자로 인식한다. 또한 사회적으로 격리된 낙오자로서 타인의 사랑과 관심을 요구하지만, 이것은 실현성이 없는 것임으로 알고 좌절감과 고독감을 느낀다. 그러나 이들에게도 자존심의 일부가 남아 있기에 사회적응력을 위해 노력해 보지만 현실적으로 지역사회가 용인하지 못하는 것이 사실이다.

따라서 저소득층의 특성은 불안정한 취업, 열악한 주거환경, 질병에 노출은 물론 저학력, 무기술, 의존성 등의 어려운 형편에 따라 하루살이 생활을 전개한다. 특히 이들의 불안정한 취업으로 생활의 곤란은 물론 질병문제와 자녀교육문제 등이 발생하며, 이로써 빈곤의 악순환이 거듭된다.

쇼힐(Sawhill)에 의하면, 저소득층의 복합적인 문제를 해결하기 위해서는 단순한 물질적 서비스의 제공뿐만 아니라 이들의 자조의지를 유인할 수 있는 다각적인 방안이 요구된다고 한다. 따라서 저소득층은 지역사회에서 일시적인 물질적 원조보다는 적절한 일자리를 제공하여 자활할 수 있는 제 여건을 조성하여 근본적으로 자립할 수 있는 해결방안을 모색해야 한다.

지역사회 내 저소득층의 주변적 조건을 설명하기 위한 가장 큰 특징은 대부분 저소득에 관한 것이고, 도시 저소득층의 경제적 부문에 대한 논의로서 도시빈곤과 취업문제는 분리할 수 없는 것으로 간주하고 있다(Sandbrook).

대부분의 저소득층은 취업구조에서 낮은 임금과 미래의 불안정성의 지배받으며, 공식적 부분의 공장 및 서비스업계의 고용과 비공식 부문의 행상이나 노점상 등에 국한되고 있다.

보건복지가족부 자료에서 저소득층의 전체 세대 중에 취업한 세대로는 영세자영업종과 영세농수산업종이고, 고용으로서는 상시고용, 임시고용, 일일고용 등으로 나타나고 있다. 그중에 다수의 저소득층은 미취업상태인 세대로 나타나며, 활동능력이 없는 저소득층 세대가 대부분을 차지하고 있다.

저소득층의 경제활동인구는 거택보호대상자가 1/3정도이고, 자활보호대상자가 절반 이상으로 집계되고 있다.

발킨(Balkin)은 자영업활동을 통해서 자립 가능하다고 보는 저소득층을 다음과 같이 여섯 그룹으로 분류하고 있다.

- 근로의욕을 있으나 자원 및 경험이 없는 자
- 근로능력이 있는 실업자
- 새로운 직업에 관심이 있는 자

- 자신의 생활패턴을 개선하고 융통성을 가진 자
- 일반적 취업보다는 자영업을 원하는 자
- 자영업 경험을 가진 진취적인 자 등

따라서 저소득층 대상은 다양한 집단을 포함하고 있다. 그리고 자활보호 대상자로서 자립 가능한 저소득층을 두 분류로 제시하면 다음과 같다.

- 근로능력은 있으나 근로의욕이 상실된 나태한 빈곤자
- 근로능력과 근로의욕이 있으나 활동기회의 부족으로 빈곤상태에 있는 자 등

이와 같은 두 가지 유형의 빈곤계층이 자립 가능한 대상자 범주에 포함되기 때문에 이들 대상자를 한정하여 자영업기회를 제공하고 저소득층 자립방안의 구축에 관심을 가져야 한다.

통계청의 '한국표준산업분류'에서는, 우리나라의 자영업직종은 약 5만개 이상으로 집계하고 있다(통계청, 2005). 그러나 저소득층이 현실적으로 적용할 수 있는 자영업직종은 극히 제한되어 있다. 그 이유는 자신들의 적응능력, 자금조달, 직종의 규모 등을 감안하여 선택해야 하기 때문이다. 그렇다면 저소득층이 교육수준이나 고도의 기술, 조직생활 등과는 관계없이 자율적으로 자신의 잠재능력과 고도의 기술, 조직생활 등과는 관계없이 자율적으로 자신의 잠재능력과 자신감을 갖고 수행할 수 있는 단순한 자영업직종이 적합하다고 할 수 있다. 단순자영업 직종은 도배업, 페인트업, 타일분야업 등을 들 수 있다. 따라서 지역사회 중심으로 저소득층에게 이와 같은 활동 가능한 자영업직종을 개발하여 자립을 유도하는 것이 현실적으로 중요하다.

2) 공적 부조로서의 생활보호제도

(1) 이론적 근거

공적 부조의 하나인 생활보호제도의 근거는 다음과 같다.

① 사회보장의 하나로서 최저생활보호를 위한 보완적인 소득보장제도이다. 사회보장제도를 사회보험과 공적부조제도로 크게 나누고 전자를 주된 사회보장제도로 보는 것이 일반적이다. 따라서 공적부조제도는 사회보험제도가 해결하지 못하는 개개인의 특수한 사정을 고려하여 그들의 최저생활을 보장한다는데 그 의의가 있다.

② 사회조직이나 제도의 변천은 국가의 부조책임을 불가피하게 한다. 산업화로 인해 그 이전에 상호부조가 경제적 어려움을 가족 내지 이웃, 지역사회를 통해 해결할 수 있었던 사회조직이나 제도의 체계가 더 이상 맞지 않게 되었으며, 이에 따라 국가가 나서서 구제해주어야 할 가치가 필요하게 되었던 것이 그 근거가 된다.

③ 현대 산업사회의 경제불안에 대한 보완책이다. 인적 자본론의 근거와 관련지어 현대산업사회에서는 인구의 대부분이 각자의 고용을 통해서 소득을 보장받게 되어 있는데 소득이 중단되거나 감소될 때에 생계에 위협을 받게 되는 것이다. 이에 보완책으로서 공적부조제도가 존립하는 것이다.

④ 민주주의 정신에 입각한 기본권 존중사상에서 기인한 제도이다.
민주사회의 기본전제로서 모든 사람은 나름의 가치와 존엄성을 가지며 인간의 개별성, 특수성을 감안하고, 인간은 단순히 경제적 도구로 이용, 취급하지 않으며 인도주의적 견지에서 사회정의를 실현해야 한다는 점에서 공적부조제도가 존재한다고 할 수 있다.

⑤ 생활보호제도는 인간의 공통욕구를 충족하며 특히 요보호자의 건전한 성장에 이바지할 수 있는 제도이다. 경제적 불안정, 즉 빈곤이나 궁핍은 사람들의 지적·신체적·정신적 발달의 저해를 가져오며 사회인으로서의 대인관계에서도 무기력하고 열등감에 사로잡혀 사회적·감정적 자질을 충분히 갖추고 있다고 할 수 있는 개인이 궁핍한 생활 때문에 좌절하게 되는 사실을 감안할 때 공적부조제도의 존립 근거가 될 수 있다.

(2) 기본원리와 원칙

공적 부조의 원리와 원칙은 다음과 같다.

① 공적 부조의 원리
- ㉠ 생존권보장의 원리
- ㉡ 국가책임의 원리
- ㉢ 최저생활보장의 원리
- ㉣ 무차별 평등의 원리
- ㉤ 보완성의 원리
- ㉥ 자립조장의 원리

② 공적 부조의 원칙

㉠ 신청보호의 원칙
㉡ 기준 및 정도의 원칙
㉢ 필요즉응의 원칙
㉣ 세대단위의 원칙
㉤ 금전부조의 원칙
㉥ 거택보호의 원칙

이러한 생활보호제도는 일반적으로 다음과 같은 특징이 있다.

① 저소득자 등 요 보호자에게만 국한되고,

② 신청자의 개별적 요구(신청보호)와 자산조사를 거치며,

③ 그 재원은 국가의 일반세입에서 전액 조달된다.

그러나 이 생활보호제도도 빈곤문화론에서는 오히려 빈곤을 고착시키고, 대를 이어 전승시킬 뿐이다. 이하에서는 빈곤문화론과 그 생활보호제도에 관해 살펴본다.

2. 빈곤문화론과 생활보호제도

1) 빈곤문화론

사회학자, 인류학자, 유전학자 등은 사회의 빈곤계층이 다른 계층과 구별되는 독특한 사회적·심리적 속성을 지니고 있다하며, 이를 빈곤문화(culture of poverty)라고 규정한다. 즉 여기에서는 빈곤을 한 생활양식으로 보는 것으로서 이러한 이론에 의하면 빈곤문화의 영향을 계속 받는 한, 계속 가난해질 수밖에 없다고 한다. 이러한 빈곤문화론은 루이스(Oscar Lewis) 및 밴피일드(Edqard C. Banfield)에 의해서 논의되어 오고 있다.[9)]

(1) 빈곤문화이론

① 루이스의 빈곤문화론

루이스는 빈곤문화를 다음과 같이 독특한 속성을 갖는다고 지적하고 있다.

첫째, 지역사회면에서 기존의 정치·경제·사회제도에 대한 효과적인 참여가 결여되어 있다.

둘째, 가정생활면에서는 권위주의, 합의이혼, 자유동거, 자녀교육에서의 폭력사용, 가정의 붕괴로 인한 모계중심적인 가정 등의 성격이 나타난다.

---

9) Oscar Lewis, the Children of Sanche, Secker and Warburg. 1962, p. 24.

셋째, 심리적으로 의타심이 높고 무기력·열등감·소외감이 보편적인 것이 된다.

이러한 빈곤문화는 부모에게 자식으로 대를 이어 지속된다고 하며, 특히 자본주의의 초기에 농촌에서 도시로 이주해 온 도시빈민에 있어서 현저한 모습을 보인다고 한다.

그러나 루이스의 이러한 빈곤문화론에 대해서는 비판도 많다.

첫째, 그의 연구는 흥미로운 것이기는 하나 그가 행한 조사방법이 체계적인 것이 아니었다는 점.

둘째, 빈곤문화를 찾아내기 위한 기준으로서 중산계층의 가치관을 원용함으로써 편견이 개입될 수 있다는 점.

셋째, 이러한 기준의 정확성이 결여되어 있다는 점.

넷째, 논리적인 일관성이 결여되어 있는 점 등이다.

② 밴피일드의 빈곤문화론

하버드대학의 밴피일드 교수에 의하면 빈곤계층에는 두 가지가 있다고 한다. 실업, 장기간의 질병, 가장의 죽음으로 인하여 빈곤해진 사람이 있는가 하면, 다른 한편으로서 장래에 대비하는 심리적 상태가 되어 있지 못하고 그저 현재 지향적인 심리상태에 지배되고 있기 때문에 빈곤해진 경우가 있다.

전자의 경우에는 그런 원인이 된 외적요인(실업, 질병 등)이 해결되면 빈곤도 자동적으로 해소되므로 이때의 빈곤은 일시적인 것이다. 그러나 후자의 경우에는 그런 외적요인이 개선된다고 하더라도 그들의 심리상태에 뿌리박힌 생활양식으로서의 빈곤은 결코 해소되지 않은 채 계속되어 다음 세대에도 순환된다고 한다.

이 후자가 빈곤문화로 설명이 되는데 밴피일드는 이것을 그들의 심리상태가 현재 지향적인 결과라고 한다. 따라서 이러한 빈곤문화에 예속되어 있는 사람에게 있어서는 수입의 증대와 같은 외적요인의 개선은 빈곤을 해소하는데 피상적인 효과밖에 없으며 또 이 상태는 세대로 순환된다고 한다.

2) 빈곤문화퇴치로서의 생활보호제도

(1) 이론의 함의

빈곤문화론을 인정하느냐 않느냐 하는 것은 "빈곤문화 때문에 가난한가?"와 "가난하기 때문에 빈곤문화가 나타나는가?" 라는 주장의 차이로 귀결되며 그것은 구빈행정의 방향을 결정짓는다.

빈곤문화론을 인정하는 경우에는 구빈행정의 방향은, 빈민의 소득을 증대시키는 정책보다는 근본적으로 빈곤문화가 지속, 순환되는 것을 막음과 동시에 빈민의 심리적 무기력과 열등감을 해소하는 정책이 중시되게 된다. 그러나 이는 빈곤은 기정사실화 하거나 정당화함으로써 구빈행정을 뒷받침한다.

한편 빈곤문화를 인정하지 않고 빈곤을 수입획득의 기회의 결여로 나타난 것으로 보는 입장의 구빈행정은 개인에게 보다 취업기회를 높이고 직업훈련교육 등을 통해서 그들에게 소득을 높일 수 있는 여건을 마련해 주는 것이 된다. 여기에서는 정부가 행하는 취로사업, 직업훈련, 생활보호 등이 매우 중요시된다.

(2) 빈곤문화퇴치와 생활보호제도

현재 우리나라에서는 지속적인 빈곤문화는 대체로 존재하지 않는 것으로 나타나고 있다. 우리나라의 빈민은 상승욕구를 가진 건전한 시민(respectable poor)이요, 출발자(beginner)이다. 그러나 대중매체(mass media)를 통해 나타나는 고정관념(stereo type)형성, 공식적 범죄통계의 선택성의 문제점 등으로 빈곤문화가 형성될 가능성을 전혀 무시할 수는 없다. 따라서 빈곤은 퇴치될 수 있다는 의욕과 적극적인 구빈행정으로 바람직하지 않는 빈곤문화의 형성을 방지하여야 할 것이다.

만약 빈곤문화가 존재한다면 생활보호제도도 달라져야 한다.

적실성 있는 생활보호제도는 공적 부조의 원리와 원칙을 충실히 지키되 현대산업사회에 맞고, 빈곤문화의 생성을 방지할 수 있도록, 특히 자립조장의 원리와 보완성의 원리가 강조되어야 하고, 기준 및 정도의 원칙과 필요즉응의 원칙에 충실하여야 할 것이다.

Ⅲ. 지방자치와 사회복지정책[10)]

어느 국가이든 그 국가의 존립목적과 체제의 선택은 모든 사회구성원이 그들의 욕구를 충족시키며 가치 있는 삶을 누릴 수 있는 사회를 이룩하기 위한 것이라고 말할 수 있다. 이를 위하여 모든 국가는 자본주의, 또는 사회주의와 같은 정치체제적 이데올로기를 선택하고, 한 국가 속에서도 중앙집권제 또는 지방자치제(지방분권제)를 선택한다. 바꾸어 말하면 우리가 선택한 지방자치제는 복지사회를 실현하기 위한 수단의 선택이라고 말할 수 있다. 그러므로 지방자치가 사회구성원의 복지증진에 기여하여야 한다는 것은 당위적인 논리가 된다고 하겠다. 물론 복지의 증진이 구체적으로 어떤 것인지를 말하는 것은 쉽지 않다. 그것은 사회복지의 개념이 매우 포괄적인 의미를 함축하고 있기 때문이다. 그러나 사회복지의 개념을 가장 광의적으로 말하면 인간의 욕구를 충족시키기 위한 수단으로 정의할 수 있을 것이다. 물론 인간의 욕구가 무엇이며 어떻게 충족될 수 있는지에 대하여는 깊은 논의가 필요하지만, 일반적으로 모든 사회구성원이 평등한 권리와 자유를 누릴 수 있는 상태에서 인간의 욕구는 충족될 수 있으며, 이렇게 될 때 비로소 인간은 가치 있는 삶을 누리게 된다고 하겠다.

그러나 모든 국가들이 이러한 목적을 위하여 정치체제 및 제도를 선택하고 다양한 정책들을 수행하여 왔으나 과거세대에 비교하여 현세대의 사람들이 훨씬 더 욕구만족을 느끼면서 인간답게 산다고 말하기는 어렵다.

이것을 극단적으로 말하면, 인간의 복지를 위한 지고의 정치체제적 이데올로기가 부존하거나 또는 지금까지 실시하여 온 복지정책이 성공적이지 못하였다고 말할 수 있다. 이러한 점에서 지방자치가 실제적으로 사회복지의 증진을 가져올 수 있는 지에 대하여 의문이 제기되는 것이다. 다만 논리적인 측면에서 볼 때, 지역고유의 사회문제는 중앙정부의 획일적인 정책보다 지방자치를 통하여 주민의 자기결정권에 의해서 해결하는 것이 더 효과적이기 때문에 다른 문제가 없다면 지방자치가 사회복지에 기여할 수 있다는 것이다. 그러므로 지방자치가 사회복지에 유효한 의미를 가지기 위해서는 사회복지적 측면에서 그 사회가 갖고 있는 문제들을 발견하고 해결하는 것이 필요할 것이다.

---

10) 김기옥, 「지방자치와 사회복지정책」, 사회복지행정 제2권(호남대, 2002), pp. 5～19.

하나의 정책이 성공적이려면 우선 올바른 정책방향이 설정되어야 하고, 그러한 방향 속에서 수단적 개념인 하위정책들이 잘 연결되어야 할 것이다. 또한 모든 조직체가 환경의 영향을 받듯이 하위정책은 상위정책의 영향을 받게 된다는 것을 인식해야 할 것이다. 이러한 목표선상에서 정책적 과제들이 발견되어질 수 있다. 다시 말하면, 지방자치시대에 있어서 사회복지정책의 성공여부는 올바른 복지정책방향과 관련되어 커다란 영향을 받게 된다는 것이다. 이러한 정책의 목표선상에서 우리나라의 사회복지정책과제를 발견할 수 있을 것으로 본다.

1. 사회복지정책이 추구해야할 가치

사회복지정책은 규범적으로 어떠한 방향을 지향하여야 하는가? 그것은 사회복지의 의미를 추적하는 것으로부터 도출해 낼 수 있을 것 같다.

초기의 사회복지는 빈곤으로부터의 해방에 대한 노력이었고, 이것은 다분히 온정적이거나 자선적 성격을 띠었다. 그러나 최근의 사회복지는 빈곤 및 분배문제와 더불어 생활의 질을 병행함으로써 사회복지의 대상이 그만큼 넓어졌으며 그 성격도 온정적이거나 자선적 차원을 넘어서 하나의 권리로 등장하기에 이르렀다. 따라서 사회복지의 개념은 매우 포괄적 의미로 쓰여지고 있으며 특히 정치·행정학에서는 그 개념을 넓은 의미로 사용하는 것이 일반적이다.

우리가 사회복지의 개념을 광의적으로 이해한다고 하더라도 실제로 각 국가의 사회복지제도의 전통과 경제발전의 정도에 따라서 선후진국간에 많은 차이가 있다. 그러나 사회복지가 자본주의의 결점을 보완하기 위하여 시작된 것으로 본다면, 사회복지의 범위를 어디까지 확대할 것이냐 하는 문제는 중요한 의미를 갖는다. 왜냐하면 그 범위의 지나친 확대나 축소에 따라서 마르크스주의(Marxism)도 될 수 있고 자유방임주의(Laissez-faire)도 될 수 있기 때문이다. 그런데 사회복지의 범위에 대한 견해는 사회를 보는 관점에 따라서 구별되어지는 것 같다. 사회복지의 범위에 대한 기능주의자들의 견해는 협의적 입장을 취하는 반면에 갈등주의자들의 견해는 광의적 입장을 취한다. 오늘날 우리가 선택한 자본주의는 기능주의적 사회관에서 연유된 것이기 때문에 우리나라의 사회복지의 범위는 협의적 입장을 취하는 것이 논리적 타당성을 가진다고 하겠다. 그러나 오늘날의 사회복지정책은 완전한 갈등주의적 관점이 아닌 양자를 통합한 수렴화 현상을 보이고 있으므로 사회복지의 이념적 범위에는 아직도 합의를 이루지 못한 상태에 있다고 보아야 할 것이다.

그러나 어느 입장이든 그들이 주장하는 논리의 궁극적 목표는 '인간의 보다 가치있는 사회적 생존'을 추구하기 위한 것이다. 바꾸어 말하면, 사회과학의 당위적 측면은 사회공동체 속에서 인간이 공존공생하는 것을 전제로 한 가치있는 삶을 위한 수단을 마련하는 것으로 볼 수 있다. 그러므로 사회복지정책이 지향하여야 하는 방향은 다음과 같다.

1) 공동체의식의 지향

이것은 사회복지가 사회과학이기 때문에 그것이 지향하는 목표가 같아야 한다는 단순한 논리의 전개가 아니라 사회의 공동체의식이 없다면 인간의 독선적 행위(개인간, 집단간, 국가간의 독선적 행위)가 나올 수 있고 이것은 다시 타자의 도전을 불러 일으켜 결국 사회적 갈등을 유발시키고, 이로 인하여 사회적 파괴를 초래할 수 있기 때문이다.

또한 공존공생이라는 말은 인도주의의 성격과 상통하는 것으로서 인간은 누구나 태어날 때부터 존엄성을 가지며 이는 인간이 생존하려는데 필요한 최소한의 물질적 혜택이 배려되어야 함을 의미한다.

2) 평등주의의 지향

사회복지의 개념을 인간의 욕구충족을 위한 수단적 의미로 볼 때 사회복지는 인간의 욕구가 어디에서 연유되느냐 하는 욕구발생에 관한 원인으로부터 그 해결책을 찾아 볼 수 있을 것이다. 인간의 욕구는 매우 다양하나 이러한 욕구의 발생연유는 경험적 선호의 차등(경험적 욕구)과 선험적 선호의 차등(선험적 욕구)으로 크게 구분하여 볼 수 있는데 전자가 더 지배적이라고 할 수 있다. 경험적 욕구를 충족하기 위하여서는 다른 사람들과 똑같이 자신이 선호하는 행위를 할 수 있어야 한다. 즉 일정한 문화를 가진 지역 내에서는 일반적으로 각 개인간의 평등한 경험적 소비가 전제되어야 욕구충족이 가능하게 된다는 것이다. 따라서 소득이나 부의 평등은 사회복지의 중요한 국면이 되는 것이다.

한편 인간의 욕구는 시간적 개념과도 중요한 관련성을 가지는데 이것은 인간의 욕구 및 가치관이 시간이 흐름에 따라서 달라지기 때문이다. 그러므로 인간의 욕구는 수입의 time-pattern이 욕구의 time-pattern과 조화를 이루는 범위를 고려하여야 한다. 이것은 한 인간의 생애소득이 당대의 필요에 따라서 분배가 변화될 때 보다 많은 복지를 창출시킨다는 것을 의미한다. 따라서 개인의 생애기간에 있어서도 소득분배가 균등(평등)하게 이루어지는 것이 매우 중요한 복지요소가 된다.

3) 분배적 정의의 지향

인간의 욕구충족을 위하여 평등주의적 개념이 매우 중요한 요소임은 쉽게 이해할 수 있다. 그러나 인간의 개인적 노력이나 능력을 고려하지 않는 평등은 오히려 불만의 요인이 될 것이다. 그러므로 모든 사람이 합의할 수 있는 공정한 분배방식이 필요한데 이것이 분배적 정의라고 할 수 있다. 분배적 정의는 사회구성원 모두에게 이익이 되도록 사회적 경제재 등을 분배하는 방법에 대한 이성적 윤리이다. 분배적 정의의 기준은 여러 가지이나 실적주의는 자본주의사회의 배분적 가치이며 이것은 소득이나 부를 얻는데 그 과정이 공정하면 결과 역시 공정한 것으로 간주하는 배분적 정의이다. 즉 실적주의는 사회적 공적이나 능력에 따라서 사회적 경제재 등을 분배하는 방식이다. 그러므로 실적주의는 자본주의제도를 살찌게 하고 분배의 전제인 차이를 크게 하여 줌으로써 그로 인한 사회구성원의 배분의 몫도 커지게 된다. 따라서 최선의 사회복지정책은 실적주의에 입각한 배분적 정의 실현이라고 하겠다. 물론 사회복지정책은 오랜 역사에서 말하여 주듯이 온정적인 측면을 무시할 수 없으나 사회복지정책에 대한 보다 더 합리적인 접근은 배분적 정의를 실현하기 위한 수단적 개념으로 이해하는 것이 좋을 것 같다. 그것은 사회복지정책을 호소하는 것이 아니라 이성적 윤리에 따라서 접근하려는 것이기 때문이다.

결론적으로 말하면 사회복지정책은 인간의 기본적인 생존을 위한 공존공생이라는 대 전제하에서 모든 사회구성원에게 이익이 되는 실적주의의 배분적 정의를 실현하는 정책이어야 하고 가능한 한 그것은 평등주의를 지향하는 정책이어야 한다는 것이다. 그렇게 됨으로써 사회구성원 각자에게 진정한 의미의 자유가 보장될 수 있고 그러한 자유의 보장 속에서 서로 다를 수 있는 각자의 욕구를 충족시킬 수 있게 된다고 할 것이다.

2. 지방자치의 사회복지적 의미

정치체제적 이데올로기(Ideology)의 선택이나 통치체제의 선택은 사회구성원의 보다 나은 삶을 보장하기 위한 것이어야 함은 앞에서 서술한바 있다. 이러한 의미에서 지방자치제도는 중앙집권적 통치체제에 비하여 보다 나은 복지사회를 이룩할 수 있어야 한다는 것은 당위적인 이론이다 사회정책적 측면에서 볼 때 이러한 논리의 밑바탕에는 일정한 공간(지역)을 중심으로 서로 다른 문화가 형성되고 그에 따라서 주민들의 욕구수준이나 종류가 달라질 수 있기 때문에 사회복지정책에 있어서 획일적인 정책보다는 공간적 개념을 고려하는 것이 사회전체에 보다 많은 복지를 창출하게 된다는 논리가 깔려 있다고 하겠다.

사회과학에 있어서 공간의 개념을 고려하는 것은 가장 기본적인 일이며 그 중요성은 사회복지정책에서도 마찬가지이다. 하나의 정책이 성공적이려면 적절한 시기에 적절한 정책이 실시되어야 한다는 것은 주지의 사실이지만 사회복지정책에 있어서 시간의 중요성이 강조되는 것은 인간의 욕구 내지 가치관이 시간의 흐름에 따라서 달라지기 때문이다.

하나의 공간적 개념으로 볼 수 있는 사회 속에서는 인간이 계속해서 탄생되고 또한 소멸된다. 즉 사회는 영속되지만 개체로서의 인간생명은 유한하다는 것이다. 그러므로 사회복지정책은 각 개인의 당대를 고려하는 것이 중요하고 인간의 욕구는 생애기간동안 시간의 흐름에 따라서 변화되기 때문에 인간의 욕구충족을 위해서는 수입의 time-pattern이 욕구의 time-pattern과 조화를 이루는 범위를 고려하여야 한다는 것이다.

한편 사회복지정책에 있어서 시간의 중요성과 마찬가지로 공간적 개념 또한 중요하다. 앞에서 언급한 것처럼 지역에 따라서 서로 다른 문화가 형성되고 이것은 인간이 욕구체계를 상이하게 만든다. 지역간의 상이한 문화는 삶에 대한 가치에 있어서 더 중요한 것과 덜 중요한 것을 각각 다르게 서열 짓게 할 뿐만 아니라 지역주민의 필요나 욕구도 각각 다른 것을 요구하게 한다. 예를 들면 젊은 세대들은 아직 경제적으로 기반이 충분하지 못할 수 있기 때문에 소형 아파트 지역에서는 그들이 주류를 이룰 수 있다.

그러므로 이러한 지역에는 양로원이나 노인병원 보다는 유아원이나 산부인과 또는 소아과 병원이 더 필요하게 될 것이다. 마찬가지로 도시와 농촌지역 간에서도 이와 유사한 욕구의 차이를 발견하는 것은 어렵지 않을 것이다. 이와 같이 지역간 상이하게 나타날 수 있는 욕구를 충족시키기 위해서는 획일적인 복지정책보다는 지역중심의 복지정책이 보다 더 유효할 것이다. 이것이 바로 사회복지정책에 있어서 공간적 개념을 고려하여야 한다는 논리이며 지방자치제도가 가지는 사회복지적 의미라고 할 수 있겠다.

그렇다면 지방자치는 이러한 복지목적을 충족시킬 수 있으며 그에 필요한 선행 요건 및 문제점은 없는가?

1) 지방자치의 사회복지에 대한 순기능

지방자치는 지역공동의 문제를 지역주민 스스로가 해결하는 것을 의미한다. 그러므로 지방자치는 과도한 중앙집권화에서 벗어나 지방분권화가 이루어지도록 하고 지방자치 하에서는 지역문제를 주민 스스로가 해결해야 하기 때문에 활발한 주민참여가 이루어지게 될 것이다. 또한 지방자치단체장이나 지방의회의원의 선거, 그리고 지방행정에 대한 지방의회의 견제를 통해서 주민들은 행정에 대한 통제를 할 수 있게 됨으로써 주민들의 일상적인 생활의식 속에 자연스럽게 정치의식이 높아지게 되어 지역의 발전과 복지문제를 자신들의 책임으로 받아들이게 될 것이다. 그리고 지역사회개발 및 지역문제를 자율적으로 이루지게 되면 지방자치 하에서 지역사회개발을 통한 지역사회복지활동이 활발하게 전개되어 지역사회 복지에 대한 자기결정권이 확립되고 이것은 민주주의의 기반이 될 것이다. 이와 같이 지역사회의 여러 문제들이 주민 스스로에 의하여 파악되고 해결된다면 지역사회복지의 새로운 차원을 열어주게 될 것이다. 그러므로 지방자치는 주민의 민주적 의식과 사회적 연대감의 발원이라는 측면에서 지방자치와 사회복지는 그 이념적 목적을 같이하고 있고 이것은 지방자치는 사회복지에 유효한 기능을 하고 있음을 간접적으로 시사하고 있는 것이다.

한편 지방자치의 기능이 사회복지에 미치는 보다 직접적인 영향은 자치선거에서 찾아 볼 수 있다.

일반적으로 지방자치는 지역복지수준을 향상시킨다는 것이다. 그 이유는 지역주민의 참여가 제도화되고 주민들이 지방의회를 통하여 그들의 발언권을 강화하게 되면 자연히 지역복지에 지방정부가 관심을 두지 않을 수 없게 된다는 것이다.

이상에서 언급한 것처럼 지방자치는 민주의식, 참여, 그리고 지역고유의 문제에 대한 자기결정권을 통해서 지역사회복지에 순기능적 역할을 한다.

2) 지방자치의 사회복지에 대한 역기능

그러나 지방자치가 오히려 사회복지에 역기능적 요인으로 작용할 수도 있다.

지금까지 우리나라의 행정단위나 행정구역은 중앙정부의 지배를 위하여 중앙의 편의를 위한 효율적 통제수단으로서의 행정구역이었고 지방자치의 입장에서 설정된 것은 아니었다. 그러므로 현존의 행정구역에 입각한 지방자치는 지역문화를 존중하여야 하는 지역사회복지에 역행하는 기능을 할 수 있고 중앙집권적 통치에 길들여진 관료의 습성이 개선되지 않는 한 지방자치는 지역사회복지에 역기능을 하게 될 것이다. 따라서 중앙정부는 지방정부가 자치권을 행사할 수 있도록 하는데 적극적인 노력과 함께 그 권한을 지방정부에 위임할 필요가 있다. 이러한 과정을 통해서 지방정부의 자기결정권이 확보되지 않는 한 지방자치는 지역사회복지에 아무런 영향을 발휘하지 못하고 오히려 그 역기능만 노정시킬 것이다. 또한 지방정부의 재정자립도가 미약한 현실에서는 지방정부가 자기결정권을 행사할 수 있도록 중앙정부의 재정적 지원이 없는 한 지방자치가 지역사회복지에 아무런 도움이 되지 못할 것이다. 뿐만 아니라 행정단위중심의 지방자치가 현존의 지역 간 불균형적인 발전 상태를 더 심화시킬 우려도 있다. 지역 간의 불균형이나 격차는 중앙집권적인 경제개발전략에서 소외된 지역이 있었기 때문인데, 이런 지역들은 축적되지 못한 자본과 기술 등 개발역량의 한계 때문에 지방자치가 도리어 중앙집권체제에서보다도 더욱 더 발전에 제약을 받게 되어 전체적인 발전계획에 큰 차질을 가져올 것이다. 뿐만 아니라 이로 인한 지역 간의 격차는 더욱 커지게 될 수 있다. 이러한 격차는 한 지역이 다른 지역과 비교됨으로써 타 지역보다 낙후되어 있는 지역의 주민들에게 새로운 욕구를 창출시키게 된다.

인간의 욕구가 경험적 선호의 차등에서 발생되고 사회복지가 인간의 욕구를 충족하기 위한 것이라면, 지역 간의 격차에서 발생되는 주민의 욕구문제는 사회복지에 있어서 가장 중요하고 근본적인 것이며, 이것은 지방자치가 가지는 가장 큰 사회문제일 것이다.

3) 사회복지적 의미의 전제조건

이상에서 언급한 것과 같이, 사회복지에 대하여 지방자치가 가지는 의미는 긍정적인 측면과 부정적인 측면이 있다. 그리고 사회복지에 대한 지방자치의 긍정적 의미는 그것의 부정적인 문제에 대한 해결의 전제하에서만 그 의미를 가지게 될 것으로 보인다. 또는 이러한 문제들은 지역내부가 아니라 지역외부로부터 연유되는 문제들이다. 그러므로 사회복지에 대하여 지방자치가 의미를 갖기 위한 전제는 첫째, 지역 간의 격차에서 오는 욕구문제를 해결하기 위하여 지역 간의 균형된 발전이 필요하고, 둘째, 지역의 사회문제를 지역주민의 자기결정권에 의하여 해결할 수 있도록 하기 위하여 중앙정부의 권한은 지방정부에 대폭적으로 위임되어야 하고 그에 따른 재정자립이 필요하다고 하겠다. 셋째로, 지역의 복지문제를 스스로 해결하기 위하여서는 그에 적절한 인력과 시설이 필요할 것이다.

이러한 전제조건들이 충족될 수 있을 때 지방자치는 사회복지에 의미를 가질 수 있을 것이다. 따라서 이러한 조건들은 지방자치시대에 있어서 사회복지정책의 과제가 된다고 하겠다.

Ⅳ. 우리나라의 사회복지행정

우리나라에서는 고대로부터 조선말엽에 이르는 근대화 과정이 시작되기 이전의 시기에 있어서 인간의 빈곤·질병 등의 문제의 해결책으로서 의창·사창·진휼창 등 애휼민생의 동양적 고래 구빈시책에 의하여 대처하여 왔다. 이것을 살펴보아야 하는 이유는 근대화 과정이 시작된 오늘날에 이르러서도 아직도 뿌리 깊이 남아 있는 전통사회의 민생구휼의 유습이 끈덕지게 여러 가지 면에서 우리의 사회복지 관습에 영향을 주고 있기 때문이다.

원래 근대적 사회복지사업은 자선·박애활동으로부터 시작하여 인도주의적 사상의 성장에 따라 발전하였다. 그 후 빈민은 빈민이 된 책임이 빈민 자신에게 있는 것이 아니라, 자본주의사회의 불완전성으로 인하여 빈민이 발생하는 까닭에 그 책임이 사회에 있다고 하는 사회연대성의 관념에 따라서 발달하였고, 자선조직사업 이후 특히 인간의 존엄성에 대한 인식에 입각하여 사람은 누구나 천부의 권리가 평등하게 부여되어 있으므로 인간인 이상 생존할 권리가 있다고 하는 생존권의 사상에 힘입어 전개되었다.

1. 삼국시대

삼국시대의 경제는 농·어업이 중심이 되었으며 하층계급인 평민·노예와 상층계급인 귀족, 관리와의 사이에 엄격한 구별이 있어 상층계급은 대개 정치를 행하는 동시에 경제적인 지배권을 가졌고, 하층계급은 생산노동 방면 즉 농경·어로·수공 기타 사역에 종사할 뿐이었고, 토지는 모두 국왕·귀족 등 최고영주나 공동체에 속하였으며, 일반 백성들에게는 영구적인 소유권을 인정하지 않았다.[11)]

이는 삼국시대 이래 통일신라·고려전기에 이르기까지의 긴 역사를 통하여 확인되고 있으며 농본주의·귀족주의 내리 관료주의·토지국유 내지 공유주의 등을 원칙으로 삼았었다.

이러한 사회제도 하에서는 백성의 재난을 방치하는 것은 곧 민의 멸망을 의미하는 것으로 그것은 또한 유일한 생산의 원동력인 노동자원을 상실·소모하는 것이었고 따라서 토지의 영주인 국왕·귀족 내지 관료에게는 생산의 감소와 국력의 쇠잔을 가져와 결국은 삼국정립의 세에 있어서 다른 나라로부터 침략당할 위험성의 증대를 의미하는 것이기도 하였다. 이와 같은 정세 하에 빈민구제사업은 삼국 각국에서 국왕의 은총을 빌어 매우 활발히 실시되었다.

삼국사기에 의하여 서기 18년 신라 제2대 남해왕 15년에 "백성들이 기근으로 굶주리므로 창고를 열어 이들을 구휼했다"[12]라는 기록이 있고, 도한 제3대 유리왕 4년에는 "관리에 명하여 곳곳마다 홀아비(鰥)·홀어미(寡)·고아(孤)·자식 없는 이(獨)·늙은 이(老)·병든 이(病)로서 자활할 수 없는 자를 위문하여 식료품을 주어 부양하였다."라는 기록이 있는데[13] 이것이 우리나라 역사상 기록에 나타나는 왕의 은총으로서 행한 구빈사업의 최초의 예이다.

이런 사회정책적인 동기에 의한 구휼사업에는 서기 198년 신라 제10대 나해왕 3년의 홍수이재민에 대한 구제책으로서의 면세(租·調)조치를 들 수 있고, 이러한 예는 백제에서도 서기 248년 제8대 고이왕 15년에 한재기민대책으로서 진휼과 병행하여 면세조치를 단행한 일이 있었다.[14]

그러나 한편 삼국사에 수없이 되풀이 된 단순한 기민구휼 외에 환과고독노병(鰥寡孤獨老病) 자립 불능자를 구제한 예를 무수히 볼 수 있는데 이것은 구제의 대상이 노동력을 가진 장정이 아니라 노유병자들 중 고독하고 무의무탁한 사람들이라는 점에서 그 구제의 정신이 직접적인 노동보호가 아니라는 것을 알 수 있다.[15]

---

11) 李丙燾, 「國史大觀」, 1957, p. 107.
12) 李丙燾 譯註, 「三國史記 I」, 원문편, 1980, p. 4. 「新羅本紀 第1」.
13) 상게서, p. 5.
14) 상게서, 권 2 p. 17, <신라본기> 2 및 권 24 p. 218 <백제본기> 2.
15) 구자헌, 한국사회복지사, 1984, p. 72.

2. 고려시대

우리나라의 전통적인 구제사업을 나누어 궁민진휼의 항구적 구빈사업과 임기의 이재민 구제사업으로 2분해서 고찰할 수 있겠다. 그러나 이 두 가지 계통의 제도는 삼국시대 이래로 전래하여 고려조에 이르러서도 구분 실시된 것이기는 하나 원래 이 두 가지 구분은 편의상 구분일 뿐 실제로는 양 사업 간에 확고한 구분은 할 수 없고 상호 보완하여 비로소 사회복지사업의 원만한 성과를 거둘 수 있었다.

고려시대 때 흉년에 대비하여 곡식을 비축하는 창적의 시설로서는 의창과 상평창이 있었는데 이것은 건국 초에 태조가 구황의 제도로서 흑창을 창설하였으나 널리 보급되지 않았던 것을 제6대 성종 5년(서기 987년)에 이르러 흑창을 의창으로 개명하고, 각 주부에 그 인.호수에 다라 의창을 두어 궁민구제의 기관으로 평상시에 곡물을 적치하여 흉년·전란·역병 등 비상시에 대비하게 한 것으로서 시작되었다.

의창은 고구려의 진대법(賃穀法)과 같이 신·구곡의 교환과 동시에 세민소비경제의 융통도 도모한 것이다. 고려시대의 의창의 제도는 후일 조선시대에 들어와서는 이것이 상평창과 진휼청[16] 등의 제도로 발전하였다.

이밖에 성종 12년(993년)에는 왕명으로 상평창을 양경(송경; 지금의 개성, 서경; 지금의 평양)과 12주(광주, 양주, 충주, 청주, 공주, 진주, 상주, 전주, 나주, 승주, 황주, 해주의 12주 행정구역)에 두게 하여 국민의 경제생활을 조절하고 흉황을 방비하게 하였다.

상평창은 풍년이 들면 곡가를 올려서 사들이고 흉년이 들면 곡가를 낮추어 분매하여 풍년에도 농민이 부당한 해를 보지 않고 흉년에도 백성이 굶주리지 않게 하였는데 이것을 상평창이라고 불렀다. 후일에 물가조절의 기능을 맡게 하여 곡물·포목과 같은 생활필수품의 값이 저렴할 때에는 다소 고가로 사들였다가 값이 오를 때에는 저가로 내어 파는 일을 하였다.

고려사에 의하면 흉년 기타 여러 가지 재해에 대비한 각종 구제책과 평상시에 생계를 자력으로 유지할 수 없는 이른바 궁민을 구휼하는 제도가 마련되어 있는데, 이것이 은면지제(恩免之制)·재면지제(災免之制) 등의 제도였다.[17]

---

16) 李鍾日 外, 「大典會通 硏究」 호전·예전 편, 창고조, 한국법제연구원, 1994, pp. 42~47.

은면지제는 태조 원년에 백성들의 조세와 부역을 3년 동안 면하게 하고 멀리 사방에 유리한 자를 전리에 돌아와 농상에 정려하게 한 것이고, 재면지제는 수한 충상으로 해곡하거나 또는 역질로 농사에 실패하였을 경우에 백성에게 그 피해정도에 따라 조부를 감면하는 제도를 말한다.

이상의 은면·재면 등 조세·부역의 감면제도 외에 의창의 양곡대여사업과 상평창의 물가조절기능이 있었음은 물론 그밖에도 의지할 곳 없는 노인·고아·병자에 대하여서는 국비 시식 또는 식량·소금·미역·의류·포목 등 현품급여의 진휼사업이 행하여졌다.

빈민구제사업과 이재민 구제사업을 모두 맡아서 행하던 구제기관으로서는 제4대 광종 14년(963년)에 처음으로 설치한 제위보라는 기관이 있었다. 제11대 문종 때 부터는 이 기관에 칠품 이상의 책임자를 두어 구휼사무를 관장하게 하였으며 이 제도는 여말까지 존속하였다.

제위보는 실제로 궁민·재민을 구제하는 최일선 기관이었다. 그리하여 제16대 예종 4년(1109년)에는 중앙에 구제도감을 처음으로 두어 구휼행정을 총괄하여 관장하게 하였다. 이후 제29대 충목왕 4년(1348년)에는 진제도감을 증치하고 제32대 우왕 7년(1381년)에는 또 진제색을 두어 그 구휼행정을 강화하였다.

제11대 문종 때에는 개경에 의료구제사업기관으로서 동서대비원을 창설하고 제27대 충숙왕 13년(1325년)에 이를 개수·확장한 것을 위시하여 제16대 예종 7년(1112년)에는 혜민국을 설치하였다. 이들 기관에서는 모두 다 빈민환자에게 의약, 의복을 내주고 치료를 하여 주었다.

혜민국은 제34대 공양왕 3년(1391년)에 혜민전약국이라고 개칭되었으나 그 기능에 있어서는 변동이 없었다. 한편 대비원·혜민국에 각각 구급사무를 관장하는 제위포를 두어 구급과 시료를 겸행하는 일이 있었다.

고려시대의 엄격한 계급사회에 있어서는 흔히 수양고아(收養孤兒)를 노비로 삼는 방편으로 이용하고 또한 고아민가수양을 빙자하여 인신매매·유괴·약탈 등을 일삼게 되는 폐단도 없지 않았다.

그러나 고려시대에는 병난과 흉년으로 유리, 걸식하는 유아, 기아, 빈민아 등을 사원에서 수용 양육하여 승려 또는 사역승으로 양성하는 일이 성행하게 되었다. 이를 본받아 민가수양도 널리 행하여 졌으니 양육 후에는 대개 양자녀 또는 노비로 삼았다.

---

17) 고려사, 권 80, 지 34, 식화 3, 진휼조.

양노(養老)는 삼국 이래 역조 역대의 군주가 주력한 사업이지만 그 실시방법에 있어서는 사궁. 즉 환과고독(鰥寡孤獨)을 4종의 궁민이라 하여 이들을 관비부양하는 조처 이외에 대개 임시은사로 군주가 경로정신을 시범하여 백성으로 하여금 노인을 존경하는 기풍을 일으키게 하여 노인의 여생을 편안히 지내게 하자는 취지를 지녔다. 임시은사로는 고려시대에 국경일에 궁정에서 양로연을 베푼 일이 처음으로 있었다.

3. 조선시대

조선은 건국 이래 그 모든 정치·경제·사회·문화적인 부문이 고려적인 기반 위에서 서서히 개혁되고 재편성되어 갔으며 제9대 성종 조에 이르러서 중앙집권적이고 강력한 양반관료 중심적이며 유교중심의 근세조선적인 성격을 갖추게 되었다.

경국대전(經國大典, 1485년)은 개국 이래 세조말년까지 반포한 교지·조례 및 고려때부터 행하여 오던 판지·조례를 왕의 친재를 거쳐 길이 지켜나갈 법규로 정하고, 이 법전에 의하여 모든 법령을 집대성하여 그 운영을 편하게 한 법전(法典)인데, 이 대전은 이전·호전·예전·병전·형전·공전의 육전(六典)으로 구성되어 있고, 이중 이전·경관직조에 보면 의약구제기관으로서 종육품아문(衙門)으로 혜민서와 할인서를 두는 규정이 있고, 노인직조에 80세 이상자에 대한 무조건 일계급 승진의 특전이 규정되어 있다.[18)]

호전의 창고조에 서울과 지방에 각각 상평창을 두어 백성의 경제생활의 안정을 도모하는 규정이 있고, 동 비황조에 각진을 관할하는 지방관들에게 명하여 흉년에 대비하여 소금과 해초 등 구황물품을 준비할 것이 규정되어 있고, 지방관의 궁민진휼 구제책임에 관한 규정도 있었으며, 예전의 혜휼조에 경로·혼비보조·노인·고아에 대한 수양 및 의료관급·의약구제 등에 대한 규정이 있고, 병전에도 면역과 구휼의 제도를 규정하였고, 형전에도 휼수의 규정이 있다.

그 후 제21대 영조 때에 속대전을 내어 대전 편찬 이후의 수교를 증보집록하였고, 제22대 정도 때에 이를 협편하여 대전통편이 나왔다. 속대전에는 병전 경관직조에 대동미·포·전의 출납을 관장하는 정일품아문의 선혜청을 신설하여 지방제청을 관할하게 하는 규정이 있고, 이전 노인직조에 각종 양로·경로의 새로운 규정

---

18) 「經國大典」 목판본, 1865, 이전, 경관직 및 노인직.

이 있고, 호전에는 창고조에 관고량곡을 백성에게 춘대, 추납하도록 하는 이른바 환상 또는 환곡의 상세한 세목이 규정되었으며, 비황조에도 창적 비곡 구제제도가 새로 규정되어 있고, 그 밖의 지방관리의 진휼책임 강화, 전염병으로 가족이 전멸하였을 때의 장의책임 등의 규정도 있다.

대전통편에는 호전 비황조에 진휼곡을 기부한 자에 대한 시상의 제도와 지방관리로서 이 기부진곡을 사사로이 취하고 허위보고하는 것을 엄금하는 규정이 있고, 예전 혜휼조에 부랑아와 유기아에 대한 수양절목으로서 자휼전칙을 적용하도록 하였다.

조선시대의 민생구휼사업의 시설로는 서울에 구황청(賑恤廳)·혜민서(惠民署)·활인서·제생원 등이 있어 각각 독립된 기능을 가졌었다. 이제 이들 시설의 설치상황과 사업의 성격에 대하여 간략히 살펴보면 다음과 같다.

① 구황청은 황정, 즉 굶주린 백성의 구제를 맡아 보살피는 국가의 기관이다.

태조6년(1395년)에 각도의 궁민에게 보리와 밀을 나누어 준 것을 위시하여 역대 구황지정을 부지런히 행하였으나, 따로 이를 장리하는 관청은 없었다. 그러나 세조 4년에는 상평창을 설치하였고, 중종 11년에는 진휼청을 설치하였는데 인조 4년에 상평창을 진휼청에 합쳤다.

② 제생원과 혜민서는 태조 때에 설치되었으며 여기에서 서민의 질병을 치료하고 여의를 교습하였다. 제생원은 세조 6년 혜민국에 합쳤고 혜민국은 세조 12년 혜민서로 개칭하였다. 인조 15년(1637년) 이조의 회계에 의하면 그 무렵 일단 전의감에 병합되었으나 곧 부설되었다가 제26대 고종 19년(1882년)에 이르러 이를 폐지하였다. 그런데 광무 5년(1901년)에 다시 혜민원을 두고 같은 사무를 관장하였으나 동 7년(1903년)에 이를 다시 폐하였다.

③ 할인서는 조선 국초에 서울의 동서 두 군데에 설치한 것으로서 서울 성내의 환자의 구휼을 관장하는 곳이었다. 그 명칭은 태조 원년 7월에 개국초에는 고려시대와 같이 동서대비원이라 하던 것을 제3대 태종 14년(1414년) 8월에 동서활인원으로 고쳤다가 그 후 다시 동서활인서라 한다. 이 활인서의 역할은 조선조 중엽 이후 유명무실해졌으나 제21대 영조 때 일시 부흥하였다가 제26대 고종 19년(1882년)에 이를 폐하게 되었다.

④ 제생원도 역시 태조 때에 설치되었으며 여기에서는 각 도로부터 매년 약재를 수납시키는 사무를 보았다. 제생원은 약재 수납사무 뿐만 아니라 구호 사업도 하였는데 태종 5년 12월에는 임금이 의정부에 하교하여 홀아비·과부·고아·홀로

있는 늙은이들을 제생원에 모아서 양호하도록 하였다.

조선시대에 사회복지행정으로서 귀감이 될 만한 것을 돌아보면 다음과 같다.

① 조선시대의 아동복지는 제22대 정조 7년(1783년)에 자휼전칙이라고 부르는 유기 및 부랑걸식아동보호법령을 공포하여 유기 또는 부랑하는 어린이의 생명을 절대적으로 보호하기 위하여 국가에서 수용보호하거나 또는 민가에 수양하여 양자녀 또는 노비로 삼는 것을 그 정황에 따라서 허가하는 것을 근본취지로 삼고 있었다.

② 양로는 삼국 이래 역조 역대의 군왕이 모두 주의를 경주한 사업의 하나로서, 조선시대에 와서는 다음의 사례가 있었다.

- 기노소는 50세 이상인 임금(태조는 60세, 숙종은 59세, 영조는 51세)과 정이품 이상 70세 이상의 문관으로서 실직자만이 입소가 허용되었으며(예외로 종이품자) 최고의 우대를 받는 경로당이었다.
- 임금은 벼슬이 1품에 이르고 나이 70 이상인 현직관료에게 궤와 장을 하사하였고 당상관으로서 정년퇴직(致仕)한 자와 공신의 부모·처 및 당상관의 처로서 70세 이상자에 대해서는 예조와 해당 고을에서 매월 주육을 주도록 하였다.
- 역적이라도 부의 나이 80인 자는 감형하여 절도로 정배하고 기타 일반 범죄의 경우는 나이 70이면 형추를 면제하고 속죄금을 받도록 하였다.

이와 같이 조선양로의 제는 유교윤리 하에서 주로 양반계급에 해당하는 노인들을 우대함으로써 장로존경, 장유유서, 자제지효 등의 풍교를 진작하는데 그치고 서양의 소위 양로연금제도와는 그 취지가 근본적으로 달랐음을 알 수 있다.

다만 퇴직한 고급 관료에게는 체아직을 주어 연금제도와 비슷한 효과가 생기도록 하였다.

③ 조선의 의료제도로서는 태조원년(1392년) 궁내의약공급과 구급의 기관으로서의 전의감과 서울에 혜민국 및 동서대비원(太宗때 活人署로 됨)을 두고 빈자시료를 행하게 하고 동 6년 제생원을 따로 두어 의학연구와 여의양성(脈과 針灸術)을 주관하게 하였으며 그 후 혜민국을 혜민서로 개칭하고 세조 6년 제생원을 혜민서에 흡수하였다가 모두 폐지하고 광무 3년(1899년) 광제원의 설치를 보았다.

그밖에 월령의라는 일종의 구료공의제도가 있어 의금부와 전옥서에 각 1인을 두어 수인의 질병치료를 담당하게 하였고, 서울의 각부에 이를 두어 일분부민을 진료하게 하되 빈민의 약가를 관급하게 하였다.

고종 광무년간에 광제원·의학교·대한의원 등이 설립되어 신식의료를 보급 시켰으며 지방에는 융희 3년(1909년)에 자혜의원을 개설하여 신의기술의 지방보급을 꾀하였다. 이보다 앞서 광무년간에 벌써 종두규칙이 실시되어 위생사상이 자라나기 시작하였다.

④ 환과고독(鰥寡孤獨)을 4종의 궁민이라 하고 수령들은 4궁의 선정에 있어서 3종(연령, 친척유무, 재산상황)의 관법으로 행하는 관례가 있었다.

자기 재산이 있든지 친척이 있든지 연령이 10세 이상 60세 미만이면 대체로 관에서 보호할 의무가 없었다. 이것이 바로 오늘날의 자산조사(Means Test)에 해당하는 것이다.

경국대전 병전, 구휼조에서도 친관인 즉 친족이 부양책임을 제1로 규정하였다.

어려움을 당하여 친족이 상부상조함은 우리나라 고래의 관습이었으며 이것은 인정상 당연하다고도 할 수 있겠으나 특히 전통사회에서 더욱 강조되었던 것이다.

애상의 예는 인정의 일단으로서 상치기애하며 송사무감하게 하는 것을 이상으로 하였으며, 부의와 치존하는 데도 법도가 있었다. 특히 상중에는 부역을 면제하는 법이었다. 뿐만 아니라 "궁핍하여 한이 지나도 장례를 치르지 못한 자"는 호조와 진휼청이, 또 지방이면 관찰사가 장수를 지급하도록 하는 규정이 속대전에 있다. 속대전에는 또한 서울과 지방에 전염병이 유행하여 온 집안이 전멸한 경우에는 "관에서 상례를 치르라"는 규정이 있듯이 사령의 치송에 자못 용력하였다.

다음 관질에 관하여 정약용은 질병이 있는 자의 면세·면역을 건의하였다.[19] 질환 중에서도 폐질과 독질이 특히 문제되는데 고법전에 의하면 폐질이란 바보·벙어리·난쟁이·사지중의 하나를 못쓰는 자(파자 등)·꼽추 등으로서 사람들이 싫어하고 미워하는 불쌍한 사람들인데 이들에 대하여는 벙어리는 자력해결에 맡기고, 파자 등은 그물을 짜서 자급할 수 있게 직업보도를 하도록 하였다.

독질은 악성질환, 지랄병(癩病), 두 눈이 먼 자(兩目盲), 4지중 2개 절단 자 등을 말하는데 그 중 맹자는 복술로 살게 하고 그 나머지는 관에서 구휼할 것으로 되어 있다. 경국대전에는 병자 중 가난하여 약을 쓰지 못하는 자에 대하여 관에서 약을 주어 도와주는 규정이 있다.

구제에 대하여서는 비국요람에 의하면 수재·화재·풍재로 인가의 피해가 100호 미만인 때에는 구휼하되, 대호는 미 7두, 중호는 미 6두, 소호는 미 5두를 지급하며, 100호 이상인 때에는 미 9두, 중호는 미 8두, 소호는 미 7두를 지급하고 수사·소사·호식사에는 피잡곡 1석을 지급하고 1연간 역을 면하게 하였다.[20]

---

19) 丁若鏞, 「與猶堂全書」 제5집 <목민심서> 권 3-41, 진궁조.

⑤ 황정(荒政)은 국초부터 국가의 사업으로서 구황청을 두어(1392년) 그 사무를 관장하게 하였고, 중종 11년(1549년)에는 진휼청으로 개칭하였으며, 제14대 선조 42년(1609년)에 일품관아인 선혜청을 두어 진휼·균역·상평 등 각청을 관장하게 하였으며 한일합방과 더불어 신기구로 개편되었다.

정약용이 황정의 지침으로 삼은 것은 목민심서에 의하면, 주례의 대사도 황정 십이조였다고 한다. 거기에 의하면 지방관이 진휼책임을 이행하기 위하여, 첫째로 진자를 예비할 의무가 있었고, 둘째로 예외의 재변으로 다수의 민중이 기아에 빠지고 관곡으로도 감당하지 못할 때에는 부호로 하여금 전곡을 의연 또는 대여하게 하여 관의 구휼행정을 돕게 할 의무가 있었으며, 그 외 진황의 규모로서 다음에 열거하는 것이 있었다.[21]

㉠ 興役 : 관에서 공공사업의 공사를 일으켜 그 대금으로써 구제하는 것

㉡ 發倉 : 진창을 열어 양곡을 배분하는 것

㉢ 募粟 : 권분을 행하는 것

㉣ 募僧粟 : 승사의 권분을 구하는 것

㉤ 男女有別

㉥ 收棄兒

㉦ 養病

㉧ 座死 : 사망자를 매장하는 것

그 외 조선시대 인보상조제도로서 특이한 것은 다음과 같다.

① 동호친목과 혼상의 상호부조는 민간의 "계"를 조직함으로써 행하는 것이 관례였다. 계라 함은 동호회 또는 조합과 같은 것으로 경향각지 각 계급을 통하여 실로 가지가지의 명칭과 종류가 있었다. 예를 들면

㉠ 공제부조계로서의 혼상계·위친계·향도계

㉡ 군포계·호계·동계·통계 등 공동담보단결을 목적으로 하는 계

㉢ 동호친목을 위한 종계·화수계·회갑계

㉣ 동업계

㉤ 사리계

㉥ 비밀결사의 유한계 등이 성행하였다.

계는 원시적 협동체의 유습으로서 동지결합·동업상집·동리단결 또는 동문동족

---

20) 상게서, 목민심서, 권 3, pp. 49~50 구재.

21) 정약용, 전게서, 제5집, <목민심서> 권 11-25, 권 13-1, 권 13-14, 진황 6조, 비자, 권분, 규모.

의 상호부조·인보상조를 행하고 특히 애경에 있어서 공제구조하는 등 민간조직으로서 대소의 규모로 널리 조직 활동하였다.

② 인보제도는 각 하급지방행정구획을 일정의 호수 또는 지역을 표준으로 다수의 지구로 세분하여 그 구역내의 인접 각 성원이 인보상조와 연대책임의 관념으로 각기 지역내의 치안을 유지하고 복리를 증진하며 교화를 향상하여 지방행정의 운영을 돕게 하는 일종의 지방자치제도였다.

③ 향약은 원래 한 고을의 주민이 교화를 목적으로 자치적으로 정한 규약이란 뜻인데, 이것이 향촌의 지역적 자치단체의 설정에 관한 것이므로 그 조직자체도 향약이라고 부르게 되었다. 그 목적하는 바는 조합원 상호간에 선을 권장하고 악을 징계하며, 서로 돕고 간을 막고 폭을 말림으로써 복리와 질서를 유지하는 데에 있었으므로 본질적으로 인보제도와 공통된 점도 많다 하겠다.

그러나 그 운영의 방법에 있어서 인보제도는 일반적으로 관치제였고 또 하급의 자치행정을 집행하는 것이었다. 이에 반하여 향약의 제도는 자치행정과는 별로 관계가 없고 다만 조합원의 교화만을 목적으로 한 점에 차이가 있다.

우리나라에서는 인보상조 상구는 가족제도의 우습으로 이웃사촌의 관념으로 부락마다 행하여지고 별다른 조직은 없었으나 조선에 와서 중국 송대의 남전 여씨(呂大防) 일문에서 시작하였다고 전하는 "덕업상권(德業相勸)", "과실상규(過失相規)", "예속상교(禮俗相交)", "환난상휼(患難相恤)" 등의 4대 강목을 주정신으로 해서 만든 향촌의 자치규약인 "향약"의 법이 도입되었다.

향약의 정신은 권선·징악·상호부조 등 향촌의 미풍양속을 기르는데 있지만 그 상벌에 있어서 계급·장유의 차이가 너무 엄했고 또한 토호발호의 폐가 많았던 것은 당시의 사회제도상 불가피하였다고는 하나 이는 향약실행에 있어서의 중대한 여폐였다고 지적된다.

4. 일제시대 - 근대적 사회복지사업의 도입

근대적 사회복지사업은 곤궁의 사회적·집단적 발생에 따라서 일어난 것으로서 종래의 은혜적 또는 자선적 구제사업에 있어서와 같이 개인적 곤궁만을 대상으로 하는 것이 아니라 사회적·집단적 곤궁을 대상으로 하고 개인적 곤궁을 대상으로 할 경우라도 이것을 개인의 문제로서가 아니라 사회적 문제로서 취급한다.

즉, 각 계층의 곤궁, 해악은 그 원천이 경제적·사회적 제도에 연유한 것으로 보기 때문에 그것을 개인의 책임으로 돌리지 않고, 사회일반의 공동책임으로 돌리는 것이다. 그래서 이 빈궁해악의 제거, 해결의 책임은 국가, 사회가 마땅히 부담하여야 하며 그 정신은 사회 공동의 복지를 증진하여 공존공영을 실현하려는 것이다. 여기에 있어서 사회복지사업은 부자가 빈자에 대한 또는 왕이 백성에 대한 은혜 또는 연민을 떠나서 하나의 공공적 의무로서 등장한다.

근대적 사회복지사업으로서는 조선 말엽인 고종 25년(1888년) 3월에 프랑스교회가 천주교회 고아원을 개설한 것이 한일합방(1910년) 후 일제의 사금(賜金)을 기금으로 하여 출발한 총독부 직영의 사회사업기관인 제생원에 흡수되어 고아양육사업으로서 계속되었다.

갑오경장 이후로는 종교단체들이 포교를 겸하여 서울·평양·인천 등지에 수개소의 육아구료 등의 사업을 개시하였으나 한일합방 이후로는 이들이 복잡하게 분화되고 또 수량도 부쩍 늘게 되었으며 경영자도 종래와 같이 구미선교단체 뿐만 아니라 민간 독지가·일인 또는 국내 종교가들의 손도 많이 보태어지게 되었다.[22)]

그리하여 고종 22년(1885년)부터 시작하여 천주교회의 신부의 손에 의하여 기아·고아·빈곤아의 수용소를 설치하여 양육하는 천주교 고아원의 출현을 보게 되었으니, 이것이 우리나라에서 근대적 성격을 띤 사회복지사업 내지 육아사업의 시초라고 할 수 있다. 1911년 6월에는 조선총독부령으로 제생원이 설치되어 사립시설인 경성고아원의 사업을 승인하였다. 이들은 대게 자선적인 구빈사업의 범위를 많이 벗어나지 못하는 정도의 것이었다.

일제시대의 사회복지 지도기관으로는, 한일합방 당시는 사회복지사업을 총독부 지방부 지방국 지방과에서 구휼 및 자선사업에 관한 사항으로서 분장하더니 1912년 3월에 내무부 지방국에 제1과 및 제2과를 두고 사회복지사업에 관한 사무를 제2과에서 관장하고 1919년 각부를 폐함에 따라 내무부 지방국이 내무국으로 고쳐졌고 곧 이어 1921년 7월 내무국 제2과로 개칭하여 독립한 1과를 만들어 조선의 사회복지사업의 지도 통제를 하게 하였다.

그 후 1932년(소화 7년) 2월에 일반적 행정정리에 따라 사회과를 학무국으로 이관하여 사회복지사업에 관한 사무와 종래 학무과의 소관이던 사회교육에 관한 사무 및 종교과의 소관이던 종교·고적 등의 사무를 합하여 관장하게 되었다.

1936년경의 사회과 직원수는 본부 사무관(사회과장) 1명, 동(겸임) 1명, 본부 속 5명, 동 촉탁 8명, 동 고원 13명 계 29명이었다.

---

22) 조선총독부 사회과 발행, 「社會事業施政資料」, 1934 참조.

일본은 사회복지 관계법으로서 1929년에 구호법을 제정 공포하였으나 국가재정 관계로 1932년 1월 1일부터 일본 본토에서 이 법의 실시를 하게 되었다. 이것이 우리나라에서는 12년이 지난 해방 전해인 1944년 3월 1일에 이르러서야 비로소 전문 33조를 거의 그대로 가져다가 조선 구호령으로서 공포 실시하였다.23)

그러나 이 구호령이 해방 후, 1961년에 생활보호법이 제정되기까지 우리나라의 공공부조를 맡아 온 기본법이었다는데 그 역사적 의의가 있다.

5. 광복 후 사회복지행정법제의 변천

지난 1960년대 이후 우리 경제의 지속적 성장에 힘입어 국민생활수준은 크게 향상되었다. 그러나 고도성장에 따른 부산물로서 소득격차의 심화와 부의 편재로 상대적 빈곤의식이 증가하고, 도시화·산업화에 따른 실업·산업재해 등 각종 사회적 위험이 증대하고 있으며, 인구구조의 노령화와 핵가족화 등 사회구조의 변화로 인하여 전통적 윤리관이 퇴조되어, 노인문제·비행청소년문제·장애인문제·부랑인문제 등 여러 가지 해결하여야 할 사회문제가 크게 대두되고 있다.

이하 공공부조와 사회보험을 근간으로 하는 사회복지에 관하여 다음과 같이 4기로 나누어 그 법제의 변천을 살펴보고자 한다.

1) 전후 혼란기의 응급적 무상구호(정부수립 이후부터 1960년대 초까지)

일제로부터의 해방과 6.25동란 등으로 인하여 피난민·전재민·고아 등의 급증으로 사회구호의 수요는 방대하였으나, 동원 가능한 물자와 자금의 부족으로 인하여 극히 긴급한 구호가 필요한 전재민·노인·유아·임부 등을 대상으로 양곡 및 각종 물자의 공급, 난민정착사업, 고아보호사업, 양로사업 등 임시적·단기적 응급구호에 급급하던 시기로서 구호행정체제도 정비되지 못하였고 법제적 기초도 비약하였던 시기이다.

이 당시의 법률로는 6.25동란 전 1950년 4월 13일 제정·공포된 재해부흥조합법(1962. 9. 24 폐지됨)과 동란중인 1950년 8월 4일 제정·공포된 피난민수용에관한 임시조치법(1962. 6. 24 폐지됨) 등이 있는데, 전자는 천재지변과 기타 비상사태로 인하여 가옥과 재산의 재해를 당한 이재민의 재해복구와 그 생업에 필요한 자금을 융자하여 재해복구에 대한 공공사업을 하도록 재해부흥조합을 설립·운영하고자

23) 보건사회부 시정자료, 1959 참조.

한 것이며, 후자는 전시와 같은 비상상태 아래서 임시로 피난민을 수용하고 구호함을 목적으로 하였는데, 사회부장관의 명령으로 피난민을 귀속재산중 수용에 적합한 주택·여관 등에 수용조치 할 수 있도록 하는 법적 근거를 마련한 것이다.

2) 사회적 취약계층에 대한 장기·유상구호로의 전환(1960년대 초부터 1960년대 말까지)

구호행정의 체제가 정비되고 기본법제가 형성된 시기인데, 행정의 방향도 일시적 응급구호에서 보다 장기적인 자활구호로, 무상구호로부터 유상구호(건설사업에의 동원에 대한 반대급부로 지급됨)로 전환되었다.

이 시기에 제정된 법률로는 윤락행위를 방지하여 국민의 풍기정화와 인권존중에 기여하도록 한 윤락행위등방지법(1961. 11. 9 제정), 노령·질병 기타 근로능력의 상실로 인하여 생활유지의 능력이 없는 자 등에 대한 보호와 그 방법을 정하여 사회복지의 향상에 기여하도록 한 생활보호법(1961. 12. 30), 아동이 그 보호자로부터 유기 또는 이탈되었을 경우, 그 보호자가 아동을 양육하기에 부적당하거나 양육할 수 없는 경우, 아동의 건전한 출생을 기할 수 없는 경우 등에 있어서 아동이 건전하고 행복하게 양육되도록 그 복리를 보장하고자 한 아동복리법(1961. 12. 30), 비상재해가 발생하였을 때에 응급적인 구호를 행함으로써 재해의 복구, 이재민의 보호와 사회질서의 유지를 기하고자 한 재해구호법(1962. 3. 20 제정됨), 사회보장제도의 확립과 그 효율적인 발전을 도모하고자 사회보장심의위원회의 설치·운영과 관계행정기관의 협력 등에 관하여 규정한 사회보장에관한법률(1963. 11. 3 제정됨), 의료보험사업을 행함으로써 근로자의 업무 외의 사유로 인한 질병·부상·사망 또는 분만과 근로자의 부양가족의 질병·부상·사망 또는 분만에 관하여 보험급여를 실시하고자 한 의료보험법(1963. 12. 16 제정됨), 근로능력이 있는 영세민에게 근로구호를 실시하여 그들의 자활을 조성하고, 지역사회 개발에 기여하도록 한 자활지도사업에관한임시조치법(1968. 7. 23 제정, 1982. 12. 31 폐지됨) 등이 있는데 이 기간에 공공부조와 사회보험을 근간으로 하는 사회보장제도의 수립을 위하여 상당한 노력을 기울였으나 국가재정의 제한과 경제개발이라는 우선적 과제에 밀려, 이 분야의 정책은 아직 사회복지라는 차원보다는 구휼 내지 구호라는 차원에서 사회경제적으로 취약한 계층에 대한 소극적인 사후조치로서 이재민·극빈자·영세민 등에 대한 구호사업과 고아시설·모자원·영아원·양로원 등 제한된 특수시설에 대한 운영비보조·양곡지급 및 지도감독 등이 그 주요내용이었다.

3) 사회보장제도의 활성화 추진(1970년대)

1970년대에 이르러서는 그간 경제개발의 성과에 힘입어 종래의 '구휼' 내지 '구호'라는 차원을 벗어나, 한편으로는 사회적 취약계층 또는 낙오계층의 생활의욕을 일깨워 이들을 자주적으로 갱생시켜 자립·자활할 수 있도록 하고 다른 한편으로는 일반자활가정들이 불의의 사고 또는 재난 등으로 인하여 구호대상가정으로 낙오되는 것을 예방하고 보호하여 보다 건강하고 안정된 생활을 영위하도록 사회복지사업을 추진하고자 하였다.

이러한 노력의 일환으로서 사회복지사업에 관한 기본적 사항을 정하여 그 운영의 공정·적절을 기하고자 1970년 1월 1일 사회복지사업법이, 국민의 노령·폐질 또는 사망 등에 대하여 연금급여를 실시함으로써 국민의 생활안정과 복지증진에 기여하게 하고자 1973년 12월 24일 국민복지연금법이, 국민복지연금특별회계를 설치하여 국민복지연금사업과 동 연금기금을 효율적으로 운영하고자 1973년 12월 20일 국민복지연금특별회계법이 각각 제정되었다.

그러나 당초 1974년부터 실시할 예정이던 국민복지연금제도는 석유파동(Oil shock)에 따른 경제 불안 등 그 실시여건이 좋지 않아 1974년 1월 국민생활안정에 관한대통령긴급조치 제3호에 의거, 그 시행을 1년간 유보하였다가, 1975년 12월 종래 법률사항이던 제도의 시행시기를 대통령령 사항으로 하여 그 실시가 유보되었다. 그 후 1986년 국민복지연금법은 국민연금법으로 전문 개정되어 1988년 1월 1일부터 시행되었고, 국민복지연금특별회계법은 1986년에 폐지되었다.

전술한 의료보험법(1963. 12. 16에 제정됨)은 국민개보험주의에 입각 1976년 12월 22일 전면 개정하여 사업장에 종사하는 근로자뿐만 아니라 모든 국민의 질병·부상·분만 또는 사망 등에 대하여 보험급여를 실시함으로써 국민보건을 향상시키고 사회보장의 증진을 도모하고자 하였는데, 이 개정에 의하여 의료보험조합을 사업장 단위의 제1종 조합과 지역단위의 제2종 조합으로 구분하고, 업종에 따라 일정수 이상의 근로자를 고용하는 사업장에서는 의무적으로 제1종 조합을 설립하도록 법제화함으로써 점차 의료보험사업법이 활성화되었다.

이외에도 1977년 12월 13일에는 공무원·사립학교교직원 및 그 부양가족의 질병·부상·분만 또는 사망 등에 대하여 보험급여를 실시하고자 공무원및사립학교교직원의료보험법이 제정·공포되었으며, 1977년 12월 31일에는 생활유지의 능력이 없거나 생활이 어려운 자에게 의료보호를 실시하고자 의료보호법이 제정·공포되었다.

4) 사회복지지향의 사회개발(1980년대 이후)

80년대에는 종래 계속되어 온 경제개발5개년계획을 경제사회발전5개년계획으로 개편하여 추진하고 있는데, 이후 복지사회의 건설을 위하여 사회발전분야에 대해서도 더욱 많은 투자가 이루어졌고, 이에 따라 관련 법제도 더욱 정비·개선되었다.

80년대 초에 제정된 중요한 법률로는 사회복지사업을 효과적으로 추진할 수 있도록 사회복지사업기금을 설치·운영하고자 한 사회복지사업기금법(1980. 12. 31), 노인의 심신의 건강유지 및 생활안정을 위하여 필요한 조치를 강구할 수 있도록 한 노인복지법(1981. 6. 5), 심신장애발생의 예방과 심신장애인의 재활 및 보호에 대하여 필요한 사항을 정한 심신장애자복지법(1981. 6 . 5) 등이 있으며, 중요한 법 개정으로는 전술한 아동복리법(1961. 12. 30 제정)과 생활보호법(1961. 12. 30 제정)의 개정을 들 수 있는데 전자는 1981년 4월 13일 아동복지법으로 그 명칭이 개정됨과 동시에 그 내용에 있어서도 고아 등 보호를 필요로 하는 아동의 구호라는 차원을 넘어서서 모든 아동이 건전하게 출생하여 행복하고 건강하게 양육될 수 있도록 아동복지라는 차원에서 전문 개정되었으며, 후자는 1982년 12월 31일 개정되었는바, 그동안 확대·발전된 생활보호사업에 맞추어 보호의 종류에 교육보호와 자활보호를 추가하고, 보호의 기준을 연령·세대구성·거주지역 등을 고려하여 정하는 등 생활보호사업의 내실화를 기하고자 하였다.[24)]

제6공화국에 들어서는 사회복지에 관한 법률이 대폭 제정되거나 개정되었다.

1989년에는 노인복지법과 장애인복지법(종전의 심신장애인복지법)을 대폭 개정하였고 모자복지법을 제정하였으며, 1990년에는 장애인고용촉진등에관한법률이, 1991년에는 영유아보육법, 고령자고용촉진법이 각각 제정되었고, 1996년에는 재해구제로인한의사상자구호법이 의사상자예우에관한법률로 제명을 변경하면서 전문개정되었으며, 1995년에는 갱생보호법이 폐지되고 보호관찰등에관한법률로 전문개정되었고, 무엇보다도 사회보장에관한법률을 폐지하면서 사회보장기본법을 제정하였으며, 생활보호법을 폐지하고 국민기초생활보장법을 제정함으로써 우리나라 사회보장에 관한 법률의 정비를 거의 완벽하게 하였다고 할 수 있다.

---

24) 법제처, 「法制處 40年史」, 1988, pp. 409～413.

제 2 장 사회복지행정법체계와 사회보장기본법

Ⅰ. 현행 사회복지행정법령

Ⅱ. 사회보장기본법

Ⅰ. 현행 사회복지행정법령

대부분의 개발도상 국가는 아직 경제력이 미약하고 재정형편이 곤란하여 사회보장제도의 성급한 실시보다는 소득의 향상에 더욱 역점을 두고 있는 실정이지만, 일부 개발도상국가에서는 자기 나라의 경제력이나 형편을 충분히 고려하지 않고 성급히 사회보장제도를 도입함으로써 사회보장도 잘되지 않을 뿐만 아니라 경제성장에 큰 장해요인이 되고 있는 나라도 있다. 경제력이 미약하면서도 사회보장제도가 중요시된다고 하여 단순히 현재의 부를 재분배하는 식의 정책추진은 빈곤의 재분배에 그치게 되어 오히려 빈곤의 악순환을 벗어나기 어렵다.[1)]

그러나 이러한 반론은 자유방임주의적 입장에서 복지국가체제에서 파생되는 지엽적인 부작용을 제시하고 있는 것에 불과하며, 정부는 모든 사회성원을 위하여서 존재한다는 명제를 긍정한다는 입장에서는 정부가 성원의 이해관계조절자로서 사회적 낙오자를 보호하여야 한다는 것은 당연한 사회윤리라고 생각된다.

사회복지제도는 사회의 연대책임 하에 모든 국민의 불안을 제거하고 최소한의 인간다운 생활을 보장하려는 국가의 종합시책으로서 자본주의경제에 있어서의 개인책임주의에 대한 수정이라고 할 수 있으며, 근로자의 근로의욕·생활의 불안의 제거·소득의 재분배의 의미를 갖는다고 할 수 있다.

우리나라에 있어서는 1950년대로부터 1960년대를 거쳐 70년대에 이르는 4반세기 동안 개발도상국들이 공통적으로 채택한 개발정책으로 공업화를 통한 경제성장을 꽤하였으며, 자본의 부족과 부존자원의 결핍으로 "수출입국"에 의한 외화획득에 치중하였다. 그러나 이제까지의 개발정책은 다양한 사회경제상의 문제를 야기하였으니 이것은 무엇보다도 도시를 중심으로 한 공업화 개발전략으로 산업과 인구의 도시집중화를 초래하였다는 사실을 들 수 있다.

그 결과 주민들의 생활환경이나 생활조건, 즉 넓은 의미에서의 사회복지 향상에 긴요한 정부의 선투자나 사후조치에 필요한 투자마저도 무의미하게 되어 버렸다. 요컨대, 지난 4반세기 동안의 개발전략은 소득이나 고용기회면에 있어서 도시와 농촌간의 격심한 괴리현상을 초래하였고, 그 결과 국민의 대다수를 점하고 있

---

1) 박송규, 「우리나라 社會福祉에 관한 法令制度」, 사회복지 81 여름호, 사회복지협의회, pp. 14~18.

는 저소득층의 생활수준의 향상에 별다른 발전을 가져다주지 못하였다.

80년대에 들어서면서 사회복지에 관한 새로운 장이 열렸다. 복지사회의 구현은 새 시대의 이념이자 국가적 목표의 하나였다. 따라서 제8차 및 제9차 개정헌법은 지금까지 우리가 축적하여 온 경제성장의 저력과 국가의 강력한 실천력을 토대로 하여 복지국가를 건설하려는 강한 의지를 표현하고 있으며, 아울러 헌법의 기본권 장에서는 국가의 사회복지정책의 시행의무 조항을 신설함으로써 국가에 대하여 적극적인 사회복지시책을 추진하도록 하는 책무를 부과하였다. 이러한 헌법정신에 따라 각종 사회복지법령이 제정 또는 개정되었다.

1. 헌법상 사회복지행정

생활이 곤궁한 경우나 신체적·정신적 내지는 사회적인 미성숙 등으로 인하여 사회생활상의 불이익을 받는다던가, 그러한 염려가 있는 경우 오늘날의 자본주의 국가에 있어서는 누구든지 건강하고 문화적인 최저생활을 영위할 권리가 있어야 한다. 이 경우 구체적으로 생활 곤궁자·아동·노인·장애인 등이 일정한 요건에 해당될 때 어떠한 공공부조나 사회복지서비스를 누구에게 요구하고 어떠한 절차를 밟아서 받는가를 규정한 법이 사회복지행정에 관한 법이다.[2)]

그뿐만 아니라 부조나 서비스를 받을 수 있는 보장이 위법·부당하게 거부된 때에 권리·이익의 구제는 어떻게 하여야 받을 수 있으며, 또 이와 같은 공공부조 내지 사회복지서비스의 요구에 응하여야 할 책임을 국가 또는 지방자치단체는 어떠한 조직 어떠한 기관을 거쳐서 이룩하는가, 민간사회사업은 어떠한 지위에 있는가, 비용은 누가 부담하는가, 이상과 같은 공공부조와 사회복지서비스를 위한 조직·재정에 관한 법을 총칭해서 사회복지행정에 관한 법이라고 할 수 있다.

사회복지행정에 관한 법제는 자본주의의 진행에 따라 생기는 대중적 빈곤을 중심으로 하는 여러 가지 사회문제에 대해서 무산근로계급에 속하는 국민대중의 여러 가지 절실한 생활요구에 당면해서 사회의 연대책임 하에 모든 국민의 불안을 제거하고 최소한의 인간다운 생활을 보장하려는 국가의 종합적 시책을 말한다고 할 수 있다. 이는 자본주의경제에 있어서의 개인책임주의에 대한 수정이라고 할 수 있으며, 근로자의 근로의욕·생의 불안의 제거·소득의 재분배의 의미도 아울러 가지고 있다.

---

2) 小川政亮, 「社會事業制度」, 京都, ミネルヴア, 1974, p. 1.

우리의 헌법도 이상과 같은 맥락 속에서 모방된 헌법이기 때문에 20세기의 서구 민주주의 여러 나라의 이와 같은 복지국가 경향을 무시할 수 없었다. 따라서 우리의 헌법 전문을 비롯하여 여러 조항에서 복지국가의 이념은 뚜렷하게 나타나고 있다. 그것을 좀 더 구체적으로 살펴보면 1987년의 헌법 전문에서 "모든 사회적 폐습과 불의를 타파하며……모든 영역에 있어서 각인의 기회를 균등히 하고……안으로는 국민생활의 균등한 향상을 기하고……"라고 하여 사회정의의 실현, 기회의 균등한 제고, 그리고 국민생활의 평등한 향상을 선언하고 있다.

제10조에서는 "모든 국민은 인간으로서의 존엄과 가치를 가지며, 행복을 추구할 권리를 가진다. 국가는 개인이 가지는 불가침의 기본적 인권을 확인하고 이를 보장할 의무를 진다"고 하여 국민의 행복추구권과 함께 이것을 보장하는 국가책임을 확인하고 있다.

제31조에서 제36조까지에는 일련의 사회적 기본권을 규정하고 있다. 인간다운 생활권(§34 ①), 사회보장, 사회복지 증진을 위한 국가적 노력의 의무(§34 ②), 생활무능력자의 국가적 보호(§34 ⑤) 그리고 사회적·경제적 방법에 의한 근로자의 고용증진과 적정임금의 보장(§32 ①), 인간의 존엄성에 합치되는 근로조건의 법제정(§32 ②), 여자와 소년의 근로상의 특별보호(§32 ④, ⑤), 근로자의 자주적인 단결권, 단체교섭권, 단체행동권의 보장(§33 ①), 깨끗한 환경에서 생활할 권리를 가진다고 하는 쾌적한 환경권(§35), 근로의 권리(§32 ①), 교육을 받을 권리(§31), 모든 국민은 보건에 관하여 국가의 보호를 받는다(§36 ③)는 것 등을 규정하고 있다.

특히 제9장 경제의 장에서는 개인과 기업의 경제상의 자유와 창의를 존중함을 기본원칙으로 하면서 균형 있는 국민경제의 성장 및 안정 등을 위하여 필요한 범위 안에서 경제의 규제와 조정을 할 수 있는 사회적 시장경제질서를 규정하고 있으며(§119 ①, ②), 국가는 건전한 소비행위를 계도하고 생산품의 품질향상을 촉구하기 위한 소비자 보호운동을 보장하였고(§124), 지역 간의 격차를 해소하고 균형 있는 지역발전을 위해 농어촌종합개발을 위한 국가의 책임을 명문화하고 있는 것(§123 ①, ②) 등은 우리들의 헌법이 전례 없이 복지국가를 지향하고 있음이 뚜렷하게 나타나고 있다.[3)]

그 중에서 사회복지에 관한 대표적인 헌법의 규정을 보면,

「제34조; ① 모든 국민은 인간다운 생활을 할 권리를 가진다.

② 국가는 사회보장·사회복지의 증진에 노력할 의무를 진다.

---

3) 金萬斗, 「社會福祉와 法」, 引益濟, 1985, pp. 207～209.

③ 국가는 여자의 복지와 권익의 향상을 위하여 노력하여야 한다.

④ 국가는 노인과 청소년의 복지향상을 위한 정책을 실시할 의무를 진다.

⑤ 신체장애자 및 질병·노령 기타의 사유로 생활능력이 없는 국민은 법률이 정하는 바에 의하여 국가의 보호를 받는다.

⑥ 국가는 재해를 예방하고 그 위험으로부터 국민을 보호하기 위하여 노력하여야 한다.」라고 규정하고 있다.

현대 헌법상에서 이와 같은 생존권이 최초로 헌법에 나타난 것은 1919년의 Weimar 헌법 제151조의 "人間다운 생활(Menschenüridges Dasein)"에서부터인데 그 후 각국의 헌법에 이에 관한 규정을 두고 있다.4)

1) 인간다운 생활을 할 권리

"인간다운 생활을 할 권리"란 건강하고 문화적인 최저생활을 할 권리를 말하며, "국민의 이와 같은 권리를 갖는다."라 함은 국가가 이를 보장할 의무를 지는 것을 뜻하므로 국가는 이러한 목적을 위하여 필요한 조치를 취할 책임을 진다는 의미이다. 인간다운 생활을 할 권리는 생존권적 기본권 중에서도 가장 핵심적인 권리로서 국가가 국민 일반에 대하여 개괄적으로 건강하고 문화적인 최저한도의 생활을 보장할 의무를 지는 것을 말하고, 직접적으로 개개의 국민이 국가에 대하여 제한적 보장청구권을 가질 뿐 구체적·현실적 청구권을 갖는 것은 아니다. 이러한 인간다운 생활을 하기 위하여서는 문화생활을 향유하는 권리와 문화적 주택에서 생활할 권리 등이 포함된다.

인간다운 생활을 할 권리는 원칙적으로 국민의 권리이며 외국인에게는 상호주의에 입각하여 보호받는 경우를 제외하고는 인정되지 않는다.

그러면 "건강하고 문화적"인 생활이란 무엇인가? 건강하고 문화적인 생활의 구체적인 수준은 사회·경제·문화적인 변화에 의해서 끊임없이 달라지고 발전되는 개념이기 때문에 어느 정도, 어떤 내용의 생활수준이 이 권리의 내용을 구성하는가는 확정하기가 곤란한 불확정 개념의 하나에 속한다.

여기에서 불확정 개념이란 법규가 행정행위의 요건·내용을 규정할 경우 사용하는 표현으로서 어떤 경우에 어떠한 내용의 행정행위를 시행해야 할 것인가를 해당 법규로부터 구체적으로 인식할 수 없는 추상적인 개념을 말하는 것이다.

---

4) 권영성, 「헌법학원론」 1997년 판, 서울, 법문사, 1997, pp. 552~553.

① "건강"이란 개념은 종래에는 육체적 건강에 국한하여 생각하는 것이 상식이었다. 그러나 현대 산업사회에 있어서는 건강이란 육체적 건강·정신적 건강·사회적 건강이라고 하는 다의적인 개념으로 변화하고 있다.

WHO는 보건헌장 전문에서 "건강이란 육체적·정신적·사회적으로 완전히 좋은 상태에 있는 것(Health is a state of complete physical, mental and social wellbeing)" 이라고 규정하고 있다.

이를 좀 더 구체적으로 보면,

㉠ 육체적 건강이란 우선 현재 질병에 고통 받는 사람이 건강을 회복할 수 있게 치료할 수 있는 기회를 만든다고 하는 것에서 출발하여 질병에 걸리지 않도록 예방적인 방법을 강구하고 더욱 건강한 체질을 가진 인간을 육성한다고 하는 적극적인 의미를 가지는 것이다.

㉡ 정신적 건강의 경우에도 이와 마찬가지로 현재 정신장애에 처해 있는 사에 대한 치료에 만전을 기하고 이것을 예방하며 더욱 적극적으로 건강한 소질을 가진 인간을 육성하는 것이다.

㉢ 사회적 건강이란 것도 사회적으로 원조를 필요로 하는 경우에는 원조를 제공하고 인간성의 상실을 방어하며 사회적 기능으로서 예방조치를 강구하고 사회공동의 복지를 증진하는 것이다.

위의 세 가지 지표는 실제적으로는 상호 분리된 독립적 체계가 아니고 상호밀접하게 의존적 관계를 가지면서 통합되어 "완전히 좋은 상태를 구축한다."는 것을 의미한다. 따라서 복지국가란 현대사회의 병적 상태를 불식하기 위해서 현상을 분석하고 참된 건강한 상태의 사회체계를 형성하지 않으면 안 된다고 하는 국가의무를 부과하고 있는 것이다.

② "문화적"이라 함은 무엇인가? 문화적이라는 용어는 독일어로 Kultural의 번역어이다. 어원적으로는 "경작"한다는 라틴어로부터 전환되었으며, "표현"·창조"·교양" 등과 같은 의미를 가지고 있다. 즉, 창조가 반복되는 것을 의미한다. 그것은 지혜의 영역 속에 속하고 항상 새롭게 개척되고 창조되는 것을 말한다. 한편 이성의 영역도 넓히지 않으면 안 된다.

기계문명은 인간 지혜의 작용에 의해서 고도로 발전하고 있다. 그러나 그것은 한편으로 공해를 초래하거나 자연을 오염시키고, 인간이성의 모체인 교양을 상실한 물질주의와 비인간적인 욕망주의의 함정에 빠져들고 있다. 문화라고 하는 것은 인간이 만든 것이고 인간이성과의 균형 속에서만 행복의 원천으로 작용될 수 있는 것이다.

건강하고 문화적인 생활을 이상과 같은 관점에서 이해했을 때 헌법상의 "인간다운 생활"이라고 하는 의미는 한편으로는 인간의 육체적·정신적·사회적 생활상의 곤란을 치료하고 예방하며 건전한 인간의 육성을 위한 다양한 시책체계를 말하고, 다른 한편으로는 창조적이며 개척적인 그러면서 그것은 인간의 행복을 파괴하지 않는 교양 있고 지혜로운 생활양식을 말하는 것이라고 볼 수 있다.

그러나 이러한 권리는 국가가 국민일반에 대하여 개괄적으로 문화적인 최저한도의 생활을 보장하는 책무를 지는 것을 말하고 직접적으로 개개의 국민이 국가에 대하여 구체적인 현실적 청구권을 가지는 것은 아니라는 것이 다수설이다. 인간다운 생활권은 불완전하나마 구체적 권리로서의 성격을 가진다고 볼 수 있다.5)

미국 등 선진국에서는 사회보장입법이 정비됨으로써 생존권적 기본권 중 가장 핵심적인 사회보장에 관한 권리를 적극적·구체적 권리로 보며 법원에 대해서 소구(訴求, 소송상 청구)할 수 있다고 본다. 그리하여 인간다운 생활을 할 비용에 대해서 급여를 요구할 수 있는 급여청구권(Leistungsrecht)으로 보려고 한다.

우리헌법의 규정도 비록 소구할 수 있는 권리는 아니라고 하더라도 법적인 권리라고 보아야 할 것이다.

2) 사회보장·사회복지 증진

사회보장·사회복지의 증진에 대하여 국가가 노력할 의무를 규정하고 있다. 종전에는 "사회보장의 증진에 노력하여야 한다."라고만 규정하고 있던 것을 1987년 개정헌법에서는 사회복지를 추가하였고 또 국가의 의무를 명문화하였다.

모든 국민의 인간다운 생활을 보장하기 위하여서는 국가는 사회보장제도와 사회복지제도를 확립하여야 하는데, 국민은 이에 따라 사회보장을 받을 권리를 가진다. 이에는 건강보험·재해보험·양로보험 등의 사회보험제도와 양로원·고아원 등의 사회구호시설의 혜택을 받을 수 있는 권리가 포함되며, "사회복지"라 함은 사회생활을 영위하는 인간의 정신적·도덕적·신체적·사회적·경제적 발전을 도모하기 위한 사회사업과 사회정책뿐만 아니라 사회교육·주택·공중보건·정신위생·범죄·비행문제에 대한 정책과 같은 사회적 시책을 말한다.

현행의 법률로는 직업안정법·국민기초생활보장법·재해구호법·국민연금법 등이 있으며, 사회보장기본법이 있다. 특히 여자·노인·청소년의 복지향상을 위하여 국

5) 권영성, 전게서, 1997, p. 564.

가는 사회보장정책을 실시하여야 한다. 이를 위하여 아동복지법·노인복지법 등이 있다.

3) 생활무능력자 보호

생활무능력자는 인간다운 생활을 보장받기 위하여 국가의 보호를 받을 권리가 있음을 규정하고 있다.

생활능력이 없는 사람으로는 노령자·질병자·장애인 기타 근로능력상실자를 말하며, 이들에 대해서는 국민기초생활보장법에 의해 생활보호를 받을 권리를 보장하고 있다. 또 특별법으로 노인복지법·장애인복지법 등이 있다.

4) 재해로부터 국민보호

국가는 재해를 예방하고 그 위험으로부터 국민을 보호하기 위하여 노력하여야 한다. 이를 위하여 재해구호법이 있다. 서울특별시 또는 광역시·도는 구호의 만전을 기하기 위하여 이에 관한 필요한 계획을 수립하고 구호조직을 확립하여 상시 재해예방조치를 취하는 동시에 재해가 발생하였을 때에는 신속히 구호하여야 한다(재해구호법§3 ②).

2. 사회복지행정법령 체계

이제까지의 사회복지정책은 경제규모의 확대라는 당면과제 때문에 소극적이고 사후적이며 구호적 성격의 것이었다.

그러나 1980년 이후는 그동안 지속하여 온 경제성장을 바탕으로 하여 여러 가지 적극적인 사회복지시책을 펴나가기 위하여 여러 사회복지법령을 제정 또는 개정하였다. 이하 우리나라 사회보장에 관한 법률로서 기본이 되는 “사회보장기본법”을 정점으로 하여 개관해 보면 다음과 같다(<표 2-1>).

<표 2-1> 현행 사회복지행정법령체계

헌 법	인간다운 생활을 할 권리(§34), 행복추구권(§10) 등

⇩

기 본 법	사회보장기본법(법률 제5134호, 1985. 12. 30)

⇩

구분	분야별	현 행 법 령
사회복지행정법령	사회복지서비스	▪ 사회복지사업법 ▪ 아동복지법 ▪ 영유아보육법 ▪ 입양촉진및절차에관한특례법 ▪ 노인복지법 ▪ 고령자고용촉진법 ▪ 장애인복지법 ▪ 장애인고용촉진및직업재활법 ▪ 장애인·노인·임산부등의편의증진보장에관한법률 ▪ 한부모가족지원법 ▪ 모자보건법 ▪ 성매매처벌에관한특별법 ▪ 사회복지공동모금회법 ▪ 보호관찰등에관한법률 ▪ 형의실효등에관한법률
	공적부조	▪ 국민기초생활보장법 ▪ 의료급여법 ▪ 재해구호법 ▪ 의사상자예우에관한법률 ▪ 재난관리법 ▪ 북한이탈주민의보호및정착지원에관한법률
	사회보험	▪ 국민연금법 ▪ 공무원연금법 ▪ 군인연금법 ▪ 사립학교교직원연금법 ▪ 국민건강보험법 ▪ 고용보험법 ▪ 선원보험법 ▪ 산업재해보상보험법 ▪ 자동차손해배상보장법

Ⅱ. 사회보장기본법

우리나라의 사회보장제도는 경제성장 일변도의 정책에 휩쓸려 매우 낙후되어 있었고 개별 사회보장관련법들이 임시방편적이고 분립 적으로 입법되어 상호연계성이 부족하고 보장대상의 범위, 급여수준 및 내용, 재원조달 및 행정관리상의 비효율성 등 많은 문제점들을 안고 있었다. 그리하여 학계와 전문가들로부터 유명무실한 「사회보장에 관한 법률」의 폐지와 함께 사회보장제도의 효율적의 운영과 통합적 발전에 법적 기초가 될 수 있는 새로운 「사회보장기본법」에 대한 제정요구가 끊임없이 제기되어 1995년 12월 30일 법률 제5134호로 사회보장기본법이 제정되었다.

이 법은 사회보장에 관한 국민의 권리와 국가 및 지방자치단체의 책임을 정하고 사회보장제도에 관한 기본적인 사항을 규정함으로써 국민의 복지증진에 기여함을 목적으로 하고 있다(법§1).

또한 사회보장은 모든 국민이 인간다운 생활을 할 수 있도록 최저생활을 보장하고 국민 개개인이 생활의 수준을 향상시킬 수 있도록 제도와 여건을 조성하여, 그 시행에 있어 형평과 조화를 기함으로써 복지사회를 실현하는 것을 기본이념으로 한다(법§1).

이상의 목적과 기본이념에 비추어 볼 때, 사회보장기본법은 헌법상 규정인 '모든 국민은 인간다운 생활을 할 권리를 가진다.'라는 생존권 실현의 구체적인 조치를 제도화하기 위한 것이며 사회보장 관련 법률의 기본법으로서의 지위를 갖는다고 볼 수 있다. 다시 말하면 사회보장기본법은 헌법과 사회보장관련법들의 연결핀으로서 중간법적 성격을 갖고 있다. 따라서 사회보장에 관한 다른 법률을 제정 또는 개정하는 경우에는 이 법에 부합되도록 하여야 한다(법§4).

1. 사회보장의 정의와 범위

이 법에서 "사회보장"이라 함은 질병·장애·노령·실업·사망 등의 사회적 위험으로부터 모든 국민을 보호하고 빈곤을 해소하며 국민생활의 질을 향상시키기 위하여 제공되는 사회보험·공공부조·사회복지서비스 및 관련 복지제도를 말한다(법§3①)고 함으로써 1963년에 제정된 사회보장에 관한 법률에서와는 달리 그 범위를 확대하였다.

특히 이 법에서는 사회적 위험으로서 질병, 장애, 노령, 실업, 사망의 다섯 가지로 구체화하고 있지만, 선진 각국의 사회보장체계와 국제적인 조약에서 제시하고 있는 사회보장급여와 비교해 볼 때 사회적 위험 혹은 사고의 범위가 매우 제한적으로 규정되어 있다.

이 법에서 규정하고 있는 사회보험, 공공부조, 사회복지서비스 및 관련복지제도의 정의는 다음과 같다(법§3).

① "사회보장"이라 함은 질병·장애·노령·실업·사망 등의 사회적 위험으로부터 모든 국민을 보호하고 빈곤을 해소하며 국민생활의 질을 향상시키기 위하여 제공되는 사회보험·공공부조·사회복지서비스 및 관련복지제도를 말한다.

② "사회보험"이라 함은 국민에게 발생하는 사회적 위험을 보험방식에 의하여 대처함으로써 국민건강과 소득을 보장하는 제도를 말한다.

③ "공적부조"라 함은 국가 및 지방자치단체의 책임 하에 생활유지능력이 없거나 생활이 어려운 국민의 최저생활을 보장하고 자립을 지원하는 제도를 말한다.

④ "사회복지서비스"라 함은 국가·지방자치단체 및 민간부문의 도움을 필요로 하는 모든 국민에게 상담·재활·직업소개 및 지도·사회복지시설의 이용 등 편의를 제공하여 정상적인 사회생활이 가능하도록 지원하는 제도를 말한다.

⑤ "관련복지제도"라 함은 보건·주거·교육·고용 등의 분야에서 인간다운 생활이 보장될 수 있도록 지원하는 각종 복지제도를 말한다.

2. 사회보장주체와 그 책임

1) 국가 및 지방자치단체의 책임

국가 및 지방자치단체는 국가발전의 수준에 부응하는 사회보장제도를 확립하고 매년 이에 필요한 재원을 조달하여야 하며, 가정이 건전하게 유지되고 그 기능이 향상되도록 노력하여야 한다. 뿐만 아니라 국가 및 지방자치단체는 사회보장제도를 시행함에 있어 가정과 지역공동체의 자발적 복지활동을 촉진하고 사회보장에 대한 민간부문의 참여를 조장할 수 있도록 정책을 개발·시행하고 그 여건을 조성하여야 한다고 명시하고 있다. 특히 이 법 제6조의 「가족기능의 향상 책임」 및 「지역사회의 자발적인 복지활동촉진의무」 등은 사회복지모형을 정립하기 위한 규정이라고 할 수 있다.

2) 국민의 책임

모든 국민은 자신의 능력을 최대한 발휘하여 자립·자활할 수 있도록 노력하고 국가의 사회보장정책에 협력하여야 한다(법§27).

사회보장의 책임주체는 국가와 지방자치단체, 가정과 지역공동체의 자발적 복지활동, 민간참여, 국민으로 이루어지고 있다. 오늘날 1970년대 후반 이후 제기되고 있는 복지다원주의(Welfare Pluralism)의 논점에서 보면 복지공급의 주체는 공공부문, 비영리 자발적 부문, 상업적 영리부문과 비자발적 가족부문 등으로 혼합되고 있다.[6)]

그러나 오늘날 국가(지방자치단체) 이외에 기업, 종교단체, 자원봉사단체, 가족, 민간단체 등의 기능과 역할 속에서도 사회보장의 주체적인 역할과 책임을 행하고 있지만 어디까지나 국가(지방자치단체)가 사회보장주체의 책임을 지고 주도해 나가야 할 것이다.

3. 사회보장의 대상

오늘날 사회보장의 대상은 경제적으로 빈곤한 자와 근로자뿐만 아니라 자영업자나 농어민 등도 포함되어 전 국민이 사회보장의 대상이 되고 있으며 나아가 내국인뿐만 아니라 외국인까지도 포함되어 그 대상이 되고 있다는 점에서 사회보장이 갖는 역사적 의의가 있다.

우리나라 사회보장기본법에서는 모든 국민(법§2, §24)이 사회보장의 급여를 받을 권리(법§9)가 있다고 규정하고 있으며, 국내에 거주하는 외국인에 대한 사회보장제도의 적용은 상호주의의 원칙에 의하되 관계 법령이 정하는 바에 따른다(법§8)고 하여 외국인에게까지도 적용범위를 넓혀 놓고 있다.

ILO는 1962년 「사회보장에 관한 내외국인 균등처우에 관한 협약」(ILO 제118호 협약)을 채택하여 이를 비준한 국가는 사회보장부문의 적용범위 및 수급권에 있어서 자국의 영토 내에 있는 다른 모든 비준국 국민에 대하여 자국의 사회보장법규에 의하여 자국민에게 주어지는 것과 동등한 대우를 해 줄 것을 규정하고 있다. 우리나라도 현재 국민연금법 제102조에 의해 국내 근로 외국인도 임의가입

6) 신섭중 외 5인, 「한국사회복지법제개설」 대학출판사 1996, p. 190.

대상자가 될 수 있으며, 의료보험법 제73조의 3의 규정에 의해 국내에 영주하고자 하는 외국인에게 의료보험의 혜택을 부여하고 있다. 따라서 이 법 제8조는 사회보장 하위관련법들에서 규정하고 있는 외국인의 적용에 대한 상위법으로서의 법적 근거를 마련해 주고 있다고 볼 수 있다.

4. 사회보장수급권

1) 국가는 모든 국민이 건강하고 문화적인 생활을 유지할 수 있도록 사회보장급여수준의 향상에 노력하여야 하며, 관계법령이 정하는 바에 의하여 최저생계비를 매년 공표하여야 한다. 또 국가 또는 지방자치단체는 최저생계비와 최저임금법에 의한 최저임금을 참작하여 사회보장급여의 수준을 결정하여야 한다(법§10).

국민기초생활보장법 제4조에서는 “보호수준은 건강하고 문화적인 최저생활을 유지할 수 있는 것이어야 한다.”라고 규정함으로서 국가의 최저생활보호의 원리를 명시하고 있다.

2) 사회보장의 급여를 받고자 하는 자는 관계법령이 정하는 바에 의하여 국가 또는 지방자치단체에 신청하여야 하며, 그 신청이 다른 기관에 신청된 경우에는 당해 기관은 지체 없이 이를 정당한 권한이 있는 기관에 이송하여야 한다. 이 경우 사회보장급여의 신청은 정당한 권한이 있는 기관에 이송된 날에 신청된 것으로 본다.

또 사회보장수급권은 관계법령이 정하는 바에 따라 타인에게 양도하거나 담보로 제공할 수 없으며, 이를 압류할 수 없다(법§12)고 함으로써 동조항은 사회보장관련 법률에서 제시하고 있는 수급권 보호의 근거를 마련해 주고 있다.

3) 사회보장수급권은 제한되거나 정지될 수 없다. 다만, 관계법령이 따로 정하는 바에 의하여 제한 또는 정지되는 경우에는 그 제한 또는 정지의 목적에 필요한 최소한에 그쳐야 한다(법§13)고 규정함으로써 관계법령에 의해서만 최소한의 제한 또는 정지를 할 수 있도록 보호규정을 설정하고 있다.

또 사회보장수급권은 정당한 권한이 있는 기관에 서면으로 통지하여 이를 포기할 수 있으며 포기는 이를 취소할 수 있다. 그러나 사회보장수급권의 포기가 타인에게 피해를 주거나 사회보장에 관한 관계법령에 위반되는 경우에는 이를 포기할 수 없다(법§14).

4) 제3자의 불법행위에 의하여 피해를 입은 국민이 그로 인하여 사회보장수급권을 가지게 된 경우 사회보장제도를 운영하는 자는 불법행위의 책임이 있는 자에 대하여 관계법령이 정하는 바에 의하여 구상권을 행사할 수 있다(법§15)고 규정함으로써 사회보장관련법률(예 : 의료보험법 제46조 등) 등에서 제시하고 있는 구상권의 근거를 마련해 두고 있다.

5. 사회보장심의위원회

사회보장에 관한 주요시책을 심의하기 위하여 사회보장심의위원회를 둔다(법§16).고 함으로써 심의위원회는 시의기관으로서의 성격을 가진다.

위원회는 위원장 1인과 부위원장 2인을 포함한 위원 20인 이내로 하며 위원장은 국무총리가 되고 부위원장은 재정경제부장관과 보건복지부장관이 된다고 규정(법§17)함으로써 1963년의 「사회보장에 관한 법률」에서 위원장으로서 보건사회부차관으로 규정한 것과 비교하여 볼 때 동법에서는 심의위원회의 권한이 보다 강화되었다.

위원은 다음 중에서 대통령이 위촉한다.

① 관계부처의 장관

② 근로자를 대표하는 자

③ 사용자를 대표하는 자

④ 사회보장에 관한 학식과 경험이 있는 자

⑤ 변호사의 자격이 있는 자

그리고 위원의 임기는 2년으로 하며, 다만 공무원인 위원의 임기는 그 재임기간으로 한다.

한편 위원회를 효율적으로 운영하고 위원회의 심의사항을 보다 전문적으로 검토하기 위하여 위원회에 사회보장분야별로 실무위원회를 두도록 하였다.

1) 위원회는 다음 각 호의 사항을 심의한다(법§18).

① 사회보장의 증진을 위한 사회보장장기발전방향

② 사회보장제도의 개선

③ 사회보장제도의 도입 또는 확대에 따른 우선순위의 조정

④ 2이상의 부처에 관련되는 주요사회보장정책

⑤ 사회보장급여 및 비용부담의 조정
⑥ 국가 및 지방자치단체의 역할 및 비용분담
⑦ 기타 위원장이 심의에 부치는 사항

2) 이 법은 위원회가 관계행정기관에 대하여 사회보장에 관한 자료의 제출과 위원회의 업무에 관하여 필요한 협력을 요청할 수 있고 관계행정기관은 위원회로부터 요청을 받은 때에는 이에 응하여야 한다고 규정(법§19)하고 있다.

이로써 현재 우리나라 사회보장제도의 관리운영체계가 보건복지부, 노동부, 교육인적자원부, 국방부 등 여러 부처에서 분담하여 관장하고 있음으로써 나타날 수 있는 업무의 비연계성과 비효율성을 통합적으로 상호조정하고 합리적인 분위기로 바꿀 수 있는 위원회의 역할이 기대된다.

6. 사회보장 장기발전 방향

1) 보건복지가족부장관은 관계중앙행정기관의 장과 협의하여 사회보장심의위원회의 심의를 거쳐 사회보장증진을 위한 장기발전방향을 5년마다 수립하여야 하고, 국무회의의 심의를 거쳐 확정한다(법§20 ①, ③). 장기발전방향에는,

① 사회보장에 관한 기본목표 및 추진방향
② 주요 추진과제 및 추진 방법
③ 재원조달방안
④ 사회보장의 전달체계
⑤ 사회보장관련 기금운용
⑥ 기타 사회보장을 위하여 특히 필요하다고 인정되는 사항이 포함되어야 한다(법§20 ②).

2) 보건복지가족부장관·관계중앙행정기관의 장 및 특별시장·광역시장·도지사는 장기발전방향을 기초로 하여 사회보장과 관련된 소관 주요시책의 추진방안을 매년 수립·시행하여야 하며, 주요시책추진방안의 수립·시행을 위하여 필요한 때에는 관계 공공기관, 사회단체 기타 민간기업체의 장에게 협조를 요청할 수 있고 협조요청을 받은 자는 특별한 사유가 없는 한 이에 응하여야 한다(법§22, §23).

7. 사회보장제도의 운영

1) 사회보장제도의 기본원칙으로는 법 제24조에서 다음의 여섯 가지(보편성, 형평성, 민주성, 효율성, 연계성, 전문성)가 제시되고 있다.

① 국가 및 지방자치단체는 사회보장제도를 운영함에 있어 이를 필요로 하는 모든 국민에게 적용하여야 한다는 보편성의 원칙

② 국가 및 지방자치단체는 사회보장제도의 급여수준 및 비용부담 등에 있어서 형평성을 유지하여야 한다는 형평성의 원칙

③ 국가 및 지방자치단체는 사회보장제도의 정책결정 및 시행과정에 공익의 대표자 및 이해관계인 등을 참여시켜 민주성을 확보하여야 한다는 민주성의 원칙

④ 국가 및 지방자치단체는 사회보장제도를 운영함에 있어서 국민의 다양한 복지욕구를 효율적으로 충족시키기 위하여 연계성·전문성을 높여야 한다는 효율성·연계성·전문성의 원칙

2) 국가는 지방자치단체와 사회보장에 관한 책임과 역할을 합리적으로 조정하여야 하고, 사회보험은 국가의 책임으로 행함을 원칙으로 하며, 공공부조 및 사회복지서비스는 국가 및 지방자치단체의 책임으로 행함을 원칙으로 하되, 국가 및 지방자치단체의 재정형편 등을 감안하여 이를 조정할 수 있다(법§25).

3) 국가 또는 지방자치단체는 지역적으로 고루 분포되고 기능에 따라 균형이 이루어지도록 사회보장전달체계를 마련하여야 하고, 사회보장 관련 업무를 수행함에 있어 관계기관과 관계자간의 조정이 원활하게 이루어지도록 사회보장전달체계를 갖추어야 하며, 모든 국민이 쉽게 이용할 수 있도록 사회보장전달체계를 마련하여야 한다(법§28)고 규정함으로써 동법에서 사회보장전달체계의 원칙은 균형성, 조정성, 접근용이성의 원칙을 명시하고 있다.

4) 국가 및 지방자치단체는 사회보장제도의 발전을 위하여 전문 인력의 양성, 학술조사 및 연구, 국제교류의 증진 등에 노력하여야 한다(법§29).

5) 국가 및 지방자치단체는 국민이 사회보장제도에 관하여 필요로 하는 정보를 관계법령이 정하는 바에 의하여 공개하고, 이를 홍보하여야 하며 사회보장에

관한 정보를 관리하는 체계를 확립하여 한다(법§30)고 규정함으로써 사회보장수급권의 절차적 권리, 복지정보전산망의 구축을 명시하고 있다. 나아가 국가와 지방자치단체는 사회보장에 관한 관계법령에 규정된 권리나 의무를 해당국민에게 설명, 상담, 통지하여야 할 것을 규정하고 있다(법§32, §33, §34).

8. 비용부담

사회보장의 비용부담방식은 정부, 사용자, 피용자의 구성과 비율에 의해 단일부담방식, 2자부담방식, 3자부담방식으로 나누어질 수 있으며, 일반적으로 선진각국에서는 3자부담방식을 원칙으로 하고 있다. 이 법 제27조에 규정하고 있는 비용부담의 방식을 보면 다음과 같다.

① 사회보장비용의 부담은 각각의 사회보장제도에 대한 분할분담에 따라 국가·지방자치단체 및 민간 부문 간에 합리적으로 조정되어야 한다고 규정함으로써 비용부담 조정의 원리를 명시하고 있다.

② 사회보험에 소요되는 비용은 사용자·피용자 및 자영자가 부담하는 것을 원칙으로 하되 관계법령이 정하는 바에 따라 국가가 그 비용의 일부를 부담할 수 있다고 규정하여 사회보험의 비용부담방식은 원칙적으로 2자부담방식을 채택하고 있다. 그러나 향후 복지선진국으로의 발돋움을 위해서는 국가도 일정비율을 의무적으로 부담하는 3자부담방식의 원칙이 확립되어야 할 것이다.

③ 공공부조 및 관계법령이 정하는 일정소득수준 이하의 국민에 대한 사회복지서비스에 소요되는 비용의 전부 또는 일부는 국가 및 지방자치단체가 이를 부담한다고 규정하고 저소득층에 대한 국가부담을 명시하고 있다.

④ 부담능력이 있는 국민에 대한 사회복지서비스에 소요되는 비용은 그 수익자가 부담함을 원칙으로 하되, 관계법령이 정하는 바에 따라 국가 및 지방자치단체가 그 비용의 일부를 부담할 수 있다고 규정함으로써 최근 복지욕구의 고도화와 다양화에 따른 복지서비스의 유료화 경향을 고려하여 사회복지서비스의 비용에 대한 수익자부담원칙을 명시하고 있다.

⑤ 국가 및 지방자치단체는 개인·법인 또는 단체의 사회보장에 대한 참여에 소요되는 경비의 전부 또는 일부를 지원하거나 그 업무수행에 필요한 지원을 할 수 있다(법§26 ②). 사회보장에 대한 민간부문의 참여를 조장할 수 있도

록 다음 각 호의 사업이 포함된 시책을 수립·시행하여야 한다.

㉠ 국가 또는 지방자치단체의 사회보장행정에 필요한 자원봉사인력의 활용 사업

㉡ 사회보장에 관련된 민간의 자원봉사 활성화를 위한 각종 지원사업

㉢ 기타 사회보장에 관련된 민간부문의 참여를 조장하는데 필요한 사업

9. 권리구제 및 비밀의 보호

위법 또는 부당한 처분을 받거나 필요한 처분을 받지 못함으로써 권리 또는 이익의 침해를 받은 국민은 행정심판법 및 행정소송법의 규정에 의한 심판청구 및 행정소송을 제기하여 그 처분의 취소 또는 변경 등을 청구할 수 있다(법§35)고 규정함으로써 동 조항은 사회보장수급권의 절차적 권리를 명시하고 사회보장 관련법들에서 제시되고 있는 이의신청 및 심사청구에 대한 상위법으로서의 근거를 마련해 주고 있다.

또 사회보장의 업무에 종사하는 자는 사회보장과 관련하여 알게 된 개인·법인 또는 단체의 비밀을 관계법령이 정하는 바에 의하여 보호하여야 한다(법§31).

10. 개선 및 보완할 사항

① 법체계의 재정비와 확대

사회보장에 관한 관심이 날로 높아지고 그 범위와 대상이 늘어 날 것이라는 전망에서 볼 때 사회보장기본법은 그 기능이 미흡하고 관련법들을 총괄하기에는 부족한 면이 많다. 그러므로 보다 광범위하게 개별 사회보장관련법들의 기본내용을 총괄할 수 있도록 개정해야 할 것이다.

② 전달체계의 명료화

사회보장 사업의 주체를 국가 및 지방자치단체, 민간부문의 참여 등으로 규정하여(동법 제1, 제5) 과거에 비해서는 전달체계를 구체적으로 명시하고 있으나, 어느 부처에서 관장할 것인지를 구체적으로 지정해 놓지 않음으로써 사회보장제도의 전달체계의 확보에 어려움을 더해 주고 있다. 그러므로 지방자치시대를 맞이하여 정부와 지방자치단체의 역할과 민간단체의 역할을 보다 더 명확히 규정해야 한다.

③ 보장범위의 확대

사회보장의 정의에서, 사회적 위험으로 질병, 장애, 노령, 실업, 사망 등 5가지 유형을 제시하고 있다(동법 제3조). 그러나 현대사회와 같이 급변하는 상황에서는 그 범위가 부족하다. 또한 사회보장기본법은 개별 사회보장관련법의 기본법이 되므로 동법에서 보장하고 있는 보장범위는 다른 법률에도 영향을 미치므로 그 범위를 확대해야 한다.

④ 연결 및 통합조정 기능의 확대

사회보장기본법은 헌법과 사회보장관련법의 연결 핀으로 중간법적 성격을 갖고 있다고 규정하여(동법 제4조), 사회보장관련법이 제정 도는 개정될 때에는 동법에 부합하도록 규정하고 있지만 구체적인 법 규정이 미흡하므로 보다 구체적인 법적 장치가 있어야 만이 해석상의 문제점을 해결할 수 있을 것이다.

제 3 장 사회복지서비스관련 행정법령

Ⅰ. 사회복지사업법
Ⅱ. 아동복지법
Ⅲ. 영유아보육법
Ⅳ. 노인복지법
Ⅴ. 장애인복지법
Ⅵ. 한부모가족지원법
Ⅶ. 성매매처벌에관한특별법
Ⅷ. 보호관찰등에관한법률

Ⅰ. 사회복지사업법

1. 사회복지사업의 정의

이 법은 사회복지사업에 관한 기본적 사항을 규정하여 사회복지를 필요로 하는 사람의 인간다운 생활을 할 권리를 보장하고 사회복지의 전문성을 높이며, 사회복지사업의 공정·투명·적정을 기함으로써 사회복지의 증진에 이바지함을 목적으로 한다.

이 법에서 "사회복지사업"이라 함은 국민기초생활보장법, 아동복지법, 노인복지법, 장애인복지법, 한부모가족지원법, 영유아보육법, 성매매처벌에관한기본법, 정신보건법, 성폭력범죄의처벌및피해자보호등에관한법률, 입양촉진및절차에관한특례법, 일제하일본군위안부에대한생활안정지원법, 사회복지공공모금회법, 장애인·노인·임산부등의편의증진보장에관한법률, 가정폭력방지및피해자보호등에관한법률, 농어촌주민의보건복지증진을위한특별법, 식품기부활성화에관한법률, 의료급여법에 의한 보호, 선도 또는 복지에 관한 사업과, 사회복지상담, 부랑인보호, 직업보도, 무료숙박, 지역사회복지, 의료복지, 재가복지, 사회복지관운영, 정신질환자 및 나환자사회복귀에 관한 사업 등 각종 사회사업과 이와 관련된 자원봉사활동 및 복지시설의 운영 또는 지원을 목적으로 하는 사업을 말한다.

국가와 지방자치단체는 사회복지를 증진할 책임이 있으며, 사회복지사업을 행하는 자와 함께 사회복지를 필요로 하는 자에 대하여 그 사업과 관련한 상담·작업치료·직업훈련 등을 실시하고 필요한 경우에는 주민의 복지욕구를 조사할 수 있다.

뿐만 아니라 복지업무에 종사하는 사람은 그 업무를 행함에 있어서 사회복지를 필요로 하는 사람을 위하여 차별 없이 최대로 봉사하여야 한다.

2. 국가 등의 의무

1) 자원봉사활동의 지원 등

국가와 지방자치단체는 사회복지를 증진할 책임이 있으며, 누구든지 정당한 이유 없이 사회복지시설의 설치를 방해하여서는 안 되고, 시장·군수 등은 정당한 이유 없이 사회복지시설의 설치를 지연시키거나 제한하는 조치를 할 수 없다.

또 국가 등은 사회복지 자원봉사활동을 지원·육성하기 위하여 다음의 사항을 실시하여야 한다. 다만, 다음의 사항을 효율적으로 수행하기 위하여 사회복지법인 기타 비영리법인·단체에 이를 위탁할 수 있다.

① 자원봉사활동의 홍보 및 교육
② 자원봉사활동프로그램의 개발·보급
③ 자원봉사활동중의 재해에 대비한 시책의 개발
④ 기타 자원봉사활동의 지원에 필요한 사항

2) 사회복지위원회

사회복지사업에 관한 중요사항을 심의 또는 건의하기 위하여 시·도 및 시·군·구에 사회복지위원회를 두되, 위원은 다음에 해당하는 자중에서 임명 또는 위촉한다.

① 사회복지에 관한 학식과 경험이 풍부한 자
② 사회복지법인의 대표자
③ 사회복지사업을 행하는 비영리법인 또는 단체의 대표자
④ 사회복지를 필요로 하는 사람의 이익 등을 대표하는 자

또 시장·군수는 읍·면·동의 사회복지사업을 원활하게 수행하도록 하기 위하여 읍·면·동 단위에 복지위원을 위촉할 수 있으며, 복지위원은 명예직으로 하되 예산의 범위 안에서 수당을 지급할 수 있다.

3. 사회복지사

1) 사회복지사의 등급

보건복지부장관은 이 법 기타 사회복지 관련 법률의 시행에 관한 사무에 종사하는 공무원과 사회복지사업에 종사는 자의 자질향상을 위하여 필요한 지도와 훈련을 행할 수 있으며, 사회복지에 관한 전문지식과 기술을 가진 자에게 사회복지사의 자격증을 교부할 수 있다. 사회복지사의 등급은 1·2·3급으로 하고, 등급별 자격기준은 다음과 같다.

(1) 사회복지사 1급

국가시험에 합격한 자

(2) 사회복지사 2급

- 대학원에서 사회복지학 또는 사회사업학을 전공하고 석사학위 또는 박사학위를 취득한 자
- 대학에서 사회복지학 전공교과목과 사회복지관련 교과목을 이수하고 학사학위를 취득한 자
- 사회복지사 3급 자격증소지자로서 3년 이상 사회복지사업의 실무경험이 있는 자

(3) 사회복지사 3급

- 전문대학을 졸업한 자로서 보건복지부장관이 지정하는 교육훈련기관에서 12주 이상 사회복지사업에 관한 교육훈련을 이수한 자
- 고등학교를 졸업한 자로서 보건복지부장관이 지정하는 교육훈련기관에서 24주 이상 사회복지사업에 관한 교육훈련을 이수한 자
- 7년 이상 사회복지사업의 실무경험이 있는 자로서 보건복지부장관이 지정하는 교육훈련기관에서 24주 이상 사회복지사업에 관한 교육훈련을 이수한 자

2) 시험과목

사회복지사(1급)의 국가시험과목은 다음과 같다.

- 인간행동과 사회환경
- 사회복지정책론
- 사회복지행정론
- 사회복지실천론
- 사회복지실천기술론
- 사회복지조사론
- 아동복지론·청소년복지론·노인복지론·장애인복지론·여성복지론·가족복지론 또는 정신보건사회복지론 중 1과목
- 지역사회복지론·산업복지론·의료사회사업론·학교사회사업론·정신건강론·교정복지론·사회문제론·자원봉사론 또는 사회복지법제 중 1과목

사회복지사 1급 국가시험에 응시할 수 있는 자격은 대학원에서 사회복지학 또는 사회사업학을 전공하고 석사학위 또는 박사학위를 취득한 자이거나, 대학에서 "사회복지법제" 등 사회복지학 전공교과목과 사회복지관련 교과목을 이수하고 학사학위를 취득한 자이어야 한다.

국가시험은 매년 1회 이상 실시하여야 하며, 합격결정에 있어서는 매과목 4할 이상, 전 과목 총점의 6할 이상을 득점한 자를 합격자로 한다. 시험은 보건복지부장관이 시행하되, 시험의 관리는 시험관리 능력이 있다고 인정되는 관계전문기관에 위탁할 수 있다.

3) 사회복지사의 채용

사회복지법인 및 사회복지시설을 설치·운영하는 자는 사회복지사를 그 종사자로 채용하여야 하며, 사회복지사업에 관한 업무를 효율적으로 운영하기 위하여 시·군·읍·면·동에 복지사무전담기구를 설치한 경우에는 사회복지사의 자격을 가진 사회복지전담공무원을 두어야 한다.

사회복지전담공무원은 그 관할구역안의 사회복지를 필요로 하는 사람들에 대하여 항상 그 생활실태 및 가정환경 등을 파악하고, 사회복지에 관하여 필요한 상담과 지도를 행하며, 관계행정기관 및 사회복지시설을 설치·운영하는 자는 복지전담공무원의 업무수행에 적극 협조하여야 한다.

4) 사회복지의 날

국가는 국민의 사회복지에 대한 이해를 증진하고 사회복지사업 종사자의 활동을 장려하기 위하여 매년 9월 7일을 사회복지의 날로 하고, 사회복지의 날부터 1주간을 사회복지주간으로 한다.

국가와 지방자치단체는 사회복지의 날 취지에 적합한 행사 등 사업을 실시하도록 노력하여야 한다.

4. 사회복지법인

사회복지법인을 설립하고자 하는 자는 법인설립허가신청서를 법인의 주된 사무소의 소재지를 관할하는 시장·군수 및 시·도지사를 거쳐 보건복지부장관에게 제출하여 그의 허가를 받아 주된 사무소의 소재지에서 설립등기를 하여야 한다. 이 경우 경유기관은 자산에 관한 실지조사의 결과와 법인설립의 필요성에 관한 검토 의견을 첨부하여야 한다.

사회복지에 관한 조사·연구와 각종 복지사업을 조성하기 위하여 전국단위의 한국사회복지협의를 두되, 그 업무는 다음과 같다.

① 사회복지에 관한 조사연구 및 정책건의
② 사회복지에 관한 교육훈련
③ 사회복지에 관한 자료수집 및 간행물 발간
④ 사회복지에 관한 계몽 및 홍보
⑤ 자원봉사활동의 진흥
⑥ 사회복지사업에 종사하는 자의 교육훈련과 복지증진
⑦ 사회복지에 관한 학술도입과 국제사회복지단체와의 교류
⑧ 보건복지부장관이 위탁하는 사회복지에 관한 업무
⑨ 기타 중앙협의회의 목적달성에 필요하여 정관으로 정하는 사항

5. 사회복지시설

국가 등은 직접 사회복지시설을 설치·운영할 수 있고, 국가 등 이외의 자가 복지시설을 설치·운영하고자 할 때에는 시장 등에게 신고하여야 한다. 시설의 운영자는 화재로 인한 손해배상책임의 이행을 위하여 손해보험회사가 영위하는 책임보험에 가입하여야 하는데, 보험에 가입하여야 할 복지시설은 시설거주자를 보호하기 위한 사회복지시설과 결핵 및 나장애인(癩障碍人)요양시설이다. 이 경우 국가 등은 책임보험에 소요되는 비용의 전부 또는 일부를 보조 할 수 있다.

그 외에 국가 등은 사회복지사업을 수행하는 자중 다음에 해당하는 자에 대하여는 필요한 비용의 전부 또는 일부를 보조할 수 있다.

① 사회복지법인
② 사회복지사업을 수행하는 비영리법인
③ 사회복지시설 보호대상자를 수용하거나 보육·상담 및 자립지원을 하기 위하여 사회복지시설을 설치·운영하는 개인

그러나 보조금을 받은 자가 다음에 해당할 때에는 이미 교부한 보조금의 전부 또는 일부의 반환을 명할 수 있다.

① 사위(詐僞) 기타 부정한 방법으로 보조금의 교부를 받은 때

② 사업목적 외의 용도에 보조금을 사용한 때
③ 이 법 또는 이 법에 의한 명령에 위반한 때

Ⅱ. 아동복지법

이 법은 아동이 건강하게 출생하여 행복하고 안전하게 육성되도록 그 복지를 보장함을 목적으로 한다(법§1). 우리나라의 아동복지행정은 초기단계에 있어서는 전쟁고아를 중심으로 하여 보호자로부터 유실·유기 또는 이탈되었거나 그 보호자가 양육하기 부적당하거나 양육할 수 없는 요보호아동을 대상으로 하는 구호적 성격을 벗어나지 못하였으나, 경제발전과 생활수준의 향상 그리고 국민의 의식구조의 변화에 따라 전체아동에 대한 복지보장이라는 새로운 사회적 욕구가 강력하게 대두되어 1961년 12월에 제정된 아동복리법을 '아동복지법'으로 개정(1981. 4. 13)하면서 대상아동을 요보호아동 뿐만 아니라 일반아동까지를 포함하여 확대하기에 이르렀다. 즉 법 제2조에서는 "18세 미만의 자"를 아동이라 정의하여 사회통념상의 어린이와 소년의 연령층을 모두 복지행정의 대상으로 하고 있다.

이 법은 2000. 1. 12. 전문 개정되었다.

1. 용어의 정의

이 법에서 사용하는 용어의 정의는 다음과 같다.

① **아동** : 18세 미만의 자

② **보호를 요하는 아동** : 보호자가 없거나 보호자로부터 이탈된 아동 또는 보호자가 아동을 학대하는 경우 등 그 보호자가 아동을 양육하기에 부적당하거나 양육할 능력이 없는 경우의 아동

③ **보호자** : 친권자, 후견인, 아동을 보호·양육·교육하거나 그 의무가 있는 자 또는 업무·고용 등의 관계로 사실상 아동을 보호·감독하는 자

④ **아동학대** : 보호자를 포함한 성인에 의하여 아동의 건강·복지를 헤치거나 정상적 발달을 저해할 수 있는 신체적·정신적·성적 폭력 또는 가혹행위 및 아동의 보호자에 의하여 이루어지는 유기와 방임

⑤ **아동복지시설** : 이 법에 의하여 설치된 시설(법§14조)

⑥ **아동복지시설 종사자** : 아동복지시설에서 아동의 상담·지도·치료·양육 기타 아동의 복지에 관한 업무를 담당하는 자

아동의 개념은 연령상으로 구분할 때 학자와 나라에 따라 다르나 일반적으로

12세 이하로부터 18세 미만으로 보고 있다. 즉 대만은 12세 이하, 영국은 14세 미만, 미국연방정부는 17세 미만, 한국과 일본은 18세 미만을 아동으로 규정하고 있다. 이렇듯 아동의 개념은 국가에 따라 각각 달리 규정하고 있으며 그밖에 사회통념과 관련법상 규정이 다른 경우가 있어 약간의 혼란의 염려도 없지 않다.

그러나 우리나라의 아동복지법에서는 18세 미만의 자를 아동이라고 정의하여 사회통념상의 어린이와 소년의 연령층을 모두 복지행정의 대상으로 하고 있다. 18세 미만의 자로 함으로써 사회통념상의 어린이와 소년의 연령층을 모두 복지행정 대상으로 하고 있으나, 아동인구는 정부의 강력한 인구정책의 결과 증가율이 크게 둔화하고 있다.

그러나 산업화와 도시화에 따르는 핵가족화와 취업여성의 급격한 증가현상이 나타나고 있고, 또 성도덕의 해이 등으로 말미암은 미혼모 발생율의 증가와 쾌락·이기적 풍조 등으로 인하여 집중적인 보호를 요하는 요보호아동수가 계속 증가할 것으로 보여진다.

2. 아동보호의무

아동은 자신 또는 부모의 성별·연령·종교·사회적 신분·재산·장애유무·출생지역 등에 따른 어떠한 종류의 차별도 받지 않고 자라나야 한다. 아동은 완전하고 조화로운 인격발달을 위하여 안정된 가정환경에서 행복하게 자라나야 하며, 아동에 관한 모든 활동에 있어서 아동의 이익이 최우선적으로 고려되어야 한다.

이를 위하여 국가와 지방자치단체는 아동의 건강과 복지증진에 노력하여야 하며 이를 위한 시책을 시행하여야 하고 특히 장애아동의 권익을 보호하기 위하여 필요한 시책을 강구하여야 한다.

아동의 보호자는 아동을 가정 안에서 그의 성장 시기에 맞추어 건강하고 안전하게 양육하여야 하며, 모든 국민은 아동의 권익과 안전을 존중하여야 하고, 아동을 건강하게 양육하여야 한다(법§4조).

그리하여 나라와 겨레의 앞날을 이어 나갈 어린이에 대한 애호정신을 양양함으로써, 이들을 옳고 아름답고 슬기로우며, 씩씩하게 자라도록 하기 위하여 매년 5월 5일을 어린이 날로 정하였다(법§5조).

1) 1919년 기미독립운동의 영향으로 소년소녀운동이 각지에서 일어나 전국적 소년회 연합운동으로 발전할 즈음 천도교소년회의 지도자였던 소파 방정환선생은

이 땅의 어린이들이 바르고 참되게 자라고 있는 한 조국은 일시적인 외침에 시달리고 있더라도 결국 광복의 날은 올 것이라는 신념으로 1921년 "어린이"라는 용어를 처음 쓰기 시작하였다.

1923년에는 동회를 중심으로 불교소년회·반도소년회 등 여러 소년운동지도자들의 협력을 얻어 5월 1일을 제1회 "어린이날"로 선포하였으니, 이것은 국제연맹이 어린이애호를 선언했던 1924년보다 한 해 앞서의 일이었다.

그 후 5월 1일은 마침 "May Day, 근로자의 날"인 관계로 이를 피하는 동시에 학생들의 참가를 자유롭게 하기 위하여 1927년부터는 5월의 첫 일요일로 변경하여 기념행사를 하였고, 이 운동이 일제에 항거하는 민족독립운동의 일환으로 전개되자 일제는 1937년 5월 제16회 행사를 마지막으로 이를 금지하여 그 후 어린이운동은 지하운동으로 들어가게 되었다.

1945년 해방과 함께 1946년 봄에 개최된 어린이날 전국준비위원회에서 5월 5일을 어린이날로 결정하여 그 해부터 매년 전국적으로 성대한 기념행사를 거행하였다.

2) 정부는 1923년 5월 1일 제정된 어린이날 정신을 바탕으로 하여 1957년 5월 5일 어린이날을 기하여 보건사회·내무·법무·문교의 4부 장관 공동명의로 전문과 9개 조항으로 된 "대한민국 어린이 헌장"을 선포하였다.

여기서 어린이의 기본인권을 존중하고 이들이 심신 공히 건전하게 자라도록 하기 위한 개인적·사회적 책무와 방안을 분명히 하였다.

이를 계기로 요보호아동 뿐만 아니라 전체 아동의 복지증진이라는 현대적 의미의 아동복지사상이 도입되었다.

그러나 사회의 변화에 부응하는 새로운 어린이 상의 제시가 필요해짐에 따라 부모 및 사회가 아동의 복지를 위해 실천해야 할 바를 제시하여 1988년 어린이 헌장을 전면 개정하였다.

1975년부터는 어린이날을 공휴일로 정하고 아동복지법 제5조에서 "어린이에 대한 사랑과 보호의 정신을 높임으로써 이들을 옳고 아름답고 슬기로우며 씩씩하게 자라나도록 하기 위하여 매년 5월 5일을 어린이날로 한다"라고 규정하여 법적근거를 마련하였다.

한편 산업화에 따른 청소년문제가 복합적인 양상을 띄고 심각한 사회문제로 대두됨에 따라 청소년의 건전육성을 위해 1989년 청소년헌장을 선포하였다. 이 헌장은 청소년 자신 및 가정, 학교, 사회 및 국가의 책임을 구분하여 명시하고 있다.

3. 아동보호기관

1) 아동복지에 관한 사항을 상담·지도하기 위하여 특별시·광역시·도와 시·군·구에 아동복지지도원을 둔다. 현대 생활의 긴장, 이혼 등 가족해체의 발생증가 및 각종 산업재해의 증가는 피해가정의 아동들을 요보호대상으로 만들 가능성을 높이고 있으며, 일반가정의 아동도 성격 및 정서장애, 유기, 학대 등 다양하게 표출되는 양상을 보이고 있다. 따라서 가족해체 등에 의한 요보호아동의 발생을 미연에 방지하기 위한 아동상담 사업은 그 중요성이 더욱 커지고 있다.

아동상담은 아동문제를 사전에 예방하는 사업으로서 지역사외에서 문제가 발생할 소지가 있는 가정에는 수시로 상담서비스가 제공되어야 하는 점을 감안하여 기존의 사회복지기관이나 재가복지봉사센터의 상담기능을 활용하는 등 상담창구를 다원화하고 있다.

아동복지지도원은 다음의 사항을 수행한다.

① 보호를 필요로 하는 아동에 대한 적절한 보호조치
② 아동 및 그 가족 또는 관계인에 대한 상담
③ 아동지도에 필요한 가정환경의 조사
④ 아동에 관한 전문적·기술적 지도를 필요로 하는 경우의 개별지도·집단지도 및 그 알선
⑤ 아동복지시설 또는 보호를 필요로 하는 아동에 대한 조사·지도 및 감사
⑥ 아동을 위한 지역사회자원의 활용알선
⑦ 지역사회의 학교 부적응아, 비행청소년에 대한 예방·지도 및 원조
⑧ 기타 아동의 복지증진 및 육성에 관한 업무

2) 아동복지지도원은 지방 일반직공무원(사회복지 직렬) 또는 지방 별정직공무원으로 하는데, 별정직공무원인 아동복지지도원은 고등교육법에 의한 전문대학 또는 이와 동등이상의 학교에서 아동복지 또는 사회복지 관련교과목을 이수하고 졸업한 자중에서 당해 지방자치단체의 장이 임용한다. 아동복지지도원은 특별시·광역시·도·시·군·구 및 아동상담소에 각각 1인 이상을 둔다.

아동위원은 시·군·구에 둔다. 아동위원은 그 관할구역 안의 아동에 대하여 항상 그 생활상태 및 가정환경을 상세히 파악하고 아동복지에 관하여 필요한 원조

와 지도를 행하며 아동복지지도원 및 관계행정기관과 협력하여야 한다.

아동위원은 명예직으로 하되 수당을 받을 수 있으며, 그 업무의 원활한 수행을 위하여 적절한 교육을 받을 수 있다.

3) 아동의 건강을 위하여 보건소는 아동의 전염병 예방조치, 아동의 건강상담·신체검사와 보건위생에 관한 지도, 아동의 영양개선 등의 업무를 행한다.

아동의 보호자는 아동의 건강유지와 향상을 위하여 최선의 주의와 노력을 하여야 하고, 국가는 아동복지시설과 아동용품에 대한 안전기준을 정하고 아동용품을 제작·설치·관리하는 자에게 이를 준수하도록 하여야 하며, 아동복지시설·유치원·초·중·고등학교의 장은 교통안전, 약물오남용·예방 및 재난대비 안전교육을 실시하여야 한다.

시·도지사 등은 그 관할구역 안에서 보호를 필요로 하는 아동을 발견하거나 보호자의 의뢰를 받은 때에는 아동의 최상의 이익을 위하여 다음의 필요한 조치를 하여야 한다.

① 아동복지지도원 또는 아동위원에게 보호를 필요로 하는 아동 또는 그 보호자에 대한 상담·지도를 행하게 하는 것
② 보호자 또는 대리양육을 원하는 연고자에 대하여 그 가정에서 보호 양육할 수 있도록 필요한 조치를 하는 것
③ 아동의 보호를 희망하는 자에게 보호를 필요로 하는 아동의 보호를 위탁하는 것
④ 보호를 필요로 하는 아동에 적합한 아동복지시설에 입소시키는 것
⑤ 약물 및 알콜중독·정서장애·발달장애 등으로 특수한 치료나 요양 등의 보호를 필요로 하는 아동에 대하여 전문치료기관 또는 요양소에 입원 또는 입소시키는 것

아동을 대리양육 또는 위탁보호를 하고자 하는 자는 보호를 필요로 하는 아동의 거주지를 관할하는 시장·군수에게 아동의 보호양육을 신청하여야 하며, 이를 결정한 시장·군수는 그 사실을 지체 없이 신청인 및 당해 아동을 보호하고 있는 아동복지시설의 장에게 통보하여야 한다.

아동복지시설에 입소한 보호를 필요로 하는 아동의 연령이 18세에 달하였거나, 보호의 목적을 달성하였다고 인정될 때에는 당해 시설의 장은 그 보호 중인 아동을 퇴소시켜야 한다. 그러나 다음의 경우에는 보호시설의 장은 그 보호기간을 연장할 수 있다.

① 고등교육법에 의한 대학 이하의 학교에 재학 중인 자

② 아동직업훈련시설 또는 근로자직업훈련촉진법에 의한 직업능력개발훈련시설에서 교육·훈련 중인 자
③ 학원의 설립·운영 및 과외교습에 관한 법률에 의하여 등록된 학원에서 교육 중인 20세 미만의 자
④ 시·도지사 또는 시장·군수·구청장이 장애·질병 등의 이유로 보호기관의 연장을 요청하는 자

4) 시·도지사 또는 시장·군수·구청장은 아동의 친권자가 그 친권을 남용하거나 현저한 비행 기타 친권을 행사할 수 없는 중대한 사유가 있는 것을 발견한 경우 아동의 복지를 위하여 필요하다고 인정할 때에는 법원에 친권행사의 제한 또는 친권상실의 선고를 청구할 수 있다.

4. 아동복지시설

아동복지법령상 아동복지시설을 시설형태별로 보면 영·육아시설 등 '수용보호시설'과 아동상담소와 같은 '이용시설', 그리고 어린이 놀이터, 아동회관, 수련장, 과학관 등 '전용시설'로 구분할 수 있다.

정부에서는 시설수용아동의 보호수준을 향상시키기 위하여 1992년부터 시설아동 중·고생 교복비, 학용품비, 교통비, 영양급식비 등을 지원하고 있으며, 복지수당·장기근속수당 신설 등으로 종사자 처우수준을 높여 나아가고 있다. 특히 시설의 수용규모의 대규모화보다는 소규모 가정단위형태로 보호하며 안정된 생활을 하도록 하고 있다.

1980년대 이후 요보호아동의 감소로 인해 전체적으로 아동복지시설을 정비하여야 할 필요성이 대두되고 있는 실정으로 정부에서는 아동시설 전반에 대해 실태조사를 실시하고 아동전용시설 등 이용시설로 사업전환을 할 수 있도록 지도하여 나가고 있다.

국가 또는 지방자치단체는 아동복지시설을 설치할 수 있다. 국가 또는 지방자치단체 외의 자는 관할 시장·군수 등에게 申告하고, 아동복지시설을 설치할 수 있다. 신고하여 설치한 아동복지시설을 폐지 또는 휴지하거나 그 운영을 재개하고자 하는 자는 미리 시장·군수에게 신고하여야 한다.

아동복지시설의 종류는 다음과 같다.

① **아동양육시설** : 보호를 필요로 하는 아동을 입소시켜 보호·양육하는 것을 목적으로 하는 시설

② **아동일시보호시설** : 보호를 필요로 하는 아동을 일시보호하고 아동에 대한 향후의 양육대책수립 및 보호조치를 행하는 것을 목적으로 하는 시설

③ **아동보호치료시설** : 불량행위를 하거나 불량행위를 할 우려가 있는 아동으로서 보호자가 없거나 친권자나 후견인이 입소를 신청한 아동 또는 가정법원, 지방법원 소년부지원에서 보호 위탁된 아동을 입소시켜 그들을 선도하여 건전한 사회인으로 육성하는 것을 목적으로 하는 시설

④ **아동직업훈련시설** : 아동복지시설에 입소되어 있는 만 15세 이상의 아동과 생활이 어려운 가정의 아동에 대하여 자활에 필요한 지식과 기능을 습득시키는 것을 목적으로 하는 시설

⑤ **자립지원시설** : 아동복지시설에서 퇴소한 자에게 취업준비기간 또는 취업후 일정기간 보호함으로써 자립을 지원하는 것을 목적으로 하는 시설

⑥ **아동단기보호시설** : 일반가정에 아동을 보호하기 곤란한 일시적 사정이 있는 경우 아동을 단기간 보호하며 가정의 복지에 필요한 지원조치를 하는 것을 목적으로 하는 시설

⑦ **아동상담소** : 아동과 그 가족의 문제에 관한 상담, 치료, 예방 및 연구 등을 목적으로 하는 시설

아동의 상담지도를 통하여 요보호대상아동을 사전에 예방하고 일단 발생한 경우에도 철저한 사후지도로 가정에 복귀시키는 일은 아동복지에 있어 그 어느 것보다도 중요한 일이다.

이혼 등 가족해체의 발생 증가, 현대 생활의 긴장 및 각종 산업재해의 증가는 피해가정의 아동들을 요보호대상으로 만들 가능성이 많아지고 있으며 일반가정 내에서 자라는 아동의 경우도 성격 및 정서장애, 유기, 학대 등 다양하게 표출되는 양상을 보이고 있다. 따라서 가족해체 등 요보호아동의 발생을 미연에 방지하기 위한 아동상담사업은 그 중요성이 더욱 커지고 있다.

아동상담소는 아동복지시설로서 아동복지행정의 최일선 전문행정기관이고 아동에 대한 상담, 아동지도에 필요한 가정환경의 조사·입양·위탁보호 및 재가보호·아동복지시설 또는 요보호아동의 조사·지도와 아동의 일시보호업무를 담당하고 있으며, 법인에서 설치운영하고 있는 아동상담소에서는 시설 및 요보호아동에 대한 조사 및 지도감독업무를 제외한 모든 업무를 관장하

여 불우아동발생예방사업의 일익을 담당하고 있다.

우리나라는 아직 상담의 중요성에 대한 국민들이 인식이 부족하여 그 이용도가 낮은 편이나 급격한 사회구조의 변화 등에 따라 문제아동이 많이 늘어나고 있음을 감안할 때 전문상담기관으로서의 아동상담소의 확대가 요망된다.

아동상담은 아동문제를 사전에 예방하는 사업으로서 지역사회에서 발생할 소지가 있는 가정에 수시로 상담서비스가 제공되어야 하는 점을 감안하여 기존의 사회복지기관이나 재가복지봉사센터의 상담기능을 적극 활용할 수 있도록 하는 등 상담창구를 다원화 시켜야 할 것이다.

또한 사립아동상담소의 설치를 적극 권장하여 일선에서 공·사립간의 협조관계 및 지역사회 아동위원과의 연계체계를 마련하여 아동상담소가 지역사회 내에서 아동과 가정의 보호기능에 중심적인 역할을 할 수 있는 방향으로 나아가야 할 것이다.

상담서비스의 질적 수준 향상을 위해서는 공립상담소의 아동복지지도원의 처우향상, 상담요원의 연수회 개최를 통한 교육훈련의 기회제공을 적극 추진하여야 하며, 상담프로그램도 요보호아동에 국한하지 않고 올바른 자녀양육을 위한 부모교육 등 가정문제 전반에 대한 전문적인 종합상담을 제공하도록 프로그램 개발에도 노력하여야 한다.

⑧ **아동전용시설** : 어린이공원, 어린이놀이터, 아동회관, 체육, 연극, 영화, 과학실험전시시설, 아동휴게숙박시설, 야영장 등 아동에게 건전한 놀이, 오락 기타 각종 편의를 제공하여 심신의 건강유지와 복지증진에 필요한 서비스를 제공하는 것을 목적으로 하는 시설

어린이들을 신체적·정서적·지적인 면에서 고루 튼튼하고 밝게 자라나게 하려면 그들이 마음껏 뛰놀며 건전한 레크레이션 등을 항상 즐길 수 있는 시설과 환경을 마련해 주어야 한다. 따라서 아동복지법은 국가와 지방자치단체는 아동이 항상 이용할 수 있는 아동전용시설 및 편익시설을 설치하도록 하고, 아동이 이용할 수 있는 서비스시설 등을 설치·운영하는 자는 그 시설을 이용하는 13세 미만의 아동에 대하여 입장료와 이용료 등을 감면할 수 있도록 규정함으로써 국가와 지방자치단체의 아동전용시설설치의무와 책임을 명시하고 아동전용시설 및 편익시설을 널리 이용할 수 있도록 하였다.

국가 또는 지방자치단체가 설치한 아동전용시설 기타 아동이 이용할 수 있

는 시설에 있어서는 다른 법령에 특별한 규정이 있는 경우를 제외하고는 그 시설을 이용하는 아동에 대하여 그 입장료와 이용료를 받지 아니한다. 다만, 부득이한 사정이 있는 경우에는 어린이날과 국경일을 제외하고는 그 시설의 관리기관이 시·도지사의 승인을 얻어 이를 징수할 수 있다.

⑨ **아동복지관** : 지역사회 아동의 건전육성을 위하여 심신의 건강유지와 복지증진에 필요한 서비스를 제공하는 것을 목적으로 하는 시설

아동복지지설은 각 시설의 고유 업무 외에도 다음의 사업을 실시할 수 있다.

① **아동가정지원사업** : 지역사회아동의 건전한 발달을 위하여 아동·가정·지역주민에게 상담, 조언 및 정보를 제공해 주는 사업

② **아동주간보호사업** : 부득이한 사유로 가정에서 낮 동안 보호를 받을 수 없는 아동을 대상으로 개별적인 보호와 교육을 통하여 아동의 건전한 성장을 도모하는 사업

탁아서비스(Day Care Services)란 제2차 대전 후 핵가족화와 여성의 사회진출, 여성근로자의 급증으로 발전·확대된 서비스로서 낮 동안 다른 사람의 보호를 받아야 할 아동들에게 주어지는 보호서비스이다. 국제연합은 탁아서비스를 낮 동안 자신의 가정으로부터 격리된 아동들의 보호를 위한 조직적인 서비스로 정의하여 대리적 보호가 아니라 보충적·부모적 보호의 개념으로 보고 있다.

이러한 탁아시설은 유치원과는 구별되고 있다. 즉 탁아시설은 목적을 복지적 측면에, 유치원은 교육적 측면에 두고 있으며, 탁아시설이 영세민의 자녀를 대상으로 하는데 반하여 유치원은 일반시민의 자녀를 대상으로 하고 있다.

③ **아동전용상담사업** : 학교부적응아동 등을 대상으로 올바른 인격형성을 위한 상담, 치료 및 학교폭력예방을 실시하는 사업

④ **학대아동보호사업** : 학대아동의 발견, 보호, 치료 및 아동학대의 예방 등을 전문적으로 실시하는 사업

⑤ **공동생활가정사업** : 보호를 필요로 하는 아동에게 가정과 같은 주거여건과 보호를 제공하는 것을 목적으로 하는 사업

⑥ **방과 후 아동지도사업** : 저소득층 아동을 대상으로 방과 후 개별적인 보호와 교육을 통하여 건전한 인격형성을 목적으로 하는 사업

5. 시설보호아동에 대한 조치

1) 아동입양 위탁보호

요보호아동을 일반가정에 입양 또는 위탁하여 보육하게 하거나 직장을 알선하는 것을 목적으로 하는 시설로서 입양이란 성인이 다른 아동을 법적 절차를 밟아 자기아이로 삼는 것을 의미하며, 아동의 입장에서는 부모와 동등한 친자관계를 맺는 것을 의미한다. 그렇기 때문에 입양이란 생리적 과정을 통해서 부모가 되는 것보다 법적·사회적 과정을 통해서 부모가 되는 것을 의미한다.[1)]

국내입양사업은 요보호아동을 국내 건전가정에서 양육시킬 수 있으므로 보호시책으로는 최선의 방법으로 인식되어 그동안 꾸준히 추진되어 왔으나, 아직도 큰 성과를 거두지 못하고 있다. 그 중요한 이유로는 혈연에 의한 가계계승의 관습이 유지되고 있어 입양을 희망하는 가정이 불우한 아동의 건전육성 측면보다는 가계계승을 위한 수단으로서의 입양을 원하고 있는 등 입양에 대한 인식이 부족하기 때문이다.

정부에서는 국내입양을 촉진하기 위해 입양기관을 중심으로 다양한 홍보활동을 계속 추진함과 동시에 양부모의 연령 및 자녀수 제한을 완화하고 학력제한을 폐지하였으며, 1994년부터 입양아동을 위한 주택자금 할증지원, 중·고등학교 입학금 및 수업료면제, 장애아동의 국립의료원 국비진료 등 여러 가지 시책을 펴고 있다.

또한 현행법상 국내입양을 저해하는 요인을 제거하고 미비점을 보완하기 위하여 입양특례법을 입양촉진및절차에관한특례법(1995. 1. 5)으로 전면 개정하였다.

입양을 기피하는 국민의식을 개선하기 위해 입양에 관한 대국민 홍보를 지속적으로 실시하고 입양기관에 대한 운영비 지원수준향상, 종사자에 대한 입양전문교육의 실시, 입양가정에 대한 상담, 사후관리 등 지원시책을 계속 추진할 것이다.

또한 가정위탁보호사업의 확대를 통하여 아동이 가정에서 양육될 수 있도록 하고 나아가 입양과 연계되도록 권장해 나아갈 방침이다.

2) 아동보호전문기관의 설치

국가와 지방자치단체는 학대아동의 발견, 보호, 치료에 대한 신속한 처리 및 아

---

1) Alfred Kadushin, *Child Welfare Services*, 1972, p. 424; 金相圭, 「社會福祉論」, p. 226.

동학대예방을 전담하는 아동보호전문기관을 설치하여야 한다. 다만, 아동상담소, 아동복지시설, 아동학대예방협회 등의 비영리법인을 아동보호전문기관으로 지정할 수 있다.

아동보호전문기관의 업무는 다음과 같다.

① 학대받은 아동의 발견, 보호, 치료의뢰

② 아동학대의 예방 및 방지를 위한 홍보

③ 아동학대행위자를 위한 상담·교육 등

④ 아동학대행위자, 아동학대행위자로 신고된 자 및 그 가정에 대한 조사

⑤ 기타 학대받은 아동의 보호를 위하여 필요한 사항

누구든지 아동학대를 알게 된 때에는 아동보호전문기관 또는 수사기관에 신고할 수 있으며, 학교교원·의료기관에서 의료업을 행하는 의료인, 아동복지시설의 종사자 및 그 장, 장애인복지시설에서 장애아동에 대한 상담, 치료 등을 행하는 자, 보육시설의 종사자, 여성복지상담소의 상담원, 모자복지상담소의 상담원, 사회복지전담공무원 등은 아동학대를 알게 된 때에는 즉시 신고하여야 한다.

아동학대신고를 접수한 아동보호전문기관 직원은 지체 없이 아동학대의 현자에 출동하여야 하며, 아동학대행위자로부터의 격리 또는 치료가 필요한 때에는 아동보호전문기관 또는 치료기관의 인도에 필요한 조치를 하여야 한다.

국가와 지방자치단체는 아동학대를 예방하고 수시로 신고를 받을 수 있도록 긴급전화를 설치하여야 한다. 긴급전화는 전국적으로 통일된 번호로 매일 24시간동안 운영하여야 한다.

6. 아동에 대한 금지행위

① 아동의 신체에 손상을 주는 학대행위

② 아동에게 성적 수치심을 주는 성희롱, 성폭행 등의 학대행위

③ 아동의 정신건강 및 발달에 해를 끼치는 정서적 학대행위

④ 자신의 보호·감독을 받는 아동을 유기하거나 의식주를 포함한 기본적 보호·양육 및 치료를 소홀히 하는 방임행위

⑤ 아동을 타인에게 매매하는 행위

⑥ 아동에게 음행을 시키거나 음행을 매개하는 행위

⑦ 장애를 가진 아동을 공중에 관람시키는 행위

⑧ 아동에게 구걸을 시키거나 아동을 이용하여 구걸하는 행위
⑨ 공중의 오락 또는 흥행을 목적으로 아동의 건강 또는 안전에 유해한 곡예를 시키는 행위
⑩ 정당한 권한을 가진 알선기관 외의 자가 아동의 양육을 알선하고 금품을 취득하는 행위
⑪ 아동을 위하여 증여 또는 급여된 금품을 그 목적 외의 용도에 사용하는 행위

보건복지부장관·도지사 또는 시장·군수는 필요하다고 인정할 때에는 관계공무원·아동복지지도원으로 하여금 아동복지시설과 아동의 주소·거소·아동의 고용 장소 또는 위의 금지행위를 위반할 우려가 있는 장소에 출입하여 아동 또는 관계인에 대하여 필요한 조사를 하거나 질문을 하게 할 수 있다.

7. 비용보조 등

1) 국가와 지방자치단체는 다음에 해당하는 비용의 전부 또는 일부를 보조할 수 있다.
① 아동복지시설의 설치 및 운영과 프로그램의 운용에 필요한 비용 또는 수탁보호 중인 아동의 양육 및 보호 관리에 필요한 비용
② 보호를 필요로 하는 아동의 대리양육이나 가정위탁보호에 따른 비용
③ 아동복지사업의 지도·감독·계몽 및 선전에 필요한 비용
④ 아동보호전문기관의 설치·운영에 소요되는 비용
⑤ 아동복지단체의 지도·육성에 필요한 비용

2) 국가는 이 법에 의한 아동복지시설을 설치 운영하는 법인에 대하여, 이 법에 의하여 위탁한 업무의 처리를 위하여 필요하다고 인정할 때에는 국유재산법의 규정에 의하여 국유재산을 무상으로 대여할 수 있다(법§30).

또한 아동복지시설에서 그 보호아동을 위하여 사용하는 건물 및 토지, 시설설치 및 운영에 소요되는 비용에 대하여는 조세특례제한법 기타 관계법령이 정하는 바에 의하여 조세 기타의 공과금을 면제할 수 있다. 뿐만 아니라 이 법에 의하여 지급된 금품과 이를 받을 권리는 압류하지 못한다.

Ⅲ. 영유아보육법

이 법은 보호자가 근로 또는 질병 기타 사정으로 인하여 보호하기 어려운 영아 및 유아를 심신의 보호와 건전한 교육을 통하여 건강한 사회성원으로 육성함과 아울러 보호자의 경제적, 사회적 활동을 원활하게 하여 가정복지 증진에 기여함을 목적으로 한다.

현대사회의 산업화에 따른 여성의 사회참여증가 및 가족구조가 핵가족화 됨에 따라 탁아수요가 급증되었으나, 현행 아동복지법에 의한 탁아사업은 시설 설립주체를 제한하고 있어서 보육사업의 확대가 곤란하고 이를 관장하는 부처가 다원화되어 있어 체계적이고 효율적인 보육사업의 추진 등에 문제점이 있으므로 영유아의 보육에 관한 별도의 법률을 제정하여 보육시설의 조속한 확대 및 체계화로 아동의 건전한 보호·교육 및 보호자의 경제적, 사회적 활동을 지원할 필요가 있어서 1991년 1월 14일 이 법을 제정하게 되었다. 그 후 수차례의 개정을 거쳐 현재에 이르고 있다.

1. 영유아보육의무

국가와 지방자치단체 그리고 모든 국민은 보호자와 함께 영유아를 건전하게 보육할 책임을 지도록 하였다. 여기서 "영유아"라 함은 6세 미만의 취학전 아동을 말한다. 영유아의 보육에 관한 사업의 기획·조사·실시 등에 관하여 필요한 사항을 심의하기 위하여 보건복지부에 중앙보육위원회를, 서울특별시·광역시·도 및 시·군·구에 지방보육위원회를 각각 두도록 하며, 보육위원회는 복지 및 유아교육전문가, 보육시설종사자 대표, 보호자대표 또는 관계공무원 등으로 구성한다. 보육위원회의 기능은 다음과 같다.

(1) 중앙보육위원회

① 영유아보육사업의 기본방향 및 정책수립에 관한 사항
② 영유아보육사업의 조사·연구
③ 영유아보육 프로그램 및 교재·교구의 개발 보급
④ 기타 영유아보육에 관하여 보건복지부장관이 회의에 부치는 사항

(2) 지방보육위원회

① 영유아보육사업의 기본방향 및 정책에 따른 당해 시·도의 시행계획의 수립
② 기타 영유아보육에 관하여 시·도지사가 회의에 부치는 사항

(3) 시·군·구 지방보육위원회

① 영유아보육사업의 기본방향 및 정책과 시·도의 시행계획에 따른 당해 시·군·구의 시행계획의 수립
② 보육시설의 설치·운영에 관한 사항
③ 보육시설 입소대상 연령의 연장에 관한 사항
④ 보육시설에서의 비용수납에 관한 사항
⑤ 기타 영유아보육에 관하여 시장·군수·구청장이 회의에 부치는 사항

시장·군수·구청장은 영유아의 보육에 대한 제반 정보의 제공 및 상담을 위하여 보육정보센터를 설치·운영하도록 하고, 동 센터에는 영유아의 보육을 위한 상담 및 지도업무를 담당하게 하기 위하여 보육지도원을 두도록 하였다.

보육지도원은 전문대학 이상의 학교에서 유아교육 또는 아동복지에 관련된 학과를 전공하여 졸업한 자나 아동복지 기타 사회복지에 관한 행정업무에 3년 이상 근무한 경력이 있는 공무원 또는 유치원·초·중·고등학교 교사자격증을 가진 자이어야 하며, 보육지도원의 직무는 다음과 같다.

① 영유아 보육에 대한 정보제공 및 상담·지도
② 보육대상자를 위한 보육의뢰 및 보육시설 이용의 알선
③ 보육대상자에 대한 조사
④ 보육시설에 대한 조사 및 지도
⑤ 기타 영유아 보육에 관한 사항

2. 보육시설

보육의 개념 및 이념을 재정립하여 보육에 대한 인식을 확산시키고 보육교사의 보육에 대한 인식 및 전문성을 제고시키는 한편 종사자에 대한 미래지향적인 방향을 제시하며, 보육교사 자격증제도를 도입하여 보육교사의 사회적 위상을 제고하고 자격기준을 강화하여 보육의 질을 높여 나갈 필요가 절실하다.

(1) 보육시설의 종류

① **국·공립보육시설** : 국가와 지방자치단체가 설치·운영하는 시설로서, 이 경우 국·공립보육시설은 저소득층 밀집지역, 농어촌지역 등 취약지역에 우선적으로 설치하여야 한다.

② **민간보육시설** : 국가 또는 지방자치단체 외의 자가 설치·운영하는 시설로서 직장보육시설 또는 가정보육시설이 아닌 시설을 말하며, 이 경우 시장·군수에게 신고하여야 한다.

③ **직장보육시설** : 사업주가 사업자에 근로자를 위하여 설치·운영하는 시설로서 시장·군수에게 신고하여야 한다.
상시 여성근로자 300인 이상을 고용하고 있는 사업장(대상아동을 보육하고 있는 여성근로자가 없는 사업장을 제외한다)의 사업주는 반드시 직장보육시설을 설치하여야 하나, 이 경우 사업자의 사업주는 공해 또는 위험시설이 있거나 보육대상 아동수의 부족 등의 불가피한 사유로 직장보육시설을 설치할 수 없을 때에는 그 사업주는 사업장이 있는 곳의 보육시설을 이용하는데 필요한 비용의 100분의 50 이상을 지급하거나 그 보육시설의 운영 및 수탁보육 중인 영유아의 보육에 필요한 비용의 100분의 50 이상을 근로자에게 보육수당으로 지급하여야 한다.

④ **가정보육시설** : 개인이 가정 또는 그에 준하는 곳에서 설치·운영하는 시설
보육시설에는 시설의 장 및 보육교사와 기타 종사자를 두도록 하되, 가정보육시설의 경우 시설의 장이 보육교사의 자격을 가진 때에는 따로 보육교사와 기타 종사자를 두지 아니할 수 있도록 하였으며, 보육교사는 대학 또는 이와 동등 이상의 학교에서 유아교육 또는 아동복지에 관한 학과를 전공하여 졸업한 자와 고등학교 또는 이와 동등 이상의 학교를 졸업한 자로서 교육훈련시설에서 소정의 교육과정을 이수한 자로 하였다.

(2) 보육시설의 운영

국·공립보육시설은 법인이나 단체 또는 개인에게 위탁하여 운영할 수 있다. 보육시설의 입소대상은 영유아를 원칙으로 하지만, 보육위원회의 의결이 있는 때에는 12세까지 연장할 수 있다. 보육시설에는 국민기초생활보장법에 의한 수급자와 저소득층 자녀를 우선적으로 입소시켜야 하고, 사업주는 직장보육시설에 사업장 근로자의 자녀를 우선적으로 입소시켜야 한다.

보호시설에서의 보육은 영유아의 신체적, 지적, 정서적 및 사회적 발달 등을 도모하는 내용을 포함하여야 하며, 보건복지부장관은 영유아보육의 충실을 기하기 위하여 장학지도와 보육프로그램 및 교재·교구의 개발보급 등 필요한 사항에 대하여 교육인적자원부장관에게 협조를 요청할 수 있다.

보건복지부에서는 1993년부터 2000년까지 보육시설에서 활용할 수 있는 보육프로그램 17종을 개발·보급하였고, 2000년에는 영유아 보건생활프로그램, 영유아예절 및 전통보육프로그램, 지역자원을 활용한 프로그램을 개발하여 보급 중에 있고, 2001년에는 표준보육과정 등 2종을 개발하였으며, 보급된 프로그램을 중심으로 보육시설현장에서 쉽게 활용될 수 있는 방안을 마련하였다.

또 보육시설의 장은 보육하고 있는 영유아에 대한 건강진단을 실시하여야 하며, 건강진단을 실시한 결과 치료를 요하는 영유아에 대하여는 그 보호자와 협의하여 필요한 조치를 하여야 한다.

3. 비용부담

영유아의 보육에 필요한 비용은 보호자가 부담하는 것을 원칙으로 하되, 국민기초생활보장법에 의한 수급자와 저소득층의 자녀의 보육에 필요한 비용은 국가 또는 지방자치단체가 그 전부 또는 일부를 부담하도록 하고, 국가 또는 지방자치 단체는 보육시설의 설치 및 운영 등 영유아의 보육사업에 소요되는 다음의 비용을 보조할 수 있다.

① 보육시설의 설치에 필요한 비용
② 국·공립보육시설, 비영리법인이 설치·운영하는 보육시설 및 국가 또는 지방자치단체로부터 설치 등에 소요되는 보조금을 받은 보육시설의 매년 운영비
③ 보육정보센터의 설치·운영에 필요한 경비
④ 기타 영유아 보육사업에 소요되는 비용

보호자가 영유아의 보육을 위하여 지출한 보육비용과 사업주가 부담하는 보육시설의 설치 및 운영에 소요되는 비용에 대하여는 조세를 감면하지만, 다음과 같은 경우에는 이미 교부한 보조금의 전부 또는 일부의 반환을 명할 수 있다.

① 사업의 목적 이외에 보조금을 사용한 때
② 사위(詐僞) 기타 부정한 방법으로 보조금의 교부를 받은 때
③ 이 법 또는 이 법에 의한 명령에 위반한 때

Ⅳ. 노인복지법

1. 노인문제와 노인복지[2)]

1) 노인의 개념

노인복지의 일반론을 논하기 이전에 우선 노인의 개념을 정확히 할 필요가 있다고 본다. 노인에 대한 정의를 한마디로 규정하기는 어려우나 몇몇 학자들의 의견을 살펴보면,

브린(L. Breen)은 노인을 생리적·육체적으로 변화기에 있는 사람, 심리적인 면에서 개성의 기능이 감소하고 있는 사람, 사회적인 변화에 다라서 사회적인 관계가 과거에 속해 있는 사람이라고 정의하며, 1951년 국제노년학회에서는 노인의 개념을 주로 의학적인 측면에서 “노인이란 인간의 노령화과정에서 나타나는 생리적·육체적·심리적·정서적·환경적 행동의 변화가 상호작용하는 복합형태의 과정에 있는 사람”이라고 정의하고 있다.

이상의 논의와 같이 노인에 대한 정의를 한마디로 정의하기는 매우 어려우나 일반적으로 노인이란 육체적·정신적으로 그 기능이 감퇴되어 가고 있는 시기에 달한 사람으로서 생활기능을 정상적으로 발휘할 수 없는 사람을 말한다고 정의할 수 있다.

국가별로 노인의 연령은 <표 3-1>과 같으며 우리나라의 경우 노인을 노인복지법과 생활보호법에서 65세 이상으로 규정하고 있다.

<표 3-1> 각국의 노인연령 기준

국 가 별	노 령 연 령	비　고
한　국	65세 이상	노인복지법
일　본	65세 이상	노인복지법
미　국	65세 이상	노령부조법
프 랑 스	65세 이상	노령자연금법
폴 란 드	60세 이상	노령자연금법
네덜란드	65세 이상	노령자연금법

2) 김진경, ‘노인소득보장정책’, 「사회복지행정」 제2권, 호남대 행정대학원, 2002, pp. 36～46.

2) 노인문제의 원인과 실태

(1) 노인문제의 원인

① 고령화사회와 노인인구의 추이

㉠ 노인문제의 근본적인 원인중의 하나는 전체 인구에 비하여 노인인구가 상대적으로 많아져가고 있다는데 있다. 이를 인구의 노령화 또는 고령화라고 표현하고 있다.

고대사회에 있어서는 전염병이 발생하게 되면 어떤 지역의 인구가 떼죽음을 했고 특히 영아사망률이 높아 한나라의 평균 수명이 극히 낮았다는 것을 짐작할 수 있다. 고대 로마인의 평균 수명은 22세였으며 미국은 20세기초에 49세였다. 그러던 것이 20세기에 들어와 인간은 세상에 태어나서 대부분이 노년기를 경험하게 되는데 그 이유는 경제발전에 따른 영양상태 및 환경위생 그리고 노동조건 등의 개선을 동반한 생활수준의 향상으로 사망률이 감소하게 됨에 따라 평균수명이 연장되게 되는 것이며 결국 노인인구가 전체인구에 비하여 상대적으로 증가하여 사회의 노령화시대가 도래하는 것이다. <표 3-2>는 우리와 세계의 인구지표 중 평균수명과 65세 이상 인구구성비를 보여주고 있다.

<표 3-2> 인구지표

	1970	1980	1990	2010	2001	
					세계	선진국
평균수명	63.2	65.8	71.3	78.8	62.3	74.0
- 남자	59.8	62.7	67.4	75.5	60.8	70.4
- 여자	66.7	69.1	75.4	82.2	63.8	77.7
65세 이상 인구구성비	3.1	3.8	5.0	10.7	13.0	15.1

㉡ 한국에 있어서 65세 이상의 노인인구의 성장은 1980년을 기점으로 하여 그간의 정체적인 성장경향에서 벗어나서 ⓐ 실수 및 증가율 ⓑ 전체인구에서 차지하는 구성비 ⓒ 노령인구부양지수 ⓓ 노령화 지수 등에서 급속한 성장을 보이는 새로운 국면에 접어들고 있다.

노년인구의 실수는 1970년의 104만 명에서 80년의 146만 명으로 10년간에 42만 명의 실수증가를 보이고 있으며 90년에는 214만 명으로 10년간 70만 명이 증가하여 연평균 인구증가율을 훨씬 상회하는 증가세를 보이고 있다. 전체인구에서의 구성비는 점점 증가되는 추세를 보여 2019년에는 14.4%에 달할 것으로 보인다.
여기서 인구구조의 노령화를 나타내는 척도로 흔히 쓰이는 노령화지수는 0세부터 14세까지 100명에 대한 65세 이상의 인구비율을 말하는 것으로 한국의 노령화지수는 1980년 이후부터 증가의 폭이 커져서 2002년에는 7.9%에 달하여 고령화사회에 진입하였다. 노인부양비는 15세에서 65세까지의 100명에 대한 65세 이상의 인구비율을 말하는 것이다. 우리나라의 노령화지수와 노인부양비의 실태는 <표 3-3>과 같다.

<표 3-3> 노인인구의 증가추이

구 분	2003	2010	2019
전체인구	47,640	49,594	50,619
노인부양비	11.1	14.8	19.8
노령화지수	7.9	10.7	14.4
(노인인구/백만)	(3.772)	(5.302)	(7.667)

여러 가지 지수를 통하여 우리사회의 노령화가 급속도로 진행되고 있으며 이에 따라 노인문제가 사회문제로 대두되고 있어 이에 대한 복지대책도 강력하게 요구되는 실정이다.

② 산업화·도시화와 노인의 역할상실

제1차 산업으로부터 2차, 3차 산업으로의 발전은 도시화를 가속시켰고 도시화는 근대화, 공업화의 산물이기도 하다. 이와 같은 산업구조의 변화, 발전은 이에 수반한 경제적, 사회적 변화를 초래하였다.

우리나라의 산업별 종사자 수에 의하면 1986년을 기점으로 3차 산업에의 종사자수가 50%를 넘어 섰고 도시화율 추세도 2000년에 이미 80%를 넘어서고 있다. 이와 같은 산업화, 공업화, 도시화는 인구와 가구, 가족의 이동을 유발하여 가족의 분화를 가져왔다. 즉 인구가 도시로 급격히 집중됨에 따라 특히 대도시에는 많은 저임금, 저소득생활자와 무주택가구를 증가시켜 가족의 분화가 불가피 하게 일어나게 되고 이것은 곧 노인인구를 증가시키게 하는 결과를 빚어 노인문제를 가져오게 되었다.

또한 오늘날의 사회 속에서는 도시나 농촌이나 할 것 없이 노인의 경험과 지식은 생산과정에서 도움이 된다기보다는 도리어 방해가 된다고 생각하는 경우가 많으며 이는 노인의 전통적 사회에서 가지게 되는 역할의 상실을 가져오게 되고 따라서 노인문제가 발생하는 것이다. 그러므로 오늘날과 같은 산업사회 내지는 경제구조에서는 경제성장과 국민소득향상에 따른 사회복지적인 측면에서의 노인보호가 고려되어야 한다.

③ 핵가족화와 노인부양의식의 변화

산업화·도시화와 함께 급격하게 진행된 것은 핵가족화의 현상이다. 전통적인 사회에서 노인은 가정을 가훈으로 다스리고 종족들을 조상으로부터 이어받은 예법으로 다스리며 가장으로서의 권위와 존엄을 가져왔다. 그러나 공업화·도시화가 진행되자 가정과 직장이 분리되고 가정집이 맡고 있던 역할도 사회가 점차 짊어지게 되었다. 이러한 가족구조의 변화는 핵가족화를 초래하게 되었고 핵가족화가 진행될수록 나이 먹은 노인은 이 속에서 튕겨져 나오고 만다. 이러한 의미에서 핵가족화의 진전은 노인이 가족으로부터 배제되지 않을 수 없게 한다.

이와 같은 핵가족의 특징은 자유결혼, 소가족, 기혼자녀와 부모별거, 독립생계, 자녀의 부모부양면책 등이 보편적인 것으로 되어 효도, 동거, 존경, 부양 등의 의식의 약화와 노인의 권위약화와 함께 경제적 빈곤까지 겸하여 노인문제는 개인문제를 떠나 사회문제화 되고 있다.

(2) 노인문제의 실태

노인문제의 실태로는 여러 가지를 들 수 있겠으나 일반적으로 노인의 네 가지 고난(四苦)로 일컬어지는 경제적 곤란, 건강문제, 역할상실, 고독 및 소외를 들 수 있다.

① 경제적 빈곤

노인문제의 주된 원인은 경제적 빈곤에서 시작된다고 할 수 있다. 노인은 일단 직장에서 은퇴하고 나면 재취업의 기회가 제한되고 거기에다 수명은 연장되어 빈곤이 장기화되므로 소위 만성적 노인빈곤에 빠지게 된다. 한 조사에 의하면 노인문제 가운데 가장 심각하다고 생각되는 첫 번째 순위로 경제적 빈곤(58%)이 나타났다.

② 건강문제

노인이 되면 신체적, 정신적 퇴화가 불가피하여 만성질환을 더 많이 가지게 된다. 오늘날 대다수의 노인들은 유병장수(有病長壽)하는 경우가 많아 각종 질환으로 고통을 당하고 있는데 이러한 사실은 어느 나라에서나 공통적인 현상이라 하겠다.

노인의 건강상태는 경제적 수준과 상관관계를 갖는데 이는 경제적 수준이 높을수록 건강보호를 받을 수 있는 여건이 좋기 때문이다. 전라남도의 경우 도내 65세 이상 노인에 대한 건강진단의 결과(2002) 전체노인의 32%가 질환자로 나타났다.

③ 역할상실

서구화, 선업화의 영향으로 인한 가치관의 변화, 핵가족화로 인한 부양의식의 변화는 노인들의 사회에서 뿐만 아니라 가정에서의 역할을 상실하게 하였다. 이러한 현상을 페인(Payne)은 이를 역학의 퇴행이라고 간주하고 있다.

④ 고독 및 소외

노인들은 분화된 직업구조, 사회적 격리구조, 가족해체현상 등의 사회구조의 변동으로 계층 간의 갈등, 기존질서와 새 질서간의 갈등, 문화적 갈등 등으로 일체감과 공감대를 상실하게 되어 노인들은 소외감 속에서 고독할 수밖에 없게 된다. 한국갤럽조사(2002)에 의하면 노인들이 고독감을 느끼는 때가 자주 있다는 응답이 24.6%에 이르고 있다.

3) 노인복지제도

(1) 노인복지의 정의와 원칙

사회복지가 널리 인간의 복지를 추구하는 사회적 노력이라고 한다면 노인복지는 많은 사회문제 중에서 특히 노인에게 일어나는 문제를 해결하고 노인의 복지를 이룩하려는 사회적 노력이라고 할 수 있다.

노인복지에 대한 여러 가지 정의가 학자들 사이에서 회자되고 있지만 J. Kaplan은 노인복지를 정책적인 측면과 관련하여 노인복지의 요건으로 ⓐ 의료, 정신의학 서비스 ⓑ 적당한 주택 ⓒ 정신적 안정과 유용성을 부여하는 사회 ⓓ 퇴직 후의 경제적 안정 ⓔ 노동능력에 알맞은 일을 할 수 있는 기회 ⓕ 여가의 활용을 위한 사회적 대책이라고 밝히고 있다.

이와 같은 견해를 종합하여 보면, 노인복지는 노인의 생활상의 곤란에 대하여 생활상의 안정, 심신의 건강유지, 사회적 참여와 역할의 수행, 취업의 기회와 여가의 향유 등에 관한 정책 및 제도와 서비스 등을 통하여 노인이 하나의 독립된 인간으로서의 기본적인 욕구와 문화적 생활을 유지할 수 있도록 지원하는 것이라고 할 수 있다.

노인복지의 필요성은 다음의 세 가지 측면으로 이를 제기할 수 있다.

① 경제적 필요성

노인은 신체적인 능력이 저하되어 경제적인 보상을 가져오는 일을 할 수 없게 되고, 더욱이 산업화와 도시화로 인하여 노인은 더욱 불리한 위치에 처하게 됨으로 경제적 독립을 유지해 나가기가 매우 힘들어 진다. 이처럼 불가피한 신체적, 사회적 이유로 경제력이 약화되거나 없어지게 됨으로 노인에 대한 복지적 대책이 사회적 차원에서 요구되는 것이다.

② 심리·사회적 필요성

심리·사회적인 필요성은 두 가지 면으로 나누어 볼 수 있는데, 하나는 사회가 노인에게 직업역할(강제적 퇴직)과 가정의 역할(핵가족화)을 거부함에 대한 불이익이나 불공평에 따른 보상의 차원이며, 다른 하나는 젊은 세대들이 노령세대들을 지원해주고 후에 그들이 노령세대가 되었을 때 젊은 세대들이 지원해줄 것이라는 암시적인 협약하에 이루어지는 상호부조의 세대간의 이전이라고 볼 수 있을 것이다.

③ 윤리적 필요성

만인은 사회적으로 평등하고 인간답게 살 권리를 가지고 있을 뿐 아니라 오늘의 노인은 가정과 나아가 사회와 국가의 발전을 위하여 노력한 공로에 대한 보답의 측면에서도 노인복지정책은 윤리적으로 정당성을 갖는다.

④ 노인복지의 원칙

노인복지의 기본적인 원칙에 대하여 ⓐ 존엄성 및 개성 존중의 원칙 ⓑ 개별화의 원칙 ⓒ 보편성과 선별성의 원칙 ⓓ 자기결정의 원칙 ⓔ 권리와 책임의 원칙 ⓕ 자발적 기능의 원칙 ⓖ 전체성의 원칙 ⓗ 전문성의 원칙 ⓘ 노인의 시대적 욕구반영의 원칙 등의 제 원칙이 제시되고 있다.

이러한 원칙들은 노인문제가 노인개인의 문제가 아니라 그것은 가족문제와 지역사회의 문제, 나아가 지방자치단체 또는 국가의 문제로서의 영향을 미침을 인식하고 노인문제가 갖는 다차원성이 인간의 존엄성(worth and dignity of individual)과 사회적 책임(social responsibilities for human suffering)이라는 사회복지의 가치체계 내에서 노인복지의 정책이 수립되어져야 함을 나타내는 것이라고 볼 수 있다.

(2) 노인복지제도의 연혁

우리나라의 경우 역사적으로 삼국시대부터 노인을 위한 정책적 배려가 있어 온 것으로 알려지고 있다. 그 이후 고려시대와 조선에 이르기까지 양로와 관직부여 등에 대한 노인우대가 있었으며 이는 다분히 유교적 사회구조와 전통에 따른 것이라고 볼 수 있을 것이다.

해방이후 우리의 사회복지정책은 경제회생의 논리와 안보의 중요성의 강조 등으로 인하여 별다른 성과를 거두지 못하여 온 것이 사실이다. 그러나 국민경제규모가 커지고 복지에 대한 관심이 고개를 들기 시작함에 따라 노인복지에 대한 관심도 일어나기 시작하였다.

우리나라 헌법은 “모든 국민은 인간으로서의 존엄과 가치를 가지며…”, “국가는 개인이 가지는 불가침의 기본적 인권을 확인하고…” 라는 조항을 통해 기본권을 선언하고, 다시 “모든 국민은 인간다운 생활을 할 권리를 가지며 생활능력이 없는 국민은 국가의 보호를 받는다.” 라고 규정하고 있다. 이와 같은 이념은 자유와 평등에 입각한 인간의 존엄성이며 이것은 현대 민주국가에서의 국가의 의무이기도 하다. 특히 노인복지는 사회복지의 대표적인 과제로서 국가의 중요시책으로 전개되어져야 한다. 이러한 취지에서 노인복지법(1981. 6. 5. 법률 제3453호)이 제정·시행되고 있다.

노인복지법은 1972년에 보건사회부에서 기초하였으나 결실을 보지 못하고 그 후 1977년 “노인복지법제화추진협의회”의 결성 등 각계의 노력으로 말미암아 1981년 초 정부에서 법안을 작성 5월에 국회에 제출하여 결실을 보았다. 그 후 수차의 개정을 거쳐 오늘에 이르고 있다.

2. 노인복지법

1981년의 노인복지법안의 제안이유를 보면, 의약기술의 발달, 문화생활의 향상과 평균수명의 연장으로 노인인구의 절대수가 크게 증가하고 산업화·도시화·핵가족화의 진전에 따라 노인문제가 점차 큰 사회문제로 대두되고 있음에 대처하여 우리 사회의 전통적 가족제도에 연유하고 있는 경로효친의 미풍양속을 유지·발전시켜 나가는 한편, 노인을 위한 건강보호와 시설의 제공 등 노인복지시책을 효과적으로 추진함으로써 노인의 안락한 생활을 북돋우어 주며, 나아가 사회복지의 증진에 기여하려는 것으로 되어 있다. 이 법은 1997년 8월 22일 전문개정 되었고, 그 후 2차에 걸쳐 부분개정 되었다.

이 정신에 따라 노인복지법은 노인의 심신의 건강유지 및 생활안정을 위하여 필요한 조치를 강구함으로써 노인의 복지증진에 기여함을 목적으로 하며, 그 기본이념은 노인은 후손의 양육과 국가 및 사회의 발전에 기여하여 온 자이므로 존경받으며, 건전하고 안정된 생활을 보장받고 그 능력에 따라 적당한 일에 종사하며 사회적 활동에 참여할 기회를 보장받는다고 규정하고 있다(법§2).

그러므로 노인은 노령에 따르는 심신의 변화를 자각하여 항상 심신의 건강을 유지하고, 그 지식과 경험을 활용하여 사회의 발전에 기여하도록 노력하여야 한다. 국가와 지방자치단체도 노인의 보건 및 복지증진의 책임이 있으며 이를 위한 시책을 강구하여 추진하여야 하고, 노인의 일상생활에 관련되는 사업을 경영하는 자는 그 사업을 경영함에 있어 노인의 보건복지가 증진되도록 노력하여야 하다.

1) 국가와 국민은 경로효친의 미풍양속에 따른 건전한 가족제도가 유지·발전되도록 노력하여야 한다. 국가와 지방자치단체는 노인의 복지를 증진할 책임을 지며, 노인의 복지에 관한 시책을 강구함에 있어서 기본이념이 구현되도록 노력하여야 하고, 노인의 일상생활에 관련되는 사업을 경영하는 자는 그 사업을 경영함에 있어서 노인의 복지가 증진되도록 노력하여야 한다.

국가 또는 지방자치단체는 경로효친의 사상을 앙양하고 노인의 생활향상 의욕을 높이기 위하여 매년 10월 2일을 노인의 날로 정하고, 매년 10월을 경로의 달로 정하였으며, 부모에 대한 孝사상을 앙양하기 위하여 매년 5월 8일을 어버이날로 정하였다. 시·도지사는 매년 노인의 날, 경로의 달 및 어버이날에 실시하여야 할 행사에 관한 계획을 수립·시행하여야 한다.

오늘날 핵가족제도에서 오는 여러 가지 폐단을 감안하여 외국에서 찾아보기 어려운 우리의 전통적 경로사상에 의한 가족제도의 장점을 살려 이를 유지·발전시켜 노인복지의 실효를 거두고자 하는 취지이며, 어른을 존경하며 봉사하는 사회질서를 정립하기 위한 제도이다.

노인복지증진의 책임은 국가·사회와 노인 자신의 공동책임으로 하고, 기본적인 책임은 국가와 지방자치단체가 지되, 모든 국민이 함께 노인복지의 증진과 경로사상의 앙양에 힘쓰도록 하며, 노인 자신도 스스로 노령에 따른 심신의 건강유지에 노력하고 지식과 경험으로 국가사회의 발전에 기여하도록 하여야 한다.

2) 우리의 전통적 가치관과 의식구조의 변화에 다라 가정에서 보호되어 온 노인들의 생활이 사회문제도 대두되고 노후생활을 사회가 보장하여야 할 당위성이 높아짐에 따라 가족·사회·국가의 노인봉양 자세와 책무를 천명한 경로헌장을 제정하여 1982. 5. 8. 제10회 "어버이 날"을 기하여 선포하였다.

헌장에서도 지적되었듯이 핵가족화·도시화·개인주의교육 등 사회구조와 가치관의 변화로 차츰 노후생활을 자식에게 의지할 수 없게끔 세상이 되어가고 있다. 거기에 평균수명은 급속하게 늘어간다. 노인의 의식도 예전과는 달라서 자식들에게 짐이 되고 싶지는 않지만 짐이 안 됨으로써 안겨지는 혹심한 고독을 감내할 길이 없다.

이 갈등을 극복하는 길은 예비노인시절부터 일관된 자신의 노력과 그 노력에 부응한 정부나 사회의 정책적 배려가 조화됨으로써만이 가능하다고 본다.

첫째로, 노인 측에서 할 일은 함으로써 자식들이 보조하는 것 이외의 수입원을 확보하여 경제적 자립을 하고,

둘째로, 몰두할 수 있는 예능이나 취미, 봉사활동을 일찍부터 개발, 노후까지 지속함으로써 심리적 자립을 하고,

셋째로, 조깅 등 일정한 운동이나 산책·여행 등으로 신체적 자립을 모색하는 것이 가장 중요하다. 이를 솥을 받치고 있는 세발이라 하여 "삼정주의(三鼎主義)"라 부른다.

우리나라처럼 노인숭배가 강했던 나라에서는 이 삼정주의 이외에 다름 세 가지를 권하고자 한다.

첫째로, 자녀들로 하여금 은혜를 갚지 않을 수 없는 유인을 축적하라는 것이다. 온두라스의 노인들은 자식들과 별거하면서 틈만 나면 며느리의 일손을 돕거나 어려운 일을 대신 해결하여 줌으로써 자신의 인식이나 위치나 신용을 두텁게 하여 비단 자식이 아니라도 보은을 하지 않을 수 없는 정신적 부채를 애써 만든다고 한다. 곧 피동적 보은이 아닌 능동적으로 보은을 하지 않을 수 없게 한다.

둘째로, 혈연의식을 배경으로 제사를 통한 조상과의 유대, 그리고 손자들과의 유대를 강하게 유지함으로써 자식들도 그 종적인 맥락에 끼여들지 않을 수 없게 한다.

셋째로, 가정 외의 사회적 관계, 이를테면 종교단체·친목단체·자선단체·사회단체·동창회·직장 등을 통해 같은 또래와 같은 처지로 서로 뜻이 통하는 동료를 구하여 노후에 대비한다. 이 같은 노인 측의 개인적 노력에 부응하여 정부 등 공공

기관, 지역사회의 각종 단체에서 무형·유형의 시책과 시설을 베풀고 또 원조를 하여야만 한다.

노인을 우대하는 경로풍조의 작풍보다 중요한 것은 노후를 사는 보람을 보장해 주는 일이 그 시책의 근원이 되어야 할 것이다. 이를테면 밭일이나 가축 기르기를 원하는 노인들에게 농토와 목장과 가축과 농구를 대여한다든가 노령자의 능력개발을 위한 학습계획·고용계획을 수립하고 노령자가 할 수 있는 일에 젊은이의 취업을 제한시킨다든지 하는 것이 그것이다.

외국처럼 노인이 살기 좋게 공동시설을 갖춘 노인아파트며 또 자식의 집과 접하여 살 수 있는 두세대 연결된 공영주택, 그리고 노인본위의 노인촌 건설도 시도해 봄직하다.

1) 노인복지지원

(1) 노인의 복지를 위한 상담 및 지도업무를 담당하게 하기 위하여 구(서울특별시 및 광역시에 한한다)와 시·군에 노인복지상담원을 둔다.

노인복지상담원은 사회복지사 3급 이상의 자격증 소지자 중에서 시장, 군수, 구청장이 공무원으로 임용한다. 다만, 부득이한 경우에는 공무원 외의 자로 위촉할 수 있으나, 위촉한 상담원의 임기는 3년으로 하되, 연임할 수 있다.

시장·군수는 필요하다고 인정할 때에는 아동복지법에 의한 아동복지지도원, 장애인복지법에 의한 장애인복지상담원 또는 사회복지에 관한 업무를 담당하는 공무원으로 하여금 상담원을 겸직하게 할 수 있다.

상담원은 다음의 직무를 담당한다.

① 노인 및 그 가족 또는 관계인에 대한 상담 및 지도

② 노인복지에 필요한 가정환경 및 생활실태에 관한 조사

③ 법 제28조의 규정에 의한 복지조치에 필요한 상담 및 지도

④ 노인의 단체 활동 및 취업의 상담

⑤ 기타 노인의 복지증진에 관한 사항

상담원(공무원인 상담원과 보수 없이 봉사할 것을 자원한 상담원을 제외한다)에 대하여는 예산의 범위 안에서 지방공무원 중 일반직 8급 공무원에 상당하는 보수(직무수당·기말수당·정근수당 및 기타수당을 포함한다)를 지급한다.

(2) 복지실시기관(보건복지부장관·광역시장·도지사 또는 시장·군수)은 老人에 대한

복지를 도모하기 위하여 필요하다고 인정한 때에는 다음의 조치를 하여야 한다(법§28).

① 65세 이상의 자 또는 그를 보호하고 있는 자를 관계공무원 또는 노인복지상담원으로 하여금 상담·지도하게 하는 것

② 65세 이상의 자로서 신체적·정신적·경제적 이유 또는 환경상의 이유로 재가에서 보호를 받기가 곤란한 자를 노인주거복지시설 또는 재가노인복지시설에 입소시키거나 입소를 위탁하는 것

③ 65세 이상의 자로서 신체 또는 정신상의 현저한 결함으로 인하여 항상 보호를 필요로 하고 경제적 이유로 거택에서 보호를 받기가 곤란한 자를 노인의료복지시설에 입소시키거나 입소를 위탁하는 것

노인주거복지시설, 노인의료복지시설 및 재가노인복지시설의 장은 긴급히 보호하여할 필요가 있는 노인을 발견한 때에는 당해 노인을 입소조치 할 수 있고, 지체 없이 그 사실을 복지실시기관에게 보고하여야 한다.

복지실시기관은 65세 미만의 자에 대하여도 그 노쇠현상이 현저하여 특별히 보호할 필요가 있다고 인정될 때에는 위의 조치를 할 수 있고, 입소 조치된 자가 사망한 경우에 그 자에 대한 장례를 행할 자가 없을 때에는 그 장례를 행하거나 당해 시설의 장으로 하여금 그 장례를 행하게 할 수 있다.

(3) 우리나라도 65세 이상 노인인구가 2001년도를 기점으로 총인구의 7.6%를 상회하여 고령화사회(Aging Society)에 들어섰고, 2020년경에는 15%를 넘어서는 고령사회(Aged Society)에 진입할 것으로 예상되고 있다. 고령사회에 이르는 속도가 다른 선진국들에 비해 훨씬 빠르며, 노년부양비와 노령화지수의 급격한 증가로 노인복지문제가 사회적 중요 이슈로 대두하여 노인보건복지에 대한 종합적인 정책수립이 필요한 시점임을 말해 주고 있다.

노인들은 자연적 노화 이외에 관절염, 중풍, 당뇨병 등 각종 만성질환과 치매, 정신질환에 의한 생활 장애를 겪고 있으며, 장기요양보호를 필요로 하는 노인보건의 문제는 노인뿐만 아니라 가족과 사회구성원 모두의 복지수준에 중요한 결정요인이 되고 있다.

따라서 정부에서는 노인보건사업의 기본목표를 건강한 노후보장에 두고 그 주요 추진방향으로서,

첫째, 보건교육, 건강증진사업 내실화를 통한 노인성질환의 사전예방에 주력하고 질환노인의 치료·요양을 위한 시설확충 등 사후관리체계를 구축하고,

둘째, 치매·중증질환노인에 대한 지원대책을 중점적으로 추진하며,

셋째, 재가노인에 대한 보건복지서비스를 확대하여 시설수용보호 위주의 사업에서 지역·가정 중심의 복지체계로의 발전을 도모하고,

넷째, 노인의 보건·의료서비스와 사회복지서비스를 통합·관리함으로써 종합적이고 효과적인 서비스 제공에 두고 있다.

① 노인들은 대부분 육체적·정신적 노화로 인한 만성 노인질환을 가지고 있으므로 건강문제는 노인에게 매우 중요하다.

정부는 노인질환을 조기에 발견하고 건강지도 및 보건교육을 실시하여 노인건강 증진을 도모하고자 1983년부터 저소득층 노인을 대상으로 하여 무료노인건강진단을 실시하고 있으며, 1992년부터는 종전의 일상적인 혈액검사, X-ray검사, 암검사 등 노인이 희망하는 노인성특수질환검사를 선택할 수 있도록 하여 충실한 건강진단이 되도록 하였다.

노인건강진단은 1,2차로 구분하여 실시하되 1차 건강진단은 12개 항목의 기본검사를 하며, 검사결과 질환의심자에 대하여는 30개 항목의 정밀검사인 2차 정밀검사를 받도록 하고, 검사결과는 본인과 가족에게 알려서 노인병의 예방과 치료에 내실화를 기하고 있다.

② 현재 65세 이상 노인인구의 약 8.3%인 29만 명 정도가 치매노인으로 추정되고 있으며, 이 비율은 인구증가에 따라 계속적으로 증가할 것으로 예상된다. 그리고 치매의 특성상 가족의 정신적·육체적·경제적 부담이 매우 심각한 것으로 인식되고 있다. 그러나 아직까지 치매에 대한 종합적인 관리체계가 미비하고 전문요양시설 및 전문 진료기관이 부족하며 전문 인력 양성체계 및 종합적인 연구기능도 미흡한 상태이다.

정부에서는 1999년도에 노인보건복지 중장기발전계획을 수립하여 치매노인문제에 대한 대책을 마련·추진하고 있고, 전국 보건소에 치매상담신고센터를 설치하고 치매상담전문요원을 배치하여 치매환자의 등록, 상담, 간병지도, 치료에 대한 각종 정보를 제공함으로써 치매발생의 예방과 함께 환자의 조기발견을 통한 치료효과를 도모하고 있으며, 치매노인 신원확인 팔찌를 개발·보급함으로써 집을 나가 배회중인 치매노인을 신속히 가족에게 인도할 수 있도록 하는 사업을 추진하고 있다.

2007년 말 현재 총 41개소의 노인전문요양시설에서 약 3,000명의 국민기초생활수급자 및 저소득층의 치매 등 중증질환노인들이 보호를 박고 있고, 2008년까지

는 84개소로 확충함으로써 가정 또는 일반요양원에서 보호하기 어려운 중증 치매노인을 보호할 계획이며, 치매요양병원도 각 시·도별로 1개소 이상씩 설치할 계획이다.

③ 노인에 대한 의료보험 급여기간 제한을 1996년부터 완전 철폐하였으며, 2000년 7월부터 종전 70세 이상 노인들의 본인부담금 감면혜택을 65세 이상의 노인까지 확대 실시하여 노인에 대한 의료서비스를 대폭 넓혔다. 틀니·보청기 등 노인용 재활보조기구를 단계적으로 의료보험급여에 포함시키고, 노인성 질환을 전문으로 치료하는 노인전문병원을 지속적으로 확충할 계획이다.

④ 인구의 노령화로 건강하지 않아 독립적인 생활이 불가능한 노인을 대상으로 보건의료서비스를 제공하는 노인의료복지시설의 수요가 증가하고 있으나, 시설수와 환경면에서 아직 부족한 실정이어서, 정부는 시설 신축비, 종사자 인건비 및 시설운영비를 지원하고 있으며, 장기적으로 노인요양시설을 확충하고 병원과 재가서비스를 매개하는 중간적인 시설로서 요양시설의 기능을 발전시켜 나갈 계획이다. 한편 노인복지법의 시설평가제도를 근거로 노인복지시설의 운영 상태를 평가할 수 있는 모형을 개발하였으며, 이를 정책결정에 활용할 계획이다.

복지실시기관은 그 관할구역 안에 거주하는 65세 이상의 자에 대하여 2년에 1회 이상 국·공립병원, 보건소 또는 건강진단기관(노인전문병원, 요양기관, 의료급여기관)에서 대상자의 건강상태에 따라 1차 및 2차로 구분하여 건강진단을 실시한다. 건강진단을 실시하고자 할 때에는 그 실시기간·장소, 진단기관 및 대상자의 범위 등을 정하여 건강진단실시예정일 14일전에 공고하여야 한다.

복지실시기관은 건강진단결과 필요하다고 인정한 때에는 그 건강진단을 받은 者에 대하여 필요한 지도를 하여야 하며, 보건교육은 보건복지부장관이 수립하는 보건교육계획에 따라 도지사 또는 시장·군수가 수시로 실시한다.

⑤ 정부는 매년 5월 8일 어버이날과 경로주간을 맞이하여 어버이 은혜에 감사하고 웃어른을 공경하는 기풍을 조성하며, 우리의 전통적 미풍양속인 경로효친사상을 계승·발전시키기 위해 각 시·도, 시·군·구 등 지역단위는 물론 직장별로 자체실정에 맞는 경로행사 등을 실시하도록 하고 있다. 1997년부터는 어버이날과는 별도로 매년 10월 2일을 “노인의 날”, 10월을 “경로의 달”로 정하여 지정함으로써 경로포상과 노인체육대회, 학술세미나 등 다양한 행사를 전개하여 노인에 대한 사회적인 관심제고와 경로효친사상을 지속적으로 계승·발전시켜나가고 있다.

이와 함께 부모를 극진히 봉양하고 웃어른을 공경하여 다른 사람의 모범이 되는 전국의 효행자와 노인복지사업에 지대한 업적을 세운 모범노인·단체 및 노인복지기여자를 발굴하여 2000년까지 총 5,781명을 포상하였다.

앞으로도 부모봉양에 따른 각종 세제혜택의 확대, 경로우대제도의 정착, 재가복지사업의 활성화 시책을 통하여 경로효친사상을 지속적으로 계승·발전시켜 나아갈 것이다.

⑥ 경로우대제도는 1980년 5월 8일 어버이날을 기해 70세 이상 노인에 대하여 철도, 목욕업 등 8개 업종에 처음으로 우대 제도를 실시한 이래 1982년에는 우대대상 노인을 65세 이상 노인으로 확대하는 한편, 우대업종도 시내버스, 극장 등 5개 업종을 추가하여 총 13종으로 하였다.

그러나 동 제도가 그동안 정부지원 없이 민간업체의 부담만으로 실시됨으로써 버스 승차거부, 불친절 등의 문제가 야기됨에 따라 이를 해소하기 위하여 1990년부터 정부가 경비를 부담하고, 1994년부터는 100% 지방비에서 부담하여 노인승차권을 지급 실시하여 오다가 1996년부터는 이를 현금으로 지급하는 것으로 개선하였다. 아울러 철도 일부와 지하철에 국한된 교통요금할인제도를 확대하여 1996년 6월과 7월부터 항공기 및 선박이용요금을 각각 10%, 20%씩 할인하도록 하고 있다.

그동안의 경제성장으로 기본적인 의·식·주문제는 해결되어 점심을 굶는 노인은 없으나, 공원이나 경로당 등에서 소일하던 중 용돈부족이나 교통 불편 등으로 점심을 거르는 노인들에게 무료로 점심을 제공하는 경로식당도 계속 확대·설치되고 있다. 1996년에는 1,099백만 원(국고, 지방비 각각 50%부담)의 정부예산을 투입하여, 공원, 자활급여대상자 밀집지역 등 63개소에 경로식당을 설치·운영하고 있으며, 동 사업은 사회복지시설이나 종합사회복지관 등 기존시설과 자원봉사자를 활용하고 있다.

⑦ 정부는 노인인구의 증가와 사회·경제적 변화에 따른 핵가족화로 점차 쇠퇴해 가는 부모 봉양의식을 높이고 전통적 가족제도와 경로효친사상을 계속 계승·발전시켜 나가고자 제반 지원시책을 아래와 같이 마련하여 추진 중에 있다.

㉠ 각종 세제혜택 부여

- 상속세 공제
    - 노인 인적공제 : 3,000만원
- 소득세 공제
    - 부양가족 공제 : 60세(여 55세) 이상 직계존속부양자 연 100만원
    - 경로우대 공제 : 65세 이상 노인부양자 연 100만원

- 양도소득세 면제 : 60세(여 55세) 이상 부모와 자녀가 각각 주택을 소유하다가 세대를 합치기 위하여 주택을 팔 경우(3년 이상 거주, 1년 이내 매매의 경우)

- 노인저축에 대한 세금우대제도 시행
  60세 이상 노인은 이자소득세 감면(22%에서 10%로) 및 세금우대저축 가입한도액 6,000만원으로 확대(일반인은 4,000만원)

㉡ 노부모봉양수당 지급 : 공무원에게 1인당 월 15,000원 지급

㉢ 주택자금할증지원 : 본인 또는 배우자의 직계존속(남 60세, 여 55세 이상)과 1년 이상 동거하고 있는 세대주로서 개인주택의 신축, 구입 및 개량 1,000만원까지 할증지원

㉣ 부모봉양자에 대한 주택분양 우선권 부여 및 임대주택 우선 공급 : 주택분양시 동일 순차일 때에는 60세 이상 직계존속(배우자의 직계존속 포함) 5년 이상 부양자에게 우선권 부여와 65세 이상 직계존속을 1년 이상 부양하고 있는 자에게 임대주택 우선 공급

65세 이상의 자에 대하여는 국가 또는 지방자치단체의 수송시설 기타 공공시설을 무료로 또는 그 이용요금을 할인하여 이용하게 할 수 있다. 이용요금을 할인할 수 있는 공공시설과 그 할인율은 다음과 같다.

- 철도(무궁화호 및 수도권 전철) – 100분의 50
- 철도(새마을호 및 KTX) – 100분의 10
- 도시철도(도시철도 구간안의 국유전기철도를 포함한다) – 100분의100
- 고궁 – 100분의 100
- 능원 – 100분의 100
- 국·공립 박물관 – 100분의 100
- 국·공립 미술관 – 100분의 100
- 국·공립 공원 – 100분의 100

국가 또는 지방자치단체는 노인의 일상생활에 관련되는 사업을 경영하는 자에게 당해 사업상의 이용요금에 관하여 65세 이상의 자에 대한 할인우대를 하도록 권유할 있으며, 보건복지부장관은 관계중앙행정기관의 장과 협의한 후 할인우대를 하게 된 사업의 종류와 그 할인율을 공고하여야 한다.

복지실시기관은 신체적·정신적 장애가 있는 노인이 가정에서 계속 생활하면서 필요한 각종 보호와 지원을 받을 수 있도록 재가노인복지증진을 목적으로 하는

사업(이하 "재가노인복지사업"이라 한다)을 실시하도록 노력하여야 하고, 재가노인복지사업을 하는 자에 대하여 적절한 지원을 할 수 있다.

국가 또는 지방자치단체는 노인의 심신건강의 유지와 여가선용을 위하여 교양강좌·오락 기타 노인의 복지증진을 위한 사업을 실시하도록 노력하여야 하고, 경로당(노인정을 포함한다. 이하 같다)·노인교실·노인휴양소 기타 노인의 복지증진을 목적으로 하는 사업을 하는 자에 대하여 적절한 지원을 할 수 있다.

2) 경로연금

(1) 경로연금 지급대상자

현재 65세 이상 노인의 과반수가 열악한 생활을 유지하고 있고, 노후준비가 되어있지 않은 노인의 비율이 47%에 이르는 등 대부분의 노인이 없어 자녀에게 생활을 의존하고 있다. 정부는 저소득노인 소득보장의 일환으로 1991년부터 70세 이상 기초생활보장대상 노인에게 노령수당을 지급하기 시작하여 1998년 6월까지 지급하였다. 1997년 8월 노인복지법의 개정으로 무각출경로연금제도를 도입하여 1998년 7월부터 생활보호노인 및 저소득노인에게 매월 경로연금을 지급하고 있으며, 1999년의 경우 57만 5,000명의 노인들에게 2~5만원을 지급하였고, 2001년의 경우 71만5,000명에게 3~5만원을 지급하여 경제적으로 어려움을 겪고 있는 노인들에게 직접적인 소득지원을 하고 있다.

국가 또는 지방자치단체는 65세 이상의 자에 대하여 노령수당을 지급할 수 있다(법 §6). 경로연금을 지급받을 수 있는 자는 65세 이상의 국민 중 국민기초생활보장법의 규정에 의한 수급권자와 이에 해당하는 자 외의 자로서 1998년 7월 1일 현재 주민등록법상 65세 이상이고 본인 및 배우자와 부양의무자의 소득을 합산한 금액이 가계소득 및 가구원수 등을 기준으로 하여 다음에 정한 금액 이하인 자이어야 한다.

① 소득기준

본인 및 그 배우자와 부양의무자의 원 소득을 합산한 금액을 가구원수로 나누어 얻은 1인당 월평균소득액이 도시근로자가구의 1인당 월평균 소득액의 100분의 65 이하일 것.

② 재산기준

본인 및 부양의무자의 가구별 재산을 합산한 금액이 국민기초생활보장법에 의한 수급권자 선정기준 중 가구규모 3인 또는 4인 가구의 재산기준의 100분의 140에 본인 및 부양의무자의 가구수를 곱한 금액 이하일 것.

1991년부터 70세 이상 재가보호가구주 등 7만 6천여명에게 월 1만원씩 지급해 온 노령수당은 노인들에게 직접적인 소득혜택을 부여할 수 있는 제도로 시작하여 1996년 현재 70~79세인 생활보호대상자 노인(15만 5천명)에게 월 3만원씩, 80세 이상 재가 및 시설보호대상인 노인(1만 9천명)에게 월 5만원씩 지급하고 있는 노령수당을 1997년에는 월 3만 5천원, 5만원으로 각각 인상하여 지급하고 있으며, 지급대상도 정부재정을 감안하여 확대해 나가고 있다.

(2) 연금의 지급

연금지급액은 국민연금법상 특례노령연금의 최저지급액을 감안하여 결정하되 본인 및 그 배우자가 모두 연금을 지급 받을 권리를 가지는 경우에는 그중 1인에 대하여는 연금액의 100분의 25를 감액한다. 다만, 본인 및 그 배우자가 국민기초생활보장법에 의한 수급권자인 경우에는 그러하지 아니한다.

경로연금을 지급 받고자 하는 자는 경로연금지급신청서에 호적등본, 소득·재산관계서류 각 1부를 첨부하여 시장·군수에게 제출하게 되면 시장·군수는 가족의 소득 및 재산상황을 조사·확인한 후 연금의 지급여부를 신청자에게 통보한다. 연금은 연금지급을 신청한 자가 연금을 지급 받을 권리를 가지는 자(수급권)로 결정된 날이 속하는 달의 다음 달부터 연금을 지급 받을 권리(수급권)가 소멸한 날이 속하는 달까지 매월 현금으로 지급한다. 연금의 수급권자가 사망한 경우에 그 수급권자에게 지급하여야 할 연금으로서 아직 지급되지 아니한 것이 있을 때에는 수급권자의 사망당시 생계를 같이 하고 있던 배우자 또는 부양의무자의 청구에 의하여 그 미지급 연금을 지급한다.

수급권자가 금고이상의 형을 선고받고 그 집행이 종료되지 아니하거나 집행을 받지 아니하기로 확정되지 아니한 기간 동안에는 연금의 지급을 정지하며, 수급권자가 사망하거나 국적을 상실 또는 국외에 이주한 때 또는 수급을 받을 자격을 상실한 때에는 수급권을 상실하고 수급권이 없는 자가 연금을 지급 받은 경우에는 그 지급액을 환수하여야 한다. 환수금을 환수할 국가 또는 지방자치단체의 권리와 수급권자의 권리는 5년간 행사하지 아니하면 소멸시효가 완성한다.

3) 고령자고용촉진 등

노인들의 소득을 보장하기 위한 방안은 경로연금제도 이외에도 은퇴한 노인들의 경험 및 전문지식을 활용하여 노인들이 사회활동을 지속할 수 있도록 하는 방안으로 고령자에 적합한 직종의 선정, 취업알선센터 및 노인공동작업장의 확충이 있으며, 앞으로 고령자가 다양한 취업형태를 통하여 지속적으로 경제활동에 참여할 수 있도록 하는 여건을 조성하여 나아가야 한다. 이를 위하여 고령자고용 촉진법이 제정되었다.

고령자고용촉진법은 고용정책기본법 제16조에 근거하여 노동시장의 통상적인 조건에서 취직이 특히 곤란한 고령자의 고용을 촉진하기 위하여 그 취직에 적합한 직종의 개발, 직업능력개발의 확대, 고용정보의 제공 등을 위하여 제정된 법률이다.

(1) 노인의 소득보장 및 사회참여 확대

노인의 경륜을 활용한 경제·사회 참여의 확대를 위하여 2001년 하반기부터 지역사회 시니어클럽(Community Senior Club) 시범사업을 실시하고 있다. 현재 5개소에서 청정유기농작물 재배, 판매, 음식점 운영, 간병인 파견, 창업지원사업, 열린공부방 등 소득창출 및 사회봉사활동을 전개하고 있다. 향후 이 사업의 확대를 통하여 건강하고 보람 있는 노후생활 패턴을 조속히 정립하여야 할 것이다.

또 노인취업상담 및 알선을 통하여 노인들에게 소득을 올릴 수 있는 기회를 부여하고자 사단법인 대한노인회를 통하여 1981년부터 1996년까지 60개소의 노인능력은행을 운영하여 총 97만 8,000명을 취업시켜왔으나, 그동안 소규모로 운영되고 전문성이 부족하여 활성화하지 못하였던 점을 감안, 기존 노인능력은행을 1997년부터는 노인취업알선센터로 개편하여 2002년 말 현재 70개소를 운영하고 있다.

또 노인들의 여가를 선용하고 소득기회를 제공하고자 2000년 말 현재 경로당, 노인복지회관 등에 약 545개소의 노인공동작업장이 설치·운영되고 있으며, 앞으로 이를 확대하여 나갈 계획으로 있다.

(2) 고령자 고용촉진

정부는 고령자의 고용에 관하여 사업주와 국민 일반의 이해를 높이고 고령자의 고용촉진과 직업안정을 도모하기 위하여 필요한 시책을 종합적이고 효과적으로 추진하여야 할 의무가 있고, 사업주는 고령자의 직업능력의 개발·향상과 작업시설·업무 등의 개선을 통하여 고령자에게 그 능력에 상응한 고용의 기회를 제공함과 아울러 정년연장 등의 방법에 의하여 고령자의 고용이 확대되도록 노력하여야 한다.

고령자고용촉진법에서의 고령자란 55세 이상인 자를 말하고, 준고령자는 50세 이상 55세 미만인 자를 말한다. 상시 300인 이상의 근로자를 사용하는 사업장의 사업주는 고령자를 3% 이상 고용하도록 노력하여야 한다.

특히 고령자 및 준 고령자의 취업에 적합한 직종으로 선정된 적합 직종에는 고령자 및 준 고령자를 우선적으로 채용하여야 한다.

이러한 사항을 사업주는 노동부장관에게 보고하여야 하고 이를 태만히 하거나 허위보고할 때에는 500만 원 이하의 과태료에 처하도록 하였다.

(3) 직종의 개발 등

국가 또는 지방자치단체는 노인에게 적합한 직종의 개발과 그 보급에 노력하여야 하며, 근로능력이 있는 노인에게 일할 기회를 제공하도록 노력하여야 한다.

국가 또는 지방자치단체 기타 공공단체가 설치·관리하는 공공시설 안에 식료품·사무용품·신문 등 생활용품의 판매를 위한 매점이나 자동판매기의 설치를 허가 또는 위탁할 때에는 65세 이상의 자의 신청이 있는 경우 이를 우선적으로 반영하도록 노력하여야 한다.

노인에게 적합한 직종으로는 다음과 같은 것들이 있다.

① **자유업** : 가두신문 및 버스토큰판매·빌딩관리·안내·백화점 정리 등

② **경노동업** : 빈집 봐주기·도배·정원손질·간단한 집수리·폐품수집 등

③ **생산업** : 빗자루 등 청소용품 생산

④ **고용업** : 고궁·능원·놀이터 등의 수위 및 안내원·전달부·수로원·사육원·공중변소관리인 등

⑤ **관허업** : 행정대서소·복덕방·복권판매소·장의사·연초소매상 등

⑥ **관청사업** : 가로청소·가로수관리·주차감시·산림감시 등

3) 노인복지시설

정부는 사회적 격변기를 겪어 오면서 노후대비를 제대로 못하여 국가의 도움을 필요로 하는 노인들을 각종 노인복지시설에 수용·보호하고 있으며, 경제적으로

어려움을 겪고 있는 노인들에게는 노령수당을 지급하는 등 저소득노인에 대한 기초생활보장에 힘쓰고 있다.

2007년 12월 말 현재 250개소의 노인주거복지시설과 노인의료복지시설이 운영되고 있으며, 무료·실비시설에 수용·보호되고 있거나 유료시설을 이용하고 있는 노인들이 13,907명에 이르고 있다. 2007년 현재 65세 이상의 노동인구 337만 명 중 0.4%만이 노인복지시설에서 보호를 받고 있는 실정이다.

일본의 경우 2007년 현재 65세 이상의 노인인구 1,823만 명 중 1.7%인 31만 명이 노인복지시설에서 보호를 받고 있으며, 미국의 경우는 1993년 현재 65세 이상 노인인구의 5.1%에 해당하는 노인이 보호받고 있음에 비추어 볼 때 상대적으로 적은 인원이 보호되고 있는 실정이다.

노인복지법상 노인복지시설의 종류로는 노인주거복지시설, 노인의료복지시설, 노인여가복지시설, 재가노인복지시설이 있다.

(1) 노인주거 복지시설

① **양로시설** : 노인을 입소시켜 무료 또는 저렴한 요금으로 급식 기타 일상생활에 필요한 편의를 제공함을 목적으로 하는 시설로서 그 입소대상자는 생활 보장 대상노인, 생활보장대상노인이 아닌 65세 이상의 자중 그 부양의무자로부터 적절한 부양을 받지 못하는 노인이다.

② **실비양로시설** : 노인을 입소시켜 저렴한 요금으로 급식 기타 일상생활에 필요한 편의를 제공함을 목적으로 하는 시설로서 본인 및 그 배우자와 부양의무자의 월 소득을 합산한 금액을 가구원수로 나누어 얻은 1인당 월평균 소득액이 전년도의 도시근로자가구 월평균소득을 전년도의 평균 가구원수로 나누어 얻은 1인당 월평균 소득액 이하인 자가 입소할 수 있다.

③ **유료양로시설** : 노인을 입소시켜 급식 기타 일상생활에 필요한 편의를 제공하고 이에 소요되는 일체의 비용을 입소한 자로부터 수납하여 운영하는 시설로서 일상생활에 지장이 없는 60세 이상의 자가 입소할 수 있다.

④ **실비노인복지주택** : 보건복지부장관이 정하는 일정소득 이하의 노인에게 저렴한 비용으로 분양 또는 임대 등을 통하여 주거의 편의·생활지도·상담 및 안전관리 등 일상생활에 필요한 편의를 제공함을 목적으로 하는 시설로서 단독취사 등 독립된 주거생활을 하는데 지장이 없는 65세 이상의 자가 입소할 수 있다.

⑤ **유료노인복지주택** : 노인에게 유료로 분양 또는 임대 등을 통하여 주거의 편의·생활지도·상담 및 안전관리 등 일상생활에 필요한 편의를 제공함을 목적으로 하는 시설로서, 단독취사 등 독립된 주거생활을 하는데 지장이 없는 60세 이상의 자가 입소할 수 있다.

(2) 노인의료 복지시설

① **노인요양시설** : 노인을 입소시켜 무료 또는 저렴한 요금으로 급식·요양 기타 일상생활에 필요한 편의를 제공함을 목적으로 하는 시설로서, 65세 이상의 자로서 노인성질환 등으로 요양을 필요로 하는 자
② **실비노인요양시설** : 노인을 입소시켜 저렴한 요금으로 급식·요양 기타 일상생활에 필요한 편의를 제공함을 목적으로 하는 시설로서, 실비보호대상자로서 노인성질환 등으로 요양을 필요로 하는 65세 이상의 자
③ **유료노인요양시설** : 노인을 입소시켜 급식·요양 기타 일상생활에 필요한 편의를 제공하고 이에 소요되는 일체의 비용을 입소한 자로부터 수납하여 운영하는 시설로서, 노인성질환 등으로 요양을 필요로 하는 60세 이상의 자
④ **노인전문요양시설** : 치매·중품 중등의 질환노인을 입소시켜 무료 또는 저렴한 요금으로 급식·요양 기타 일상생활에 필요한 편의를 제공함을 목적으로 하는 시설로서, 중증노인성질환으로 요양을 필요로 하는 자
⑤ **유료노인전문요양시설** : 치매·중품 중증의 질환노인을 입소시켜 급식·요양 기타 일상생활에 필요한 편의를 제공하고 이에 소요되는 일체의 비용을 입소한 자로부터 수납하여 운영하는 시설로서, 중증노인성질환으로 요양을 필요로 하는 60세 이상의 자
⑥ **노인전문병원** : 주로 노인을 대상으로 의료를 행하는 시설로서, 노인성질환으로 치료 및 요양을 필요로 하는 자나 임종을 앞둔 환자가 이용할 수 있다.

(3) 노인여가 복지시설

노인들의 활기찬 노후생활을 보낼 수 있도록 노인자원봉사활동 및 여가활동을 지원하여 노인들의 사회활동 참여욕구를 충족시키고 노후생활을 보람 있게 보내도록 할 필요가 있다. 노인복지법에서는 노인의 사회참여를 위하여 지역봉사지도원을 위촉할 수 있는 근거규정을 신설하였고, 노인들의 전직경험을 살려 기초질서 지도, 교통질서 안내, 각종 재난사고 등 자발적인 사회적 서비스제공기회를 부여함으로써 보람 있는 노후생활을 하도록 하였다.

① **노인복지회관** : 무료 또는 저렴한 요금으로 노인에 대하여 각종 상담에 응하고, 건강의 증진·교량·오락·기타 노인의 복지증진에 필요한 편의를 제공함을 목적으로 하는 시설로서, 60세 이상의 자이어야 이용할 수 있다.
노인복지회관, 경로당, 노인교실 등의 노인여가시설이 전국적으로 운영되고 있으나 외국에 비해 우리나라의 노인들은 주로 집안 내에서 소극적인 여가활동을 하고 있으므로, 정부에서는 노인들이 창조적인 여가를 보낼 수 있도록 프로그램을 개발하여 보급하고, 노인복지회관을 확충하고 경로당 운영을 활성화하도록 노력하고 있다.

② **경로당** : 지역노인들이 자율적으로 친목도모, 취미활동, 공동작업장 운영 및 종 정보교환과 기타 여가활동을 할 수 있도록 하는 장소를 제공함을 목적으로 하는 시설로서, 65세 이상의 자이어야 이용할 수 있다.
지역사회의 대표적인 노인여가시설은 경로당으로 2000년 말 현재 40,691개소가 운영되고 있으며, 정부에서는 경로당 28,580개소에 대하여 개소당 월 4만 4천원의 운영비와 연간 25만원의 난방비를 지원하고 있다. 아울러 경로당 운영을 활성화하기 위하여 건전하고 다양한 여가프로그램을 개발·보급하고, 건강·복지상담·취업안내·의료보험·연금 등 각종 유용한 정보를 적극 제공하는 경로당 활성화사업을 실시하고 있다.

③ **노인교실** : 노인들에 대하여 사회활동 참여욕구를 충족시키기 위하여 건전한 취미생활·노인건강유지·소득보장 기타 일상생활과 관련한 학습프로그램을 제공함을 목적으로 하는 시설로서, 60세 이상의 자이어야 이용할 수 있다.

④ **노인휴양소** : 노인들에 대하여 심신의 휴양과 관련한 위생시설·여가시설 기타 편의시설을 단기간 제공함을 목적으로 하는 시설로서, 60세 이상의 자 및 그와 동행하는 자가 이용할 수 있다. 다만, 이용인원이 정원에 미달하는 때에는 정원의 100분의 30의 범위 안에서 그 외의 자도 이용할 수 있다.

(4) 재가노인 복지시설

핵가족화 및 여성의 사회참여 확대로 부양가족이 없는 노인이 증가하고 있으며, 특히 전체 노인의 약 34%가 제3자의 도움이 없이는 일상생활이 곤란할 정도로 재가노인복지사업의 수요는 부족한 실정이다. 부양가족이 없는 노인을 대상으로 목욕, 식사수발, 재활서비스를 제공하는 재가노인복지사업기관이 부족하며, 종사자 확보가 어렵고 자원봉사자의 경우도 중증노인은 기피하고 있는 실정이다.

정부에서는 노인세대 중 정신적·신체적 장애가 있는 노인들을 대상으로 그들이 가정과 지역사회에서 가족 및 친지와 더불어 생활을 할 수 있도록 각종 서비스를 제공하는 재가노인복지사업을 실시하고 있다. 그동안 단편적으로 추진되어 왔으나, 1993년 노인복지법의 개정과 함께 법적 근거를 마련하면서 그 사업기준을 명료화하여 개인이나 민간기업도 재가복지사업에 참여할 수 있도록 하였다.

재가노인복지시설의 이용은 당사자 간의 계약에 의한다.

① 가정봉사원 파견사업

정신적·신체적 이유로 혼자서 일상생활을 하기가 곤란한 노인이 있는 가정에 가정봉사원을 파견하여 농인의 일상생활에 필요한 각종 편의를 제공하여 지역사회 안에서 건전하고 안정된 노후생활을 영위하도록 하는 시설로서, 이를 위하여 식사시중, 목욕, 용변수발, 병원안내 등 각종 생활편의를 제공하는 가정봉사원 파견시설 110개소 중 2001년 현재 88개소를 예산으로 지원하고 있다.

재가노인복지사업기관의 가정봉사원에 대한 필요한 지식과 기술의 함양을 위해 실시하는 교육훈련에 필요한 비용도 지원하고 있다.

② 주간보호시설(Day-Care Service)

부양가족의 질병, 출장 등 부득이한 사유로 가족의 보호를 받을 수 없는 심신이 허약한 노인과 장애노인을 낮 동안 시설에 입소시켜 필요한 각종 편의를 제공하여 이들의 생활안정과 심신기능의 유지·향상을 도모하고, 그 가족의 신체적·정신적 부담을 덜어주기 위한 시설로서, 낮 동안의 보호가 필요한 자이다.

③ 단기보호시설(Short-Stay Service)

부양가족의 출장 등 부득이한 사유로 가족의 보호를 받을 수 없어 일시적으로 보호가 필요한 심신이 허약한 노인과 장애노인을 시설에 단기간(2일-3일 또는 10일-40일간)입소시켜 보호함으로써 노인 및 노인가정의 복지증진을 도모하기 위한 시설로서, 심신이 허약하거나 장애가 있는 자로서 단기간의 보호가 필요한 자이다.

④ 혼자 사는 노인보호

혼자 사는 노인에 대한 보호대책으로서 안부전화걸기 운동과 결연확대 및 말벗맺어주기 운동을 전개하여 노인복지회관, 지역사회 자원봉사자 등을 통하여 정기적인 안부전화와 방문 등을 제공하고 있으며, 위급상황시 인근사회복지관 및 소방서에 응급구조를 요청할 수 있는 응급 자동신고 시스템을 구축하고 있다.

⑤ 무료 경로식당 지원 및 식사배달사업

가정형편이 어렵거나 기타 부득이한 사정으로 식사를 거르는 결식노인에 대하여는 무료경로식당을 계속 확대·실시하고 있다. 2000년도에 19억 2,000만원을 지원하여 181개소의 경로식당사업을 시작하였고, 2003년도에 673개 경로식당에 38억 3,600만원을 지원하여 84만 명에게 급식을 하였으며, 2006년과 2007년에는 각 154억 원을 지원하였다. 또한 치매·중풍 등 노인성 질환으로 거동이 불편하여 무료경로식당조차 이용하지 못하는 노인 1만 7,000명에게 2000년 4월부터 무료 식사배달사업을 실시하고 있다.

이렇게 함으로써 저소득 계층의 비교적 건강한 노인은 무료경로식당을 이용하도록 하고, 거동이 불편한 노인에게는 식사를 배달하여 노인이 경제적·신체적 이유로 식사를 거르지 않도록 급식제공 체계를 갖추게 되었다.

4) 유료양로시설

세계는 과학의 발달, 국민 영양상태의 호전, 자신의 건강에 대한 관심의 증가 등으로 인간의 수명이 늘어나는데 비해, 가족계획과 출산조절 기술의 발달로 출산율이 줄어들고 있어 전체 인구에 대한 노인인구의 비율이 높게 증가하고 있다.

이러한 노인인구의 수와 비율의 증가현상은 사회의 구조, 제도 및 가치관의 급격한 변화현상과 결부되어 다양한 노인문제를 야기 시켰을 뿐만 아니라 노인에게 있어서도 다양한 욕구를 증가시키고 있다.

이러한 노인문제와 다양한 욕구 중 가족형태와 관련된 현상을 보면 자녀와 가족이 없는 무의탁 노인이 크게 증가하고 있으며, 부모자녀간의 갈등의 해결 또는 예방을 위해 자녀 측뿐만 아니라 부모 측에서도 별거를 원하는 경향이 증가하고 있으며, 또한 여성의 사회참여 증가, 가족원의 수의 감소, 노화에 따른 신체허약, 만성적 질병으로 인한 장애, 거동불능, 치매 등으로 노인을 가정 내에서 간호 보호하기 어려운 현상도 증가하고 있다.

이와 같은 노인의 증가현상 및 다양한 사회현상으로 노인의 복지수요가 대폭 증대될 것으로 전망되며, 노인들의 경제적 조건이나, 건강수준 및 소득에 맞는 보다 풍요롭고 안락하게 보낼 수 있는 각종 주거나 시설에 대한 욕구의 증가로, 유료노인복지시설이 성장 잠재력을 갖을 것으로 예상되며, 민간부문 투자를 촉진하게 될 것이다. 이러한 추세를 반영하여 정부에서도 노인들이 자신의 부담능력에 적정한 복지시설을 선택하여 이용할 수 있도록 유료양로원 및 유료노인요양원, 유료노인복지주택 등의 시설을 다양하게 확충하여 나가기 위하여 1993년 및 1994년에 관계법령을 정비한 바 있으며, 현재는 민간기업이나 개인도 유료노인복지사업에 참여할 수 있도록 제도적 장치를 마련하려 두고 있다.

(1) 유료양로시설의 필요성

노인문제의 발생 원인에 대하여 한 사회가 현대화될수록 노인의 지위는 낮아진다고 한다. 건강기술의 발달, 경제적 생산기술의 발달, 산업화에 따른 도시화, 교육수준의 향상 등은 노인의 지위를 하락시키는 직접 또는 간접적인 원인이며 곧 현대사회의 노인문제와 연결된다.

고령화사회를 지나 앞으로 20년 이내에 닥쳐 올 고령사회로의 진입을 목전에 둔 우리나라도 퇴직 후 길어진 여생의 삶을 영위하여야 하는 많은 노인층에 대한 사회보장적인 대비책의 검토가 절실히 요구되고 있다. 최근 전반적인 국민소득수준의 향상과 더불어 경제력이 있는 노인 인구 층에서 "보다 나은 삶"을 영위하고자 하는 욕구가 증대하고 있는 점을 감안할 때, 노인복지정책은 이러한 중산층 이상 노인층의 다양한 욕구충족에도 관심을 기울일 필요가 있으며, 이를 위하여 시장경제의 원칙에 따라 구매력이 있는 노인을 대상으로 실버산업의 육성은 불가피하다고 본다.

(2) 주요 선진국의 예

① 스칸디나비아반도 3개국

양로제도가 거의 완벽하게 모든 양로원을 정부가 관리·운영하며, 모든 비용을 국고에서 부담한다.

② 프랑스·독일·유럽제국

대부분 국가 관리의 무료양로원이나 유료양로원도 있다. 이 유료양로원은 개인이 경영하는 초호화양로원으로 봉급생활자출신이 아닌 부호들이 주로 이를 이용하고 있다. 100평에 가까운 초호화 맨션아파트식 또는 저택으로 지어진 것이 있으며, 양로원에는 최신장비를 갖춘 병원과 수영장 등 운동시설·오락시설 등이 있다.

③ 미국의 양로원

미국은 기본적으로 시장원리에 의해 운영되는 시스템을 가진 나라이다. 노인복지시설도 미국정부가 관장하는 것은 없고, 다만 민간에서 운영하는 노인복지시설을 주에서 보조 및 규제·감독하고 있다.

미국의 유료노인복지시설의 종류는 의료의 제공정도, 비용의 부담형식, 시설의 형태 등에 따라 구분할 수 있다. 그러나 실제 유료노인주거시설들은 각 경영진의 의사결정에 따라 입소자와의 계약으로 입소조건이 결정되므로 다양한 형태로 나타나고 있다. 따라서 미국의 양로제도는 모두 유료이며, 민간법인이나 개인이 영리를 목적으로 사설양로원을 경영하고 국가는 양로원이 적정이윤만 남기도록 감독만 한다.

미국에서는 노령연금제도 등 노후 사회보장이 잘 되어 있어서 따로 돈을 내지 않고 연금카드만 맡기면 된다.

양로원은 규모가 작은 것에서부터 호화시설에 이르기까지 여러 계층이며 받는 연금의 액수에 따라서 각기 다른 수준의 양로원에 수용된다. 양로원도 하나의 기업이므로 노인들을 고객으로 보고 서로 유치경쟁을 하고 있으며, 양로원과 비슷한 노인촌락도 있어서 노인들에게 편리한 시설을 꾸며놓고 노인에게만 세를 놓아 모여 살게 하고 있다.

④ 일본의 양로원

의료기기관을 제외한 노인대상 시설로서는 크게 노인복지시설과 노인보건시설로 나뉘며, 노인복지시설은 노인복지법에, 노인보건시설은 노인보건법에 기초하고 있다. 일본에는 무료·실비·유료양로원의 3종이 있다. 실비양로원은 전체비용의 절반정도만 수용자가 부담하고, 나머지는 국가가 보조하여 준다. 유료 양로원에는 가정부와 간호사가 전속되고 병원·오락장 등 시설 이용도 가능하다.

(3) 유료양로제도의 장단점

노인복지증진은 이러한 시설과 돈만으로 되는 것은 아니다. 노인을 존경하고 위하는 경로효친사상이 가장 중요하다. 그러므로 유료양로원제가 확대 실시되어 이용률이 높아지면 노인을 공경하는 전통적인 미풍양속이 붕괴되고 노인계층간의 위화감이 생기며, 양로원이 폭리행위를 할 우려가 있으며 이것이 문제점으로 등장하고 있다.

① 긍정적 측면

㉠ 도시산업사회의 생활여건상 자녀동거, 가족부양이 점차 어려워져 가고 있는 현실을 반영

㉡ 젊은 자녀와의 사고방식의 차이(교육수준, 가치관의 차이), 고부간의 갈등 등

으로 가정 내 동거생활이 어려워지고 있는 현실을 반영

㉢ 중산층 이상의 노인들이 노인 자신 또는 부양가족의 부담으로 유료양로원에서 노후생활을 하고자 하는 경향이 늘어나고 있다.

② 부정적 측면

㉠ 가족의 노인부양기능을 급격히 퇴색시키는 작용을 함으로써 전통적 가족제도의 붕괴를 촉진하고 노인복지서비스의 수요를 증대시킬 우려가 있다.

㉡ 유료양로원이 호화시설을 갖추어 고소득층을 대상으로 운영될 때 계층간의 위화감을 조성할 우려가 있다.

㉢ 유료양로원 운영자의 운영자세 여하에 따라 사회문제를 일으킬 수여가 있다(재산의 관리며, 과다영리추구 등).

(4) 변경·폐지 또는 휴지

사회복지법인 기타 비영리법인이 설치한 노인주거복지시설을 폐지 또는 휴지하고자 할 때나 노인의료복지시설을 설치한 자가 그 시설을 폐지 또는 휴지하고자 할 때에는 3개월 전에 시·도지사에게 신고하여야 한다. 노인여가복지시설을 설치한 자 또는 재가노인복지시설을 폐지 또는 휴지하고자 할 때에도 또한 같다.

5) 비용부담 등

(1) 복지조치에 소요되는 비용은 예산의 범위 안에서 국가(사회복지사업기금법에 의한 사회복지사업기금을 포함한다. 이하 같다)와 지방자치단체가 부담한다.

노인복지시설의 설치에 소요되는 비용과 경로주간행사에 소요되는 비용은 그 노인복지시설의 설치 또는 행사를 하는 국가 또는 지방자치단체가 그 전액을 부담한다. 다만, 사회복지사업기금법에 의한 사회복지사업기금이 그 비용의 전부 또는 일부를 부담하는 경우에는 예외로 한다.

복시실시기관은 청구서를 받은 때에는 1월 이내에 이를 심사하여 그 비용을 지급하여야 한다. 이 경우, 시사·지급을 위하여 필요하다고 인정될 때에는 그 심사를 전문기관에 의뢰할 수 있다.

(2) 복지시설기관 또는 노인복지시설의 장은 장례를 행함에 있어서 사망자가 유류한 금전 또는 유가증권을 그 장례에 필요한 비용에 충당할 수 있으며, 부족이 있을 때에는 유류물품을 처분하여 그 대금을 이에 충당할 수 있다.

(3) 복지조치에 필요한 비용을 부담한 복지실시기관은 당해 노인 또는 그 부양의무자로부터 그 부담한 비용의 전부 또는 일부를 수납할 수 있으며, 당해 복지조치의 내용별로 당해 노인 또는 그 부양의무자의 소득수준에 따라 보건복지부장관이 정하여 고시하는 금액을 수납하여야 한다. 다만, 양로시설 및 노인요양시설에 대하여는 그러하지 아니하다. 건강검진과 보건교육에 소요되는 비용도 수납하지 아니한다.

실비양로시설, 실비노인요양시설, 실비노인복지주택 또는 노인복지회관을 설치한 법인은 그 시설에 입소하거나 그 시설을 이용하는 자로부터 그에 소요되는 비용을 수납하고자 할 때에는 시·도지사의 승인을 얻어야 한다. 다만, 보건복지부장관이 정한 비용수납한도액의 범위 안에서 수납할 때에는 그러하지 아니한다.

노인복지비용의 수납승인은 보건복지부장관이 정하는 비용수납한도액의 100분의 30을 초과하여 승인할 수 없다.

(4) 국가 또는 지방자치단체는 노인복지시설의 설치 또는 운영에 필요한 비용을 다음의 기준에 따라 보조한다.

① 노인복지시설의 설치에 필요한 비용은 예산의 범위 안에서 국가 또는 지방자치단체가 그 일부를 보조한다.

② 연금지급 비용의 부담비율은 국가가 100분의 70, 지방자치단체가 100분의 30으로 하되, 특별시의 경우에는 국가가 100분의 50, 특별시가 100분의 50을 부담한다.

③ 노인복지회관의 운영에 필요한 비용은 예산의 범위 안에서 국가 또는 지방자치단체가 그 일부를 보조한다.

(5) 노인 또는 그 부양의무자는 이 법에 의한 복지조치에 대하여 이의가 있을 때에는 당해 복지실시기관에 심사를 청구할 수 있으며, 복지실시기관은 심사청구를 받은 때에는 30일 이내에 이를 심사·결정하여 청구인에게 통보하여야 한다.

위 심사·결정에 이의가 있는 자는 그 통보를 받은 날부터 90일 이내에 행정심판을 청구할 수 있다.

부양의무자가 부담하여야 할 보호비용에 대하여 보호를 행한 자와 부양의무자 사이에 합의가 이루어지지 아니하는 경우에는 보호자 또는 부양의무자는 시장·군수·구청장에게 조정을 요청할 수 있으며, 이 경우 시장 등은 지방노인복지대책위원회의 자문을 거쳐 이를 조정할 수 있다.

오늘날 선진사회의 노인문제는 인구노령화로 인한 노인인구의 상대적 비중의 증가와 더불어 요구되어지는 정치, 경제 및 사회, 문화적으로 특징 지워진다. 그러나 우리나라의 노인문제의 핵심은 이와는 대조적으로 사회문화적 변동으로 인한 노인 자신들의 사회에 대한 부적응의 문제이다. 우리나라에 있어서 최근 수십 년간의 급격한 도시화 및 산업화는 우리의 전통사회의 기반을 송두리째 흔들어 놓았다. 우리 전통사회의 삶의 기반이 되어 온 "孝"를 바탕으로 한 신분적 질서가 가족 내에서 서서히 쇠퇴하고 있다.

지금까지 효를 논의할 때, 우리는 부모와 자식 간의 관계를 끊자는 의미가 아니라 그 관계를 전통적인 관계(종적 신분적)에서 현대적인 관계(횡적 평등적)로 전환시킬 필요가 있다는 점이다. 이렇게 함으로써 가족의 윤리와 사회의 윤리가 조화를 이룰 수가 있기 때문이다. 이제 자식도 부모에게 더 이상 예속되지 않고 부모도 더 이상 기혼자녀에 신분적 예속의 관계에 놓여서는 안될 것이다.

이제 복지국가를 지향하고 있는 선진한국이라면, 노후생활의 문제를 더 이상 노인들 자신이나 그들의 자녀에게 전가(轉嫁)시키지 말고 정부 당국에서 좀 더 적극적으로 그 첫발을 내디딜 때가 되었다. 한국의 인구노령화가 본격적인 문제로 부각되기 이전에 우선 시작하는 것이 중요하다.

6) 노인복지법의 문제점과 개선방안

(1) 노인문제에 대한 국가적 인식전환

노인문제의 원인은 사회 전반적인 흐름에 있음에도 불구하고 국민의 인식은 문제가 발생한 가족문제로만 과소평가하는 경향이 있다. 노인문제는 노인이 속한 가족뿐 아니라 그 지역사회 전체의 미래현안이므로 사회 모든 계층에서 해결방안을 찾아 실천해야 한다. 즉, 노인문제 해결은 국가적 과제이다.

(2) 노인복지법의 현실화와 엄정 시행

노인복지법의 내용 대부분이 비현실적이고 권장, 계몽위주인 문제점을 타파하기위해서는 정책의 구호에만 급급하지 말고 정책 시행을 과감하게 노인들에게 돌아가는 시혜수준이 보다 현실적이고, 실질적인 것이라야 한다. 또한 정책을 시행하는데 있어 막연히 권장하고 격려하는 수준을 넘어 확인, 감독, 시정명령이 내려지는 제도로 격상되어야 한다.

(3) 노인개념의 확대

우리나라 노인복지법의 수혜자는 65세 이상으로 되어 있어 60세 이후 은퇴와 건강악화로 인한 생물학적, 사회적 노화에 직면하는 노년층을 아우르지 못하고 있다. 조기은퇴 조로하는 우리의 현실을 고려하여 노인복지 수혜자의 연령을 60세로 낮추는 정책이 검토되어야 한다.

(4) 노인에 대한 부정적 이미지 개선

노인은 지적 능력, 창의력, 및 경험활용능력이 뛰어난 사회적 자산이라는 범국민적인 의식전환과 노인능력의 활용에 대한 국민적 합의가 창출되어야 한다.

(5) 보험과 연금의 종류 및 시혜확대

노인복지정책이 보다 현실적으로 개선되기 위해서는 재정 시혜가 필수적이다.

현행법상 노인들에게 시혜되는 보험은 건강보험이 유일무이하고, 국민연금은 극히 형식적이므로 보다 다양한 종류의 보험과 연금을 보다 많은 노인계층에게 확대시켜야 한다.

3. 노인장기요양보험제도

노인장기요양보험제도는 그 간 가족의 영역에 맡겨져 왔던 치매, 중풍 등 노인에 대한 장기간에 걸친 간병, 장기요양 등의 문제를 사회연대원리에 따라 국가와 사회가 분담하는 제도이다. 이 제도는 노인뿐만 아니라 장기요양을 직접 담당하던 중장년층과 자녀 등 모든 세대에게 혜택을 주는 제도이다.

2007, 4, 2. '노인장기요양보험법'이 국회본회의를 사실상 만장일치로 통과 후 동년 4, 27.공포되어 2008, 7, 1.부터 시행되었다.

이 제도의 시행으로 노인들은 더 이상 자식들에게 부담을 주지 않고 계획적이고 전문적인 장기요양서비스를 받을 수 있어 보다 품위 있게 노후를 보낼 수 있게 되었으며, 장기요양을 직접 담당하던 중장년층은 정신적, 육체적, 경제적 부담에서 벗어나 경제, 사회활동에 전념할 수 있게 되었고, 자녀들도 장기요양 부담이 해소된 가정에서 더 나은 교육과 보살핌을 받을 수 있게 되어 가정을 이루는 모든 세대의 행복이 제도적으로 보장된 셈이다.

1) 제도의 의의

고령이나 노인성 질병으로 인하여 일상생활을 혼자 수행하기 어려운 노인 등에게 신체활동 또는 가사지원 등의 급여를 사회적 연대원리에 의해 제공하는 사회보험제도이다.

노인장기요양보험제도는 수급자에게 배설, 목욕, 조리, 세탁, 청소, 간호, 진료의 보조 또는 요양상의 상담 등을 다양한 방식으로 장기요양급여를 제공하여 노후의 건강증진 및 생활안정을 도모하고 그 가족의 부담을 덜어줌으로써 국민의 삶의 질을 향상하도록 함을 목적으로 한다(노인장기요양보험법 제1조).

2) 선진국 사례

이미 오래 전부터 고령화 현상을 겪고 있는 선진국들은 우리나라 보다 앞서 다양한 방식으로 장기요양서비스를 제공하고 있다.

첫째, 국가 또는 지방자치단체의 재정으로 장기요양서비스를 제공하는 방식을 시행중인 국가로는 영국, 호주, 스웨덴, 노르웨이 등이다.

둘째, 사회보험방식을 시행중인 국가로는 독일, 일본 등이 대표적인 사례이다.

셋째, 건강보험급여의 일종으로 제공하는 방식을 시행중인 국가로는 미국, 캐나다 등인데, 우리나라는 미국의 방식에 영국의 방식을 절충하는 방식을 도입하여 국민건강보험공단에서 이 사업을 주관토록 하였다.

3) 장기요양보험의 수급자

장기요양보험서비스를 받을 수 있는 수급자는 1등급(최중증), 2등급(중증), 3등급(중등증)으로 구분하고, 각 등급의 기능 상태와 수준에 적합한 자이어야 한다.

1등급은 와상상태로서 거의 불가능한 상태에 해당하는 자이어야 한다. 즉, 하루 종일 침대위에서 생활하는 자로 스스로 움직일 수 없는 상태로서 일상생활활동의 식사. 배설, 옷 벗고 입기의 모든 활동에서 전적으로 다른 사람의 도움이 필요한 자이다.

2등급은 일상생활이 곤란한 중증의 상태에 해당한 자이어야 한다. 즉, 휠체어를 이용하지만 앉은 자세를 유지하지 못하고, 식사, 배설, 옷 벗고 입기 등에서 완전한 도움이 필요하고, 하루 중 대부분의 시간을 침대위에서 지내는 경우가 많은 자이다.

3등급은 상당한 장기요양보호가 필요한 상태의 자이어야 한다. 즉, 식사, 배설, 옷 벗고 입기 등에서 다른 사람의 부분적 도움이 필요한 자이다.

4) 등급판정

(1) 장기요양등급판정위원회

등급판정은 시, 군, 구에 설치된 장기요양등급판정위원회에서 심의, 판정한다.

등급판정위원회는 장기요양인정 및 장기요양등급판정을 위한 심의기구이다.

이 위원회는 시, 군, 구 단위에 설치되며, 위원장을 포함한 15인으로 구성된다. 위원의 자격은 의료법에 따른 의료인, 사회복지사, 장기요양에 관한 학식과 경험이 풍부한 자 중 시군구청장이 7인을 추천하고 나머지는 당연직 공무원으로 위촉된다.

(2) 등급판정절차

건강보험관리공단은 신청조사가 완료된 때에는 조사결과서, 신청서, 의사소견서, 그 밖의 심의에 필요한 자료를 장기요양등급판정위원회에 제출하여야 한다.

등급판정위원회는 6개월 이상 동안일상생활을 혼자서 수행하기 어렵다고 인정되는 경우에는 장기요양을 받을 자(수급자)로 결정하고, 심신상태 및 장기요양이 필요한 정도에 따라 장기요양등급을 판정한다.

(3) 처리기간

신청서 제출일로부터 30일 이내에 처리하여야 한다. 그러나 신청인에 대한 정밀조사가 필요한 경우 또는 등급판정을 완료할 수 없는 부득이 한 사유가 인정되는 경우에는 30일 범위 내에서 연장 처리할 수 있다. 연장 처리할 경우에는 신청인에게 그 사유를 사전에 통지하여야 한다.

5) 장기요양보험료징수

(1) 가입자, 보험료징수권자

장기요양보험가입자는 건강보험가입자와 동일하다. 따라서 공단은 장기요양보험료와 건강보험료를 통합하여 징수한다. 그러나 장기요양보험료와 건강보험료는 각각 독립회계로 관리한다.

장기요양보험료는 건강보험료액에 장기보험료율을 곱하여 산정한다.

장기요양보험료율은 보건복지가족부장관 소속 '노인장기요양위원회'의 심의를 거쳐 대통령령으로 정한다.

(2) 국가의 부담

국가는 매년 예산의 범위 안에서 당해 연도 장기보험료 예상 수입액의 100분의 20에 해당하는 금액을 공단에 지원하여야 한다.

국가와 지방자치단체는 의료수급권자의 장기요양급여비용 중 공단이 부담하여야 할 비용과 관리운영비의 전액을 대통령령이 정하는 바에 따라 각각 부담하여야 한다.

(3) 본인일부부담금

본인부담금은 재가급여의 경우와 시설부담의 경우가 다르다.

재가급여의 경우에는 당해 장기요양비용의 100분의 15를 부담하고, 시설급여의 경우에는 당해 장기요양급여비용의 100분의 20을 부담하여야 한다.

그러나 국민기초생활법에 의한 수급자는 전액을 면제하고, 의료급여수급권자, 소득 재산 등 보건복지가족부장관이 정하여 고시하는 일정금액 이하인 자는 본인부담금을 50%경감한다.

6) 재가 및 시설급여비용

(1) 급여비용의 청구 및 지급

장기요양기관이 수급자에게 재가 및 시설급여를 실시한 경우에는 공단에 장기요양급여비용을 청구하여야 한다.

장기요양급여비용을 청구할 때 적용하는 수가산정의 일반원칙은 다음과 같다.

① 재가 또는 장기요양기관이 급여대상자에게 장기요양서비스를 제공하고 이에 대한 비용을 산정할 때에는 서비스 종류별 수가산정원칙에 의한다.

② 재가 조는 장기요양기관(방문요양, 주. 야간보호, 방문목욕, 방문간호)에서 급여대상자에게 제공한 재가서비스의 종류와 실시 횟수에 따라 해당 수가를 산정하되, 등급별 월 한도액 이내에서 산정한다.

③ 장기요양수가에는 서비스 종류, 내용 및 제공량 등자원소모량이 정해져 있으므로 제공된 서비스의 종류 및 횟수 등을 불문하고 해당 소정수가만을

산정한다.

④ 노인(전문)요양시설, 노인요양공동생활가정 및 단기보호시설에 입소한 급여대상자에게 다른 종류의 재가서비스를 제공한 경우 그 비용을 별도 산정하지 아니한다.

⑤ 재가 및 시설수가에는 야간, 공휴일 등에 제공한 서비스비용이 포함되어 있으므로 이를 별도 산정하지 아니 한다. 다만, 주간보호시설에서 시간을 연장하여야간(오후7시30분~ 오후11시)에 서비스를 제공한 경우에는, "2.장기요양급여 서비스 구가 및 산정지침 제1장 라. 주야간보호서비스"에 의한다.

⑥ 노인(전문)요양시설, 노인요양공동생활가정의 시설수가와 단기보호 및 주야간보호수가에는 식사재료비가 포함되어 있지 않으므로 본인이 그 비용을 부담한다.

(2) 재가 및 시설급여비용의 산정

재가 및 시설급여비용은 급여종류 및 장기요양등급에 따라 노인장기요양위원회의 심의를 거쳐 보건복지가족부장관이 정하여 고시한다.

2008, 7, 1.현재 고시된 급여비용 기준은 다음과 같다.

① 재가급여; 당해 장기요양급여비용의 15%는 본인부담

노인장기요양보험서비스비용 중 85%(경감대상자; 92.5%)는 노인장기요양보험에서 부담하고, 나머지 15%(경감대상자; 7.5%)는 이용자가 부담한다.

② 주야간보호, 단기보호(입소시설형 재가기관)

주야간보호의 경우는 하루에 1등급(40,580원), 2등급(36,970원), 3등급(31,140원)이고, 단기보호의 경우는 하루에 1등급(42,490원), 2등급(38,860원), 3등급(35,230원)이다.

③ 방문요양, 방문목욕, 방문간호(방문형 재가기관)

방문요양, 방문간호의 경우는 1회당 30분 단위로 급여를 산정하고, 150분을 초과한 경우는 30분 단위로 가산하거나 체감한다. 방문목욕의 경우는 목욕차량 이용의 경우와 미이용의 경우로 나누어 산정한다.

④ 월 한도액

대부분 재가 서비스를 복합적으로 이용하게 되는데, 재가급여비용이 월 한도액을 초과할 경우 초과분은 전액 본인이 부담한다. 2008, 7.현재 월 한도액은 1등급

1,097,000원, 2등급 879,000원, 3등급 760,000원으로 고시되어 있다. 이 한도액은 방문요양, 주간보호, 방문목욕, 방문간호 등 4종의 서비스의 한도액이고, 단기보호는 산정에서 제외되었다.

⑤ 시설급여; 당해 장기요양비용의 20%는 본인부담

시설서비스를 이용한 경우에도 본인부담액 20%는 이용자가 부담한다. 본인부담액은 등급별, 시설별로 다르게 책정된다.

또한, 식사재료비, 이미용비, 대상자 요청에 따른 1.2인실 사용료, 원거리 외출시 소요되는 교통비, 여가활동(영화감상 등)에 소요되는 비용은 자율계약에 의하여 이용자가 부담한다.

⑥ 가족 등의 장기요양에 대한 보상

공단은 장기요양급여를 받은 총액이 보건복지가족부장관이 정하여 고시하는 금액 이하에 해당하는 수급자가 가족 등으로부터 방문요양에 상당한 장기요양을 받은 경우에는 보인부담금의 일부를 감면하거나 이에 갈음하는 조치를 할 수 있다.

4. 노인소득보장정책[3)]

심리학자 머스로우(Maslow)는 「인간의 욕구 5단계 설」에서 인간은 생물적, 심리적 및 사회적 존재로서의 삶의 질을 향상시키기 위하여 기본적 욕구를 긴급한 것으로부터 순차적으로 만족시키려는 경향이 있는데 이 욕구의 단계를 생리적 욕구, 안전의 욕구, 소속과 사랑의 욕구, 자존심의 욕구, 자아실현의 욕구라고 분석하고 이 욕구의 충족은 단계적으로 이루어진다고 설명하고 있다.

이러한 이론에 비추어 볼 때, 노인복지의 정의에서 알 수 있듯이 복지란 단순히 생리적인 욕구의 수준을 넘어서 자아실현의 욕구를 충족시킬 수 있는 수준으로까지 제공되어져야 하며 복지정책 또한 이러한 요인을 염두에 두고 수립되어져야 할 것이다.

옛날에는 "의(衣)·식(食)·주(住)"의 문제해결에 만족하였으나 지금의 노인복지의 경우 의·식의 해결을 기본 전제로 하고 그 외에 "의(醫)·직(職)·주(住)"의 해결에 역점을 두는 것 또한 이러한 복지의 개념에 바탕을 두고 있다.

이러한 관점에 따라 생리적 욕구의 해결을 위한 소득보장정책, 안전의 욕구충

3) 김진경, 전게논문, 99.

족을 위한 의료보장정책, 소속의 욕구, 자존심의 욕구, 자아실현의 욕구충족을 위한 각종 사회적 서비스가 계획되고 추진되어지는 것이며 정부의 각종 노인복지정책도 이러한 범주로 구분할 수 있을 것이다.

여기에서 주의해야 할 점은, 하위 단계의 욕구충족이 있은 연후에야 상위 단계의 욕구충족이 가능하게 되므로 정책에 있어서 하위단계 욕구충족을 위한 시책이 충분하고도 만족스럽게 시행되어야 한다는 것이다. 물론 어떠한 욕구가 여러 단계에 걸쳐서 나타날 수도 있으며 어떠한 정책은 여러 단계의 욕구를 동시에 만족시킬 수도 있는 것이다.

이러한 의미에서 노인소득보장정책은 정책혼합(policy mix)에 따라 단순한 노인의 노후 경제적인 지위의 보장이외에도 그들의 자아실현의 욕구와 성취감 등의 고급욕구를 충족시킬 수도 있을 것으로 보인다.

1) 현행 노인소득보장제도

(1) 노령수당제도

산업사회로 발전하는 과정에서 자신의 노후대비를 제대로 하지 못하여 경제적 어려움을 겪고 있는 노인들에게 직접적이고 실질적인 소득보장 혜택을 부여함으로써 노후생활의 안정을 도모함이 이 정책의 의의라고 할 수 있다.

이 제도는 1989년에 개정된 노인복지법 제13조에 의거하여 1991년 1월부터 도입되어 실시되고 있으며 정부는 노령수당의 단계별로 확대 추진할 계획이다.

노령수당은 1991년 70세 이상의 거택보호가구의 가구주 및 시설보호노인 7만 6천명에게 월 1만원씩 지급되었으며, 1992년에는 70세 이상의 자활보호가구까지 확대되어 총 191,000명(전체 노인인구의 8.4%)에게 지급되고 있다. 2000년에는 70세 이상 거택, 시설, 자활보호대상자에게 월 3만원씩 연간 36만원을 지급하고 있다.

노인복지법 제13조는 65세 이상의 자를 대상으로 노령수당을 지급할 수 있도록 하고 있으나 실제 운영에 있어서는 여건상 70세 이상의 일정요건을 갖춘 자로 하고 있으며 당초 계획에는 93년부터 이를 65세 이상의 생활보호대상자로 늘이려 하였으나 아직도 대상의 범위가 확대되고 있지는 않다.

97년부터는 생활보호대상에서 제외된 저소득층 노인에게까지 그 범위를 확대하고, 2003년에는 그 지급대상을 최저생계비 이하의 65세 이상 노인(전체 노인인구의 25%정도로 추정)으로 하고, 지급액을 점차 5만원까지 상향조정하였다.

현재 노령수당은 원칙적으로 매월 지급되고 있으며 장애인 등 다른 수당을 받는 자는 지급대상에서 제외되고 있다.

(2) 공적부조제도

노인들의 소득보장을 담당하는 제도가 주로 연금제도에서 이루어진다면 공적부조제도는 연금의 혜택을 받지 못하는 저소득층을 대상으로 하고 있다. 연금이 개인의 기여금으로 재정조달을 하는 반면 공적부조는 국가의 일반재정으로 재원조달을 하고 있다.

우리나라의 공적부조제도는 현재 거택보호, 시설보호, 자활보호 등의 생활보호와 의료보호 등 크게 두 가지 제도로 나누어져 있다.

① 생활보호제도

극빈층을 위한 최소한의 경제적 지원제도라고 할 수 있는 생활보호 프로그램은 1961년 생활보호법이 제정됨으로써 확립되었다. 생활보호제도의 혜택을 받을 수 있는 노인들은 부양의무자가 없거나 있어도 부양능력이 없는 65세 이상의 노인으로 규정되어 있으며 생활보호대상자 중 노인인구의 비율은 14.8%에 이르고 있으며 그 보호수준이 매우 낮은 실정이다.

② 의료보호제도

의료보호대상자는 1종 보호대상자와 2종 보호대상자 그리고 의료부조대상자 등 3가지 유형이 있다. 1종 보호대상자는 주로 거택보호자와 시설보호자가 해당되며, 2종 보호대상자는 자활보호자가 해당된다. 선정기준은 생활보호선정기준과 동일하다.

의료부조대상자는 자활보호대상자보다 약간 높은 소득과 재산을 갖고 있는 경우에 해당되는데 2007년의 경우 1종 보호대상자는 64만 8천명, 2종 보호대상자는 191만 7천명, 의료부조 대상자가 172만 5천명으로 전체가 429만 명이다. 이들 중 노인인구가 어느 정도의 비율인지는 정확히 알 수 없으나 생활보호대상자 전원이 의료보호를 받고 있기 때문에 생활보호인구 중 노인인구가 2007년의 경우 15.4%를 차지하고 있으므로 여기에 의료부조 인구를 합치면 대략 전체 노인인구의 20%가 의료보호의 혜택을 받고 있는 것으로 추정할 수 있다.

(3) 노인능력은행 및 노인공동작업장

① 노인능력은행

노인능력은행은 노인취업상담 및 취업알선을 통하여 노인들의 여가선용 및 소득기회를 부여하기 위한 것으로 1981년부터 설치·운영되고 있으며, 운영주체는 사단법인 대한노인회이고 운영의 단위는 대한노인회 시·도연합회 및 시·군·구 지회에서 담당하고 있다.

현재까지의 노인능력은행 취업알선실적은 2007년의 단기취업자 59,445명, 장기취업자 25,837명으로 총 85,282명으로 집계되고 있다. 그러나 이는 동일 노인의 일년동안 여러 번의 단기취업을 하는 경우에 이를 수명으로 계산한 실적이므로 실제 취업자 수는 훨씬 적을 것으로 짐작된다.

② 노인공동작업장 운영

노인의 적성과 능력에 맞는 일거리를 마련하여 여가선용 및 소득기회를 제공함으로써 보람 있는 노후생활을 보장하기 위하여 운영되고 있는 노인공동작업장은 현재 212개소가 설치, 운영되고 있으며 정부는 노인공동작업장의 시설개설비로 개소당 2백만원씩의 지원금(국고 50%, 지방비 50%)을 지원하고 있다.

노인공동작업장에 대한 설치지원의 방향은 경로당 또는 노인복지시설로서 작업장 설치가 가능한 시설을 우선 활용하도록 하고 있으며, 공업단지 또는 생산업체와의 연계생산이 가능한 시설을 우선 지원하도록 하고 항구적인 작업량이 확보되도록 업체와 유기적인 협조체제를 운영할 수 있도록 하고 기술훈련을 요하지 않고도 노인의 적성과 능력에 적합한 일거리를 선정하도록 하고 지역적 특성 및 노인에 적합한 직종 등을 선정하여 노인들이 직접 생산 및 판매할 수 있도록 자립화를 유도하는 데에 있다.

공동작업장에서 하는 일은 주로 옷감정리, 제품포장, 악세사리, 봉투제작 등의 작업이 있다. 그러나 노인공동작업장에서의 소득이 너무 낮아(일당 5천원 정도) 노인들의 참여가 잘 이루어지지 않고 있으며 지역산업체간의 연계활동도 잘되지 않고 노인들이 감당하기 힘든 일이 많다는 것이 문제점으로 지적되고 있다. 따라서 정부의 적극적인 노력이 필요하다.

(4) 경로우대제 및 세제

① 경로우대제

1980년부터 시행된 경로우대제는 시행초기에는 70세 이상 노인을 대상으로 철도, 지하철 등 8개 업종의 요금을 50% 할인해 주는 것으로 시작했으며, 1992년부터는 65세 이상 노인으로 그 대상을 확대하고 우대업종도 시내버스 등의 업종을 추가하고 할인율을 100%(철도는 50%)로 상향조정하였다. 그러나 민간기업체로부터 경로우대제 이용요금의 일방적 부담에 대한 반발과 노인들에 대한 업체의 불친절이 문제점으로 대두되어 공영시설의 경우에는 현행대로 유지하고 민영시설의 경우에는 자율적으로 실시하도록 그 내용이 개정되었다. 다만 시내버스와 일반 시외버스의 경우에는 만 65세 이상의 노인에게 신청시 매월 12장의 승차권을 분기별로 지급하고 있다.

② 세제혜택 등의 간접소득보장제도

정부에서는 노인 봉양의식의 제고를 위하여 각종 세제혜택부여, 봉양수당지급 등의 간접적인 소득보장 정책을 실시하고 있는데, 우선 세제혜택으로서, ㉠ 상속세 공제로써 3대 이상 대물림한 주택이나 5년 이상 동거봉양한 자가 상속받은 주택에 관하여 주택가액의 90% 추가공제해주는 주택상속공제(상속세법§11조 2)와 인적공제로서 3천만 원을 공제해 주는 상속세 인적공제가 있다(상속세법§11조). ㉡ 소득세 공제로는 소득세법 제65조에 따라 60세 이상의(여 55세) 직계존속 부양자에 대하여 연간 60만원을 공제하는 부양가족공제와 소득세법 66조 4에 의하여 부양가족 중 65세 이상의 노인과 생계를 같이하는 자에 대하여 다시 60만원의 경로우대 공제가 있다. ㉢ 또한 소득세법 시행령 제15조에 의하여 부모와 자녀가 각각 주택을 소유하고 따로 살다가 세대를 합친 경우 양도소득세를 면제하는 세제혜택이 있다. 이때의 면제의 조건은 아버지가 60세 이상이거나 어머니가 55세 이상으로 부양가족 공제대상이고, 먼저 매매하는 집에 3년 이상 살았으며 세대를 합친 후 1년 이내에 집을 매매하는 경우가 해당된다.

그 이외에 공무원에게 1인당 월 1만 5천원을 지급하는 노부모 봉양수당과 본인 또는 배우자의 직계존속(남 60세 이상, 여 55세 이상) 2년 이상 동거하는 세대주에게 개인주택의 신축 매입, 개량자금을 1,500만원까지 할증지원하는 제도가 있다.

현재 정부에서는 10년 이상 65세 이상의 부모와 동거한자가 상속 시 인적공제 5,000만원과 부양가족공제와 경로우대공제를 100만원으로 상향조정하는 방안을 검토 중이며 이 외에도 주택분양 시 동일 순위 내에서 60세 이상의 부모와 동거하는 가구에 첫번째 우선권을 부여하는 방안이 검토되고 있으며 65세 이상의 부모를 모시는 가구에 대한 일정비율 할당분양우선권제도가 거론되고 있다.

(5) 외국의 노인소득보장정책

① 미 국

미국 노인의 주요한 소득원은 근로소득, 고용주연금, 사회보장, 이자와 배당금,

그리고 기타 재산소득이다. 이 중에서 노인들의 소득은 주로 정부물표(government checks)인데 특히 사회보장은 가장 중요하고 보편적인 소득원이다. 미국에서 소득의 90% 이상을 사회보장에서 의존하고 있는 경우는 전체 노인 및 그 가족의 60%를 넘는다.

미국의 대표적인 소득보장정책은 노령·유족보험과 보충보장급여제도가 있다. 노령·유족 프로그램은 퇴직근로자와 그 가족 그리고 사망한 근로자의 유족에게 매월 현금급여를 제공하는 것으로 현재 미국 노동력의 95% 이상이 그 대상이 되고 있다. 보충보장급여(SSI)는 사회보장의 적용을 받지 못하거나 불충분한 급여를 받는 사람들에게 제공되는 것으로 자산조사를 꺼려하는 풍조 때문에 많은 사람들이 신청을 꺼려하는 것으로 나타나고 있다.

② 영 국

영국은 세계에서 가장 포괄적인 사회보장제도를 최초로 확립한 나라로서 그 동안 많은 개정을 통하여 소득보장 제도를 정비하여 왔는데, 노인을 위한 소득 보장제도로는 국민보험과 보조급여제도가 있다.

국민연금의 경우 소득에 관계없이 일정액이 지급되는 균일제와 소득에 비례하는 소득비례제가 있으며 보조급여의 경우 16세 이상의 영국국민으로서 그 소득이 일정한 수준에 미치지 못하는 저소득 계층에게 세금으로 조성된 정부의 재정에서 급여를 지급하여 소득을 보장해 주는 제도이다.

③ 스웨덴

스웨덴은 2000년에 노년인구 비율이 24.4%에 이르는 고령화사회 국가인데 이 나라에는 공적연금제도, 부가연금제도, 부분연금제도 등 대표적인 노인소득보장 정책을 실시하고 있다.

공적연금에는 노인에게 기본연금 이외에 노령연금을 부가하여 지급하고 있으며 그 외에 주택수당도 함께 지급하고 있다. 부분연금제도는 60세에서 65세까지의 사람을 대상으로 하는 것으로 이는 단계적인 퇴직을 가능하게 하여 노후를 보장함을 목적으로 하는 것이다.

④ 일 본

일본에서는 공적연금제도가 하위 제도 간에 보험료, 급부액, 급부개시연령 등에 있어서 많은 차이를 보여 왔으나 1986년에 연금제도의 일원화를 목표로 하는 연금개혁을 단행하였다. 노인들에게는 노령후생연금이 지급되고 있다. 국민연금은 무직의 주부도 65세 이상인 경우에는 노령기초연금을 받고 있으며, 노령복지연금은 70세에 달한 때부터 지급받고 있다.

일본에 있어서는 노후의 생계유지를 위한 고령자세대의 소득상황을 보면 가족부양의 감퇴에 따라 노인자신이 어느 정도의 소득을 가지고 있으며 주로 연금에 의해서 노후생활이 이루어지고 있다.

2) 경제적 보장대책의 문제점

(1) 사회보험제도의 미성숙

우리나라의 공적연금제도는 그 역사가 아직 짧고 전 국민을 대상으로 하지 못하고 있기 때문에 소득보장제도로서의 역할을 제대로 하고 있지 못하는 실정이다. 노인을 위한 소득보장제도로서 우리나라의 연금제도가 가지고 있는 문제점을 주로 국민연금을 중심으로 살펴보면 다음과 같다.

① 대상인구의 제한

사회보험으로서 연금제도는 국민의 소득을 보장하는 가장 기본이 되는 제도로 전 국민을 대상으로 하는 것이 원칙이다. 그러나 현재의 국민연금은 1인 이상을 상시고용하고 있는 사업장의 근로자만을 대상으로 하고 경제활동 인구의 30%에 달하는 농·어민과 도시자영업자들도 가입대상자로 하고 있지만, 임의가입이 원칙이고, 회피·탈루자가 많아 사실상 제외되고 있다. 따라서 오히려 저소득층의 소득보장이나 노년층의 보장에 미약한 실정이다.

② 현 노령층의 제외

국민연금에 초기 가입한 사람들이 연금수급연령에 달하는 시기는 2010년경이 되며 이때에는 전체노인의 5%, 2020년경에는 약 20%의 노인들이 연금에 의한 소득보장을 받게 되지만 현재 70% 이상의 노인들이 공적연금혜택을 받지 못하게 된다. 더욱이 2010년까지 20년간 그 동안의 노인들에게는 아무런 소득보장대책이 없는 실정이다.

③ 제도간의 격차

모든 국민에 가장 포괄적으로 적용되어야 할 사회보험으로서의 노령연금제도가 직업별로 나누어 적용되고 있어 대상국민간에 기여와 급부, 그리고 적용시기 면에서 많은 차이를 보이고 있다. 특히 기여금의 부담에 있어서 정부의 부담비율이 국민연금의 경우 현재 소득의 3%로 다른 연금에 비하여 기여율이 낮아 자연 급부수준도 낮아질 수밖에 없어서 이 제도에 의하여 국민들의 노후소득이 얼마나 보장될지 의문이다.

④ 일시금제도의 결합

현행의 공적연금제도가 모두 일시금제도를 인정하고 있는데 인플레이션 등으로 인한 실질가치하락과 연금제도에 대한 불신, 퇴직 후 재취업의 경우 연금감액지원 등의 제한조치와 사회적 불안, 부동산이나 증권 등에 대한 투기 분위기 때문에 일반적으로 연금방식보다는 일시금을 선호하고 있는데 일시금의 경우 이를 잘 관리하지 못하면 노후의생활을 위한 소득원을 상실할 우려가 많다.

(2) 공적부조의 비현실성

공적부조는 국가가 국민으로서의 인간다운 최저한의 생활을 유지할 수 있도록 보장해 주는 방법으로 현대국가의 기본적인 의무와 책임인 것이다. 그런데 공적부조를 받게 된다는 것은 자신의 무능력, 가족이나 친지에 의한 협조의 부족 및 자신의 빈곤한 처지를 나타내는 것이므로 공적부조대상자는 수치심, 치욕감을 느끼고 빈곤자 또는 부적격자 등으로 낙인찍히게 되는 결과를 초래할 수도 있다. 우리의 경우 대표적인 공적부조인 생활보호와 의료부조는 여러 문제점을 지니고 있다. 이를 분설하여 살펴보면,

① 생활보호의 문제

첫째, 급여수준의 문제이다. 생활보호대상자에 대한 급여수준은 일종의 정부의 공식적인 최저생계비인데도 불구하고 현재의 급여수준은 간신히 생명을 유지할 수 있을 정도의 적은 수준이다. 특히 생활보호대상자 노인 중 약 60%가 전세 또는 사글세방에서 생활하면서 식생활 이외에도 월 3만원 내지 6만원의 임대료를 부담하고 있어 현재 지급되는 급부 수준으로 턱없이 모자란 실정이다.

둘째, 대상자 선정기준의 문제이다. 현재의 기준은 가족상황, 부양의무자의 유무와 부양능력, 재산, 소득 등이 고려되고 있는데 부양의무가 있더라도 부양의 질적인 측면과 대상자의 연령, 건강상태 등을 고려해야 할 것이다. 특히 연령을 고려하는 것이 중요한데 젊은 생보자에 비해 노인들은 상대적으로 급여밖에 의존할 데가 없는 실정이므로 따라서 생보자의 선정기준에 연령을 주요한 기준으로 삼아야할 것이다.

특히, 노동의 능력이 전혀 없는 노인을 자활보호대상자로 지정하는 것은 사실상

이 노인들의 부양의무자들은 그들의 생계문제를 해결하기에도 바쁜 경우가 대부분이라는 점을 감안할 때 오히려 젊은 생보대상자보다 지원이 더욱 소홀한 경우가 생기게 된다.

셋째, 대상자 선정방법의 문제이다. 지금까지는 보건복지부에서 정한 기준을 가지고 사회담당 동직원과 동장과 통장의 추천을 받아 생활보호대상자를 선정해 왔으나 소득과 재산조사에 있어서 객관성이 결여되어 있다. 따라서 1989년부터 사회복지전문요원을 배치하고 있으나 그들 수의 절대부족과 직무를 충실히 수행할 행정적 여건이 마련되어 있지 못한 실정이다.

② 의료보호의 문제점

생활보호대상자의 대부분과 의료부조대상자로 구성되는 의료보호대상자는 저소득층인 경우가 가장 많은데 이 경우 본인들의 부담금이 너무 과중하다는 데에 있다. 또한 의료보호의 수가가 서로 달라 의료보호대상자가 병원에서의 차별로 말미암아 충분한 의료서비스를 받지 못하고 있는 실정이다. 또한 의료보호환자의 본인부담금이 의료보험환자보다 높은 상태에서 전 국민 의료보험이 실시되어 의료보호대상자가 더 큰 부담금을 부담하는 현상이 대두되고 있다.

(3) 낮은 정년연령

① 정년제의 현황

정년제는 일정한 연령층에 도달하면 일률적으로 은퇴하도록 하는 제도로서 그 역사는 오래된 것으로 알려져 있다. 이 제도는 고용주와 피고용주 사이에 이루어지는 하나의 노동계약이라고 할 수 있다. 이러한 제도는 고용주의 입장에서는 인건비의 계획적인 관리, 효율적인 노동력의 확보, 노사분쟁예방 등의 여러 가지 이점이 있고 피고용자 측에서도 일정기간 고용관계가 안정되고 동시에 퇴직계획과도 관련되는 등의 쌍방에 대한 이점이 있어 산업사회에서 대기업을 중심으로 널리 운용되고 있는 제도이다.

이러한 정년제에서 정년을 정하는 방법은 다음의 네 가지가 있다.

㉠ 일률적인 정년제(상근노동자 모두에게 일률적으로 정해진 경우)

㉡ 남녀별로 정해져 있는 경우

㉢ 직종별로 정해져 있는 경우

㉣ 직제별로 정해져 있는 경우

우리나라에서는 이 네 가지 방법이 모두 적용되고 있으며 정년제도의 기준으로는 공무원법상에 규정된 공직정년제도와 일반기업의 규칙에 의해 정해진 기업정년제도로 대별할 수 있다. <표 3-4>은 공직자의 정년연령을, <표 3-5>는 일반기업체의 정년연령을 보여주고 있다.

<표 3-4> 공무원 정년

직 종 별	직 급 별	정년연령	비 고
일반직 공무원	5급 이상 6급 이하	61 58	경우에 따라 3년 연장가능 공안직 8,9급 55세
소방·경찰 공무원	경정, 소방령 이상 경감, 소방경, 경위 경사, 소방장 이하	61 58 55	
법 률 직	대법원장, 대법관 일반법관, 검사	70, 65 61	3년 연장가능
교 육	교수 교원	65 62	
군 인	위관급	43	＊ 생활보호법상 66세
기능직 공무원	타자, 전화교환원 기타	53 53~58	

<표 3-5> 일반기업의 계급별 정년

(단위 : %)

구 분	40	50	51	52	53	55	57	58	60	65	계
임 원						10.1			26.1	3.5	39.7
부 장						64.1	10.3	5.1	20.5		100
차 장		6.8				71.2	5.0	5.1	11.9		100
과 장	3.0	16.7			1.5	66.7		3.0	9.1		100
대 리	3.2	33.9		2.6	1.6	41.9		3.2	6.4		92.8
사 원	5.2	43.1	1.7	1.7		34.5		1.7			87.9

※ 자료 : 한국경영자 총연합회, 2002.

② 문제점

우리나라의 정년제도의 문제점은 정년연령이 낮은 점, 남녀별·계급별 차등규정, 비자발적 퇴직 등을 들 수 있다. 이 중에서 대표적인 문제로 고려될 수 있는 것은,

첫째, 일반 공무원 및 기업체의 정년연령이 평균 수명의 연장 등을 고려할 때 시대에 맞지 않게 지나치게 낮고,

둘째, 직종별 정년연령의 타당성 및 직종 간 정년연령의 형평성이 희박하며,

셋째, 정년퇴직한 후에는 재고용의 길이 열려 있지 않으며,

넷째, 노인복지법상 노인이 만 65세 이상으로 규정되어 있으며, 국민연금의 완전 노령연금 수급연령이 60세 인데 비하여, 현행 정년은 55~60세로 되어 있어 정년퇴직 후의 소득보장대책이 되지 못한다는 것이다.

또한 우리나라 정년의 문제는 비자발적 퇴직에 있다. 일률정년제는 공무원법 또는 일간기업의 취업규칙이 정한 정년연령에 달하면 노동계약 당사자의 의사표시가 없어도 자동적으로 노동계약이 종료되는 것이다.

(4) 경로우대제 미흡

앞서 소득보장정책의 일환으로서 경로우대제는 우리의 경로효친의 덕목을 사회적인 차원에서 실천하고 노인이 지출해야 할 비용을 절약토록 하여주고 간접적인 소득보장을 해줌으로써 긍정적인 평가를 받아 왔다. 그러나 이러한 평가에도 불구하고 민영업종의 폐지에 따른 노인들의 불만의 고조, 인식부족 등의 문제점을 야기 시키고 있다.

(5) 기 타

그 외에 노령수당의 비현실성, 경로우대승차권의 신청주의 원칙에 따른 불만의 고조, 노인능력은행이나 노인공동작업장의 실적저조 등의 문제를 들 수 있을 것이다.

3) 노인소득보장정책의 개선방안

(1) 사회보험의 확대실시와 조정

① 사회보험의 확대실시

현재의 국민연금은 실시 편의상 1인 이상의 사업장까지만 강제 적용하고, 농어촌거주자 및 자영업자는 임의가입으로 하고 있으나, 실제로 노후의 소득보장이 필요한 많은 사람들은 제외되어 있으므로 무소득자도 최저보험료를 내게 하여 자영자와 지역주민을 포함한 전 국민이 보험혜택을 받게 해야 한다.

또한 2002년 말 현재 전국의 10인 이상 사업장 6만 7천여 개소 중 1.99%인 1천 3백 37개소 사업장이 사업주의 고의적인 기피나 국민연금에 대한 인식부족 등으로 국민연금에 가입해 있지 않다는 것이다. 이러한 사업장에 대하여는 자진가

입을 유도한 후 형사고발 등 제제조치를 취해야 한다.

임의가입자들은 특히 각출금을 분담해 줄 사용자가 없어 전액 부담해야 하는 부담 때문에 임의가입자들의 참여율이 아주 저조한 실정이다. 이들의 가입을 장려하는 의미에서 정부에서는 현재의 공무원과 군인연금의 수준인 5.5%는 부담하여야 할 것으로 판단된다. 또한 지금의 소득비례에 대한 사회보험제도는 결국은 경제적 능력이 있는 자를 더욱 부하게 만드는 부익부빈익빈의 현상이 없는지를 감안하여 이러한 약점을 보완하여 소득보장이라는 목표달성이 가능하도록 해야 할 것이다.

② 무각출노령연금제도의 도입방안 모색

무각출연금제도는 '연금제도'라고 이름이 붙었지만, 일방 각출제연금제도와 전혀 다른 논리에 의해 형성된다. 각출제연금제도는 사회보험방식에 입각하여 각출료(보험료 납부)를 전제로 연금수급의 혜택이 주어진다. 이에 반하여 무각출연금은 각출료를 납부하지 않았음에도 불구하고 연금수급권이 주어지는 경우를 말한다. 따라서 무각출노령연금제도는 저소득층 노인을 위한 사회부조의 일환으로 실시되고 있으며 일반재정으로 부담되는 시도이다. 선진 외국의 예를 보면 일반적으로 각출제 연금제도의 본격적 실시가 무각출노령연금제도의 도입을 촉진하는 계기가 되는 것을 알 수 있는바 <표 3-6>, 이는 연금의 지급이 본격화 될 경우 소득에 대한 노인들의 관심이 집중되게 되고 수급자와 비수급자간의 위화감의 문제 등이 사회적인 관심사로 부각되기 때문이다. 이 때, 연금에 가입하지 못한 노인에 대한 책임은 국가가 책임질 수밖에 없어서 무각출연금의 도입이 시행되는 것이다.

우리나라에서의 무각출연금제도의 도입 시기는 국민연금의 실시시기와 균형을 이루어야 할 것으로 보인다. 1993년에 특례노령연금이 지급되고 있으나 이의 수혜자가 많지 않아 이 시기는 부적절하고 2003년의 감액노령연금[4]의 지급시기가 적절한 때인 것 같다.

무각출노령연금의 도입에 있어서는 국가의 재정부담의 현황, 도입 시기, 지급대상의 결정과 지급수준의 결정 등의 어려운 문제에 부딪힐 것으로 예상되며 앞으로의 노령수당 지급의 확대 방안과 함께 노인문제의 심각성을 깨닫고 많은 연구와 검토가 이루어져야 할 것이다.

4) 감액노령연금이란, 가입기간이 15년 이상 20년 미만인 가입자 또는 가입자였던 자가 60세에 달한 때에 그 때부터 생존하는 동안 지급되는 연금을 말한다(국민연금법 제56조 2항).

<표 3-6> 각국의 무각출노령연금제도

국 가	실시년도	적 용 대 상	지급액, 재정
일 본	1959	각출제 연금수급권이 없는 70세 이상의 노인이나 부양의무자의 수입이 일정액 이상인 경우에는 축소 지급	1990 : 348,600엔/년 일반재정부담
영 국	1908	80세 이상의 노인으로 연금수급권이 없는 경우 또는 있더라도 액수가 주당 24.75파운드 미만인 경우(1989)	1989 : 24.75 파운드/주 일반재정부담
프랑스	1905	- 65세 이상 노인으로 연금의 수급권이 없고 연소득이 33,630프랑 이하인 자(1988, 독신) - 수급권은 있으나 저소득층 노인	- 비연금수급자 : 14,490프랑/년 - 저소득 연금수급자 : 19,500프랑/년(독신) 일반재정부담
미 국	1966	- 연금 수급권이 없는 72세 이상 저소득 노인 - 65세 이상의 월 소득 368불 이하의 노인 (1989)	151달러/월 368달러/월 일반재정부담

(2) 공적부조대상자에 대한 지원의 강화

우리나라의 공적부조는 최저생계비 수준 이하의 전체가 대상이 되어야 함에도 불구하고 실제로는 예산의 범위 내에서 인구비례적으로 배정, 선별되므로 많은 사람들이 제외되고 있어 공적부조대상자가 확대되어야 하겠으며, 현행 급부수준은 사글세방 임대료에도 미치지 못하는 경우가 적지 않으므로 그 수준을 상승시킬 필요가 있다고 본다. 현행 생활보호대상자에 대한 지원의 수준이 동일한 문제점에서 벗어나 같은 생보자라고 하더라도 재산과 근로의 능력에 따라 차등지급되는 차등주의를 적용할 필요가 있으며 이럴 경우 지원이 꼭 필요한 노인들에게 더 많은 혜택이 돌아갈 수 있을 것으로 보인다.

또한 자활보호 대상가구 중에서 노인가구만을 분류해서 이들만을 생활보호대상자로 지정 하던가 또는 이에 상응하는 생계비를 급부하는 방향으로 제도적 개선책이 마련되어야 하겠다.

(3) 정년제의 개선

우리나라와 같이 평균수명이 높은 나라에서 55세 전후의 조기정년제도가 실시되고 있다는 것은 개인적으로나 사회적으로 큰 손실이라고 볼 수 있으므로 정년의 연장은 취업능력이 있는 노인인력을 활용한다는 점에서나 경제활동인구의 노인에 대한 부양부담을 줄이는 의미에서도 고령화사회에 진입한 현시점에서 적절한 대책이라고 할 수 있을 것이다.

우리나라의 경우에는 우선 국·공립기관부터 최소한의 국민연금의 수급개시연령을 60세 이상으로 연장하고 일반 기업에 있어서도 노동력 수급상황을 감안하여 정년을 점진적으로 연장할 필요가 있다고 본다.

현대 Research가 조사한 적당한 정년시기로서 65~69세에 대한 응답자가 44.5%로 가장 많았고 다음이 60~64세로 38.6%였다.[5] 이러한 결과는 현재의 정년제한을 연장해야 한다는 욕구를 반영하고 있는 것이다.

미국은 1978년 고용법 중 연령에 의한 차별조항을 수정함으로써 기업부문에서의 퇴직연령을 65세에서 70세로 상향조정 하였고, 연방정부공무원에 대하여 강제퇴직제도를 완전히 철폐하였다.

<표 3-7>는 각국의 정년연령을 나타내고 있다.

<표 3-7> 주요국의 정년연령

국 가	연 령	국 가	연 령
캐나다	70	노르웨이	70
스웨덴	67	덴마크	67
독 일	68	영 국	68
프랑스	60	미 국	70
일 본	60~65		

그러나 정년을 정하는 것이 연공서열에 따른 임금의 부담을 줄이고 생산성을 높이는 등의 긍정적인 측면을 감안하여 전면적인 정년제의 철폐 등은 오히려 혼란을 가져올 우려가 많으므로 생산성에 영향이 적은 것으로부터 선별적으로 실시하여야 하고, 직종별 업무의 특성을 고려하여 다양한 정년제도가 개발되어야 함은 물론이다. 따라서 일정연령까지는 일률정년제로 하고, 그 이후에는 감액임금고용제, 정년 후 재고용제, 시간제고용 등의 다양한 방법이 검토되어야 할 것으로 보인다.

정년연장에 따른 대처방안으로는,

첫째, 연공서열에 따른 퇴직금 등의 비용압박문제인데 이것은 능력급 지급이나 정년연장 후의 기간은 퇴직금불가산제 등으로 대처하며

둘째, 능력주의에 따른 인사체증문제는 정년 후 계선에서 막료로의 과감한 인

5) 현대 Research연구소, 설문조사(1999).

사정책을 통하여 대처하고

셋째, 고령화에 따른 노동력의 질적 저하에 따른 생산성의 저하문제가 있으나, white color에 있어서는 나이가 많을수록 노련해지고 성숙하게 되어 오히려 도움이 될 경우가 많을 것이다.

(4) 노인취업기회의 확대

노인의 경우 신체적 노화에 따른 노동능력의 저하, 급속히 발전되어 가는 과학기술에의 부족능력으로 말미암아 노인들은 취업의 중요성에도 불구하고 노동시장에서 탈락하게 되고 그로 인하여 경제적인 고통뿐만 아니라 사회·심리적으로도 어려움을 겪게 되는 경향이 있다. 노인의 경제적 어려움을 해결할 수 있는 방안으로서는 연금 또는 서비스의 제공뿐만 아니라 노인의 취업기회의 보장, 노인의 직업·기술훈련 등을 통한 소득보장정책의 수립이 중요하다고 할 수 있을 것이다.

이러한 의미에서 현재 설치·운영되고 있는 노인능력은행과 노인공동작업장의 역할이 좀 더 확대되어야 할 것으로 보인다. 무엇보다도 이를 전국적으로 확산하여 설치하도록 하고 운영비의 지원규모도 대폭 확대해 나갈 필요가 있다고 본다.

(5) 간접적 소득보장의 확대

간접적인 소득보장책으로 현재 실시되고 있는 각종 세제혜택제도와 봉양수당제도, 그리고 경로우대제도가 좀 더 그 질과 양의 측면에서 확대될 필요가 있다고 본다. 특히 경로우대제는 산업화의 과정에서 가족부양기능의 저하와 노후소득보장을 위한 사회보장제도가 미비한 우리나라의 현실을 감안할 때 노인들에게 꼭 필요한 제도로서 앞으로 유지·발전시켜야 할 것으로 보인다.

경로우대제는 시행초기에 비해 그 혜택의 범위가 다소 축소된 경향이 있는데, 경로우대할인혜택은 그 범위와 수준을 공영시설에서부터 점차 확대 실시해 나가야 하겠으며, 아울러 민영시설에 대해서는 업계의 자율시행을 원칙으로 하되 경로우대를 적극 유도해야 하겠다.

특히 시내버스의 승차권지급에 있어서 대다수의 노인들이 불편을 느끼고 있는 점을 감안하여 이전의 경로우대증 제시에 의한 무료승차를 요구하는 바, 버스조합과의 합의하에 재정지원을 통한 노인무료승차제의 부활을 검토할 필요가 있으며 또한 민간업체에서도 노부모봉양수당을 지급하도록 유도할 필요가 있다고 본다.

이 외에도 TV시청료 등의 면제, 각종 공공요금의 감면혜택 등 여러 가지 방안을 찾을 수 있을 것이다.

Ⅴ. 장애인복지법

1. 장애인과 장애인 복지정책[6)]

1) 장애인의 개념

장애인의 개념은 시대와 문화적 배경에 따라 다르며 복합적인 성격을 지니고 있기 때문에 획일적인 정의를 내리기는 어렵다.

UN에서 정한 장애인 권리선언에서는 "장애인이라 함은 선천적이든 후천적이든 관계없이 신체적, 정신적 능력의 불완전으로 인하여 개인의 일상생활과 사회생활에 필요한 것을 확보하는데 자신의 힘으로 완전하게 또는 부분적으로 할 수 없는 사람을 의미한다."라고 정의하고 있으며, 국제노동기구에서는 "장애인이란 신체적 또는 정신적 결함의 결과 적당한 직업을 확보하거나 그 직업을 계속 유지해 갈 전망이 없는 손상을 받은 개인을 말한다."라고 정의하고 있다.

일본의 심신장애자기본대책법에서는 "장애인이란 지체부자유, 시각, 청각, 심장기능, 음성기능, 평형기능, 호흡기능 장애 등의 고정적 장기기능장애 및 정신박약 등의 정신적 결함이 있기 때문에 장기적으로 일상생활 또는 사회생활에 상당한 제약을 받는 자"라고 정의하고 있으며,[7)] 우리나라 장애인복지법 제2조에서는 "장애인이라 함은 지체장애, 시각장애, 청각장애, 언어장애 또는 정신지체 등 정신적 결함으로 인하여 장기간에 걸쳐 일상생활 또는 사회생활에 지장이 있는 자로서 대통령령으로 정하는 기준에 해당하는 자"로 규정하고 있다.

이러한 제 정의들을 종합해 보면, 장애인이란 일반적으로 사지절단, 마비, 농(귀머거리), 맹(소경) 등과 같이 신체의 어떤 부분에 결함이 있거나 또는 정신지체와 같이 지능이 떨어져 사회적응이 잘되지 않는 사람을 말한다.

2) 장애인의 유형과 특성

일반적으로 장애인은 지체부자유, 시각장애, 청각장애, 음성·언어장애 및 정신

6) 김진경, '장애인복지 향상방안',「사회복지행정」제1집, 호남대 행정대학원, 2001, pp. 33~38.

7) 일본 후생성 갱생과, 심신장애자기본대책법, (동경 : 일본 후생성, 1999), p. 2.

지체 등의 유형으로 구분하고 있으나, 이를 크게 나누어 보면 신체적 장애와 전신적 장애로 구분된다.

신체적 장애는 외부 신체기능의 장애(지체장애, 뇌병변장애, 시각장애, 청각장애, 언어장애, 안면장애)와 내부 신체적 장애(신장장애, 심장자애, 간장애, 호흡기장애, 장루·요루장애, 간질장애)로 나누어진다.

정신적 장애는 정신지체(지능지수 70이하), 정신장애(정신분열증, 정동장애, 우울장애), 발달장애(자폐증)로 나누어진다.

이러한 유형의 장애를 갖는 사람들은 신체현상을 앞세운 정신적 고통이 크며 열등적인 태도로 타인을 대하기 쉽다. 행동능력에 제한성을 갖고 있으며 정상인에 비하여 대인관계에서 긴장감이 높고 빈약한 자아개념을 갖는 동시에 필요 없는 우려로 불안감이 크고 욕구불만이 누적되기 쉽다.

장애인들의 직업에 관한 특성은 일반적으로 직업의식의 결여, 부정적인 자아의식, 비현실적인 동기형성, 작업 실패 경험의 누적, 경직(rigidity)과 행동 및 성격상의 견고성, 추상능력의 제한과 정의적 부조화 등으로 직업적응에 다소 문제를 가질 수 있다는 지적이 있다.[8)]

3) 장애인복지정책의 대상 및 방향

이러한 장애인의 유형과 특성을 고려한 장애인복지는 두 가지 측면을 고려하여 개념화되어야 한다. 하나는 장애인에 대한 바람직한 이념이나 목표의 정립과 관련되는 목적적 개념이고, 또 하나는 복지정책, 제도, 원조활동, 교육, 의료를 포함한 사회정책의 체제를 의미하는 실체적 개념이다.

전자의 개념은, 장애인 존재를 의식하여 장애인들도 정상인과 같이 동등한 인권을 가진 사회구성원이라는 올바른 장애인관을 확립하고 인격체로서 정당한 대우를 받도록 하는 것을 의미한다. 후자의 개념은, 연금이나 보험에 의한 소득보장에서 출발하여 심신의 기능회복, 물리적·심리적 처우 및 노동환경의 정비 등 질병, 교육, 노동에 관한 장애인의 제 욕구에 대응하는 정책에서부터 기술적인 측면에 이르기까지의 일련의 정책을 포함하는 것으로 볼 수 있다.

오늘날 장애인복지의 체제로서는 이러한 양자의 개념을 동시에 포괄하는 것으로서 유기적 관련성을 지녀야 하며 이러한 시각에서 장애인복지의 구조는 사회통

8) 강위영, '장애인 직업재활에 관한 연구', 직업재활연구, 제1집, (대구 : 한국직업재활학회, 1998), p. 7.

합, 재활, 보호, 예방 등의 하부체제로 형성되며 이러한 하부체제가 장애인복지정책의 과제이며 방향으로 볼 수 있다.[9)]

(1) 사회통합정책

사회통합정책은 장애인들이 스스로 적극적 사고방식을 갖고 생활을 영위해 나갈 수 있도록 가능성을 인정하며 이를 인식할 수 있도록 하는 것이다. 더 나아가 개인의 능력에 따라 사회적 역할의 가능성을 발굴하고 이를 전문화하여 사회구성원으로 통합적 수준에서 그 역할을 수행하게 하는 것이다.

이를 위하여 장애인에 대한 편견을 제거하여 올바른 장애인관을 확립하고 장애인을 이해하기 위한 사회교육, 노동, 교육정책의 재평가, 건물고조와 설비의 개조 등을 실시하며, 장애인전문가, 여론, 대중매체 등에서 장애인의 권리에 대한 홍보활동이 필요한 것이다.

(2) 재활정책

재활정책은 현대의 제 과학을 최대한으로 활용하여 심신의 능력회복과 장애의 극복으로 최대한의 자립적 생활에 접근시키려는 개별 원조대책이다. 이러한 재활정책의 서비스 형태는 크게 의료, 교육, 직업재활사업 등이 있다.

(3) 보호정책

보호정책은 재활체제의 원조·기술을 적용하는데 부적격인 최중도(最重度)의 장애인에게 보상의 관점에서 필요한 시책을 펴는 활동이다. 장애정도에 따라 연금 및 보장구의 지급, 주택분양, 시설수용, 거택서비스 등과 같은 현금, 시설, 설비, 봉사의 제 서비스가 제공되어 지는 결손능력의 보상체제이며 재활과 밀접한 관련을 맺고 있다.

(4) 예방정책

예방정책이란 장애의 조기 발견까지도 포함하여 장애발생의 방지를 위한 사전대책을 말한다. 장애인의 발생을 예방하고 조기 발견하기 위해서는 의료기관이나 보건소 등에서 위생학적 지도, 모성지도, 신생아검진, 화학적·약학적 수단을 통한 모성보호에 의한 출산 시 사고방지 등이 필요하다.

---

9) 황진수, 현대복지행정론, (서울 : 부루칸모로, 1999), p. 200.

4) 장애인의 재활

재활이란 심신장애인에게 의료적, 사회적, 교육적, 직업적인 제 훈련을 통합적, 협동적으로 실시함으로써 잠재능력을 개발시켜 독립적인 삶을 영위하도록 하는 것이다. 여기에서는 장애인의 욕구 중에서 가장 우선시 되는 직업재활과 의료재활을 중심으로 기본적인 사항을 고찰해 보겠다.

(1) 직업재활

① 직업재활이란 장애인들의 가용능력을 최대한 회복하여 소득이 있는 직업을 가짐으로써 정상인들과 동등하게 일할 권리와 일할 의무를 갖게 하는 것이다. 이러한 직업재활은 장애인이 사회성원으로서 자기 역할을 수행함으로써 개인의 존엄성을 높이는 동시에 장애인들이 가지고 있는 생산적 능력을 우리 사회가 최대한 활용함으로써 국가경제활동의 활성화와 사회적 부담을 줄여준다는 점에서 그 의의를 가진다.

직업재활은 직업제도, 직업훈련, 취업알선 등의 일련의 과정을 거쳐 장애인의 직업적 잠재능력을 평가하고 과학적 훈련을 통하여 취업에 이르게 하는 과정이다. 이러한 직업재활의 최종목적이 취업과 고용이다.

② 일반적으로 장애인고용의 유형으로는 [그림 3-1]과 같이 경쟁고용, 선택고용, 보호고용, 자영업 등이 있다.

[그림 3-1] 장애인의 고용 유형

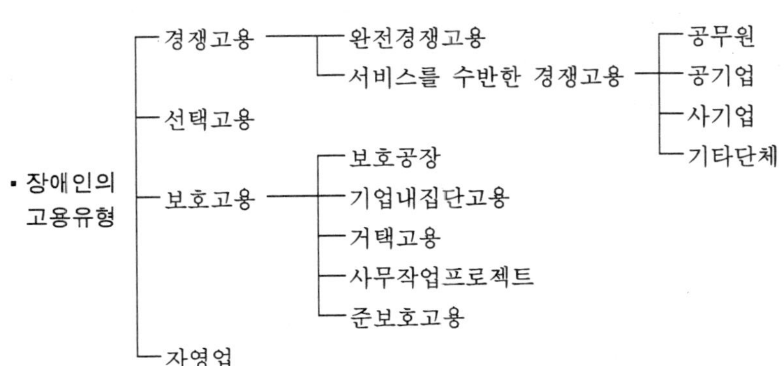

경쟁고용은 개인의 성적이나 능력에 따른 완전경쟁고용과 장애인고용의 국가책임을 강조하여 일정한 직종에 장애인을 우선적으로 고용토록 하는 서비스를 수반한 경쟁고용으로 나눌 수 있는데, 후자는 완전고용에서 일종의 예외를 두는 유보고용제도로서 지방자치제가 발달한 이탈리아, 덴마크 등의 유럽지역에서 잘 활용되고 있다.

선택고용은 신체적 제한을 가진 장애인의 특성에 맞춰 취업의 방향을 미리 선택하여 장애인에게 소개하는 것을 말한다. 이 형태는 청각장애인이 소음이 큰 항공기의 조립과정에 참여하는 것처럼 국부적으로 정상인의 기능이 살아있는 장애인에게는 효과적인 고용형이다.

보호고용(sheltered employment)은 한국의 장애인 고용에 있어서 가장 기초적이고도 일반적으로 이용되고 있는 고용방법이다. 한국에서 현재 실시하고 있는 장애인보호 작업장은 보호고용의 한 형태로서 1989년 개정된 장애인복지법에서 직업재활시설의 일종으로 법제화되어 장애의 특성으로 인해 일반 기업체에 취업이 곤란한 자에 대해 직업훈련과 생산작업에 종사할 기회를 제공하여 자립을 기하도록 하려는 목적으로 실시되었다.

자영업은 장애인 자신이 운영하는 사업으로서 사업자금대부 또는 각종 지원이 뒤따라야 할 것이다.

(2) 의료재활

의료재활은 직업재활과 함께 재활의 최종목표인 사회통합에 이르는 두 수레바퀴라고 할 수 있다. 재활의학의 선구자 러스크박사가 전쟁 중 다친 군인을 위한 적극적이고 계획적인 재활 프로그램이 설정되어야 한다고 주장하면서부터 재활의학은 예방의학, 임상의학에 연속되는 제3단계의 의학으로 발전하게 되었다.

의료재활은 의학적 치료, 수술, 심리치료 등을 통하여 신체적, 정신적 기능을 회복함으로써 개인의 사회적 장애요인을 치유하거나 보장구의 장착 등을 통하여 의학적 장애의 충격을 줄이거나 없애는 방법이다. 또한 재활의학 전문의를 중심으로 하여 재활간호사, 물리치료사, 작업치료사, 운동·오락치료사, 청각언어치료사, 심리상담가, 사회복지사, 보장구제작기사, 직업재활상담가 등이 각 분야의 전문성에 대한 상호신뢰를 바탕으로 가족과의 공동노력으로 장애인의 사회복귀를 추구하는 것이다.

의료재활의 목표는 인간의 기능을 재활수준까지 증대시켜 생애를 통하여 그 기능을 유지하는데 필요한 자원을 활용할 수 있도록 함에 있다.

2. 장애인복지법의 특징

이 법(1999년 2월 8일)은 장애인의 인간다운 삶과 권리보장을 위한 국가와 지방자치단체 등의 책임을 명백히 하며, 장애발생의 예방과 장애인의 의료·교육, 직업재활·생활환경개선 등에 관한 사업을 정함으로써 장애인복지대책의 종합적 추진을 도모하며, 장애인의 자립, 보호 및 수당의 지급 등에 관하여 필요한 사항을 정함으로써 장애인의 생활안정에 기여하는 등 장애인의 복지증진 및 사회활동참여증진에 기여함을 목적으로 제정되었다.

산업화·도시화 추세에 따른 생활환경의 변화로 장애인의 수가 증가하고, 이들의 복지욕구도 크게 증대되고 있음에 대처하여, 심신장애의 발생예방과 장애인의 의료·직업재활 및 국민기초생활보장 등 복지시책을 효과적으로 추진함으로써 장애인의 재활·자립과 그 가족의 정상적인 경제·사회활동을 도와주며, 나아가 사회복지의 증진에 기여하려는 것이 이 법의 제안이유였다.

우리 인간사회는 서로 도움을 주고받는 의존관계를 그 기본적인 속성으로 갖고 있다. 그러나 심신에 장애를 가진 사람들은 남을 도울 힘이 적으며 따라서 주로 남의 도움을 받아야만 한다. 그리고 이러한 장애인을 돕는 일은 어느 특정인만의 힘으로는 소기의 목적을 달성하기 어렵고 특히 우리 민주복지국가에 있어서는 모든 국민 내지 국가가 져야 할 책무이다.

그런데 이러한 장애인의 수는 전 세계적으로 볼 때 약 4억 5,000만 명이 있는 것으로 추산된다. 이는 총인구의 약 7%에 해당된다. 이와 같이 많은 장애인의 발생은 범세계적인 관심을 불러일으키게 되었고 따라서 국제연합은 1981년을 "세계 장애인의 해"로 정하고 모든 국가에 대하여 장애인을 위한 복지사업과 기념행사를 추진하도록 권고한 바 있다.

우리나라도 이 권고를 받아들여 국민의 장애인에 대한 이해를 깊게 하고, 장애인의 재활의욕을 고취하기 위하여 매년 4월 20일을 "장애인의 날"로 하고, 장애인의 날부터 1주간을 "장애인 주간"으로 하였다.

국제연합은 1981년 "세계 장애인의 해"에 다음과 같은 5개의 항목을 그 목적으로 내 걸었다.

① 정신적·사회적 장애인의 적응원조

② 사회활동의 참여를 가능하게 하는 원조·훈련·치료·조언·지도이 적절한 실시

③ 물리적인 사회참여의 소외요소를 제거하기 위한 공공건축물, 교통기관의 정비
④ 장애인의 사회적·경제적·정치적 참여권에 관한 일반 사회인의 인식의 보급
⑤ 장애발생의 방지대책과 재활(Rehabilitation)대책의 추진

우리나라는 적지 않은 장애인을 가지고 있으면서도 1981년까지 그들을 보호하기 위한 일반법이 없었다. 생활보호법·아동복지법·의료보호법·각종군사원호관계법·각종연금법·산업재해보상보험법 등에서 규정된 보호조항이 있을 뿐이었다. 따라서 특수한 신분관계에 있었거나 극빈자 이외에는 특별한 보호를 받을 수가 없었다.

더욱이 장애인의 수는 산업화·도시화에 따르는 생활환경의 변화로 점차 증가되고 있고 그들의 복지욕구도 크게 증대되고 있다. 그러므로 이에 대처하여 심신장애의 발생을 예방하고 장애인의 의료·직업재활과 국민기초생활보장 등 복지시책을 효과적으로 추진할 필요가 더욱 절실하게 요청되고 있는 것이다.

이와 같이 UN의 권고와 장애인의 해의 제정 등에 힘입어 1981년에 사회복지의 증진을 기하기 위한 시책의 일환으로 심신장애자복지법을 제정하게 된 것이다. 당시 장애발생의 원인을 보면 후천성이 81.5%이며, 6세 이전에 발생하는 것이 30.5%이고, 교통사고·산재사고가 31.9%이었다.

장애인의 문제가 최근 들어 더욱 심각한 문제로 받아들여지고 있는 것은 그간 산업화와 도시화의 진전에 따라 장애위험에 노출되는 기회가 많아진 탓도 있겠으나 농경위주의 전통적 사회가 붕괴되어 근대적인 사회변동을 거치면서 종래 개인차원·가족단위·혈연공동체 또는 지역적 사회단위에서 문제시되고 해결되었던 장애가 문제가 이제는 사회 전체의 문제로 확대되고 있기 때문이다.

따라서 1989년과 1999년에 이 법을 전문 개정하여 장애인복지법과 그 시행령을 마련하였으니 이는 사회변동의 추세를 반영한 것이라 하겠다.

이 법령은 우리 사회가 안고 있는 장애인문제를 그 배경으로 하여 국민(장애인과 그 가족)의 한결같은 요구에 의하여 만들어진 "밑으로부터의 법"이라는 특징을 지니고 있다. 당사자의 수많은 요구와 건의를 모두 반영한 것은 아니나 법의 정신만은 이를 충분히 받아들이고 있다.

장애인복지법령의 또 하나의 특색은 그 내용이 기본법적 성격과 "프로그램적 성격"의 법이라는 점이다. 장애인복지사업 자체가 국가의 경제력 및 정부의 재정능력과 불가분의 관계를 가지고 있는 것이므로 이 법이 프로그램적 성격을 가질 수밖에 없다 하겠다.

다행히 우리나라의 경제성장이 계속되고 있고 경제의 성장단계에 맞추어 사회복지의 개발이 시급하다고 인식되어 있는 만큼 장애인복지법령의 개정을 계기로 하여 장애인복지사업도 크게 발전될 것으로 기대된다.

장애인은 의료를 비롯한 교육·직업·사회적 재활을 위한 복합적이고 다양한 복지욕구를 갖고 있어 종합적인 복지대책의 수립·추진이 요구되어 1996년 12월 국무총리를 위원장으로 하는 장애인복지대책위원회에서 "장애인복지발전 5개년 계획"을 수립하도록 결정함에 따라 1997년 12월 복지·교육·고용부문의 장애인 관련부문을 유기적으로 연계시킨 장애인복지발전 5개년 계획을 마련함으로써 장애인복지의 새로운 청사진을 제시하게 되었다.

정부는 장애인복지의 확대를 위하여 장애발생의 예방, 장애인의 생활안정 지원강화, 장애인의 작업재활서비스 강화, 사회참여 확대 및 편의시설 확충, 장애범부의 확대 등의 사업을 추진하고 있다. 아울러 장애아의 교육기회 확대, 특수교육의 내실화, 특수교육 지원체제의 효율화를 통해 특수교육을 강화(교육과학기술부)하고 장애인고용촉진(노동부)을 위하여 장애인 직업능력 개발증진, 중증장애인 고용환경개선, 사업체의 장애인고용촉진 지원 등의 사업을 연차적으로 시행하고 있다.

3. 장애인복지법의 내용

1) 용어의 정의

이 법에서 "장애인"이라 함은 다음에 정한 자로서 장기간에 걸쳐 일상생활 또는 사회생활에 상당한 제약을 받는 자를 말한다.

(1) 지체장애인

수족(手足)이나 기타 지체의 절단 또는 마비로 인하여 지체를 자유롭게 사용하지 못하는 경우를 말한다. 오늘날에는 약물중독으로 인한 선천적 장애인이 계속 늘어나고 있을 뿐만 아니라 산업화에 다른 산재장애인, 교통사고 및 기타 사고로 인한 장애인과 더불어 소아마비나 뇌성마비로 인한 마비환자가 늘어나고 있다.

특히, 이들 지체장애인(지체부자유자)은 단순히 신체상 장애로 문제가 되는 것이 아니라 이로 인한 심리적 위축 및 열등의식으로 사회적응에 많은 장애요인이 있는바 이러한 사회적 장애인이 될 가능성이 가장 강한 것이 지체부자유자라 하겠다.

그러나 골절이나 급성 질환으로 일정 기간 동안 지체운동이 부자유한 상태일 때 이들을 지체장애인이라고는 부르지 아니하며 단지 그 장애가 영구적으로 남아 있는 경우를 말한다.

(2) 뇌병변장애인

뇌성마비, 외상성 뇌손상, 뇌졸중 등 뇌의 기질적 병변에 기인한 신체적 장애로 보행 또는 일상생활 동작 등에 제한을 받는 사람을 말한다.

(3) 시각장애인

시각장애란 용어는 눈의 여러 가지 기능장애를 포괄적으로 나타낸 것으로 네 가지 준거에 의하여 결정된다. 즉, 시력의 감소정도·시야의 제한정도·색시의 장해정도와 안근의 운동 불균형에 의한 약시의 정도 등에 의한다. 시각장애는 한마디로 눈의 여러 가지 기능장애를 포괄해서 말하며, 즉 물체를 식별하는 시력기능에 장애를 초래한 것을 말한다.

(4) 청각장애인

말은 소리를 이용한 가장 기본적인 의사소통방법이다. 따라서 소리를 이용하여 말을 형성할 수 없다든가, 말의 형성이 불완전하여 타인이 알아듣기 어려운 경우를 언어장애라고 하고 소리를 듣는 청각기관에 이상이 생기거나 중추기관에 이상이 생겨 의사소통에 지장을 초래하는 경우를 청각장애라고 한다.

청각장애란 청신경의 기능에 이상이 생겨 말과 음을 잘 듣지 못함으로 커뮤니케이션 장애를 초래하는 상태를 말한다고 할 수 있다. 때문에 청각에 장애를 입게 되면 언어 기호를 지각하지 못하고 또 익히지도 못하게 되며 언어생활에 있어 듣기, 말하기뿐만 아니라 읽기, 쓰기에까지 중대한 영향이 미치게 된다. 그러므로 청각장애는 언어 발달을 저해할 뿐만 아니라 정신발달·사고능력·개념형성·정성발달까지도 저해하게 된다. 그리하여 청각장애자에 대하여는 의학적·심리학적·사회학적·교육적·직업적인 특별한 배려가 있어야 하는 것이다.

청각장애의 정도에는 여러 종류가 있으며, 그 분류하는 방법에는 청력손실정도·청력형·청력손실시기·청력손실원인·병 부위 및 언어발달 면으로 나눌 수 있다.

(5) 언어장애인

음성, 언어기능 장애는 선천적 혹은 후천적인 원인으로 언어습득 및 발달에 지장을 초래하여 타인과의 의사소통 및 자기생각의 전달에 현저한 곤란과 지장이 있는 것을 말한다.

언어장애는 주로 청력장애적인 것을 제외한 장애, 즉 언어진동기관인 치아·혀·입술·턱·인두·후두에 장애가 있는 것과 신경계통의 장애 및 환경적·정서적 요인으로 오는 장애 등을 의미한다.

그러므로 언어장애를 받게 되면 그 사람의 지적·정서적·사회적·인격적인 발달 등에 큰 영향을 받게 된다. 언어장애인은 음성기능 또는 언어기능에 영속적인 현저한 장애가 있는 자이다.

(6) 정신지체인

정신지체란 일반적인 지능이 정상인보다 현저하게 낮고 이로 인해 일상생활과 사회적응에 곤란이 있으며, 이러한 문제가 항구적이며 적응행동에 결함을 갖는 것을 말하며 정신지체의 분류는 그 목적이 어디에 잇는가에 따라 분류하는 범위나 척도가 다르다.

정신지체인이란 지능이 현저히 낮아서 일상생활과 사회생활에 있어서 적응을 하지 못하는 사람을 말한다. 이러한 사회적인 적응능력의 부족 현상이 주로 18세 이전에 오는 것을 말하며, 선천적 또는 후천적으로 대뇌의 신경세포조직에 이상이 생겨 지능과 사고능력이 정상적으로 활동하지 못하므로 야기되는 질환이다.

정신지체인은 다른 장애에 비해 생각이나 통찰·판단·기억 등의 능력과 추상적 개념 및 수 개념이 대단히 빈약하므로 학습능력이 약하며 가족생활이나 교우관계 및 사회생활이 거의 불가능하고 항상 고립되어 있고 멸시나 소외를 받으므로 다른 심리적 증상도 유발하기가 쉽다.

장애인은 신체적 발달의 지체와 더불어 정신적 교육에도 많은 지장을 초래하여 신체적 특징을 가지게 되어 신체적 균형이 약간 비정상적인 경우가 많다. 또한 정신지체인은 간질·언어장애·팔다리의 마비 등 몇 가지 장애를 합병증으로 갖는 경우가 많다.

동법 시행령에서는 정신지체인은 정신발육이 항구적으로 지체되어 지적능력의 발달이 불충분하거나 불완전하고 자신의 일을 처리하는 것과 사회생활의 적응이 현저히 곤란한 자로 규정하고 있다.

(7) 발달장애인

소아기 자폐증, 비전형적 자폐증에 의한 기능 및 능력장애로 인하여 일상생활 혹은 사회생활을 영위하기 위한 기능수행에 제한을 받아 도움이 필요한 사람을 말한다.

(8) 정신장애인

지속적인 정신분열병, 분열형 정동장애, 양극성 정동장애 및 반복성 우울장애에 의한 기능 및 능력 장애로 인하여 일상생활 혹은 사회생활을 영위하기 위한 기능수행에 현저한 제한을 받아 도움이 필요한 사람을 말한다.

(9) 신장장애인

신장의 기능부전으로 인하여 혈액투석이나 복막투석을 지속적으로 받아야 하거나, 신장의 기능에 영속적인 장애가 있어 일상생활 활동에 현저한 제한을 받는 사람을 말한다.

(10) 심장장애인

심장의 기능부전으로 인하여 일상생활 정도의 활동에도 호흡곤란 등의 장애가 있어 일상생활 활동에 현저한 제한을 받는 사람을 말한다.

(11) 장류·요류장애인

대장과 직장에 장애가 있어 인공장기(항문)를 착용하고 생활하는 장류장애인과 신장과 요류가 장애가 있어 인공소변기를 착용하고 생활하는 요류장애인에 대하여 2003. 7. 1부터 새로이 장애인으로 추가하여 법적지원을 하고 있다.

2) 처우와 국가 등의 책임

장애인은 인간으로서의 존엄과 가치를 가지고 존중받으며 이에 상당하는 처우를 받으며, 국가·사회의 구성원으로서 정치·경제·사회·문화 기타 모든 분야의 활동에 참여할 권리가 있다. 장애인은 그가 가지고 있는 능력을 최대한으로 활용하여 사회·경제활동에 참여하도록 노력하여야 하며, 장애인의 가족도 장애인의 자립촉진을 위하여 노력하여야 한다.

이 법은 장애인의 인간으로서 존엄과 가치에 대한 기본적 권리를 선언하는 한편 장애인 자신의 사회경제활동 참여를 위한 노력의무도 명시하고 있다. 이것은 우리 사회에서 장애인들이 편견의 대상이 되어 왔던 현실을 적극적으로 불식하고 장애인도 정상인과 꼭 같다는 의식을 보편화하여 장애인의 완전한 참여와 평등이념을 구현하자는 뜻이다.

국가와 지방자치단체는 장애의 발생을 예방하고, 장애인의 복지를 증진할 책임을 지며, 모든 국민은 장애의 발생의 예방과 장애인의 복지증진에 협력하여야 한다. 이를 위하여 국가는 선천적 장애의 발생 예방을 위해 1997년부터 모든 신생아에게 국고부담으로 무료 선천성대사이상 검사를 무료로 실시하고 있으며, 저소득층의 선천성대사 이상 신생아에게는 특수조제분유 무료지급 등 사후관리를 하고 있다. 또한 임산부·영유아에 대한 무료 건강검진 및 예방접종, 임신육아지침서의 발간과 보급 등 모자보건사업을 내실화하고 있으며, 유전성 질병 관련 장애발생방지대책을 강화하고 있다.

장애의 89.4% 이상이 질병, 사고 등 후천적 원인으로 발생하는 것을 감안하여 후천적 장애발생예방을 위해 만성·퇴행성 질환·뇌졸중 등에 의한 장애예방을 강화하는 등 성인병과 노인성질환의 관리에 철저를 기하는 한편, 응급의학과 전문의를 비롯한 응급의료 전문 인력 양성 등 응급의료체계 개선을 위하여 노력하고 있다.

포괄적인 국가사업으로서 심신장애인의 실태파악과 장애인복지시책에 필요한 기초자료를 확보하기 위하여 장애인에 대한 실태조사를 실시하도록 하고 있으며, 심신장애발생의 예방·장애인에 대한 보호사상을 앙양하기 위하여 국민에 대한 홍보와 교육사업을 펴나가도록 하고 있다. 국민 또한 장애발생의 예방, 장애의 조기발견에 노력하여야 하며, 장애인의 인격을 존중하고 사회통합의 이념에 기초하여 장애인복지증진에 협력하여야 한다.

이 법은 목적규정에서 밝힌 바와 같이 이미 장애가 발생한 자의 재활·보호뿐만 아니라 장애의 발생을 예방하는 데에 관심을 두고 그 방지에 노력하도록 한 점에 특징이 있다.

3) 장애인복지조치

(1) 장애인복지조사위원회

장애인복지종합정책을 수립하고 관계부처간의 의견을 조정하며 그 정책의 이행을 감독하고 평가하기 위하여 국무총리 소속하에 장애인 복지조정위원회를 둔다. 위원회는 위원장과 부위원장 각 1인을 포함한 25인 이내의 위원으로 구성한다. 위원장은 국무총리가 되고, 부위원장은 보건복지부장관이 되며, 위원은 당연직위원과 위촉위원으로 한다. 위원회는 다음의 사항을 심의·조정한다.

① 장애인복지정책의 기본방향에 관한 사항
② 장애인복지증진을 위한 제도개선과 예산지원에 관한 사항
③ 중요한 특수교육정책의 조정에 관한 사항
④ 중요한 장애인 고용촉진정책의 조정에 관한 사항
⑤ 장애인복지에 관한 관련부처의 협조사항

국민의 장애인에 대한 이해를 깊게 하고, 장애인의 재활의욕을 고취하기 위하여 매년 4월 20일을 "장애인의 날"로 하고 장애인의 날부터 1주간을 장애인 주간으로 한다. 국가와 지방자치단체는 장애인의 날 취지에 적합한 행사 등 사업을 실시하도록 노력하여야 하며, 이 법의 목적을 달성하기 위하여 필요한 법제상 및 재정상의 조치를 강구하여야 한다.

(2) 장애인복지 기본시책의 강구

① 장애발생예방 및 재활치료

국가와 지방자치단체는 장애의 발생원인과 그 예방에 관한 조사연구를 촉진하여야 하며, 모자보건사업의 강화, 장애의 원인이 되는 질병의 조기발견과 조기치료의 추진 기타 필요한 시책을 강구하여야 하며, 교통사고, 산업재해, 약물중독 및 환경오염 등에 의한 장애발생을 예방하기 위하여 필요한 조치를 강구하여야 한다.

또 장애인이 생활기능을 습득 또는 회복할 수 있도록 필요한 기능치료, 심리치료 등 재활의료를 제공하고 장애인의 장애를 보완하기 위하여 재활보조기구의 제공 등 필요한 시책을 강구하여야 하며, 장애인이 재활치료 후 일상생활 또는 사회생활을 원활히 할 수 있도록 사회적응훈련을 실시하여야 한다.

② 장애인 교육

국가와 지방자치단체는 사회통합의 이념에 따라 장애인이 그 연령, 능력, 장애의 종별 및 정도에 따른 충분한 교육을 받을 수 있도록 교육의 내용과 방법의 개선 등 필요한 시책을 강구하여야 하고, 장애인의 교육에 관한 조사·연구를 촉진하여야 하며, 장애인에게 전문적 진로교육을 실시하는 제도를 강구하여야 한다.

각급 학교의 장은 교육을 필요로 하는 장애인이 당해 학교에 입학하고자 하는 경우에는 장애를 이유로 입학의 지원을 거부하거나 입학시험 합격자의 입학을 거부하는 등의 불이익한 조치를 하여서는 안 되고, 모든 교육기관은 교육대상 장애인의 입학 및 수학 등에 있어서 장애의 종별 및 정도에 적합한 편의를 제공하기

위하여 시설의 정비 기타 필요한 조치를 강구하여야 한다.

③ 직업재활

국가와 지방자치단체는 장애인이 자신의 적성과 능력에 따라 적절한 직업에 종사할 수 있도록 하기 위하여 직업지도, 직업능력평가, 직업적응훈련, 직업훈련, 취업알선, 고용 및 취업 후 지도 등 필요한 시책을 강구하여야 하며, 장애인 직업재활훈련이 원활히 추진될 수 잇도록 장애인 적합 직종 및 재활사업에 관한 조사·연구를 촉진하여야 한다.

④ 편의시설

국가와 지방자치단체는 장애인이 원활하게 정보에 접근하고 그 의사를 표시할 수 있도록 하기 위하여 전기통신 및 방송시설 등을 개선하도록 노력하여야 하며, 방송국의 장 등 민간사업자에 대하여는 뉴스, 국가적 주요사항의 중계, 즉 보도방송, 선거방송, 각종 기념일행사의 중계방송에서는 청각장애인을 위한 수화 또는 폐쇄자막 등을 방영하도록 요청할 수 있다.

또 장애인이 공공시설 및 교통수단 등을 안전하고 편리하게 이용할 수 있도록 편의시설의 설치와 운영에 관하여 필요한 시책을 강구하여야 하며, 추락사고 등 장애로 인하여 추가로 발생될 수 있는 안전사고와 비상재해 등에 대비하여 시각, 청각 및 이동에 불편을 겪는 장애인을 위하여 피난로(避難路) 확보, 점자, 음성 및 문자 안내판의 설치, 긴급통보시스템 등 장애인의 특성을 배려한 안전대책 등 필요한 조치를 강구하여야 한다.

또 공공주택 등 주택을 건설할 경우에는 장애인에게 우선 분양 또는 임대할 수 있도록 노력하여야 하며, 주택의 구입자금, 임차자금 또는 개·보수비용의 지원 등 장애인의 일상생활에 적합한 주택의 보급·개선에 필요한 시책을 강구하여야 한다.

(3) 장애인상담위원

① 자 격

장애인의 복지증진을 위한 상담 및 지원업무를 담당하게 하기 위하여 시·군·구(서울특별시 및 광역시에 한한다)에 장애인복지상담원을 둔다. 장애인의 복지 등에 대한 책임은 국가가 진다고 하였지만 구체적으로 그 책임을 수행하기 위하여 필요한 장애인의 실태파악이라든가 상담·복지시설에의 입소나 재활사업에 대한 지도 등을 담당할 요원이 필요한 것이다.

그리하여 그러한 임무를 맡을 요원으로서 시·군·구에 장애인복지상담원을 두도록 하였다. 장애인복지상담원은 그 업무를 행함에 있어 개인의 인격을 존중하고 업무상 알게 된 개인의 신상에 대한 비밀을 누설하여서는 안 된다.

상담원은 다음에 해당하는 자중에서 시장·군수·구청장이 지방공무원으로 임용한다.

㉠ 사회복지사업법시행령 별표 1의 2의 규정에 의한 사회복지사 3급 이상의 자격증을 가진 자

㉡ 초·중등교육법 제21조의 규정에 의한 특수학교의 교사자격증 소지자

㉢ 국가 또는 지방자치단체의 사회복지에 관한 행정에 5년 이상 근무한 경력이 있는 자나 장애인복지단체에서 5년 이상 종사한 자

시장·군수·구청장은 당해 지방자치단체의 인력운영상 부득이한 경우에는 소속 공무원 중 사회복지사업법시행령 제7조의 규정에 의하여 임용한 사회복지전담공무원으로 하여금 상담원의 직무를 수행하게 할 수 있다.

② 직 무

- 장애인과 그 가족 또는 관계인에 대한 상담 및 지도
- 장애인에 대한 진단·진료 또는 보건 등에 관한 지도와 관계전문기관에 대한 진단·진료 또는 보건지도 등의 의뢰
- 장애인복지시설에 대한 장애인의 입소·통원 또는 그 이용의 알선
- 장애인에 대한 재활보조기구의 교부와 사용·수리 등에 관한 지도
- 장애인에 대한 직업훈련·취업알선과 이에 관한 관계전문가에 대한 의뢰
- 장애인을 위한 지역사회자원의 개발·조직·활용 및 알선
- 장애인복지시설 또는 장애인에 관한 조사 및 지도
- 기타 장애인의 복지증진에 관한 사항

③ 보 수

장애인복지상담원에 대하여는 예산의 범위 안에서 지방공무원 중 일반직 8급 공무원에 상당하는 보수(기말수당·정근수당·직무수당 기타 수당을 포함한다)를 지급한다.

(4) 복지조치

① 지도개발

국가와 지방자치단체는 질병이나 사고 기타 원인에 의한 장애의 발생의 예방 및 장애인의 조기발견에 대한 국민의 관심을 높이고 심신장애인에 대한 원호사상을 보급하기 위하여 국민을 지도계발 하여야 한다.

첫째, 장애의 발생을 예방하도록 지도계발을 하여야 한다. 즉 교통사고·산업재해사고 등 각종 사고를 방지하고 위험과 재난을 예방하며, 영양·보건관리·유행성 질병예방 등에 관한 지식을 보급하는 등 장애의 발생을 원천적으로 막을 수 있도록 지도계발을 하여야 한다.

둘째, 장애의 조기발견에 대한 지도계발을 하여야 한다. 장애의 발생은 선천적인 것보다는 후천적인 것이 훨씬 많고 후천적인 경우에도 사고에 의한 것 외에는 대체로 6세 이전에 발생되고 있으므로 3세 미만의 아동에 대한 건강진단 등을 실시하여 조기발견에 힘쓰도록 홍보·교육함으로써 조기발견에 의한 조기치료가 가능하도록 하여야 한다.

셋째, 장애인에 대한 원호사상을 보급하여야 한다. 차별이나 편견을 없애도록 하고 가능한 한 자진하여 장애인편의시설을 설치하도록 하며 고용촉진과 장애인의 자립을 위한 환경조건을 개선하도록 홍보·교육 등을 하여야 한다.

예방대책은 장애인복지대책에 있어서 중요한 위치를 차지하고 있는 것으로 장애의 조기발견까지도 포괄하는 문제발생 방지를 위한 선전대책이 오늘날 산업화·도시화의 영향으로 후천적 장애의 발생이 크게 늘어나고 있음에 다라 더욱 요청되고 있다. 그런데 우리나라의 경우, 장애발생의 예방의식이나 사업체제가 미약한 형편이며, 또한 복지대책의 대상이 되는 장애인의 정확한 수, 장애인의 출현률 등 장애인에 관한 구체적 실태파악이 안되어 있다. 이는 지금까지 장애인의 수를 정확히 파악할 수 있는 제도적 조처가 없었던 이유도 있지만, 우리나라에서는 전통적으로 집안에 불구자가 있으면 수치로 생각하여 되도록 이를 감추려 하기 때문에 장애인의 수가 제대로 파악되지 않았기 때문이기도 하다.

② 관계행정기관의 조사

보건복지부장관은 이 법의 적절한 시행을 위하여 장애인의 실태조사를 5년마다 실시하며, 필요할 때에는 임시조사를 실시할 수 있다. 장애인의 실태조사는 전수조사 또는 표본조사로 실시하되, 전수조사는 시·도지사가, 표본조사는 보건복지부장관이 전문기관에 의뢰하여 실시한다. 실태조사 할 사항은 다음과 같다.

- 성별·연령·학력·가족상황 등 장애인의 일반특성에 관한 사항
- 장애유형, 장애정도 및 장애발생원인 등 장애특성에 관한 사항
- 취업, 직업훈련, 소득 및 소비, 주거 등 경제 상태에 관한 사항
- 재활보조기구사용, 복지시설이용, 재활서비스 및 편의시설 설치요구 등 복지요구에 관한 사항

- 장애수당, 재활보조기구교부 및 장애인등록제도 등 복지지원 상황에 관한 사항
- 여가 및 사회활동 등 사회참여상황에 관한 사항
- 생활만족도 및 생활환경에 대한 태도 등 장애인의 의식에 관한 사항

③ 장애인 등록

장애인, 그 법정대리인, 장애인을 보호하고 있는 장애인복지시설의 장, 기타 장애인을 사실상 보호하고 있는 자는 장애상태 등을 시장·군수에게 등록하여야 하며, 등록한 장애인의 장애상태의 변화에 따른 장애등급의 조정을 위하여 장애진단을 명하는 등 필요한 조치를 할 수 있다.

2007년 장애인실태조사 결과, 우리나라 장애인수는 전체인구의 4.1%인 약 200만 명으로 추정되고, 장애인가구의 월평균소득은 약 100만원으로서 도시근로자가구소득 약 233만원의 46.4% 수준에 불과하며, 장애치료, 재활서비스, 교통수단이용, 특수교육 등으로 월평균 약 16만원의 추가비용을 부담하고 있어 장애가 빈곤의 주요원인이 되고 있다.

④ 재활상담 및 입소 등의 조치

보건복지부장관·서울특별시장·광역시장·도지사 또는 시장·군수(이하 "장애인복지실시기관"이라 한다)는 장애인에 대한 검진 및 재활상담을 실시하고 필요하다고, 인정할 때에는 다음의 조치를 하여야 한다.

㉮ 국·공립병원, 보건소, 보건지소, 기타 의료기관에 의뢰하여 의료 또는 보건지도를 받게 하는 것

의료재활 면에서 국·공립병원, 보건소, 기타 의료기관에서 재활치료 도는 건강지도를 받게 하고 필요한 경우에는 그에 따른 비용의 전부 또는 일부를 국가와 지방자치단체가 부담하도록 하였다.

복지실시기관이 의료기관에 의뢰하여 받게 하는 의료의 범위로는 ㉠ 진찰, ㉡ 약제 또는 치료재료의 지급, ㉢ 처치·수술 기타의 치료, ㉣ 의료시설에의 수용, ㉤ 간호, ㉥ 이송 등으로 의료 또는 보건지도를 의뢰받은 의료기관은 그 의료 또는 보건지도에 적극 협력하여야 하며, 재활의료의 기간은 6月 이내로 한다.

① 재활의료취급기관의 지정 : 보건복지부장관은 재활의료사업을 원활하게 수행하기 위하여 필요할 때에는 의료기관의 동의를 얻어 장애인의 재활의료를 담당할 기관(이하 "재활의료취급기관"이라 한다)을 지정할 수 있다. 다만,

국·공립병원, 보건소, 보건지소 및 사회복지법인이 설립한 의료기관은 이 令에 의한 재활의료취급기관으로 지정된 것으로 본다.

② 재활의료대상자 : 재활의료의 대상이 되는 장애인은 복지시설기관이 검진 및 재활상담을 실시하고 당해 장애상태의 개선을 위하여 의료가 필요하다고 인정하는 자 또는 보장구의 착용을 위하여 의료가 필요하다고 인정하는 자로 한다. 다만, 그 의료가 의료급여법, 의료보험법, 산업재해보상보험법, 군사원호보상법, 기타 다른 법률에 의한 급여에 해당하는 경우에는 재활의료의 대상자로 하지 아니한다. 재활의료를 받고자 하는 장애인, 그 가족 또는 법정대리인은 복지실시기관에 대하여 재활의료의 대상자로 인정하여 줄 것을 신청할 수 있다.

장애인·그 가족 또는 법정대리인이 복지실시기관에 대하여 재활의료대상자로 인정하여 줄 것을 신청하고자 할 때에는 당해 장애인의 성명·주민등록번호·주소·성별·장애명 등을 기재한 재활의료대상자인정신청서를 복지실시기관에 제출하여야 한다.

③ 재활의료대상자의 검진 : 복지실시기관은 신청을 받은 때에는 지체 없이 재활의료 취급기관에 당해 장애인의 검진을 의뢰하여야 한다.

④ 재활의료 의뢰 : 복지실시기관은 검진소견서를 검토한 결과 재활의료대상자로 인정되는 자에 대하여는 재활의료의뢰서를 교부하여야 한다.

⑤ 재활의료의 절차 : 재활의료대상자로 인정받은 자가 재활의료를 받고자 할 때에는 재활의료의뢰서와 주민등록증 또는 본인임을 증명할 수 있는 서류를 재활의료취급기관에 제시하여야 한다. 복지실시기관은 재활의료의 대상자를 선정함에 있어서 예산상 부득이하다고 인정될 때에는 그 수를 제한할 수 있다.

⑥ 재활의료와 의료비용 산정의 기준 : 재활의료취급기관의 재활의료와 그 의료비용은 의료보험법의 규정에 의한 요양급여기준 및 요양급여비용의 산정기준에 의하되, 동 기준을 적용할 수 없거나, 동 기준을 적용하는 것이 적당하지 아니하다고 인정될 때에는 보건복지부장관이 따로 정하는 재활의료와 그 의료비용 산정의 기준에 의한다.

⑦ 진료비의 청구 등 : 재활의료취급기관은 재활의료를 마친 때에는 재활의료비 청구서를 재활의료를 의뢰한 복지실시기관에 제출하여야 한다. 복지실시기관은 위의 청구서를 받은 때에는 1월 이내에 이를 심사하여 재활의료비

를 지급하여야 한다. 복지실시기관은 위의 심사·지급을 위하여 필요하다고 인정될 때에는 그 심사를 전문기관에 의뢰할 수 있다.

⑧ 재활의료취급기관의 지정취소 : 보건복지부장관은 지정된 재활의료취급기관이 이 슈에 위반하거나, 장애인의 재활의료를 담당하기 곤란하다고 인정되는 사유가 있는 때에는 그 지정을 취소할 수 있다. 보건복지부장관은 재활의료취급기관의 지정을 취소하고자 할 때에는 당해 기관에 대하여 변명의 기회를 주어야 한다. 재활의료취급기관은 지정을 면하고자 할 때에는 60일 이상의 예고기간을 정하여 보건복지부장관에게 미리 통보하고 이를 면할 수 있다.

㉯ 국가 또는 지방자치단체가 설치한 장애인복지시설에서 주거편의, 상담, 치료, 훈련 등의 필요한 서비스를 받도록 하는 것

㉰ 사회복지법인 기타 비영리법인이 설치한 장애인복지시설에 위탁하여 그 시설에서 주거편의, 상담, 치료, 훈련 등의 필요한 서비스를 받도록 하는 것

① 복지실시기관은 장애인을 장애인복지시설에 입소·통원하게 하거나 그 시설을 이용하게 하고자 할 때에는 입소·통원의뢰서에 의하여 그 시설의 長에게 위탁하여 한다.

② 복지실시기관은 재활상담을 함에 있어서 필요하다고 인정할 때에는 장애인복지상담원으로 하여금 당해 장애인의 가정, 그가 입소·통원·이용하고 있는 시설이나 의료기관을 방문하여 상담에 응하게 하거나 필요한 지도를 하게 할 수 있다.

㉱ 공공직업능력개발훈련시설 또는 사업장내 직업훈련시설이 행하는 직업훈련 또는 취업알선을 필요로 하는 자에 대하여 관련시설 또는 직업안정업무기관에 소개하는 것

장애인복지실시기관은 재활상담을 함에 있어서 필요하다고 인정할 때에는 장애인복지상담원으로 하여금 당해 장애인의 가정, 장애인이 주거편의, 상담, 치료훈련 등의 필요한 서비스를 제공받는 시설이나 의료기관을 방문하여 상담에 응하게 하거나 필요한 지도를 하게 할 수 있다.

(5) 직업재활 서비스

장애인복지의 궁극적인 목표는 모든 장애인이 가지능력을 최대한 개발하여 적성에 알맞은 직업을 가지고 사회적·경제적 활동에 참여하여 자립·자활을 도모하

는 것이라 할 수 있다. 장애인의 고용촉진을 위해서는 장애유형과 장애정도에 적절한 직업훈련의 실시와 취업직종의 개발이 선행되어야 할 것이다.

이를 위하여 근로시설과 보호작업장을 증설하여 근로기회를 확대하고, 취업에 필요한 기능을 습득하도록 직업훈련을 실시하는 한편, 취업알선과 의무고용제도를 실시하여 장애인의 직업재활을 도모하고 있다.

① 직업훈련 및 취업기회 제공

장애인종합복지관 등 이용시설과 장애인재활시설의 직업훈련 및 장비를 보강하여 장애인직업훈련을 대폭 강화하는 한편, 일반기업에 취업이 어려운 장애인들에게 적성직종의 기능을 습득시켜 자립할 수 있는 일터를 마련해 주기 위해 2007년 말 현재 15개소의 장애인 근로작업시설을 운영 지원하고 장애인재활시설, 장애인종합복지관, 사회복지관 등에 장애인 보호작업시설(160개소) 등을 부설·운영하도록 지원하여 시설입소 장애인은 물론 재가 장애인 등 6,041명의 근로 장애인이 종사하고 있다.

1990년도에 장애인고용촉진공단 및 장애인전용직업훈련원(경기도 일산, 7개 공과, 교육인원 210명)을 건립·개원함으로써 체계적인 장애인 직업훈련을 실시하게 되었다.

② 장애인 의무고용제 시행

장애인고용촉진등에관한법률에 따라 상시 사용하는 고용인이 300인 이상인 사업체에 대하여는 2% 이상의 장애인을 의무적으로 고용하도록 하는 장애인 의무고용제가 실시되고 있으며 국가 및 지방자치단체는 공개채용공무원의 2% 이상에 해당하는 장애인이 채용될 수 있도록 의무화하고 있다.

이에 따라 2002년 말 현재 중앙 및 지방행정기관에 장애인공무원 4,086명과 정부 투자기관에 1,816명, 일반사업장에 17,846명 등 총 23,742명이 취업하고 있다.

또한 노동부에서는 장애인을 고용하는 사업주에 대하여는 고용에 따른 장애인용 자립작업장을 갖추거나 기숙사를 신·증축하는 데 필요한 자금을 무상대여 또는 장기 저리로 융자하고 있으며 장애인에 대하여는 차량구입비를 융자하고 있다.

③ 장애인 직업재활시설 확충 및 직업훈련기능 강화

장애정도가 심하여 일반기업에 취업이 어려운 장애인들의 기능훈련과 자립을 위하여 장애인직업재활시설을 확충하는 한편 2000년부터 기존의 장애인재활시설에 부설 운영 중인 장애인 보호작업장을 규모와 시설기준에 따라 장애인근로시설과 장애인 보호작업시설 등 별개의 시설로 분류·정비하여 그 운영을 활성화하고 장애인재활시설에 훈련장비와 시설을 보강하여 장애인들의 직업훈련 기능을 강화한다.

④ 장애인 재활정보 제고

정보화사회에서는 비장애인들은 언론매체, 컴퓨터 등 다양한 경로를 통하여 정보에 접근하고 있으나 장애인들은 지체, 시각, 청각장애 등으로 정보접근에 소외되어 왔다. 이러한 장애인의 정보접근 기회를 보장하고자 1991년부터 한국장애인재활협회를 통하여 장애인재활통신인 "곰두리통신망"을 운영하고 있다.

이 통신망은 일반 공중망을 통하여 장애인 및 장애인 가족, 재활종사자들에게 각종 정보를 주고받고 검색하며, 장애인재활을 지원하기 위한 전문상담과 장애인의 고등교육, 종사자교육, 재활기관 종사자들의 상호협력을 위한 동호회서비스 등을 컴퓨터통신과 전화자동응답 서비스로 24시간 무료로 제공되고 있다.

4) 재활보조기구

재활보조기구라 함은 장애인이 장애의 예방과 보완 및 기능의 향상을 위하여 사용하는 의지·보조기 기타 보건복지부장관이 정하는 보장구와 일상생활이 편의 증진을 위하여 사용하는 생활용품을 말한다. 보건복지부장관은 재활보조기구의 품질향상 등을 위하여 재활보조기구의 품목을 고시할 수 있으며, 필요한 경우에는 그 기준·규격을 정하여 고시할 수 있다.

복지실시기관은 생활이 곤란한 장애인으로부터 신청이 있을 때에는 예산의 범위 안에서 재활보조기구를 보조·대여 또는 수리하거나, 재활보조기구의 구입 또는 수리에 필요한 비용을 지급할 수 있다.

신체재활을 위하여 장애인이 필요로 하는 의수족·휠체어·보청기 등 보장구를 널리 개발, 보급을 촉진하기 위하여 재활보조기구를 생산하는 업체에 대한 생산장려금의 지급, 기술지원 등 필요한 조치를 강구하고 있으며, 재활보조기구업체 중 우수업체를 지정하여 자금을 융자 또는 보조하고 있다.

1980년부터 저소득장애인의 생활능력 향상을 위해 의지·보조기·휠체어 등을 지원해 오던 보장구 교부사업도 1997년부터 일부품목에 대해 의료급여가 실시된 이후 매년 급여품목이 확대됨에 따라 1999년 10월부터는 일상생활의 편의증진 도모를 위하여 청각장애인용TV자막수신기와 시각장애인용 음성손목시계를 교부하고 있다.

국민기초생활보장대상 및 차상위 저소득계층의 장애인에게 의수족·휠체어·보조기 등을 1990년 1월 1일부터 지원해 오고 있는데, 2007년도에는 1만 3천명에게 36억 원의 예산으로 필요한 재활보조기구를 무료지원 하였다.

5) 장애인 소득보장과 생활안정지원

장애인들이 일상생활을 영위함에 있어서 필요한 소득을 보충시켜 주거나 금전적 지출을 감면해 줌으로써 장애인의 생활안정을 도모하기 위하여 1989년부터 장애인의 소득보장을 위한 생업지원을 제도화하였다.

(1) 경제적 부담의 경감

국가·지방자치단체·정부투자기관, 지방공사·지방공단은 장애인 및 장애인을 부양하는 사람의 경제적 부담경감을 도모하고 장애인의 자립촉진을 위하여 세제상의 조치, 공공시설이용료의 감면 등 필요한 시책을 강구하고 있다.

즉 도시철도, 공영버스, 고궁, 능원, 국·공립박물관 및 능원, 국·공립공원 등의 이용시는 무료로 이용할 수 있게 하고 철도, 국·공립공연장, 공공체육시설의 이용시는 50% 감면혜택을 주고 있다.

(2) 장애수당의 지급

다른 사람의 도움이 없이는 일상생활을 영위하기 어려운 저소득 중증·중복장애인의 생계안정을 위하여 1990년도부터 월 2만원씩 지급하던 장애수당을 2001년에는 9만2,000명에게 월 4만 5천원씩 지급하고 있으며 연차적으로 그 지급 대상을 확대하고 지급액도 상향조정해 나가고 있다.

(3) 장애인 자녀교육비 지원

장애인복지실시기관은 경제적 부담능력 등을 감안하여 장애인이 부양하는 자녀 또는 장애인인 자녀의 교육비를 지급하고 있는데, 생활수급권자는 아니나 일정규모 이하의 재산, 저소득장애인가구의 자녀에 대한 교육비를 1992년부터 지원하여 빈곤의 세습방지와 균등한 교육기회를 보장하여 장애인 가구의 생활안정을 도모하고 있다. 특히 1994년까지는 중학생, 1995년에는 실업고교까지, 1996년도에는 인문고교생 중 성적상위 30% 학생까지, 1997년부터는 인문고교생 전원에게까지 확대하여 입학금 및 수업료 전액을 지원하고 있다.

(4) 장애인 의료비 지원

복지실시기관은 의료비의 부담이 곤란하다고 인정되는 장애인에 대하여 장애정도, 경제적 부담능력 등을 고려하여 장애의 정도에 따라 의료에 소요되는 비용을 지급하고 있는데, 의료급여법에 의한 2종보호대상자인 장애인에 대하여 1차진료기관에서 처방전교부 시 본인부담금 1,000원 중 750원을, 처방전을 교부하지 않고 진료하거나 약사법에 의하여 의약품을 직접 제조하는 경우 본인부담금 1,500원 중 750원을 지원하며, 2, 3차 진료기관 및 국·공립결핵병원 진료시 의료보호수가 적용 본인부담진료비 20% 전액을 지원하여 의료비부담을 덜어주고 있다.

(5) 장애인 사용 자동차 등에 대한 지원

복지실시기관은 장애인이 이동수단인 자동차 등을 사용하는데 있어서 편의도모와 경제적 부담경감을 위하여 조세감면 등 필요한 지원시책을 강구하여야 하며, 장애인의 자동차 등 이용과 관련된 지원의 편의도모를 위하여 장애인이 사용하는 자동차 등임을 식별하는 표지를 발급하여야 한다.

(6) 장애인 보조견(犬)의 훈련·보급지원

복지실시기관은 장애인의 복지증진을 위하여 장애인을 보조하는데 필요한 장애인 보조견의 훈련·보급을 지원하는 방안을 강구하여야 하고, 장애인보조견표지를 발급하여야 한다.

누구든지 보조견 표지를 부착한 장애인 보조견을 동반한 장애인이 대중교통수단에 탑승하거나 공공장소 및 숙박시설, 식품접객업소 등 여러 사람이 다니거나 모이는 곳에 출입하고자 하는 때에는 정당한 사유가 없는 한 이를 거부하여서는 안 된다.

(7) 장애인 자립자금 대여

복지실시기관은 장애인에 대하여 사업의 개시, 필요한 지식·기능의 습득 등을 지원하기 위하여 자금을 대여할 수 있다. 자금대여의 종류는 다음과 같다.

- 생업자금 및 장애인사용자동차 구입비
- 취업에 필요한 지도 및 기술훈련비
- 기능회복훈련에 필요한 재활보조기구 구입비
- 사무보조기기 구입비

(8) 생업지원

복지실시기관 기타 공공단체는 소관 공공시설 내에 식료품, 사무용품, 신문 등 일상생활용품의 판매를 위한 매점이나 자동판매기의 설치를 허가 또는 위탁할 때에는 장애인의 신청이 있는 경우, 또는 담배소매인 지정신청을 한 경우나 국내 우표류 판매업 등을 우선적으로 반영·지정 또는 계약할 수 있도록 노력하여야 한다. 이 경우 국가 등은 이를 허가하기 위하여 소관 행정재산 또는 보존재산의 사용·수익의 허가를 하고자 하는 경우에는 수의계약의 방법으로 사용·수익자를 결정할 수 있다.

(9) 생필품의 구매

국가 등은 그 소요물품 중 보건복지부장관이 정한 품목 및 물량의 범위 안에서 매년 그 품목과 물량을 정하여 장애인복지단체 등에 생산을 의뢰하여야 하며, 동 물품의 구매요구가 있을 경우에는 수의계약으르 우선적으로 구매하여야 한다.

보건복지부장관은 장애인복지단체로부터 구대하여야 할 물품의 품목 및 물량을 정하여 매년 고시하여야 하는데, 그 품목 등은 행정봉투, 복사용지, 재생화장지, 칫솔, 면장갑, 쓰레기분리수거용 합성수지봉투 등이다.

6) 고용의 촉진

장애인고용촉진및직업재활법(2000. 1. 12)에 의하면 장애인이 그 능력에 맞는 직업생활을 통하여 인간다운 생활을 할 수 있도록 장애인의 고용촉진과 직업재활 및 직업안정을 도모할 수 있도록 하여야 한다.

따라서 국가와 지방자치단체는 장애인의고용에 관하여 사업주 및 국민일반의 이해를 높이기 위하여 교육·홍보 및 장애인고용촉진운동을 추진하고, 사업주·장애인 기타 관계자에 대한 지원과 장애인의 특성을 고려한 직업재활의 조치를 강구하여야 하며, 기타 장애인의 고용촉진 및 직업안정을 도모하기 위하여 필요한 시책을 종합적이고 효과적으로 추진하여야 한다.

사업주 또한 장애인의 고용에 관한 정부의 시책에 협조하여야 하며, 장애인이 가진 능력을 정당하게 평가하여 고용의 기회를 제공함과 동시에 적정한 고용관리를 행할 의무를 지며, 근로자가 장애인이라는 이유로 채용·승진·전보 및 교육훈련 등 인사관리상의차별대우를 하여서는 안 된다. 장애인인 근로자도 직업인으로서의 자각을 가지고 스스로의 능력의 개발 및 향상을 도모하여 유능한 직업인으로서 자립하도록 노력하여야 한다.

국가 또는 지방자치단체는 장애인의 고용을 촉진하기 위하여 다음의 사업을 실시하여야 한다.

첫째, 장애인에게 적합한 직종을 개발하고 이를 보급하여야 한다. 그 직종으로서는 전자기기조립·시계수리·양재·건축제도·목공예 등 비교적 비활동적인 직종이 이에 해당할 것이다.

둘째, 장애인에 대한 적정검사를 실시하고 직업지도를 하여야 한다. 적성검사는 장애의 정도와 종류에 따라 그에 맞는 직업적성을 평가하여야 할 것이며 직업지도는 적성에 맞는 직업을 선택하도록 지도하는 것을 뜻한다.

셋째, 작업환경 또는 기능에 적응할 수 있도록 하기 위한 훈련을 실시하여야 한다. 그 훈련에는 생활훈련·감각훈련·직능훈련 등이 포함된다.

국가와 지방자치단체에서 경영하는 사업에 장애인의 능력과 적성에 따라 이들을 고용하도록 하여야 하며 장애인에게 적당한 직종에 해당하는 사업을 경영하는 사람에게 그 능력과 적성에 따라 이들을 고용하도록 권유할 수 있을 뿐만 아니라 장애인의 직업재활을 위하여 장애자에게 적합한 적성직종의 개발·보급을 도모하는 한편 장애인의 직업적응능력과 기능을 향상시키기 위하여 장애의 종류와 정도에 맞는 적성검사와 직업평가, 직업적응을 위한 생활훈련·감각훈련·직능훈련 등 적응훈련과 직업지도를 적극적으로 전개하도록 하고 있다.

장애인의 고용촉진을 위하여 국가 및 지방자치단체의 장은 장애인이 소속 공무원 정원의 100분의 2 이상 고용하여야 하며, 각 시험실시기관의장은 장애인이 신규채용인원의 100분의 2 이상 채용되도록 시험을 실시하여야 한다. 다만 재직 중인 장애인공무원의 수가 1만 명 미만인 경우에는 공개채용비율을 100분의 5로 한다. 이 경우 직무의 성격상 장애인의 근무가 부적합한 직무분야, 직종, 직급 등 예컨대 공안, 광공업, 농림수산, 교통, 정보통신, 특정직공무원 등에 대하여는 이를 적요하지 아니할 수 있다.

상시 300인 이상의 근로자를 고용하는 사업주는 그 근로자 총수의 100분의 2의 장애인을 고용하여야 한다. 의무고용율에 미달하는 장애인을 고용하는 사업주는 매년 노동부장관에게 장애인고용부담금을 납부하여야 한다. 부담금은 사업주가 의무고용율에 의하여 고용하여야 할 장애인 총수에서 매월 상시 고용하고 있는 장애인 수를 뺀 수에 부담기초액을 곱한 금액의 연간합계액으로 하되, 부담기초액은 이를 고시하는 당해연도의 최저임금액의 100분의 60 이상이어야 한다.

장애인의 취약한 경제활동을 사회연대의 이념 하에 보전하고 이들의 자립을 촉진하기 위하여 고용의 촉진과 생활지원을 위하여 직업재활사업을 하는 것 이외에 국가 또는 지방자치단체에서 경영하는 사업체는 장애인을 고용하고, 민간에 대하여도 장애인의 능력과 적성에 따라 이들의 고용을 권유할 수 있다.

7) 편의시설 설치의 조장

도로·공원·공공건물·교통시설·통신시설 기타 공중이 이용하는 시설을 설치하는 자는 장애인이 이를 편리하게 이용할 수 있는 시설이나 설비를 갖추도록 노력하여야 한다. 이와 같은 편의시설로서는 계단 대신 휠체어가 다닐 수 있는 통로를 만든다든가 도로의 횡단로에 맹인이 들을 수 있는 소리에 의한 신호기를 설치하는 것과 같은 시설을 들 수 있다.

이 법은 장애인의 사회적 통합에 필수적인 편의시설의 설치를 유도하도록 하고 있다. 장애인의 정상적인 생활을 위하여 공원·도로·교통통신시설·공공시설물 등에 장애인용 편의시설의 설치가 필요하다는 것은 전술한 바와 같다. 그러나 기존 시설에 편의시설을 설치하는 것이나 앞으로 만드는 시설에 이들 편의시설을 갖추는 일은 일제히 시설할 수 없다. 그러므로 이 法은 장애인을 포함한 공중이 이용하는 시설의 설치자가 장애인용 편의시설을 갖추도록 주의를 환기하고 이를 위하여 노력하도록 함으로써 앞으로 편의시설의 확충을 꾀하고 있다.

또 이 법은 장애인복지시설의 종류를 다양하게 규정하고 시설내의 사업도 다양화·전문화하도록 꾀하고 있다. 종래 장애인복지시설은 사회복지사업법에 의한 사회복지시설로 법제화하고 있으며 그것도 장애종류와 정도별로 구분하고 시각장애자를 위한 점자도서관과 점자출판시설도 장애인복지시설로 간주하고 있다.

장애인복지시설은 그 종류 이외에 사업의 내용과 대상 면에서도 종래의 사회복지시설과는 성격을 달리하고 있다. 즉, 사업내용 면에서 종래 사회복지시설이 장애인을 단순수용 하였던 형태를 벗어나 장애인의 재활사업에 치중하도록 하였으며, 수용시설 뿐만 아니라 재가 장애인이 시설에 통원하거나 시설을 이용할 수 있도록 하고, 시설 내에서의 재활치료, 직업훈련을 행하도록 하고 있다.

특히, 장애인복지시설의 한 종류로 장애인근로시설을 설치하여 장애인으로서 취업이 곤란하거나 생활이 어려운 자를 입소·통원시켜 필요한 훈련을 행할 뿐만 아니라 복지공장형태로 그 시설 내에서 직업에 종사할 수 있도록 하고 있다. 장애인복지공장은 장애인의 일반공장취업이 어려운 경우 선진국에서 유행하고 있는 것인데 우리나라에서도 이를 법적으로 제도화한 것이다.

장애인복지법은 장애인복지시설의 이용대상도 종래 생활보호대상자에 국한하던 형태에서 벗어나 모든 계층의 장애인을 그 이용대상으로 하고 있으며 다라서 중간계층 이상의 장애인이 시설에 수용되거나 시설을 이용할 때에는 이들로부터 일정한 기준에 따른 실비를 징수하는 것도 제도화하고 있다. 장애인복지시설이 그 이용자로부터 비용을 징수하든 하지 아니하든 간에 시설의 설치와 운영을 원활하게 하기 위하여 국가가 지방자치단체가 이를 지원하도록 하고 있다.

8) 장애인복지시설

장애인복지시설이라 함은 장애인이 시설에 입소하거나 통원하여 재활에 필요한 상담·치료·교육·훈련 및 요양 등의 장애인복지서비스를 제공받을 수 있는 사회복지시설을 말한다.

2002년 말 현재 전국 535개의 시설이 운영되고 있으며, 그동안 지속적인 시설 확충과 의료 및 직업재활장비의 보강을 통하여 장애인 재활기능을 크게 확충하고 전문화하였다.

(1) 장애인복지시설의 종류

① **장애인생활시설** : 장애인이 필요한 기간 생활하면서 재활에 필요한 상담·치료·훈련 등의 서비스를 받아 사회복귀를 준비하거나 장애로 인하여 장기간 요양하는 시설

② **장애인지역사회재활시설** : 장애인복지관, 의료재활시설, 체육시설, 수련시설, 공동생활가정 등 장애인에게 전문적인 상담·치료·훈련 등을 제공하거나 여가활동 및 사회참여활동 등에 필요한 편의를 제공하는 시설

③ **장애인직업재활시설** : 일반 공용이 어려운 장애인이 특별히 준비된 직업환경에서 직업훈련을 받거나 직업생활을 영위할 수 있도록 하는 시설

④ **장애인유료복지시설** : 장애인이 필요한 치료·상담·훈련 등 편의를 제공받고 이에 소요되는 일체의 비용을 시설운영자에게 납부하여 운영하는 시설

(2) 장애인복지시설의 설치

국가 또는 지방자치단체는 장애인복지시설을 설치할 수 있으며, 사회복지법인

기타 비영리법인은 시·도지사에게 신고하여 장애인복지시설을 설치할 수 있다.

장애인복지시설을 설치·운영하기 위하여 관계기관에 신고를 한 자는 지체 없이 시설운영을 개시하여야 하며, 시설운영을 중단 또는 재개하거나 시설을 폐지하고자 하는 때에는 미리 시장·군수에게 신고하여야 한다.

(3) 장애인복지시설의 운영 개선

그동안 장애인복지시설의 수적인 증가는 물론 시설기능의 보강 및 서비스 개선을 위해 부단한 노력을 경주하여 왔으나, 사회적 여건의 변화와 증대되고 있는 장애인 욕구에는 부응하지 못하고 있는 실정이다. 따라서 장애인복지시설의 효율적 운영과 전문적인 재활서비스 개선을 위하여 다음 조치들이 요망된다.

첫째, 장애인재활시설, 요양시설, 장애인이용시설 및 장애인근로시설을 증설하고 이들 시설운영비의 지원을 현실화하는 방안을 강구하여야 한다.

둘째, 장애인복지수용시설에서 최선의 재활서비스 제공을 위하여 장애종류별, 장애증세별(장애정도 또는 장애부위), 작업가능분양별로 구분하여 보호하고, 현재 법정기준에도 미달되게 배치되어 잇는 장애인복지시설의 재활전문인력(의사, 간호사, 물리치료사, 각종 치료사, 직업훈련교사, 보육사 등)과 관리직원(사무원, 영양사, 취사원, 세탁원 등)을 수용인원 규모에 따라 적정하게 확대 배치하여야 한다.

셋째, 사회복지시설종사자 처우개선을 위해 1990년도부터 근속호봉제를 시행하고 있으나 아직도 그 보수가 절대적으로 낮은 수준이므로 이들 시설종사자의 보수를 개선함과 아울러 보조원, 생활지도원 등의 직종은 교대근무가 이루어질 수 있도록 근무여건을 개선하여야 한다.

9) 비용부담 등

(1) 비용의 부담

종래에는 장애인복지시설의 이용대상도 생활보호대상자에 국한하던 형태에서 벗어나 모든 계층의 장애인을 그 이용대상으로 하고 있으며, 중간계층 이상의 장애인이 시설에 수용되거나 시설을 이용할 때에는 이들로부터 일정한 기준에 따른 설비의 비용을 징수한다.

장애인복지시설이 그 이용자로부터 비용의 징수여부에 관계없이 시설의 설치와 운영을 원활하게 하기 위하여 국가나 지방자치단체가 이를 지원하도록 하고 있다.

비용의 종류로서는 의료기관이나 장애인복지시설이용비용, 재활보조기구의 교부에 필요한 비용, 부양수당 지급에 필요한 비용, 장애인복지시설의 설치에 소요되는 비용 등이며 복지실시기관 또는 사회복지사업기금법에 의한 기금이 이를 부담한다.

(2) 비용의 수납

의료 등의 조치에 필요한 비용을 부담한 복지실시기관은 당해 장애인 또는 그 부양의무자로부터 그가 부담한 비용의 전부 또는 일부를 수납할 수 있다. 복지실시기관이 복지조치에 소요된 비용을 수납하고자 하는 때에는 당해 장애인 또는 그 부양의무자로부터 실비에 해당하는 금액을 수납하여야 한다. 다만, 당해 장애인이나 그 부양의무자가 국민기초생활보장법에 의한 수급자인 경우에는 그 금액을 경감하거나 수납하지 아니할 수 있다.

(3) 비용의 보조

국가 또는 지방자치단체는 장애인복지시설의 설치 또는 운영에 필요한 비용을 일부를 매년 예산의 범위 안에서 보조한다. 이 경우 장애인복지시설의 운영에 필요한 비용의 보조비율은 보조금의예산및관리에관한법률시행령이 정하는 바에 의한다.

국가 또는 지방자치단체가 장애인복지시설의 운영에 소요되는 비용을 보조하는 때에는 사회복지사업법의 규정에 의한 시설평가의 결과 등 당해 장애인복지시설의 운영실적을 고려하여 차등하여 보조할 수 있다.

10) 장애인 사회활동참여기반 조성

(1) 사회활동제약법령 개선

장애인복지는 장애인의 완전한 사회활동 참여와 평등을 궁극적인 목표로 하고 있는 바, 이를 위해서는 장애인의 참여를 제약하고 있는 제약법령의 철폐, 편의시설의 확충, 장애인에 대한 정상인들의 의식개선 등 제반 관련 요인들의 개선이 이루어져야 한다.

장애인의 경우 도로교통법 등 38개 제약법령으로 인하여 자격 등에 불이익을 받아 왔으나, 그간 35개 법령의 개정이 이루어졌고 나머지 제약법령에 대하여도 개정할 수 있도록 관련기관과 협의 중이다.

한편 1997년 4월 "장애인·노인·임산부등의편의증진보장에관한법률"을 제정하여 장애인 등의 사회활동을 제약하는 법령 등을 일소에 제거한 것도 편의시설을 조속히 확충하고자 하는 노력의 일환이다고 할 수 있다.

(2) 편의시설의 확충

1998년 4월부터 시행되고 있는 편의증진법의 주요내용을 보면 다음과 같다.

① 장애인등의 시설, 설비 및 정보에 대한 정보접근권 인정
② 편의시설을 설치하여야 하는 대상 시설의 범위
③ 시설주관기관의 편의시설 실태조사 및 편의시설 설치계획 수립·시행
④ 민간의 편의시설 설치지원을 위한 금융·기술지원 및 조세감면
⑤ 편의시설설치 촉진기금의 조성
⑥ 이 법 위반에 대한 벌금 또는 과태료 부과

(3) 국민의식의 개선

장애인의 완전한 사회활동 참여를 위해서는 장애인에 대한 일반인의 편견과 그릇된 인식이 개선되어야 한다. 이를 개선하기 위해 한국장애인복지체육회 등 장애인복지단체를 통하여 대국민 홍보활동을 적극 추진하고 있으며, 장애인의 날 행사, 장애인 체육대회, 장애인 재활용구전시회 등 행사를 통해 장애인에 대한 일반국민의 올바른 인식을 유도해 나아가고 있다.

특히 '88서울장애자올림픽'의 개최는 장애인에 대한 국민의 인식을 크게 개선시켰으며, 이로써 우리나라 장애인복지를 한 차원 올려놓는 계기가 되었다.

정부는 앞으로도 장애인 체육대회, 장애인 예술제 및 각종 전시회 등 행사를 통한 관련단체의 대국민 홍보활동도 지속적으로 추진한다는 방침을 수립하였다.

(4) 장애인 관련단체 육성

정부는 장애인의 재활의욕을 고취하고 장애인복지를 선도해 나아갈 수 있도록 각종 장애인복지 관련단체를 지원·육성하여 나아가고 있다.

장애인단체는 장애인의 여러 가지 서비스 욕구를 스스로 해결할 수 있는 자조노력을 다하고 장애인의 의견을 수렴하여 대안을 제시하는 등 그 역할이 더 한층 요구되고 있다.

1989년도에는 장애인의 체육활동을 통해 장애인의 재활을 도모하고자 한국장애인복지체육회(재단법인)가 설립되어 전국장애인체육대회 개최, 국제장애인경기대회 참가, 장애인체육연금 지급 등의 업무를 담당하고 있다.

Ⅵ. 한부모가족지원법

결손가정은 부 또는 모 중 한사람이 없고 그 자녀들만으로 구성된 가정을 말한다. 법에서는 이러한 가정을 모·부자복지법에서는 모·부자가정이라고 칭하다가 법명을 한부모가족지원법이라고 바꾸면서 한부모가족이라고 칭하게 되었다.

모·부자가정이 하나의 조직체계로서 존립하기 어려운 경우에는 보다 큰 사회조직체계를 통해서 보호를 받을 수 있게 하는 것이 우리가 지향하는 복지사회의 기능이며 과제인 것이다. 즉, 약화된 모·부자가족체계를 강화하기 위해서 모·부자가족시설체계를 확립하지 않으면 안 될 것이다.

모·부자 일체의 원칙, 위기해소와 예방, 자립기반확립 및 생존권보장, 생활조직체계의 강화 등을 위하여 모·부자복지사업이 활발하게 전개되어야 한다. 복잡한 현대의 산업사회에 접어들어 사별·유기·이혼 및 각종 사고 등으로 인하여 미망인 수가 증가하는 추세에 있으며, 이와 같이 모·부가 없는 모·부자가정에는 수입 감소에 따른 생계곤란, 모·부의 가사부담의 과중 및 자녀양육 등의 어려운 문제가 많이 발생할 수밖에 없는 실정이다. 이러한 과제들을 해결하기 위하여 1989년에 모자복지법이 제정되었고, 2003년에 모·부자복지법으로 전면 개정되었다가 결손가정과 그 자녀들에 대한 지원을 강화하기 위하여 한부모가족지원법(2008, 1, 18. 시행)으로 대체 입법하였다.

이 법은 한부모가정이 건강하고 문화적인 생활을 영위할 수 있게 함으로써 한부모가정의 생활안정과 복지증진에 기여함을 목적으로 한다.

국가 및 지방자치단체는 한부모가정의 복지를 증진할 책임이 있고, 일반 국민도 한부모가정의 복지증진에 협력하여야 하며, 한부모가정의 모와 부 또는 자는 그가 가지고 있는 자산과 노동능력 등을 최대한으로 활용하여 자립과 생활향상을 위하여 노력하여야 한다.

1. 용어의 정의 등

이 법에서 "母" 또는 "父"라 함은 다음에 해당하는 자로서 아동을 양육하는 자를 말한다.

① 배우자와 사별 또는 이혼하거나 배우자로부터 유기된 자

② 정신 또는 신체의 장애로 인하여 장기간 노동능력을 상실한 배우자를 가진 자
③ 미혼자(사실혼관계에 있는 자를 제외한다)
④ 배우자의 생사가 분명하지 아니한 자
⑤ 배우자 또는 배우자 가족과의 불화 등으로 인하여 가출한 자
⑥ 배우자의 해외거주·장기복역 등으로 인하여 부양을 받을 수 없는 자

또 "한부모가정"이라 함은 위에 해당하는 모 또는 부가 세대주(세대주가 아니더라도 세대원을 사실상 부양하는 자를 포함한다)인 가정을 말하고, "아동"이라 함은 위의 모에 의하여 양육되는 18세 미만(다만, 취학 시에는 22세 미만)의 자녀를 말한다.

보호대상자의 범위는 보건복지부장관이 매년 보호대상자의 최저생계비·소득수준 및 재산정도 등을 고려하여 보호의 종류별로 정하는 기준에 해당하는 한부모가정으로 하되, 시장·군수·구청장은 위의 규정에 의한 보호대상 한부모가정을 결정할 때에는 지방 한부모복지위원회의 심의를 거쳐야 한다. 다만, 일시적인 보호로 그치는 경우, 긴급을 요하는 경우 등에는 위원회에 사후보고를 함으로써 이에 갈음할 수 있다. 복지급여대상자의보호기간은 1년 단위로 한다.

다만, 다음의 경우에는 보호대상자로서 특례가 인정된다.

① 출산 후 해당 아동을 양육하지 아니하는 미혼모가 미혼모공동생활가정을 이용할 때
② 부모가 사망하거나 생사가 분명치 아니한 아동
③ 부모가 정신 또는 신체의 장애. 질병으로 장기간 노동능력을 상실한 아동
④ 부모의 장기복역 등으로 부양을 받을 수 없는 아동
⑤ 국내에 체류하고 있는 외국인 중 대한민국 국민과 혼인하여 대한민국 국의 아동을 양육하고 있는 사람으로서 위의 내용의 사유와 동일하면 보호대상자로 간주한다.

그러나 한부모복지시설에서의 보호기간은 다음 각 호와 같다.

(1) 모·부자 보호시설 및 모·부자 자립시설

3년 이내. 다만, 보호기관이 필요하다고 인정하는 경우에는 1년 미만의 기간을 단위로 하여 그 기간을 연장할 수 있으나, 그 총 연장기간은 2년 이내로 한다.

(2) 미혼모시설

미혼모의 출산 전후 6월 이내. 다만, 보호기관은 필요하다고 인정하는 경우에는

6월의 범위 내에서 그 기간을 연장할 수 있다.

(3) 일시보호시설

60일 이내. 다만, 보호기관이 필요하다고 인정하는 경우에는 60일의 범위 내에서 연장할 수 있다.

2. 한부모가족복지상담소(원)의 설치와 단체의 육성

(1) 한부모가족상담소의 설치

한부모가족복지에 관한 사항을 상담하거나 지도하기 위하여 시·도지사와 시·군·자치구청장은 관할구역 내에 한부모가족복지상담소를 설치할 수 있다. 이 경우 시·군·자치구청장은 시·도지사의 승인을 받아야 한다.

(2) 한부모복지상담원

한부모가족복지상담소에는 한부모가족상담원을 두어야 한다.

(3) 한부모가족복지단체의 육성

국가나 지방자치단체는 한부모가족복지단체를 지원·육성할 수 있다.

3. 복지조치

시장·군수·구청장은 매년 1회 이상 관할구역 안의 보호대상자를 조사하여야 하고, 그 조사결과를 시·도지사에게 보고하여야 하며, 시·도지사는 이를 보건복지가족부장관에게 보고하고, 보호대상자와 피보호자의 실태에 관한 대장을 작성·비치하여야 한다. 조사사항은 다음과 같다.

① 가족상황
② 소득 및 자산보유상황 등 생활상태
③ 부양의무자가 있는 경우 그 부양능력의 유무
④ 기타 보호실시에 필요한 사항

보호기관은 위 조사사항을 한부모가정관리카드에 기록·관리하고 매년 12월 31일 현재로 작성하여 다음해 1월 20일까지 상급기관에 보고하여야 한다.

보호대상자 또는 그 친족 기타 이해관계인은 보호기관에 복지급여를 신청할 수 있다고 보호기관은 그 내용을 조사하여 복지급여를 할 수 있다.

국가 또는 지방자치단체는 한부모가정의 생활안정과 자립을 촉진하기 위하여 사업에 필요한 자금 등을 대여할 수 있다.

4. 직장개척·고용촉진

국가 또는 지방자치단체는 모·부자가정의 모 또는 부와 아동의 고용을 촉진하기 위하여 적합한 직업훈련의 실시와 취업알선에 노력하여야 하며, 각종 사업장에 모·부자가정의 모 또는 부와 아동이 우선 고용되도록 노력하여야 한다.

(1) 매점 등 시설허가

국가 또는 지방자치단체가 운영하는 공공시설의 장은 그 공공시설 안에 각종 매점 및 시설의 설치를 허가는 경우 이를 한부도가족 또는 한부모가족복지단체에 우선적으로 허가할 수 있다.

뿐만 아니라 모·부자가정의 아동이 공공의 아동편의시설과 기타 공공시설을 우선적으로 이용할 수 있도록 노력하여야 하며 공공시설이 관리자는 그 공공시설내의 매점·이발소·미용소 등의 설치허가에 관하여 노력하여야 한다.

(2) 전문사회복지사업 서비스

보호기관은 의 모·부와 아동에게 전문사회사업서비스를 제공하도록 노력하여야 한다.

(3) 한부모가족의 모·부 및 아동의 고용에 관한 노력

한부모가족상담원 기타 한부모가족의 복지에 관한 기관 및 공공직업안정소는 취직을 희망하는 한부모가족의 모 또는 부와 아동의 고용을 촉진하기 위하여 상호 협력하여야 할 의무가 있다.

5. 국민주택의 분양 및 임대

국가 또는 지방자치단체는 주택건설촉진법이 정하는 바에 의하여 국민주택을 분양하거나 임대하는 경우에는 한부모가족에게 일정비율이 우선 분양될 수 있도록 노력하여야 한다.

6. 한부모가족복지시설

한부모가족복지시설은 다음의 시설로 한다.

(1) 모자보호시설

생활이 어려운 모·자 가정을 일시 또는 일정기간 보호하여 생계를 지원하고 퇴소 후 자립기반을 조성하도록 지원하는 것을 목적으로 하는 시설

(2) 모자자립시설

자립이 어려운 모·자가정에 대하여 일정기간 주택편의만을 제공함을 목적으로 하는 시설

(3) 부자보호시설

생활이 어려운 부·자가정을 일시 또는 일정기간 보호하여 생계를 지원하고 퇴소 후 자립기반을 조성하도록 지원하는 것을 목적으로 하는 시설

(4) 부자자립시설

자립이 어려운 부·자가정에 대하여 일정기간 주택편의만을 제공함을 목적으로 하는 시설

(5) 미혼모자시설

미혼여성이 임신을 하였거나 출산을 하였을 경우 안전하게 분만하게 하고, 심신의 건강을 회복할 때까지 일정기간 보호함을 목적으로 하는 시설

(6) 미혼모자공동생활가정

출산 후의 미혼모와 해당아동으로 구성된 미혼모자가족이 일정 기간 공동으로 가정을 이루어 아동을 양육하고 보호할 수 있도록 지원하는 것을 목적으로 하는 시설

(7) 모자공동생활가정

독립적인 가정생활이 어려운 모자가족이 일정 기간 공동으로 가정을 이루어 생활하면서 자립을 준비할 수 있도록 지원하는 것을 목적으로 하는 시설

(8) 부자공동생활가정

독립적인 가정생활이 어려운 부자가족이 일정 기간 공동으로 가정을 이루어 생활하면서 자립을 준비할 수 있도록 지원하는 것을 목적으로 하는 시설

(9) 미혼모공동생활가정

출산 후 해당 아동을 양육하지 아니하는 미혼모들이 일정 기간 공동으로 가정을 이루어 생활하면서 자립을 준비할 수 있도록 지원하는 것을 목적으로 하는 시설

(10) 일시보호시설

배우자(사실혼관계에 있는 자를 포함한다)가 있으나 배우자의 물리적·정신적 학대로 인하여 아동의 건전 교육 또는 모의 건강에 지장을 초래할 우려가 있을 경우 일시적으로 또는 일정기간 그 모와 아동 또는 모를 보호함을 목적으로 하는 시설

(11) 여성복지관

모·자가정 및 미혼여성에 대한 각종 상담을 실시하고 생활지도, 생업지도, 탁아 및 직업보도를 행하는 등 모·부자가정 및 미혼여성의 복지를 위한 편의를 종합적으로 제공하는 것을 목적으로 하는 시설

(12) 한부모가족복지상담소

한부모가족에 대한 조사·지도·시설입소 등에 관한 상담 업무를 수행할 것을 목적으로 하는 시설

7. 한부모가족복지상담원

한부모가족복지에 관한 사항을 상담하거나 지도하기 위하여 보호기관은 관할구역 안에 한부모가족복지상담소를 설치할 수 있고, 상담소에는 한부모가족복지상담원을 둔다. 그 상담원은 사회복지사 3급 이상의 자격증소지자 중에서 한부모복지상담소를 설치하는 기관의 장이 임용한다. 상담원의 직무는 다음과 같다.

① 모·부자가정에 대한 신상 및 고충상담
② 보호대상자의 실태조사 및 통계작성
③ 모·부자가정에 대한 취업상담 및 지원
④ 모·부자가정에 대한 보호내용의 구분

⑤ 피보호자의 일시보호
⑥ 피보호자에 대한 사후관리
⑦ 기타 한부모가족복지상담에 필요한 사항

8. 한부모가족복지시설보호 및 운영지원

한부모가족복지시설에 입소코자 하는 자는 복지급여(시설 입소)신청서를 시·군·자치구청장에게 신청하여야 한다.

18세미만의 자녀를 가진 생활이 어려운 무주택 저소득 모·부자가정에 대하여 성을 위한 지원을 하고 있으며, 상담원으로 하여금 정신적·심리적 갈등과 자녀양육문제 및 모의 직업훈련 등에 관하여 상담지도를 하고 있다.

2002년도에는 전국의 39개 한부모가족복지시설에 종사자 인건비 등 시설운영비와 노후시설에 대한 기·보수비를 지원하였고, 또한 모·부자세대로서 그 복지시설에 입소하지 못한 가정 및 한부모가족복지시설 퇴소 후 자립기반이 미약한 가정을 위하여 모·부자자립시설 3개소를 운영하고 있다.

9. 한부모가족복지급여와 복지자금의 대여

(1) 복지급여

보호대상자 또는 그 친족, 그 밖의 이해관계인은 복지급여를 관할 시장, 군수, 자치구청장에게 신청할 수 있다. 지급기간은 1년이고, 이중급여는 제한된다.

① 생계비
② 아동교육지원비
③ 직업훈련비 및 훈련기간 중 생계비
④ 아동양육비
⑤ 그 밖에 대통령령으로 정하는 비용

아동양육비를 지원할 때에 미혼모나 부가 5세 이하의 아동을 양육하면 예산의 범위 내에서 추가적인 복지급여를 신청할 수 있다. 이 경우 미혼모나 부가 자녀를 양육하지 아니하고 미혼모나 부의직계존속이 양육하는 경우에도 추가적인 복지급여를 실시할 수 있다.

(2) 복지자금의 대여

국가 또는 지방자치단체는 한부모가족의 생활안정과 자립을 촉진하기 위하여 사업에 필요한 자금, 아동교육비, 의료비, 주택자금, 기타 대통령령으로 정하는 한부모가족의 복지를 위한 자금을 대여할 수 있다.

Ⅶ. 성매매처벌에 관한 특별법

이 법은 성매매. 성매매알선 등의 행위 및 성매매 목적의 인신매매를 근절하고, 성매매피해자의 인권보호를 목적으로 제정(2004, 9, 22 시행)되었다.

역사적으로 보면 어느 사회에서도 "성행위(sexual behavior)"에 관한 규범이 존재하였다. 더욱이 성관계가 "상업적 형태"를 취하였을 경우 사회적으로 승인하려 하지 않았기 때문에 이것을 문제시하고 그 대책을 강구하여 왔다.

종전의 윤락행위방지법은 소극적으로 영업적 윤락행위만을 처벌하는 것을 주목적으로 하였기 때문에 성매매와 그에 따른 인신매매를 근절하고, 성매매 쌍벌주의를 실행하는 데는 역부족이었다.

따라서 윤락행위 등방지법(1955)을 폐지하고, 성매매 처벌에 관한 특별법으로 대체 입법하였다.

<표 3-8> 성매매처벌특별법의 달라진 내용

구 분	윤락행위 등 방지법	성매매 처벌에 관한 특별법
용어 순화	윤락 등의 왜곡된 표현	성매매, 성매매 피해자 등 가치중립적, 인권중심적 표현
성매매 알선자 처벌 강화	법정형 하한 5년 (형이 중복되면 2022년 6월까지 가능)	법정형 상한 10년
경제적 제재 조항 신설	1년 이하 징역, 300만원 이하 벌금 (경찰, 훈방 등 관대한 적용)	성매매 알선자 수익 몰수 및 추징
성매수자 처벌	성매매 여성 무조건 처벌	옛 법과 같은 (경찰, 무조건 입건 방침)
성매매 피해자 규정 신설	없음	업주강요에 따른 성매매 땐 피해자로 보고 형사처벌 제외
성매매 피해자 보호 규정 신설	없음	증인보호법상 신변보호, 신뢰 관계자 동석
수사기관 협조 조항 신설	없음	각종 자활지원, 긴급구조 요청 시 경찰관 동행 의무
의료비 지원 조항 신설	없음	14조에 지원 근거 신설

※ 자료 : 경찰청

1. 용어의 정의

(1) 이 법에서 사용하는 용어의 정의는 다음과 같다.

① "성매매"라 함은 불특정인 을 상대로 금품 그 밖의 재산상의 이익을 수수·약속하고 다음 각목의 어느 하나에 해당하는 행위를 하거나 그 상대방이 되는 것을 말한다.

가. 성교행위

나. 구강·항문 등의 신체의 일부 또는 도구를 이용한 유사 성교행위

② "성매매알선 등 행위"라 함은 다음 각목의 어느 하나에 해당하는 행위를 하는 것을 말한다.

가. 성매매를 알선·권유·유인 또는 강요하는 행위

나. 성매매의 장소를 제공하는 행위

다. 성매매에 제공되는 사실을 알면서 자금·토지 또는 건물을 제공하는 행위

③ "성매매 목적의 인신매매"라 함은 다음 각목의 어느 하나에 해당하는 행위를 하는 것을 말한다.

가. 성을 파는 행위 또는 형법 제245조의 규정에 의한 음란행위를 하게 하거나, 성교행위 등 음란한 내용을 표현하는 사진·영상물 등의 촬영대상을 삼을 목적으로 위계·위력 그 밖에 이에 준하는 방법으로 대상자를 지배·관리하면서 제3자에게 인계하는 행위

나. 가목과 같은 목적으로 청소년보호법 제2조제1호의 규정에 의한 청소년(이하 "청소년"이라 한다), 사물을 변별하거나 의사를 결정할 능력이 없거나 미약한 자 또는 대통령령이 정하는 중대한 장애가 있는 자나 그를 보호·감독하는 자에게 선불금 등 금품 그 밖의 재산상의 이익을 제공·약속하고 대상자를 지배·관리하면서 제3자에게 인계하는 행위

다. 가목 및 나목의 행위가 행하여지는 것을 알면서 가목과 같은 목적이나 전매를 위하여 대상자를 인계받는 행위

라. 가목 내지 다목의 행위를 위하여 대상자를 모집·이동·은닉하는 행위

④ "성매매피해자"라 함은 다음 각목의 어느 하나에 해당하는 자를 말한다.

가. 위계·위력 그 밖에 이에 준하는 방법으로 성매매를 강요당한 자

나. 업무·고용 그 밖의 관계로 인하여 보호 또는 감독하는 자에 의하여 마

약류관리에 관한 법률 제2조의 규정에 의한 마약·향정신성의약품 또는 대마(이하 "마약 등"이라 한다)에 중독되어 성매매를 한 자

다. 청소년, 사물을 변별하거나 의사를 결정할 능력이 없거나 미약한 자 또는 대통령령이 정하는 중대한 장애가 있는 자로서 성매매를 하도록 알선·유인된 자

라. 성매매 목적의 인신매매를 당한 자

(2) 다음 각 호의 어느 하나에 해당하는 경우에는 대상자를 (1)의 ③항 가목에서 규정한 지배·관리 하에 둔 것으로 본다.

① 선불금 제공 등의 방법으로 대상자의 동의를 얻은 때에도 그 의사에 반하여 이탈을 제지한 경우

② 타인을 고용·감독하는 자, 출입국·직업을 알선하는 자 또는 그를 보조하는 자가 성을 파는 행위를 하게 할 목적으로 여권 또는 이에 갈음하는 증명서를 채무이행 확보 등의 명목으로 제공받은 경우

2. 국가 등의 책무와 금지행위

(1) 국가 및 지방자치단체는 성매매, 성매매알선등행위 및 성매매 목적의 인신매매의 예방과 근절을 위한 교육 및 홍보 등에 관하여 법적·제도적 대책을 마련하고, 필요한 재원을 조달하여야 한다.

(2) 국가는 성매매 목적의 인신매매 방지를 위한 국제협력의 증진과 형사사법의 공조의 강화에 노력하여야 한다.

(3) 금지행위: 누구든지 다음 각 호의 어느 하나에 해당하는 행위를 하여서는 아니 된다.

① 성매매

② 성매매알선등행위

③ 성매매 목적의 인신매매

④ 성을 파는 행위를 하게 할 목적으로 타인을 고용·모집하거나 성매매가 행하여진다는 사실을 알고 직업을 소개·알선하는 행위

⑤ ① 및 ②, ④의 행위 및 그 행위가 행하여지는 업소에 대한 광고행위

3. 성매매피해자 등의 보호

(1) 성매매피해자에 대한 처벌특례와 보호

① 성매매피해자의 성매매는 처벌하지 아니한다.

② 검사 또는 사법경찰관은 수사과정에서 피의자 또는 참고인인 성매매피해자에 해당한다고 볼 만한 상당한 이유가 있을 때에는 지체 없이 법정대리인·친족 또는 변호인에게 통지하고, 신변보호, 수사의 비공개, 친족 또는 지원시설·성매매피해상담소에의 인계 등 그 보호에 필요한 조치를 하여야 한다. 다만, 피의자 또는 참고인의 사생활 보호 등 부득이한 사유가 있는 경우에는 통지하지 아니할 수 있다.

③ 법원 또는 수사기관이 이 법에 규정된 범죄를 신고(고소·고발을 포함한다. 이하 같다) 한 자 또는 성매매 피해자(이하 "신고자등"이라 한다. 이하 같다)를 조사하거나 증인으로 신문할 경우에는 특정범죄신고자등보호법 제7조 내지 제13조를 준용한다. 이 경우 같은 법 제9조 및 제13조를 제외하고는 보복을 당할 우려가 있을 것을 요하지 아니한다.

(2) 신고의무

① 성매매방지 및 피해자보호등에 관한 법률 제5조제1항의 규정에 의한 지원시설 및 같은 법 제10조의 규정에 의한 성매매피해상담소의 장이나 그 종사자가 업무와 관련하여 성매매피해사실을 알게 된 때에는 지체 없이 수사기관에 신고하여야 한다.

② 누구든지 이 법에 규정된 범죄를 신고한 자에 대하여 그 신고를 이유로 불이익을 주어서는 아니 된다.

③ 다른 법률에 규정이 있는 경우를 제외하고는 신고자등의 인적사항이나 사진 등 그 신원을 알 수 있는 정보나 자료를 인터넷 또는 출판물에 게재하거나 방송매체를 통하여 방송하여서는 아니 된다.

(3) 신뢰관계에 있는 자의 동석

① 법원은 신고자등을 증인으로 신문하는 때에는 직권 또는 본인·법정대리인이나 검사의 신청에 의하여 신뢰관계에 있는 자를 동석하게 할 수 있다.

② 수사기관은 신고자등을 조사하는 때에는 직권 또는 본인·법정대리인의 신청

에 의하여 신뢰관계에 있는 자를 동석하게 할 수 있다.

③ 청소년, 사물을 변별하거나 의사를 결정할 능력이 없거나 미약한 자 또는 대통령령이 정하는 중대한 장애가 있는 자에 대하여 제1항 및 제2항의 규정에 따른 신청이 있는 경우에는 재판 또는 수사에 지장을 초래할 우려가 있는 등 특별한 사유가 없는 한 신뢰관계에 있는 자를 동석하게 하여야 한다.

④ ①내지 ③의 규정에 따란 신문이나 조사에 동석하는 사람은 진술을 대리하거나 유도하는 등으로 수사나 재판에 부당한 영향을 끼쳐서는 아니 된다.

(4) 심리의 비공개

① 법원은 신고자등의 사생활 또는 신변보호를 위하여 필요한 때에는 결정으로 심리를 공개하지 아니할 수 있다.

② 증인으로 소환 받은 신고자등과 그 가족은 사생활 또는 신변보호를 위하여 증인신문의 비공개를 신청할 수 있다.

③ 재판장은 제2항의 규정에 의한 신청이 있는 때에는 그 허가여부, 법정 외의 장소에서의 신문 등 신문의 방식 및 장소에 관하여 결정할 수 있다.

④ ①및 ③의 규정에 의한 심리의 비공개에 관하여는 법원조직법 제57조제2항 및 제3항의 규정을 준용한다.

(5) 불법원인으로 인한 채권무효

① 성매매알선 등 행위를 한 자, 성을 파는 행위를 할 자를 고용·모집하거나 그 직업을 소개·알선한 자 또는 성매매 목적의 인신매매를 한 자가 그 행위와 관련하여 성을 파는 행위를 하였거나 할 자에게 가지는 채권은 그 계약의 형식이나 명목에 관계없이 이를 무효로 한다. 그 채권을 양도하거나 그 채무를 인수한 경우에도 또한 같다.

② 검사 또는 사법경찰관은 ①의 불법원인과 관련된 의심이 있는 채무의 불이행을 이유로 고소·고발된 사건을 수사할 때에는 금품 그 밖의 재산상의 이익 제공이 성매매의 유인·강요나 성매매 업소로부터의 이탈방지수단으로 이용되었는지 여부를 확인하여 수사에 참작하여야 한다.

③ 검사 또는 사법경찰관은 성을 파는 행위를 한 자나 성매매피해자를 조사할 때에는 제1항의 채권이 무효인 사실과 지원시설 등을 이용할 수 있음을 본인 또는 법정대리인 등에게 고지하여야 한다.

(6) 외국인여성에 대한 특례

① 외국인 여성이 이 법에 규정된 범죄를 신고하거나 외국인여성을 성매매피해자로 수사하는 때에는 당해 사건을 불기소처분하거나 공소를 제기할 때까지 출입국관리법 제56조의 규정에 의한 강제퇴거명령 또는 같은 법 제41조의 규정에 의한 보호의 집행을 하여서는 아니 된다. 이 경우 수사기관은 출입국사무소에 당해 외국인여성의 인적사항과 주거를 통보하는 등 출입국 관리에 필요한 조치를 취하여야 한다.

② 검사는 ①의 사건에 대하여 공소를 제기한 후에는 성매매피해실태, 증언 또는 배상의 필요성 그 밖의 정황을 고려하여 출입국관리사무소장 등 관계기관의 장에게 일정한 기간을 정하여 ①의 규정에 따른 강제퇴거명령의 집행을 유예하거나 보호의 일시해제를 요청할 수 있다.

③ ① 및 ②의 규정에 따라 강제퇴거명령의 집행을 유예하거나 보호의 일시해제를 하는 기간 중에는 당해 외국인여상에게 지원시설 등을 이용하게 할 수 있다.

④ 수사기관은 외국인여성을 성매매피해자로 조사하는 때에는 소송촉진 등에 관한 특례법에 따른 배상신청을 할 수 있음을 고지하여야 한다.

⑤ 성매매피해자인 외국인 여성이 소송촉진 등에 관한 특례법에 따른 배상 신청을 한 때에는 그 배상명령이 확정될 때까지 ①의 규정을 준용한다.

4. 보호사건

(1) 보호사건의 처리

① 검사는 성매매를 한 자에 대하여 사건의 성격·동기, 행위자의 성행 등을 고려하여 이 법에 의한 보호처분에 처함이 상당하다고 인정하는 때에는 특별한 사정이 없는 한 보호사건으로 관할법원에 송치하여야 한다.

② 법원은 성매매 사건의 심리결과 이 법에 의한 보호처분에 처함이 상당하다고 인정하는 때에는 결정으로 사건을 보호사건의 관할법원에 송치할 수 있다.

(2) 관 할

① 이 법에서 정한 보호사건(이하 “보호사건”이라 한다)의 관할은 성매매를 한 장소나 성매매를 한 자의 거주지 또는 현재지역을 관할하는 가정법원으로 한다. 다만, 가정법원이 설치되어 있지 아니한 지역에 있어서는 해당 지역의 지방법원(지

원을 포함한다. 이와 같다)으로 한다.

② 보호사건의 심리와 결정은 단독판사가 행한다.

(3) 보호처분의 결정

① 판사는 심리의 결과 보호처분이 필요하다고 인정한 때에는 결정으로 다음 각 호의 어느 하나에 해당하는 처분을 할 수 있다.

가. 성매매가 이루어질 우려가 있다고 인정되는 장소나 지역에의 출입금지

나. 보호관찰 등에 관한 법률에 의한 보호관찰

다. 보호관찰 등에 관한 법률에 의한 사회봉사·수강명령

라. 성매매방지 및 피해자보호등에 관한 법률 제5조제1항 제1호 내지 제3호의 규정에 의한 지원시설에의 감호위탁

마. 성매매방지 및 피해자보호 등에 관한 법률 제10조의 규정에 의한 성매매피해상담소에의 상담위탁

바. 성폭력 범죄의 처벌 및 피해자보호 등에 관한 법률 제33조의 규정에 의한 전담의료기관에의 치료위탁

② ①의 각호의 처분을 이를 병과할 수 있다.

③ 법원은 보호처분의 결정을 한 때에는 지체 없이 검사, 보호처분을 받은 자, 보호관찰관 또는 보호처분을 위탁받아 행하는 지원시설·성매매피해상담소 또는 의료기관(이하 "수탁기관"이라 한다)의 장에게 통지하여야 한다. 다만, 국가가 운영하지 아니하는 수탁기관에 보호처분을 위탁할 때에는 그 기관의 장으로부터 수탁에 대한 동의를 얻어야 한다.

④ 법원은 ①의 '나'내지 '바'의 처분을 한 때에는 교육·상담·치료나 보호관찰에 필요한 자료를 보호관찰관 또는 수탁기관의 장에게 송부하여야 한다.

⑤ 보호관찰, 사회봉사·수강명령에 관하여 이 법에 정한 사항 외의 사항에 관하여는 보호관찰 등에 관한 법률을 준용한다.

(4) 보호처분의 기간

(3) ①항, 가, 나, 라, 마의 규정에 의한 보호처분의 기간은 6월을, 다의 규정에 의한 사회봉사·수강명령은 100시간을 각각 초과할 수 없다.

(5) 보호처분의 변경

① 법원은 검사·보호관찰관 또는 수탁기관의 장의 청구가 있는 때에는 결정으

로 1회에 한하여 보호처분의 종류와 기간을 변경할 수 있다.

② ①의 규정에 의하여 보호처분의 종류와 기간을 변경하는 때에는 종전의 처분기간을 합산하여 (3) ①항 가, 나, 라 내지 바의 규정에 의한 보호처분기간은 1년을, (3) ①항 다의 규정에 의한 사회봉사·수강명령은 200시간을 각각 초과할 수 없다.

(6) 다른 법률의 준용

① 성매매 사건의 보호처분에 관하여 이 법에서 정하지 아니한 사항에 대하여는 가정폭력범죄의 처벌 등에 관한 특례법 제13조 내지 제17조·제19조 내지 제28조·제30조 내지 제32조제1항·제34조 내지 제38조·제43조·제44조 및 제46조 내지 제55조를 준용하되, "가정폭력범죄"는 "성매매"로, "가정보호사건"은 "보호사건으로 본다. 다만, 임시조치, 피해자 또는 법정대리인의 권리에 관한 조항 등 성질상 성매매 사건에 적용할 수 없는 규정은 준용하지 아니한다.

② 이 법에서 규정한 사항 외에 보호사건의 조사·심리에 관하여 필요한 사항은 대법원규칙으로 정한다.

5. 복지시설

요보호자를 의한 복지시설의 종류는 다음과 같다.

(1) 일시보호소

요보호자에 대한 일시보호와 상담을 행하는 시설로서 요보호자를 대상으로 다음 업무를 행한다.

- 일시보호 및 상담
- 귀가조치
- 취업안내 및 알선
- 지역사회 내 시설의 이용안내 및 알선
- 기타 일시보호와 상담을 위하여 필요한 사업

(2) 선도보호시설

보호처분에 의하여 위탁된 자를 대상으로 선도보호를 행하는 시설과 선도보호조치에 의하여 입소한 자를 대상으로 선도보호를 행하는 시설로서 이들이 건전한 사회인으로 복귀하는데 필요한 다음 업무를 행한다.

- 사회적응에 필요한 생활지도 및 상담
- 인성교육 및 위업안내
- 진학을 위하여 필요한 교육
- 기타 요보호자의 선도를 위하여 필요한 사업

(3) 자립자활시설

요보호자 또는 선도보호시설에서 퇴소한 사회적응이 곤란하거나 거주할 곳이 없는 자로서 본인이 희망하는 경우 6월의 범위 내에서 숙식, 직업알선 등을 제공하여 사회적응을 용이하게 하는 시설로서 다음 업무를 행한다.

- 상담 및 숙식제공
- 취업안내 및 알선
- 지역사회 내 시설의 이용안내
- 기타 사회적응을 용이하게 하기 위하여 필요한 사업

국가 또는 지방자치단체는 요호보자의 건전한 사회복귀를 위하여 시설을 설치할 수 있고, 사회복지법인 기타 비영리 법인은 시장, 군수, 구청장(자치구의 구청장에 한한다)에게 신고하여 시설을 설치, 운영할 수 있다.

보호시설의 장은 요호보자의 건전한 가치관과 자립갱생의 능력을 함양시키고, 사회적응능력을 배양시킬 수 있는 상담, 훈련 등 적절한 지원을 하여야 한다. 또 시설의 장은 요호보자를 선도 보호함에 있어 이들의 인권을 최대한 보장하여야 하고, 요보호자의 건강관리를 위하여 입소 후 1원 이내에 건강진단을 실시하여야 하며, 건강에 이상이 발견된 경우에는 의료급여법에 의한 의료급여 등 필요한 조치를 취하여야 한다. 시설의 장은 경찰관서 등 관계행정기관의 장으로부터 시설 입소를 원하는 요보호자의 입소의뢰를 받은 때에는 다른 입소대상자에게 우선하여 보호조치를 취하고 지체 없이 그 사유를 시장, 군수에게 보고하여야 한다.

6. 복지상담소의 설치

시·도지사 또는 시장, 군수, 구청장은 요보호자의 상담을 통한 선도를 하기 위하여 요조호자복지상담소를 설치할 수 있고, 사회복지법인 기타 비영리법인은 시장, 군수, 구청장에게 신고를 하고 상담소를 설치, 운영할 수 있다.

상담소는 보호 또는 자립을 필요로 하는 요보호자의 복지증진을 위하여 다음의 업무를 행한다.

① 요보호자의 가정 및 신상에 대한 조사, 상담
② 귀가조치
③ 취업안내 및 알선
④ 지역사회 내 사회복지시설의 이용안내 및 알선
⑤ 기타 요보호자의 선도보호를 위하여 필요한 상담 및 조치

상담소에는 여성복지상담원을 배치하여야 하며, 상담원의 직무는 다음과 같다.

① 요보호자의 가정 및 신상에 대한 조사, 상담
② 요보호자의 직업알선
③ 요보호자의 발생을 방지하기 위한 선도
④ 요보호자의 실태파악
⑤ 요보호자를 위한 지역사회 내 시설의 활용 알선
⑥ 가정문제상담 및 건전한 사회의 조성을 위한 지도, 계몽

상담원은 지방 일반직공무원 또는 지방별정직 공무원으로 하고, 수석상담원은 시, 도에 각 1인을 두되, 사회복지사 2급 이상의 자격증을 소지한 자로 하며, 일반상담원은 시, 군, 구에 각 1인 이상을 두고, 시, 도, 군, 구가 설치한 상담소에는 각 3인 이상을 둔다.

상담원으로 신규 채용된 자는 국립보건원장이 실시하는 2주 과정 이상의 상담교육과정을 이수하여야 하고, 상담원으로 종사하는 자는 3년마다 국립보건원장이 실시하는 1주과정 이상의 상담보수교육과정을 이수하여야 한다.

지방자치단체의 장은 상담원의 자질향상을 위한 자체교육계획을 수립, 시행할 수 있다. 국가 또는 지방자치단체는 시설 및 상담소의 설치, 운영에 소요되는 비용을 보조할 수 있다. 보조할 수 있는 비용은 다음과 같다.

① 시설 및 상담소의 설치에 필요한 비용
② 시설 및 상담소의 운영에 필요한 비용
③ 요보호자의 건강진단에 소요되는 비용

Ⅷ. 보호관찰 등에 관한 법률

이 법(1996. 12. 12)은 죄를 범한 자로서 재범방지를 위하여 보호관찰, 사회봉사·수강 및 갱생보호 등 체계적인 사회 내 처우가 필요하다고 인정되는 자에 대하여 지도·원호를 함으로써 건전한 사회복귀를 촉진하고, 효율적인 범죄예방활동을 전개함으로써 개인 및 공공의 복지를 증진함과 아울러 사회를 보호함을 목적으로 한다(법§1).

이 법의 목적은, 첫째 재범의 방지와, 둘째 요갱생자의 자활독립으로 사회를 보호하고, 셋째 개인 및 공공의 복지를 증진함에 있음을 알 수 있다. 이는 행형목적상 보호의 사회화에서 당연히 도출되는 것이다.

① 수형자가 교도소 내에서 교정·교화되어 모처럼 출소하였을 때 사회는 따뜻이 이들을 맞이하여야 한다. 범죄의 원인은 범인의 소질에 의함이 많은 반면, 사회 환경의 영향도 간과할 수 없는 것이다. 석방자는 형여(刑餘)의 불신 때문에 취업이 곤란하여 생활의 궁핍을 초래함과 동시에 교우의 범위가 전과자에 한할 우려가 있어, 범죄에 접근할 가능성이 많다.

이의 방지는 석방자와 사회협동체와의 사회적 긴장완화가 어느 정도 이루어지는가에 달린 것으로, 만약 사회적 협동체가 그들을 냉대와 증오의 대상으로 대할 때 그들은 다시 범죄를 저지르게 된다. 왜냐하면 재범은 형여에 대한 사회적 불신용의 소산이라고 하여도 과언이 아니기 때문이다. 따라서 갱생보호는 이러한 맹점을 보정하기 위해 소 내에서의 교정 대신 일반 사회에서 완전한 개선을 기도하는 데 있는 것으로 이는 국가의 은혜적 조치라고 볼 수 있다.

② 요보호자의 대부분은 경제적 빈곤과 생존의욕을 상실한 자들이다. 그들의 범행으로부터 본인과 사회를 구출하기 위해서는 생존경쟁에서 낙오됨이 없도록 자활의욕과 기술교육의 배려가 요구된다. 이는 앞에서 말한 재범의 방지와 뒤에서 말할 복지증진의 열쇠이다.

따라서 갱생보호조치는 본인의 개선 및 재생을 위하여 상당하고 적절한 한도 내에서 본인의 연령·경력·장래·능력·가족상황 그 밖의 환경을 충분히 참작하고, 가장 적합한 방법을 선택하여 취업을 위주로 하여 근로에 의한 자활독립을 성취시킴을 기본으로 하여야 한다.

③ 요보호자에게 자활독립의 경제적 기반을 조성함으로써 사회를 재범의 위험으로부터 구출함은 본인과 공공의 복지증진을 위해 이중의 이익을 가져온다. 그리고 모든 국민은 이 목적의 달성을 위하여 그 지위와 능력에 따라 응분의 협력이 요구된다. 행형의 목적이 보호의 사회화라면 사회적 공동운명체로서의 국가와 국민은 자조의 책임 하에 조력하여야 한다.

1. 보호관찰대상자

(1) 보호관찰을 받을 자는 다음과 같다.

① 보호관찰을 조건으로 형의 선고유예를 받은 자
② 보호관찰을 조건으로 형의 집행유예의 선고를 받은 자
③ 보호관찰을 조건으로 가석방 또는 가퇴원된 자
④ 소년법의 보호처분을 받은 자
⑤ 다른 법률에 의하여 이 법에 의한 보호관찰을 받도록 규정된 자

(2) 사회봉사 또는 수강을 하여야 할 자는 다음과 같다.

① 사회봉사 또는 수강을 조건으로 형의 집행유예의 선고를 받은 자
② 소년법에 의하여 사회봉사명령 또는 수강명령을 받은 자
③ 다른 법률에 의하여 이 법에 의한 사회봉사 또는 수강을 받도록 규정된 자

(3) 갱생보호를 받을 자는 형사처분 또는 보호처분을 받은 자로서 자립갱생을 위한 숙식제고, 여비지급, 생업도구·생업조성금품의 지급 또는 대여, 직업훈련 및 취업알선 등 보호의 필요성이 인정되는 자로 한다.

2. 보호의 내용

(1) 보호의 내용은 이를 그 태양에 따라 다음과 같이 세 가지로 분류할 수 있다.

① **교정적 방법** : 본인의 갱생을 적극적으로 조력하는 것으로서, 의료·레크레이션·교양·훈련·정신치료·직업보도 등의 방법에 의한다.
② **구호적 방법** : 숙소의 제공, 생활곤란자에 대한 생활보호·식료·의류의 급여 등 생활부조의 방법에 의한다.
③ **조정적 방법** : 취업알선·환경조정·귀주알선 등의 방법에 의한다.

(2) 보호대상자를 결정함에 있어서는 대상자의 심신상황·개선정도·가족관계·직업관계·교우관계·생활상태·범죄원인·보호자의 유무·경력 등을 조사하여야 한다. 원래 인간은 이기적인 존재이기에 다양한 욕구 충족을 원하고 있다. 즉, 인간은 경제적·사회적·문화적 안정을 요구하고 있으며, 이에 따라 자신에 대하여 타인으로부터 평가되기를 바라고 있다.

그러나 이것이 좌절될 때 심리적인 갈등이 유발되어 정신적인 동요를 가져오게 되며, 이의 안정을 위해서는 조정이 필요하다.

(3) 비행인자의 조정을 위하여 주의하여야 할 것을 보면 다음과 같다.

① 조정자와 피조정자 사이에 긴밀한 인간관계(human relation)를 유지하여야 한다.

② 조정 자료의 수집은 필요에 따라 당해 시·읍·면의 조력을 받을 수 있다.

③ 조정 장소는 사안에 따라 신축성 있게 결정하여야 한다.

④ 조정범위는 가족·친우·근린자·기업가 등 광범하게 인정되어야 한다.

⑤ 조정사무의 질에 따라 개별적 조정 이외에 집단조정이 인정되어야 한다.

(4) 이질적인 비행인자의 조정을 위하여 case work와 group work 및 지역사회의 정화를 위한 community organization 등의 기술이 요망된다.

① Case Work : 케이스워크란 인간과 사회 환경 사이의 모든 사람에게 의식적으로 적응되도록 함으로써 인격을 발전시키는 과정이라고 볼 수 있다. 이는 본인과의 면접과 기록을 통하여 평가하고 진단함으로써 환경과의 적응을 이루도록 조치하여야 한다.

임의적 갱생보호에 있어서의 케이스워크는 본인 등의 신청이 있어야 하며, 강제적 갱생보호에 있어서는 원칙적으로 이것이 필요 없다. 이와 같은 케이스워크를 위해서는 각종의 조사 활동이 전개되는 것으로 집단검사·개별검사 등의 지능검사와 적성검사·인격검사·프로젝티브 테스트 등이 행하여지고 이에 따라 진단과 처우가 배려된다.

② Group Work : 케이스워크에서 있을 수 있는 인간관계의 구성적인 관계치료(Relationship Therapy)는 복수의 인간관계에도 있을 수 있는 것으로, 이와 같은 영향을 대상자의 갱생에 이용하려는 것이 그룹 워크인 것으로 이는 다음 세 가지로 대변할 수 있다.

- 보호소년을 소년단에 가입시키는 것과 같이 집단을 자원으로 하여 케이스 워크를 하는 경우이다.

- 비행소년 등을 집단화하여 적당한 레크리에이션 등으로 집단 전체를 불법적인 집단에서 합법적인 집단으로 전환시키는 경우이다.
- 제2차 대전 중 미군 교화 대에서 실험한 바와 같은 집단 심리요법에 따라 케이스워크를 하는 것으로, 이는 인간의 정신구조 중 통성이라 할 수 있는 동일화나 정신세뇌 등을 이용하여 행하는 그룹 워크를 말한다.

③ Community Organization : 지역사회의 정화는 사회복지증진에 기여함과 아울러 범죄방지에 공헌하는바 지대한 것이다. 즉, 지역 사회의 건설적인 제도나 인적 조직을 각 기관 사이에 협력을 얻어 조직화함으로써 점진적으로 정화한다면 범죄방지에 유용한 집단조직이 될 수 있다. 이를 위하여 정화계획을 조사하고 계획하며, 필요시에는 조력과 조정을 함으로써 갱생보호활동에 이를 이용한다.

3. 직접보호

직접보호라 함은 피보호자의 주거가 불분명하거나 친족·연고자 등으로부터 원조를 받을 수 없거나, 이들의 도움만으로는 충분하지 아니한 경우에 한하여 자활을 위한 생업의 지도와 취업 등을 보호·알선하는 보호활동을 말한다.

① **보호의 개시** : 보호호대상자 및 관계기관은 보호 사업을 하는 자에게 갱생보호의 신청을 할 수 있으며, 신청을 받은 갱생보호사업자는 즉시 보호의 필요 여부와 보호를 하기로 한 경우 그 방법을 결정하여야 한다. 소년원에서 퇴원 또는 가퇴원한 자의 직접보호는 소년원장의 보호신청이 있어야 한다.

② **보호시설** : 피보호자에 대한 직접보호는 최저한의 인간 생활에 미치지 못하는 일이 있어서는 안 된다. 그리고 그들에 대한 수용설비는 적어도 성년과 소년, 남자와 여자별로 구분하여 수용할 수 있도록 하여야 한다.

③ **내용**

㉠ 숙식제공 : 피보호자가 숙소가 없다든가 숙소까지의 도착에 장시일을 요할 때에는 숙소의 제공과 식사를 급여한다. 피보호자에게 생활관 등 보호시설에서 숙소·음식물 및 의복 등을 제공하고 정신교육을 한다. 숙식제공은 6개월을 초과할 수 없다. 다만, 필요하다고 인정할 때에는 3개월의 범위 내에서 1차에 한하여 연장할 수 있다.

㉡ 여비지급 : 피보호자에게 목적지까지의 여비를 지급하되 필요한 경우에는 의복을 함께 지급할 수 있다. 이는 피보호자의 귀가에 필요한 여비의 지급

및 대여와 식사비·의류비의 지급을 하고 소식을 모르는 가족에게 연락하는 방법에 의한다. 그러나 석방자에 대한 귀가여비와 의류지급이 허용된다는 점에서 의선(僞善)의 결과를 가져오지 않도록 주의하여야 하며, 귀가 시 되도록 가족과 친지의 출영을 주선하여 한다.

㉢ 생업도구의 대여 또는 생업조성금품의 지급 : 피보호자가 최소한의 자립을 할 수 있도록 하기 위하여 피보호자에게 생업도구를 대여하거나 금품을 지급한다. 피보호자 중 생산도구의 불비로 생활의 위협을 받는 자가 있다는 점에서 그들에게 일정한 조건 아래 이러한 도구를 대여함으로써 생업개척의 기구를 제공함은 사회복지상 극히 필요하다. 생업도구를 대여하였을 경우에는 감가상각비 상당의 임대료를 징수할 수 있다.

㉣ 직업훈련 및 취업알선 : 직업훈련은 피보호자에게 취업에 필요한 기능훈련을 시키고 정신교육을 하는 것으로 한다. 재소자에 대한 직업훈련과 직업보도는 교정시설 내에서 행하고 있다.

직업훈련은 직업훈련기관에 위탁하여 행할 수 있다. 알선은 피보호자에게 직장을 알선하고 필요한 경우 신원을 보증하며, 취업의 원조를 하여 석방 다음 날부터 생계유지를 하도록 알선함을 말한다. 이는 석방 후 휴업으로 인한 경제적 빈곤이 심리적 악화를 가져올 가능성이 있음에 의한 것으로 취업별 알선 내용을 본다면 사무원을 비롯하여 각종 직공과 이발사·경비원 등 다수이다.

피보호자가 기업체에 취업하는 경우 신원의 보증이 필요할 때에는 보호회 또는 지부의 신원보증을 하여야 한다. 이 경우 고용주는 신원보증신청서를 본인과 연서하여 보호회장 또는 지부장에게 신청하여야 하며, 신청을 받은 보호회장 또는 지부장은 해당 신청서와 교도소장 또는 소년원장이 작성한 행상성적표에 신원보증의 여부에 관한 의견서를 첨부하여야 한다.

㉤ 보호대상자에 대한 자립지원 : 보호대상자에게 사회복지시설에의 위탁알선·호적취적·주민등록·혼인주선·입양·의료시혜 등 피보호자의 자립을 위하여 필요한 사항을 지원한다.

경우에 따라서는 피보호자를 각종 구호단체나 민간독지가에게 위탁하여 갱생을 돕도록 하여야 한다. 즉, 전자는 구호 단체로 적십자병원·양로원·유아원·구호시설·갱생시설·의료보호시설·맹아시설·허약아시설 등에 의탁하여 보호하도록 하는 경우이며, 후자는 민간독지가에게 의탁하여 보호하도록 하는 경우이다.

제 4 장 공공부조관련 행정법령

Ⅰ. 국민기초생활보장법

Ⅱ. 의료급여법

Ⅲ. 재해구호법

Ⅳ. 의사상자예우에 관한 법률

Ⅰ. 국민기초생활보장법

1. 국민기초생활보장제도와 국민기초생활보장법

국민기초생활보장제도는 저소득층에 대한 국가책임을 강화하여 국가의 보호를 필요로 하는 절대빈곤층의 기초생활을 보장함으로써 우리나라에서 가난을 없애려는 제도이다. 1961년 제정된 생활보호법은 빈곤의 책임을 개인과 가족에게 돌리고, 국가는 시혜적 차원에서 보호하는데 머물고 있었다. 그 결과 대상의 포괄성, 급여의 충분성, 대상자간의 형평성, 제도의 효율성과 생산성이라는 측면에서 많은 문제점을 내포하고 있었다.

우리나라는 지난 반세기 동안 비약적인 경제성장을 이룩하였으나 "선 성장·후 복지"의 논리와 복지를 시혜로 보는 복지이념으로 분배는 뒷전으로 미루어졌고, 기존의 빈곤정책 역시 1961년 생활보호법 제정이래 구호적 성격의 단순 생계지원 대책이었다.

그러나 1997년 말부터 시작된 경제위기로 생활보호대상자를 비롯한 저소득층 국민은 극심한 생활난을 겪었으며, 실직과 가족해체, 이혼, 아동과 노인의 유기, 가출, 자살, 노숙자, 결식아동의 증가 등 각종 사회병리현상을 야기시키고, 빈부격차의 심화 등 다양한 사회문제가 발생하였다.

이에 정부는 근로능력에 관계없이 최저생계비 이하의 저소득층의 기초생활을 국가가 보장할 필요성이 대두되어 1999년에 76만 명을 한시생활보호대상자로 보호하는 등 실업급여, 공공근로, 노숙자보호, 생업자금융자 등 다양한 사회안전망 프로그램을 실시하여 저소득계층의 생활안정을 지원하였다.

그럼에도 불구하고 많은 저소득층이 빈곤선 이하의 생활을 하는 사회안전망의 사각지대는 여전히 존재하고 있었고, 이에 따라 우리나라에서 빈곤을 완전히 퇴치하고 모든 국민의 인간다운 삶을 보장할 수 있는 사회안전망이 절실히 필요하다는 인식이 국민 사이에 확산되었다. 아울러 경제성장과 국민소득의 증가로 인하여 생활수준은 향상될 것이나 고령화, 개인주의화, 가치관의 변화 등으로 개인과 가족의 사회보장적 기능은 약화되고 필연적으로 국가와 사회의 복지책임은 증대할 것이나, 서구 복지국가에서 발생한 "복지병"이라는 전철을 밟지 아니하고 사회변화에 적합한 선진복지국가를 만들기 위하여 “생산적 복지”라는 새로운 복지이념을 정립할 필요가 제기되었다.

이에 1999년에 정부는 생산적 복지이념을 바탕으로 동년 9월 7일 국민기초생활보장법을 제정함으로써 가족의 부양을 받지 못하는 최저생계비 이하의 가구에 대한 최저생활을 제도적으로 보장받을 수 있도록 하는 종합적인 빈곤대책을 마련하게 되었다. 이 제도는 하위법령 제정 후 2000년 10월 1일부터 시행되었다.

국민기초생활보장법의 제정은 지난 40년간의 시혜적 단순보호차원의 생활보호제도로부터 저소득층에 대한 국가의 책임을 강화하는 복지시책으로 대전환 함을 의미하여, 보호가 필요한 절대빈곤층의 기초생활을 국가가 보장하되 종합적 자활·자립서비스의 체계적 지원을 통해 생산적 복지를 구현하는데 그 의의가 있다. 국민기초생활보장법은,

첫째, 최저생활을 보장받을 헌법상의 권리를 실체적으로 규정한 법률로서 큰 의의를 가진다는 점이다. 과거 생활보호법 하에서는 복지를 어려운 사람을 도와주는 시혜적 보호로 생각하였으나, 이 법이 제정되면서 복지는 국민의 권리이며 국가의 의무로 보는 복지철학의 대전환을 가져오게 된 것이다.

둘째, 최저생계비 이하의 모든 국민들의 기초생활을 국가가 보장한다는 점이다. 종전의 생활보호법 하에서는 근로능력이 있는 자에게는 생계비를 지원하지 않았으나, 이 법에서는 근로능력의 유무에 관계없이 국가의 보호를 필요로 하는 빈곤선 이하의 국민은 최저생활을 보장받게 되었다.

셋째, 근로능력이 있는 국민에게는 체계적인 자활지원서비스를 제공하여 일할 수 있도록 하는 생산적 복지를 구현한다는 점이다. 기초생활을 권리로서 보장하되 근로능력이 있는 사람에게 노동의 기회를 부여함으로써 개인의 능력을 최대한 발휘하게 하여 개인의 행복추구는 물론 이웃과 사회 그리고 국가에 이바지하는 사회통합을 지향하고 있다.

공공부조에 관한 현행법제로서는 사회보장기본법·국민기초생활보장법·의료급여법·재해구호법·의사상자예우에관한법률이 있으나, 그 중에서 공공부조의 근간을 이루는 것은 국민기초생활보장법이다. 그러나 그 외에 입법 그 자체로서는 부조를 목적으로 한 것은 아니지만 그 목적달성의 필요로 인해서 부조적 규정을 둔 입법례가 많은데 이러한 입법은 그 범위 안에서 부조에 관한 특별법으로서의 성격을 가지고 있다. 동일한 부조에 관해서 일반법에 의한 것과 특별법에 의한 것이 경합될 때에는 일반법인 국민기초생활보장법에 의한 보호에 우선하여 특별법에 의한 보호가 행하여진다(법§3 ②).

2. 급여의 기본원칙

이 법에 의한 급여는 수급자가 자신의 생활의 유지·향상을 위하여 그 소득·재산·근로능력 등을 활용하여 최대한 노력하는 것을 전제로 이를 보충 발전시키는 것을 기본원칙으로 한다. 이 법에서 '수급권자'라 함은 이 법에 의한 급여를 받을 수 있는 자격을 가진 자를 말하며, '수급자'라 함은 이 법에 의한 급여를 실제로 받는 자를 말한다.

부양의무자의 부양과 기타 법령에 의한 보호는 이 법에 의한 급여에 우선하여 행하여지는 것으로 한다. 다만, 다른 법령에 의한 보호의 수준이 이 법에서 정하는 수준에 이르지 아니하는 경우에는 나머지 부분에 관하여 이 법에 의한 급여를 받을 권리를 잃지 아니한다. 여기서 부양의무자라 함은 수급권자를 부양할 책임이 있는 자로서 수급권자의 직계혈족 및 그 배우자, 생계를 같이 하는 2촌 이내의 혈족을 말한다.

3. 수급자 선정기준

이 법에 의하면 수급권자는 부양의무자가 없거나 부양의무자가 있어도 부양능력이 없거나 또는 부양을 받을 수 없는 자로서 소득인정액이 최저생계비 이하인 자가 된다. 수급자 선정기준은 소득과 재산의 이원적 기준에서 소득인정액으로 통일하여 지금까지의 소득과 재산기준을 동시에 충족하여야만 수급자로 선정되고, 두 가지 기준중 하나의 기준을 충족하지 못하여 탈락되는 것을 해소하였다.

소득인정액이라 함은 개별가구의 소득평가액과 재산의 소득환산액을 합산한 금액을 말하고, 재산의 소득환산액은 급여의 결정 및 실시 등에 사용하기 위하여 개별가구의 재산 가구에 소득환산율을 곱하여 산출한 금액을 말한다. 또한 소득환산율은 이자율, 물가상승률, 부동산 및 전세가격상승율 등을 고려하여 보건복지부장관이 정하도록 되어 있다.

1) 보험단위(개별가구의 범위)

이 법에 의한 급여는 세대(개별가구)단위로 하여 행하는 것을 원칙으로 하고, 특히 필요하다고 인정하는 경우에는 개인을 단위로 하여 행할 수 있다. 여기서 개별가구의 범위는,

① 주민등록법시행령의 규정에 의한 세대별 주민등록표에 기재된 자

② 부양의무자의 배우자, 그의 미혼자녀 중 30세 미만인 자, 그와 생계 및 주거를 같이 하는 자

그러나 위에 해당하는 자라도 다음에 해당하는 자는 개별가구에서를 이를 제외하였다.

① 현역군인 등 법률상 의무의 이행을 위하여 다른 곳에서 거주하면서 의무이행과 관련하여 생계를 보장받고 있는 자

② 외국에 3월 이상 체류하는 자

③ 행형법 및 사회보호법 등에 의한 교도소·구치소·보호감호시설 등에 수용중인 자

④ 보장시설에서 급여를 받고 있는 자(여기서 보장시설이라 함은 장애인생활시설, 양로시설, 노인의료복지시설, 아동복지시설, 종합시설, 정신질환자사회복귀시설, 정신요양시설, 부랑인 보호를 위한 시설 등이다)

⑤ 실종선고의 절차가 진행 중인 자

⑥ 가출 또는 행방불명의 사유로 경찰서 등 행정관청에 신고되어 1월이 경과되었거나 가출 또는 행방불명 사실을 시장·군수·구청장이 확인한 자

보장시설에서 급여를 받고 있는 자와 아동복지법에 의하여 보호·양육 또는 위탁보호를 받고 있는 아동에 대하여는 개인단위로 급여를 행한다.

2) 선정기준

(1) 소득평가액기준

소득평가액은 개별가구의 실제소득에서 가구특성에 따른 지출요인과 근로를 유인하기 위한 금액을 뺀 소득금액을 말한다. 실제소득은 근로소득·사업소득·재산소득 및 기타소득을 합한 금액에서 퇴직금·현상금·보상금 등 정기적으로 지급되는 것으로 볼 수 없는 금품과 보육·교육 기타 이와 유사한 성질의 서비스 이용을 전제로 제공받는 보육료·학자금 기타 이와 유사한 금품을 제외한 금액이다. 여기서 기타소득은 친족 또는 후원자 등으로부터 정기적으로 받는 금품이나 각종 연금·수당 등을 말한다.

그런데 소득평가액은 실제소득에서 가구특성에 따른 지출요인과 근로를 유인하기 위한 금액을 차감한 금액인 바, 가구특성에 따른 지출요인에 해당하는 것으로는,

- 노인복지법의 규정에 의한 경로연금
- 장애인복지법의 규정에 의한 장애수당, 장애아동부양수당 및 보호수당
- 모자복지법의규정에 의한 아동양육비
- 만성질환 등의 치료·요양·재활로 인하여 지속적으로 지출하는 의료비
- 근로를 유인하기 위한 것에 해당하는 것으로는,
- 장애인이 장애복지법의 규정에 의한 장애인복지관, 장애인직업재활 시설에서 실시하는 작업재활사업에 참가하여 얻은 소득의 100분의 15에 해당하는 금액
- 자활공동체의 구성원이 당해 자활공동체에 참가하여 얻은 소득의 100분의 10에 해당하는 금액
- 학생이 얻은 근로소득 및 사업소득의 100분의 10에 해당하는 금액

(2) 재산기준

개별가구의 재산에서 부채를 차감한 금액이 재산기준이 되는데, 재산기준에 해당하는 재산은 개별가구 구성원이 소유하고 있는 건축물·토지·자동차·임차보증금·현금과 저축성예금 등이다. 이 경우 개별가구에 포함되지 아니하는 자, 즉 교도소에 수감되어 있는 자 등의 재산에 대하여는 이를 개별가구원이 사용·수익하는 경우에는 개별가구의 재산에 포함하도록 하였다. 왜냐하면, 가장이 교도소에 수용되어 있는 경우에는 가장은 이 법에 의한 개별가구원은 아니나, 가장명의의 건축물 등을 그 가족이 사용하는 경우에는 실질적으로 그 가족의 재산으로 볼 수 있기 때문이다.

또한 재산의 가액은 조사일 현재의 시가에 의하여 산정 하되, 기초생활의 유지에 필요한 기본재산, 즉 냉장고, TV 등 생활필수품은 재산에서 제외된다.

위와 같이 산정된 재산가액이 일정기준 이하인 가구라도 전용면적 20평 초과의 주택을 임차하고 있거나 15평 초과의 주택을 소유한 자, 농업종사 가구 중 농가구당 평균경지면적을 초과하는 경지 소유가구 또는 승용목적으로 자동차를 소유하고 있는 가구는 특별한 사유가 없는 한 수급자 선정에서 제외된다. 그 이유는 우리나라 국민들 중 38%만이 전용면적 20평 이상의 주거생활을 하고 있으며, 45%만이 승용차를 보유하고 있음을 감안할 때, 평균수준 이상의 주거·문화생활을 유지하는 대상자를 수급권자로 선정할 경우의 적절성 문제와 중형 이상의 주택 및 자동차의 경우 관리비, 연료비, 보험료, 조세 등 보유에 따른 유지관리비가 국가의 도움이 필요한 계층이 부담하기에는 지나치게 높다는 점을 감안하여 예외적

인 경우를 제외하고는 수급자 선정에서 제외하도록 하였다. 즉 소득평가액과 재산의 금액기준에는 부합하나 면적기준과 승용차 기준에 의해 수급자 선정에서 제외되는 자중 가구특성이나 생활실태 등으로 보아 급여가 반드시 필요하다고 인정되는 경우에는 예외적으로 시·군·구 생활보장위원회 심의를 거쳐 수급자로 선정할 수 있도록 하였다.

3) 부양의무자기준

(1) 부양의무자의 범위는 다음과 같다.

부양의무자는 수급권자의 배우자, 수급권자의 직계혈족, 수급권자의 직계혈족의 배우자와 수급권자와 생계를 같이 하는 2촌 이내의 혈족으로서 세대별 주민등록표에 함께 기재되었거나 생계 및 주거를 같이 하는 수급권자의 형제·자매이다.

(2) 부양의무자에는 해당되나 부양능력이 없는 자로 보는 자는 다음과 같다.

① 수급자, 직계존속 또는 장애인복지법에 의한 중증장애인인 직계비속을 자시의 주거에서 부양하는 자, 차상위계층(수급자가 아닌 자로서 실제소득이 최저생계비의 100분의 120 미만인 자로서 경제여건의 변화에 따라 수급자가 될 가능성이 있는 자) 또는 일용근로 등에 종사하는 자로서 재산가액이 수급권자 및 당해 부양의무자 각각의 재산기준을 합산한 금액의 1.2배 미만인 자

② 기타 질병·교육·가구특성 등으로 인하여 부양능력이 없다고 인정되는 자

③ 소득이 수급권자 및 당해 부양의무자 각각의 소득기준을 합한 금액의 1.2배 미만이고, 재산가액이 수급권자 및 당해 부양의무자 각각의 재산 기준을 합한 금액의 1.2배 미만인 자로서 부양비를 매달 수급권자에게 지원하는 자. 이 경우 그 부양비는 수급권자의 소득에 포함한다.

(3) 부양능력이 있는 자

소득 또는 재산이 수급권자 및 당해 부양의무자의 최저생계비 또는 재산기준의 1.2배 이상인 자. 다만, 부양능력이 있더라도 징집 또는 소집된 자, 해외이주자. 교도소 등에 수감 중인 자, 행방불명자 및 부양을 기피 또는 거부하는 경우에는 부양의무자가 있더라도 부양을 받을 수 없는 경우로 보아 수급자로 선정될 수 있다. 이 경우 부양을 거부 또는 기피하는 부양 의무자에 대하여는 보장비용을 강제징수하도록 하고 있다.

4) 수급자 선정절차

(1) 급여의 신청

생활이 어려운 저소득가구의 가구주·가구원·친족 및 기타관계인이 직접 시장·군수·구청장에게 신청하는 것이 원칙이고 예외적으로 급여를 필요로 하는 저소득층이 누락되지 아니하도록 하기 위하여 생활은 어려우나 급여신청을 하지 않았거나 신청서를 작성할 수 없는 가구에 대하여는 본인의 동의를 얻어 사회복지공무원이 직권으로 신청 할 수 있다.

(2) 조 사

급여의 신청을 받은 시장·군수는 신청인이 수급자 선정기준에 해당하는지의 여부를 확인하기 위하여 조사를 하여야 한다.

① **신청조사** : 수급권자에 대한 급여신청이 있는 경우 사회복지전담공무원이 급여의 결정 및 실시에 필요한 조사 실시

② **확인조사** : 수급자 및 급여의 적정성을 확인하기 위하여 연간조사계획에 따라 매년 1회 이상 정기적으로 조사 실시

③ **차상위계층조사** : 다음 연도에 급여가 필요할 것으로 예측되는 수급권자의 규모를 파악하기 위하여 수급권자의 차상위계층에 대하여 조사 실시

(3) 조사대상자

① **신청조사** : 급여신청가구 및 그 부양의무자 가구

② **확인조사** : 수급자 가구 및 그 부양의무자 가구

③ **차상위계층조사** : 급여신청대장에 기재된 자 중 수급자가 아닌 자, 생계곤란 등의 사유로 다른 법률에 의한 지원을 받고 있는 자, 관할 구역 내 사회복지 관련기관에서 생활이 어려운 자들을 대상으로 실시하는 사업에 참여하고 있는 자, 기타 급여가 필요하다고 인정되는 자

(4) 조사내용

① 부양의무자 유무, 부양의무자의 부양능력 및 부양여부

② 수급권자 및 부양의무자의 소득·재산

③ 수급권자의 근로능력·취업상태·자활욕구 등 자활지원계획수립에 필요한 사항

④ 기타 수급권자의 건강상태, 가구특성 등 생활실태

한편 수급자의 선정을 위한 조사는 매년 1회 이상 정기적으로 조사하고 있어서, 조사한 후 다음 해 조사일 사이에 새로이 수급권자의 범주에 속하게 되거나 또는 그 반대로 보호사유가 소멸되는 경우 및 수급자의 이동상황 등은 그 말단행정기관에서 정확하게 파악·대처하기가 어렵게 되어 있다. 또한 대상자 선정은 조사일을 기준으로 일정한 주거를 갖고 있는 자만을 대상으로 하기 때문에 주거가 일정하지 않은 수급권자에게는 조사가 실시되지 못한 탓으로 주거라고 할 수 없는 토막집이나 천막집 등에서 거주하는 자와 노숙자에 대한 실태가 파악되지 못하고 있다.

그러므로 수급자를 선정함에 있어서는 다음 사항을 주의하여야 한다.

첫째로, 기존의 임의적이며 어느 정도의 예산허용 범위 안에서 대상규모를 정하는 방법은 지양되어야 한다. 보다 합리적이고 객관적인 대상을 선정하기 위해서는 객관적인 최저생활비 계정기준을 작성하여 활용하고, 도움을 요하는 사람들이 자진하여 수급신청을 하도록 제도화하여야 하며, 수시로 정확한 실태를 파악할 수 있는 조사방법이 활용되어 임의적 대상선정방법에서 필요즉응의 방법으로 개선되어 나가야 할 것이다.

둘째로, 자산조사의 과정에서 행정편의가 앞설 때에는 자칫 국민에 대한 권리침해나 감정의 손상을 가져올 수 있으므로 신중을 기하여야 할 것이다. 현재와 같이 자산조사의 항목을 경지면적·동산·부동산·1인당 월평균 소득액 등으로 한정한다면 실제의 객관적인 조사·평가의 방법이 되지 못한다.

5) 조사기간

① 신청조사 : 급여신청서 접수 즉시 조사

② 확인조사 : 시·군·구별로 연간조사계획에 따라 매년 1회 이상 실시

- 재산의 경우 매년 1회 조사(다만, 주소지 변경 시는 즉시 조사)
  소득의 경우 근로능력이 없는 자, 상시근로자, 농어민은 매년 1회 조사하고, 근로능력이 있는 자로서 임시·일용직·자영업자 또는 조건부수급자 등은 매 분기마다 조사
- 부양의무자는 매년 1회 조사하되, 부양능력이 있으나 부양을 기피하는 부양의무자의 부양여부 확인은 매 분기마다 조사

자산 조사 시 전산조회를 통하여 확보한 자료를 원칙으로 하되, 전산자료의 미

정비나 시차 등으로 인해 전산자료가 불확실한 경우 반드시 추가확인이 필요한 사항에 대한 사실확인자료를 첨부하고, 수급권자 또는 부양의무자가 조사를 거부·방해·기피하거나 의료·검진·지시 등에 따르지 아니한 때에는 급여신청을 각하하거나 급여결정 취소 또는 급여의 정지, 중지를 할 수 있다.

조사는 읍·면·동의 사회복지전담공무원이 수행하되, 확인조사 및 차상위계층 조사 시에는 사회복지관의 사회복지사나 읍·면·동 공무원, 시·군·구 공무원, 통·반장 등을 조사보조인력으로 활용할 수 있다.

4. 급여의 결정

시장·군수·구청장은 신청에 의한 조사결과를 검토하여 지체 없이 급여실시여부와 급여내용을 결정하여야 하며, 차상위계층 조사 실시 후 최저생계비의 변동으로 새로이 수급자가 되는 경우에는 매년 1월에 급여실시여부와 급여내용을 결정하고, 급여개시일은 1월 1일을 기준으로 한다.

읍·면·동 사회복지전담공무원은 시·군·구의 결정내용을 보건복지행정시스템에서 확인하고, 그 결정요지, 급여종류, 방법 및 급여개시시기 등을 명시한 "복지대상자통지서"를 발행하여 수급권자 또는 신청자에게 통지하여야 하는데, 통지는 신청일로부터 14일 이내에 하여야 하며, 조사에 시일을 요하는 특별한 사유가 있는 경우에는 30일 이내에 할 수 있다.

1) 급여의 실시

이 법에 의하여 실시하는 급여는 생계급여, 주거급여, 의료급여, 교육급여, 해산급여, 장제급여 및 자활급여이다. 의료급여는 의료급여법이 정하는 바에 의하여 실시되고 주거급여는 종전에는 생계급여에 포함하여 지급되었으나, 이 법에서는 수급자의 주거실태에 따른 적정한 급여가 이루어지도록 하여 수급자가 보다 나은 주거환경에서 거주할 수 있도록 유도하기 위하여 '주거급여'를 분리·신설하였다.

(1) 생계급여

생계급여는 수급자에게 의복·음식물 및 연료비 기타 일상생활에 기본적으로 필요한 금품을 지급하여 행한다.

급여의 개시는 급여신청일로 소급하여 개시하는데, 다만 최저생계비의 변경으로 인하여 매년 1월에 새로이 수급자로 결정되는 자에 대한 급여는 해당 연도 1월 1일부터 급여를 개시한다.

급여의 지급은 금전지급을 원칙으로 하나, 적당하지 않다고 인정되는 경우에는 물품으로 지급할 수 있다. 지급일은 매월 20일에 정기지급 하되, 수급자 계좌에 직접 입금조치하고, 수급자가 금융기관 또는 체신관서가 없는 지역에 거주하는 부득이한 사유가 있는 경우에는 해당 금전을 수급자에게 직접 지급한다.

급여의 중지사유는 수급자가 사망하거나 수급자의 자격요건을 상실한 경우 또는 수급자가 급여의 전부 또는 일부를 거부하거나, 조건부수급자가 조건을 불이행하여 생계급여 중지를 결정한 경우이다.

(2) 조건부생계급여

근로능력 있는 수급자(18세 이상 62세, 2004. 1. 1 이후는 64세 이하의 수급자)에게 자활지원계획에 따라 자활에 필요한 사업에 참가할 것을 조건으로 생계급여를 실시하는 것을 말한다. 급여의 개시는 급여신청일을 소급하여 지급한다. 그러나 수급자가 조건을 불이행하였다는 통보를 받았거나 그 사실을 확인한 때에는 조건을 이행할 때까지 3월간 수급자 본인의 생계급여의 지급을 중지한다. 3월이 경과한 후에도 조건을 이행하지 않는 경우에는 조건을 이행할 때까지 계속하여 급여를 중지한다.

지급중지액은 조건부 수급자 본인의 생계급여액 전액을 지급중지 하는데, 지급중지액은 당해 가구의 생계급여액을 가구원수로 나눈 1인의 생계급여액을 가구원 전체 생계급여액에서 차감한다. 조건 불이행으로 급여가 중단된 수급자가 당초 부과된 조건을 이행하는 경우에는 조건이행을 재개한 다음 달부터 급여를 재개한다.

(3) 긴급생계급여

수급자가 급여신청 이후 급여실시여부 결정전에 긴급히 생계급여를 하여야 할 필요가 있는 경우에는 시장·군수·구청장의 직권으로 생계급여를 실시한다.

긴급급여의 대상은,

- 소득원의 사망, 질병 또는 행방불명 등으로 갑자기 생계유지가 어려운 경우
- 부 또는 모의 가출 등으로 갑자기 생계유지가 어려운 경우
- 천재지변이나 화재 등으로 재산·소득상의 손실이 발생하여 갑자기 생계유지가 어려운 경우
- 기타 거주지 외의 지역에서 거주하고 있으나 소득이 없어 생계유지가 어려

운 경우

급여시기는 급여신청 후 급여결정전에 지급하는데 정기지급일과 상관없이 지급하며, 그 기간은 1월로 하되, 필요시에는 1월에 한하여 연장 가능하다.

(4) 주거급여

무주택자로서 타인의 주택을 유료로 임차하고 있는 자와 영구임대아파트거주자를 그 대상으로 한다. 다만 전세금을 대여 받고 거치 기간 중에 있는 수급자는 제외한다. 지급액은 보건복지부장관이 매년 정하는 상한액 및 하한 액의 범위 안에서 수급자가 매월 주택임차의 대가로 지불하는 금액의 100분의 50으로 한다.

수급자에게는 주택의 유지수선비를 지급하며, 경우에 따라서는 점검과 수선서비스를 제공하는 것으로 대체할 수 있다. 점검대상주택은 자가 거주자의 주택에 한하며, 매 3월을 원칙으로 하되 2차 점검부터는 주택의 상태에 대한 1차 점검결과에 따라 점검주기를 결정하여 실시한다.

(5) 교육급여

교육급여는 저소득층 자녀에 대하여 적정한 교육기회를 제공함으로써 자립능력을 배양함과 동시에 빈곤의 세대전승을 막기 위한 제도이다. 지원대상자는 수급자중 초·중등교육법의 규정에 의한 중·고등학교에 입학 또는 재학하는 자 및 이와 동등한 학력이 인정되는 각종학교, 평생교육법에 의한 평생교육시설의 학습에 참가한 자이다.

지원내용은 입학금·수업료·육성회비 전액이나, 수급자가 초·중등교육법 등 다른 법령에 의하여 중학교 의무교육을 받거나 학비를 감면 또는 면제받는 경우에는 그 감면범위에 해당하는 학비는 지원하지 아니한다. 다만, 장학금 수혜자 또는 장학상 필요한 경우의 학비감면자에 대하여는 학비 전액을 지급한다.

(6) 해산급여

해산급여는 수급자에게 조산, 분만전과 분만 후의 필요한 조치와 보호를 위하여 행하는 급여로써, 수급자나 그 세대주 또는 세대주에 준하는 자에 대하여 출산여성 1인당 20만원을 현금으로 지급한다.

(7) 장제급여

수급자가 사망한 경우 사체의 검안·운반·화장 또는 매장 기타 장제조치를 행하는데 필요한 금품을 지급하는 것으로서 수급자 사망 시 구당 50만원을 현금으로 지급한다. 다만, 이에 의할 수 없거나 이에 의하는 것이 적당하지 아니하다고 인정하는 경우에는 물품을 지급함으로써 행할 수 있다.

(8) 자활급여(조건부생계급여)

자활지원사업에는 수급권자가 모두 참여할 수 있으나, 조건부 수급권자는 의무적으로 참여하여야 하며, 사업의 효과성을 제고하기 위해 자활사업특례자·차상위계층·일반수급자도 참여할 수 있다.

조건부 수급권자는 근로능력자 중 자활지원사업에 참가할 것을 조건으로 생계비를 지원받는 수급자를 말한다. 이 때 근로능력자라 함은 18세 이상 60세 이하 수급자로서 중증장애인, 2개월 이상 치료·요양이 필요하거나 임산부 등은 제외된다.

근로능력자라고 하더라도 주 3일 이상 근로에 종사하여 소득활동을 하고 있는 현재 취업자나 미취학자녀양육·치매노인간병 등 가정형편상 사업 참여가 곤란한 경우, 군 제대자·학교졸업자(3개월) 등은 조건부 수급자에서 제외된다.

조건제시유예자는 조건부수급자이나 고용여건 등 현실적으로 자활지원사업 시행이 곤란한 상황을 감안하여 한시적으로 조건부과 없이 생계급여를 지급 받는 대상자를 말한다.

조건부수급권자 이외에 자활지원사업에 참여할 수 있는 대상자인 자활급여 특례자는 자활공동체 등 자활사업 참여를 통한 가구소득이 최저생계비를 초과하는 수급권자를 말한다. 이들에 대해서는 생계급여는 지급하지 않고 자활사업 참여를 일정기간 동안 인정하게 된다.

법 제9조에서는 근로능력이 있는 수급자에게 자활에 필요한 사업에 참가할 것을 조건으로 하여 생계급여를 지급하도록 하고, 제30조에서는 조건을 이행하지 아니할 경우에는 조건을 이행할 때까지 수급자 본인의 생계급여를 지급하지 아니하도록 하였다. 즉 수급자에게 기초생활보장의 기반 위에서 취업 또는 각종 자활사업에 참여할 수 있는 기회를 제공함으로써 실질적인 자립자활을 도모하려는 것이다.

이는 단순한 근로기회 제공의 차원을 벗어나 수급자 가구의 생애 전반에 대한 장기적인 전망 하에 가구별 자활지원계획을 수립하고, 그에 따른 자활급여를 제공함으로써 근로능력 있는 수급자에 대하여는 근로의욕 저하 및 빈곤의 함정(Poverty Trap)에 빠지는 것을 방지하는데 그 의의가 있다.

자활급여는 수급자의 자활을 조성하기 위하여 다음 각 호의 1에 해당되는 급여를 행하는 것으로 한다(법§15).

① 자활에 필요한 금품의 지급 또는 대여

자활에 필요한 생업자금으로 수급자에게 사업의 창업, 운영 등에 필요한 자금을 대여할 수 있다. 생업자금을 대여 받은 수급자가 대여신청당시의 목적대로 생업자금을 사용하지 아니하는 경우에는 시정을 요구할 수 있으며, 수급자가 정당한 사유 없이 그 시정요구를 이행하지 아니한 때에는 대여한 생업자금을 수급자로부터 회수할 수 있다.

② 자활에 필요한 기능습득의 지원

자활에 필요한 기능습득의 지원은 수급자 중 직업훈련이 가능한 자를 직업훈련기관에 위탁하여 직업훈련을 받도록 하고, 그 훈련에 필요한 준비금·수당·식비 등을 지원한다.

보건복지부장관은 직업훈련 대상자의 규모, 훈련 직종, 대상자 선정기준 등이 포함된 직업훈련의 지원에 관한 계획을 매년 수립하여야 하며, 이 경우 취업효과를 높이기 위하여 훈련 직종의 선정 등에 관하여는 관계중앙행정기관의 장과 협의하여야 한다.

③ 취업알선 등 정보의 제공

시장·군수·구청장은 수급자에게 그 능력 및 적성에 맞는 직업에 취업할 수 있도록 직업상담 및 직업적성검사 등 적절한 직업지도와 취업알선 등을 직접 또는 직업안정기관에 위탁하여 제공할 수 있다. 저소득층을 빈곤에서 벗어나게 하는 가장 확실한 방법은 안정적인 수입원인 직업을 갖도록 하는 것이다. 공공직업 훈련 사업은 유사계층을 대상으로 각 부처에서 븐산 실시함에 따른 예산의 낭비와 훈련사업의 효율성이 저하되고 있어, 1993년도부터는 저소득층의 직업훈련업무를 노동부에 위탁하여 통합 실시하고 있다.

④ 공공근로 등 자활을 위한 근로기회의 제공

시장·군수는 자활에 필요한 기능습득의 지원과 근로기회의 제공을 위하여 수급자에게 공익성이 높은 사업 또는 지역주민의 복지향상을 위하여 필요한 사업 등에서 유급으로 근로할 수 있는 기회를 제공할 수 있다.

자활근로사업은 종전 단순노무 중심의 취로사업과 달리 자활을 촉진하기 위하여 보다 장기적인 계획 하에서 기술습득 지원과 동시에 근로기회를 제공하는 자활지원사업의 한 종류이다. 동 사업은 공익성이 높은 사업 또는 지역주민의 복지향상을 위하여 필요한 사업 등에서 유급으로 근로할 수 있는 기회를 제공하게 된다.

자활근로사업의 목적은 주로 일반 노동시장 취업이 어려운 수급권자를 대상으로 틈새시장에서 자활공동체 등 공동창업 설립을 위한 기초능력을 배양할 수 있도록 운영하는데 있다. 특히 자활근로사업은 취업능력이 상대적으로 낮아 일반시장 진입이 어려운 조건부 수급자의 근로능력 향상과 지역주민의 삶의 질을 동시에 높이기 위해 사회적으로 유용한 서비스를 제공하는 일자리를 확대할 계획이다. 즉 치매노인 간병, 저소득층 주택의 점검, 수선을 위한 집수리도우미사업, 숲가꾸기 등 산림사업, 자원재활용사업, 청소, 세탁업 등을 들 수 있다.

지역봉사활동을 통해 수급권자의 근로의욕 유지와 지역사회에 기여하기 위하여 지역사회·환경·복지도우미 형태로 운영된다. 지역봉사는 지방자치단체가 직접 시행하거나 자원봉사센터·사회복지관 등 민간위탁기관을 통해 운영되는 등 지역여건에 맞게 추진하고 있다.

⑤ 자활에 필요한 시설 및 장비의 대여

생업자금융자사업은 저소득층의 생업기반 조성과 조기자립을 유도하기 위하여 창업을 원하는 개인 또는 공동체에 대하여 사업의 창업·운영 등에 필요한 자금을 대여하는 사업이다.

정부에서는 1982년부터 재정자금특별회계에서 매년 50억 원을 확보하여 농협중앙회와 국민은행을 통하여 저소득층에게 200만원을 한도로 지원해 주었으며, 1987년 이후 사업비와 융자한도액을 확대·인상하여 2001년에는 총사업비 400억원을 가구당 최고 2,500만원을 한도로 5년 거치, 5년 상환을 조건으로 융자·지원하고 있다.

2) 생활보장사업의 고려대상

(1) 대상자선정상의 문제 및 개선방안

현재 우리나라의 생활보장사업에서 근본적으로 제기될 수 있는 문제는 국가로부터 보장을 받아야 할 수급자에게 그들의 욕구충족과 문제해결에 적절한 수준의 부조가 주어지고 있느냐 하는 것이다.

이 문제에 대한 긍정적인 대책이 나오지 않는 한 생활보장사업은 수급자에게 자활능력을 배양시켜주지 못하고 만성적이 의타심을 조장시켜 줄 뿐 아니라 막대

한 국가재원을 낭비하는 결과를 초래한다고 볼 수밖에 없을 것이다.[1)]

국민기초생활보장법에 근거하여 보건복지부가 매년 각 시·도에 시달하고 있는 수급권자의 조사와 선정기준에는 몇 가지 문제점이 있다.

첫째, 자활급여수급자의 선정은 대도시, 중소도시, 농어촌대상가구의 1인당 월 평균소득을 구분하여 그 기준을 삼고 있는데 실제에 있어서 대상가구의 소득을 파악하기란 거의 불가능에 가까운 것으로서 대부분의 조사에 나선 동직원이 통·반장들의 임의적 보고에 의하여 선정하고 있는 실정이다. 이와 같은 현상은 선진국에서 공공부조 대상자에게 실시하는 자산조사(Means Test)와 같은 제도가 정착되어 있지 못하고 면접과 가정방문 등을 통하여 자격요건을 파악할 수 있는 전문 인력의 부재에서 연유된다고 보아진다. 또한 설사 소득에 관해 대상자의 대상가구별 조사가 행하여진다고 하더라도 일반적으로 소득은 과소 보고되고 지출은 과다 보고되는 경향이 있을 것이며, 특히 수급자의 경우 소득원의 파악이 어렵게 되어 있어서 신빙성 있는 조사를 하지 못할 위험이 있다.

둘째, 이와 같은 객관적 선정기준의 결여는 행정단위간의 수급자 선정에 있어서 형평성을 잃게 하고 있음은 물론 비전문가에 의한 자의적 선정으로 말미암아 수급대상에서 누락된 가구가 발생하고 있으며 이와 관련하여 주민들 간에 많은 불평이 야기되고 있다.

셋째, 수급자 선정을 위한 조사는 매년 정기적으로 1회 실시하는데 한번 선정된 가구는 좀처럼 수급자에서 제외되지 않아 보장원인의 변동에 탄력적으로 대응하지 못하고 있으며, 조사일 기준으로 일정한 주거를 가지고 있는 者만을 조사대상으로 하고 있기 때문에 주거가 일정하지 않은 수급권자 즉 움·천막, 토막, 노천 노숙자 등에 대한 실태와 보호가 미흡하다.

수급자 선정의 공정성을 제고하기 위하여서는 사회복지 전달체계의 쇄신이 선행되어야 할 것이다. 즉 행정조직에 의한 조사로서는 비전문성, 업무의 과다, 조사기간의 단기 등으로 인하여 공정을 기하기 어렵게 되어 있다. 특히 행정편의를 위하여 통·반장들이 선정의 핵심적 역할을 담당하고 있으며, 또한 그들이 자활급여대상자로 선정되는 사례가 허다한 실정이다.

따라서 복지사업전담 행정조직을 영세민 거주지역내에 설치하여 전문요원과 자원봉사자가 장기간에 걸쳐서 빈곤가구의 생활실태를 파악함으로써 수급자 선정을 하여야 할 것이다. 자활급여대상자 선정의 기준은 물론 엄밀히 계산된 빈곤선에

1) 서상목 외 6인, 「빈곤의 실태와 영세민 대책」, 서울, KDI, 1981, pp. 190~191.

의하여 결정되어야 할 것이나 빈곤가구의 경제생활 구조상 정확한 소득액과 소득원을 파악하기가 힘들기 때문에 대상자의 선정은 전문요원의 장기간에 걸친 관찰과 조사에 의하여 종합적으로 판단되어져야 할 것이다.

우리나라의 경우 기존의 행정조직 외에 새로운 복지전담행정조직을 설치하는 것은 엄청난 예산을 수반하게 되므로 차선책으로 현행방식에서 개선방안을 찾아보면 다음과 같다.

첫째, 조사담당 기관인 일선동사무소에 지역 내의 빈곤가수의 수에 따라 2인~5인 정도의 사회담당 직원을 두어야 할 것이다. 현행은 동사무소 전 직원이 몇 개씩의 통을 담당하여 통장의 보조를 받아서 선정을 하는 실정이나 통담당 직원의 빈곤가구에 대한 정보제공에 따라서 사회담당직원이 관찰, 조사, 선정하여야 할 것이며 사회담당 직원에게는 일정의 수당지급을 실시하여야 할 것이다.

둘째, 빈곤가구에 대한 조사는 그 전담직원에 대한 사전교육이 철저히 실시되어야 할 것이다. 조사방법론에 의한 조사기법과 정확한 자산조사·소득원·소득액·소비·지출액에 대한 조사기준, 지침교육이 조사 실 시전에 선행 실시되어야 할 것이다.

셋째, 조사틀 1년에 1회 이상 정기적으로 실시하고 있는데, 아무리 전문가라도 철저한 조사, 공정한 조사를 실시하기가 어렵다. 따라서 조사기간은 동사무소의 사회업무 전담직원이 6개월 이상 조사에 전념할 수 있도록 하여야 할 것이다. 1년에 6개월을 조사에 투입함으로써 공정한 대상자 선정을 하는 동시에 수시로 수급대상이 되지 않는 가구는 그 대상에서 제외함으로써 보호를 중지시킬 수도 있을 것이다.

넷째, 국민기초생활보장법에도 규정되어 있는 신청보호를 확대실시 하여야 할 것이다. 신청보호제도는 홍보가 덜되어 있어서 제도 자체를 모르는 빈곤가구가 많을 뿐 아니라 우리나라의 경우 자활급여대상자에 대한 수급권이 자활급여대상자의 권리로서 인식되지 못하고 다만 국가의 시혜로 인식되어 있는 현실이어서 제도의 정착이 어려운 실정이다.

다섯째, 현재 각 동사무소에서 자활급여대상자 선정을 심의하는 기구인 생활보장위원회가 유명무실하여 그 기능을 발휘하지 못하는 실정이므로 그 기능 활성화를 위해서는 위원들에 수당 지급 등을 통하여 선정의 객관성을 확보하여야 할 것이다. 특히 선정심의 시에 이웃주민의 청문 등은 선정의 객관성을 확보하고 물의와 불평을 야기시키지 않은 좋은 방법이라고 하겠다.

여섯째, 재원의 조달과도 관련되는 문제이나 선정을 현행같이 예산의 범위 안에서 하지 말고 경제적 분석과 계산에 의하여 결정된 빈곤선 이하의 계층은 전원이 수급자로 선정될 수 있도록 하여야 할 것이다. 선정의 기준이 절대빈곤선 이하에 있는 경우 아무리 그 기준에 맞는 공정한 선정이 되었다고 하더라도 절대빈곤선 이하, 선정기준액 이상에 있는 빈곤가구는 선정의 공정성에 의심을 가질 수밖에 없기 때문이다.

(2) 프로그램 내용상의 문제 및 개선방안

생활보장사업을 포함한 모든 공공부조사업의 내용은 무엇보다도 수급자의 기본적인 욕구를 충족하여 그들이 가지고 있는 문제를 해소해서 자활의 길을 찾는 방향으로 주어져야 함은 물론이다.

그러나 우리나라의 국민기초생활보장법에 의하여 제공되고 있는 생계급여, 주거급여, 의료급여, 자활급여, 교육급여, 해산급여, 장제급여는 그 보장의 질과 양에 있어서 생활보장대상자가 가지고 있는 욕구와 문제의 성격에 맞지 않거나 한정적이라고 할 수 있다.

급여상의 문제는 재가보호자와 시설보호자에게 지급되고 있는 양곡과 부식비 등의 보장수준은 국민기초생활보장법상에 규정된 건강하고 문화적인 최저생활을 유지할 수 있는 수준이 되지 못하며 재가보호자의 경우 가구의 특성과 실정을 고려하지 않고 획일적, 평면적으로 주어지고 있는 실정이다. 보건복지부의 보장대상자선정 기준액도 다분히 임의적인 것으로서 최저생계비에 근거하고 있지 않고 전년도의 수준에서 물가상승률을 감안해서 조정하고 있어서 그 타당성이 의문시되고 있다.

이러한 운영 실태는 수급자의 현실을 전혀 고려하지 않고 있는 이러한 법령의 추상성에서 오는 문제점과 더불어, 이 법령 자체는 보장의 수준이 수급자라면 그의 능력과 관계없이 모두 공평한 보호를 받을 수 있도록 되어 있다. 즉, 보장의 수준이 수급자 개개인의 필요에 따른 것이 아니라서 모두가 일률적으로 동등한 혜택을 받는 모순을 안고 있다.

공공부조는 그 재원이 국민의 세금으로 이루어지기 때문에 보장기준 이하의 보장대상자는 그의 필요한 만큼의 혜택을 받아야 함에도 불구하고 이러한 규정자체가 없는 것은 이 법령의 커다란 약점인 것이다.

또 급여의 형식은 규정상으로는 원칙적으로 금전으로 지급하도록 되어 있음에도 불구하고 실제로는 오히려 현물(쌀·보리쌀 등이 대종을 이루고 있다)을 지급하고 있어 법령과는 무관하게 시행되고 있다. 이러한 현물 중심의 보호는 수혜자로 하여금 선택의 권리를 축소시켜 그들의 자조자립능력의 향상에 제한을 가하게 되는 문제점을 안고 있으며, 현물의 운영 관리는 관리상의 어려움과 보호절차도 번잡하며, 창고비·운송비 등 추가비용이 소요되는 문제가 야기된다.

뿐만 아니라 현재의 각종 부조는 금품의 지급에만 치중되어 있고 대상자의 자활과 사회적응력을 도와주기 위한 상담·교육·훈련 등 전문적인 서비스가 결여되어 있다. 수급자의 대부분을 차지하고 있는 자활급여대상자들은 빈곤을 이유로 공공부조를 받고 있으나, 그들이 빈곤한 처지에 놓이게 된 데는 여러 비경제적인 요인이 있으며, 또한 빈곤으로 인해 가정파탄·비행·범죄 등 각종 사회문제를 일으킬 위험성이 있는데 이의 해결을 위한 사회적인 서비스가 결여되어 있어서 문제를 더욱 악화시키고 있다.

생활보장의 수준은 대폭적으로 증가하여 수급자가 건강하고 문화적인 최저한의 생활을 할 수 있도록 확대하여야 할 것이며 또한 "욕구가 있는 곳에 서비스가 있다"는 원칙에 맞추어 누구든지 보호가 필요할 때에는 수급을 받을 수 있어야 할 것이다. 생계비, 연료비, 부식비 등의 부조액도 가구별로 특성과 실태에 맞도록 과학적으로 조사된 최저생계비를 보장의 기준으로 하여 조사된 소득과의 차액만큼을 지원함으로서 균일보호로 인한 비합리성을 제거하고 수급자가 "건강하고 문화적인 최저생활을 유지"할 수 있도록 점차 최저생계비도 상대빈곤선으로 접근시켜가야 할 것이다.

또한 수급자의 구분방법에 따라서 재가보호가 되지 못하고 자활급여로 책정되어 있는 세대(노령, 질병, 여성 세대주)에 대하여는 생계급여를 할 수 있도록 하고 전반적으로 강력한 직업훈련, 취업알선정책을 펼쳐 나가야 할 것이다.

빈곤의 세습화 방지를 위하여 현재 지원하고 있는 중학교 수업료뿐만 아니라 고교과정까지 그 지원을 확대하여야 할 것이여 자활여건조성을 위한 생업자금 융자제도도 상환기일의 연장과 이자율의 대폭적 인하가 있어야 할 것이다.

또 보장급여상의 2원화된 절차에서 오는 현금 및 현물의 지급방법은 경비절약의 방안으로 가능한 한 현금지급으로 나아가는 것이 바람직하다. 현물지급 시에는 인력이나 시간의 낭비 등을 수반하게 되는데 현금지급의 경우에는 이러한 단점을 감소하고 수혜자의 선택과 자유의사를 존중하는 전달방법이 될 것이다.

물론 현물을 지급하는 경우에는 수혜의 직접적인 목적을 달성할 수 있다는 유리한 점도 있다. 따라서 이러한 점을 고려하여 상황에 맞는 적절한 방안이 선택적으로 적용되어져야 할 것이다.

기본적으로는 보장대상자를 근로능력이 없는 경우와 그렇지 않은 경우를 실태조사를 통하여 명확히 구분하여 전자에게는 최저생활유지를 위한 현금지급은 물론 이들이 필요로 하는 사회복지서비스도 아울러 제공하여야 할 것이고, 후자에게는 현금의 지급보다는 직업훈련·생업자금지원 등 자립능력의 배양을 위한 대책이 생활보장사업의 핵심을 이루어야 할 것이다. 또한 급여는 보장내용이나 수준설정 면에서 실질적으로 도움이 될 수 있는 것이라야 한다.

우리나라의 경우 아직 객관적인 최저생계비가 설정되어 있지 않으므로 과학적 산출방법에 의한 최저생계비와 이를 근거로 하는 수혜자격 결정요건이 마련되어야 할 것이다. 또 급여내용에서 대상가구의 실직소득과 관계없이 일률적으로 결정되는 경향 때문에 대상가구 간에 소득수준의 불균형을 자아내던 문제들을 개선하여야 한다. 이를 위해서 공공부조의 새로운 서비스체계를 확립하여 훈련된 요원으로 하여금 정확한 자산조사를 실시하게 하여 실생활수요를 보충할 수 있는 제도를 확립하여야 할 것이다.

그리고 수급자의 욕구에 따른 개별적인 서비스를 위해 그들이 받는 금품부조외에 전문요원으로부터 상담을 받는 것을 포함한 전문적 서비스를 수시로 또는 의무적으로 받도록 하는 것도 생각해 볼 수 있을 것이다.

(3) 전달체계상의 문제 및 개선방안

우리나라의 국민기초생활보장 전달체계는 전반적으로 제급여와 서비스 간에 통합성·계속성·책임성·접근가능성이 낮은 수준에 있다고 볼 수 있는데 이를 구체적으로 살펴보면 다음과 같다.

첫째, 현행의 공공부조 행정체계는 상의하달식의 수직적인 조직으로서 하부행정기관인 면사무소나 동사무소에는 실무직원으로서 한두 명의 사회담당직원이 다른 업무와 겸하여 보호대상자의 실태파악과 양곡급여업무·진료증의 교부, 취로증의 교부 및 취로관리 등의 과중한 업무를 담당하고 있어서 수급대상자의 실태파악 조차 제대로 할 수 없는 실정이다.

둘째, 수급자의 욕구는 경제적, 사회적, 심리적으로 복합적인 것이 상식이나 물질과 금전에 의한 단순한 구호 이외의 서비스를 제공할 인력이 부족하고 전문성도 결여되어 있다.

셋째, 도 및 시·군 단위의 생활보장업무 관장부서의 경우에 있어서도 인력이 부족하고 업무과중으로 일선업무집행의 적정을 기하기 위한 지도·감독의 기능을 원활히 수행하기 곤란하다. 또한 지방단위사업을 자체적으로 수립하고 시행하기 위한 기획조정기능이 미약하다.

넷째, 선진국의 경우 생활보장사업은 자산조사를 전제로 하여 실시하고 있으나 우리나라의 경우는 이를 행할 과학적인 기초조사가 없을 뿐만 아니라 통·반장들이 임의로 추천 보고한 대상자가 동사무소에 의하여 선정되고 있어서 누락의 염려, 정실에 의한 선정에 대한 불평의 여지가 있을 가능성이 많다.

다섯째, 생활보장의 궁극적인 목적은 수급자가 하루속히 수혜로부터 벗어나 자활할 수 있도록 하게 되는 것으로서 대상자 개개 가정의 동태, 욕구의 변동을 지속적으로 추적 파악하여야 함에도 불구하고 임기응변적, 미봉적으로 대처하는 실정이다. 이와 관련하여 현재 사용 중에 있는 수급자 대장은 그 기록이 부실하고 대상자 개개 가정의 욕구를 파악하기에는 미흡하게 되어 있다.

여섯째, 외국의 경우 전문 인력의 부족과 업무의 과중을 해소하기 위한 장치로서 자원봉사자를 보조요원으로 활용하고 있는데 우리나라의 경우 통반장이 수급대상자의 선정에 협조하고 있고 지역 내의 일부 공·사 지도자들이 생활보장위원이나 지역사회개발위원으로 활약하고 있으나 아무런 긍지나 심리적인 만족을 얻지 못하고 있는 실정이다.

그러므로 수혜자에게 적절한 급여를 주기 위해서는 공공부조의 서비스 전달체계가 어떻게 설계되느냐에 다라 수혜자 선정, 급여의 내용이 좌우된다고 하겠다. 왜냐하면 수혜자의 자격설정·급여의 종류 등 제반지침이 실질적으로 서비스의 전달업무를 맡은 행정조직 및 전달자에게서 이루어지기 때문이다.

공공부조의 행정조직은 우리나라의 경우, 중앙행정조직과 지방행정조직의 이원적 조직으로 이루어지고 있는데, 수혜자에게 무상의 원조를 주어 나아가서 그들이 자활할 수 있게 하기 위해서는 이를 전달하는 행정체계가 일반행정체계와는 다소 다르게 이루어져야 한다. 따라서 복지업무를 현행과 같이 일반 행정조직이 담당하게 될 경우 여기에서 행정 관료적인 태도를 취한다든가, 형식주의·무사안일주의 등 행정 관료들이 드러내기 쉬운 자세로 임한다면 오히려 공공부조의 본래의 의미가 크게 약화되고 말 것이다.

그러므로 행정편의위주로 되어 있는 현행의 생활보장사업 전달체계는 수급대상자의 욕구를 충족하고 문제를 해결하는데 역점을 둔 전달체계에로의 전환이 요청된다. 이를 위하여서는 행정체계의 개선이 불가피하며, 이에 다른 전문 인력의 확보와 자원봉사자의 활용이 있어야 할 것이다.

현행 우리나라 공공부조행정조직은 상의하달식의 행정조직으로만 되어 있어 수혜자와의 접근가능성이 희박하고 행정가 및 행정직원 역시 공공부조나 사회복지에 무관한 공무원들도 있다. 그러므로 단기적인 개선방안으로서는 기존의 행정체계를 유지하면서 단점을 보완하고 전문 인력(예컨대 전문사회사업가) 및 행정인력을 투입하는 방법이 있다.

생활보장사업 전달체계의 개선을 위한 장기적인 방안은 서비스의 종합성, 전문성 및 접근의 용이성을 위하여 복지사무소를 행정단위별로 시는 각구에 1개소, 구가 없는 시와 군에 1개소씩 설치하고 면과 동에는 복지사무지소를 설치하는 것이 바람직하다고 생각된다.

복지사무소는 사회복지행정의 최일선기관으로서 해당 지역사회의 생활보장사업을 운영하고 각종 사회복지서비스를 제공하여 타 기관과의 횡적관계를 유지하는 등 사회복지사업을 총괄 운영하는 기구로 만들어야 한다.

(4) 재원조달상의 문제 및 개선방안

현재 수급자에 대한 정부의 실행예산액과 추정된 필요예산액 간에는 큰 차이를 보이고 있다.[2)]

우리나라의 사회보장비용은 그동안 사회보장의 내용이 개선되었다고 하나 GDP 대비 2% 수준을 넘지 못하고 있으며 외국의 사회보장급여 수준이 국민소득 대비 10~20% 이상인 것에 비하여 우리나라 사회보장의 재정규모는 낮고 사회보장을 통한 소득재분배를 기하여 국민생활은 안정케 하기에는 미흡하다고 하겠다.

공공부조의 재원은 국민의 세금에 의해 마련되는 것이므로 전액 국가부담인 것이 통례이다. 그러나 지금까지의 경제개발 우선의 정책으로 인하여 공공부조의 재원할당은 불충분하였으며, 이로 인하여 사회복지서비스도 활발하지 못하였다.

우리나라와 같이 국방비 등의 경직성 경비가 큰 나라에서는 다른 조달방법을 강구하지 않을 수 없다. 에콰도르, 이란 같은 나라에서는 공공부조 비용을 호텔, 카바레 계산서, 석유, 사치품 등에 일종의 목적세로 부과하고 있으며, 필리핀의 경우 기업이윤의 1%를 자발적으로 기부하도록 유도하고 있다.

우리나라의 경우 빈곤계층을 위한 생활보장사업의 예산이 충분히 計上될 수 없는 실정이므로 일정선 이상의 부유층에 재산세, 종합소비세 등에 부가하여 소위

---

2) 徐相穆, 「公共扶助事業의 現況과 改善事業」, 한국개발연구, 제2권 제4호, 1980, pp. 93~94.

부유세 등을 부과하거나 특정 사치품에 목적세를 신설하여 생활보장보호사업의 재원조달에 도움을 줄 수 있는 방안을 강구하여야 할 것이며, 그러한 방식은 우리나라의 상부상조의 전통에 비추어 조세저항도 크지 않을 것으로 판단된다.

5. 보장기관

국민기초생활보장법에 의한 보장행정체계는 보건복지부를 정점으로 하여 각도가 보건행정의 기획·조정 등을 관장하고 말단조직인 읍·면·동에서 수급대상자의 선정 및 보장실시 업무를 담당하고 있다.

이와 같은 현행의 공공부조 행정체계는 상의하달식의 수직적인 조직으로서 하부 행정기관인 면이나 동사무소에는 실무직원으로서 한두 명의 사회담당직원이 수급대상자의 실태파악과 급여업무 및 진료증의 교부·노무관리 등의 업무를 담당하고 있다.

국민기초생활보장법상 급여를 전달하는 구조는 2원화된 체계를 갖고 있다. 즉 보장기관이 직접 보호를 하는 것과 보장시설이나 개인의 가정에 위탁하여 보호하는 방식이다.

1) 직접보호

이 법에 의한 급여는 수급권자 또는 수급자의 거주지를 관찰하는 서울특별시장·광역시장·시장·군수가 행하다. 다만, 주거가 일정하지 아니한 경우에는 수급권자 또는 수급자가 실제 거주하는 지역을 관할하는 시장·군수가 행한다.

2) 위탁보호

보건복지부장관과 시·도지사는 수급자를 각각 국가 또는 당해 지방자치단체가 경영하는 보장시설에 입소하게 하거나 다른 보장시설에 위탁하여 급여를 행할 수 있다.

수급권자 또는 수급자가 거주지를 변경한 때에는 이들로부터 주민등록증의 전입신고를 받을 때 전 거주지에서 이송된 수급권자 또는 수급자에 관한 대장을 확인하여 전 거주지 보장기관에서 실시하던 보호 또는 실시하려던 보호를 행할 수 있도록 필요한 조치를 취하여야 한다.

보장기관은 수급권자·수급자·차상위계층에 대한 조사와 수급자 결정 및 급여의 실시 등 이 법에 의한 보장업무를 수행하게 하기 위하여 사회복지사업법의 규정에 의한 사회복지전담공무원을 배치하여야 한다.

3) 생활보장위원회

이 법에 의한 생활보장사업의 기획·조사·실시 등에 관하여 필요한 사항을 심의·의결하기 위하여 보건복지부와 서울특별시·광역시·도·시 및 군에 각각 생활보장위원회를 둔다(법§20). 중앙생활보장위원회의 기능은 다음과 같다.

① 생활보장사업의 기본방향 및 대책수립
② 소득인정액 산정방식의 결정
③ 급여기준의 결정
④ 최저생계비의 결정
⑤ 보장기금의 적립·관리 및 사용에 관한 지침의 수립

지방생활보장위원회의 기능은 다음과 같다.

① 시·도의생활보장사업 기본방향 및 시행계획의 수립에 관한 사항
② 시·도 자활지원계획에 관한 사항
③ 당해 시·도가 실시하는 급여에 관한 사항
④ 보장기금의 설치·운용에 관한 사항

중앙생활보장위원회는 위원장을 포함하여 10인 이내의 위원으로 구성하고, 위원은 보건복지부장관이 다음에 해당하는 자중에서 위촉·지명하며, 위원장은 보건복지부장관이 된다.

① 공공부조 또는 사회복지와 관련된 학문을 전공한 전문가로서 대학의 조교수 이상인 자 또는 연구기관의 연구원으로 재직 중인 자
② 공익을 대표하는 자
③ 관계행정기관 소속의 3급 이상 공무원

6. 급여의 실시

1) 급여의 신청

수급권자와 그 친족, 기타 관계인은 관할 시장·군수·구청장에게 수급권자에 대한 급여를 신청할 수 있다. 사회복지전담공무원은 이 법에 의한 급여를 필요로

하는 자가 누락되지 아니하도록 하기 위하여 관할 지역 내에 거주하는 수급권자에 대한 급여를 직권으로 신청할 수 있다. 이 경우 수급권자의 동의를 구하여야 하며, 이를 수급권자의 신청으로 볼 수 있다.

시장·군수·구청장은 급여신청이 있는 경우에는 사회복지전담공무원으로 하여금 급여의 결정 및 실시 등에 필요한 다음 사항을 조사하게 하거나 수급권자에게 보장기관이 지정하는 의료기관에서 검진을 받게 할 수 있다.

① 부양의무자의 유무 및 부양능력 등 부양의무자와 관련된 사항

② 수급권자 및 부양의무자의 소득·재산에 관한 사항

③ 수급권자의 근로능력·취업상태, 자활욕구 등 자활지원계획수립에 필요한 사항

④ 기타 수급권자의 건강상태·가구특성 등 생활실태에 관한 사항

시장·군수 등은 수급권자 또는 부양의무자의 소득·재산 및 건강상태 등을 확인하기 위하여 수급권자 또는 부양의무자에게 필요한 자료의 제출을 요구할 수 있다. 또 보장기관은 급여의 결정 또는 실시 등을 위하여 필요한 경우에는 위 조사를 관계기관에게 위촉하거나 수급권자 또는 그 부양의무자의 고용주 기타 관계인에게 이에 관한 자료의 제출을 요청할 수 있으며, 금융·국세·지방세·토지·의료보험·국민연금 및 고용보험 등 관련 전산망을 이용하고자 할 경우에는 관계기관의 장에게 협조를 요청할 수 있다.

2) 조사와 검진

보호기관은 보호의 결정 또는 그 실시 등을 위하여 필요한 경우에는 관계공무원으로 하여금 수급권자 또는 수급자의 자산상황, 건강상태 등을 조사하게 하거나 수급권자 또는 수급자에게 보호기관이 지정하는 의료기관에서 검진을 받게 할 수 있다.

보호기관은 수급권자 또는 수급자가 조사를 거부·방해 또는 기피하거나 검진시에 따르지 아니한 때에는 수급권자의 보호의 신청을 각하하거나 보호결정을 취소할 수 있으며, 수급자에 대하여는 보호의 종류·방법 등을 변경하거나 보호를 정지 또는 중지할 수 있다.

보장기관은 급여의 결정 또는 실시 등을 위하여 필요한 경우에는 수급권자 또는 수급자나 그 부양의무자의 소득·자산현황·근로능력 등에 관하여 관계기관에 조사를 위촉하거나 수급권자 또는 수급자나 그 부양의무자의 고용주 기타 관계인에게 이에 관한 자료를 요청할 수 있다.

시장·군수는 조사를 하였거나 보호신청이 있는 때에는 지체 없이 보호의 여부를 결정하여야 하며, 보호의 여부를 결정한 때에는 그 결정의 요지, 보호의 종류·방법 및 보호개시시기 등을 서면으로 수급자 또는 신청인에게 통지하여야 한다.

신청인에 대한 통지는 신청일로부터 14일 이내에 하여야 한다. 다만, 부양의무자의 자산상황 등의 조사에 시일을 요하는 특별한 사유가 있는 경우에는 신청일로부터 30일 이내에 통지할 수 있다. 이 경우에는 통지서에 그 사유를 명시하여야 한다.

보장기관은 수급자에 대하여 보호의 목적달성에 필요한 지도 또는 지시를 할 수 있되, 지도 또는 지시는 수급자의 자유를 존중하여 필요한 최소한도에 그쳐야 하며, 보장기관은 수급자의 의사에 반하는 지도 또는 지시를 강행하여서는 안 된다.

3) 급여의 변경

보장기관은 수급자의 소득·재산·근로능력 등에 변동이 있는 경우에는 직권 또는 수급자나 그 친족 기타 관계인의 신청에 의하여 그에 대한 급여의 종류·방법 등을 변경할 수 있으며, 이 경우에는 서면으로 그 이유를 명시하여 수급자에게 통지하여야 한다.

보장기관은 수급자가 다음 각 호의 1에 해당하는 경우에는 급여의 전부 또는 일부를 중지하여야 한다.

① 수급자에 대한 급여의 전부 또는 일부가 필요 없게 된 때라 함은 다음 각 호의 1에 해당하는 때를 말한다.
  ㉠ 급박한 사유가 소멸된 때
  ㉡ 수급자의 생활수준이 보호 없이도 보호의 기준에 미치게 된 때
② 수급자가 보호의 전부 또는 일부를 거부한 때라 함은,
  ㉠ 정당한 사유 없이 보장기관의 취업알선에 응하지 아니한 때
  ㉡ 직업훈련기관에 입소한 후 정당한 사유 없이 중도에 퇴소한 때
  ㉢ 생업자금을 대여신청당시의 사업계획대로 집행하지 아니한 경우에 보장기관의 시정요구에 응하지 아니한 때
③ 보호기관은 수급자가 정당한 사유 없이 지도와 지시에 따르지 아니한 때에는 그 보호의 전부 또는 일부를 일정한 기간을 정하여 정지하거나 그 보호의 전부 또는 일부를 중지할 수 있다.

7. 보장시설

1) 보장시설의 종류

보장시설이라 함은 생계급여·주거급여·의료급여·교육급여·해산급여·장제급여·자활급여를 행하는 사회복지사업법에 의한 사회복지시설로서 다음의 시설을 말한다.

① 장애인생활시설
② 양로시설, 노인의료복지시설
③ 아동복지시설, 종합시설
④ 정신질환자 사회복귀시설 및 정신요양시설
⑤ 부랑인 보호를 위한 시설

2) 보장시설의 장의 의무

보장시설의 장은 보장기관으로부터 수급자에 대한 급여를 위탁받은 때에는 정당한 사유 없이 이를 거부하여서는 안 되며, 위탁받은 수급자에게 보건복지부장관이 정하는 최저기준 이상의 급여를 행하여야 한다.

보장시설의 장은 위탁받은 수급자에게 급여를 행함에 있어서 성별·신앙 또는 사회적 신분 등을 이유로 차별대우를 하여서는 안 되며, 위탁받은 수급자에게 급여를 행함에 있어서 수급자의 자유로운 생활을 보장하여야 하고, 위탁받은 수급자에게 종교상의 행위를 강제하여서도 안 된다.

8. 수급자의 권리와 의무

1) 수급자의 권리

수급자에 대한 급여는 수급자의 생존유지와 직결되는 불가결의 것이므로 수급권 및 급여금품에 대하여 법적인 보호가 행하여지는 것이 통례이다. 국민기초생활보장법에서는 다음과 같은 법적 보호를 규정하고 있다.

① 불이익변경의 금지

수급자에 대한 급여는 정당한 이유가 없는 한 이미 결정된 급여를 불리하게 변경할 수 없다. 이 변경은 급여의 정지 및 중지를 포함하며, "정당한 이유"라 함은 이 법에 정해진 변경의 요건과 절차에 해당하는 경우에 한한다는 뜻이다. 생활상의 안정성을 보장하기 위하여서이다.

② 공과금지

생활보장제도에 의해서 급여되는 금품이므로 최저한도의 생활을 보장하기 위하여서이다.

③ 압류금지

수급자에게 지급된 급여금품과 이를 받을 권리는 사법상·공법상 압류를 당하지 아니한다.

④ 양도금지

수급자는 보호를 받을 권리를 타인에게 양도할 수 없다. 이 양도금지는 보호를 받을 권리에 한하므로 따라서 이미 지급 받은 급여금품은 그 대상이 되지 않는다.

2) 수급자의 의무

① 생활상의 의무

생활보장은 본인의 능력, 민법상의 부양의무, 다른 법률에 의한 여러 제도 등 할 수 있는 수단을 동원해서도 최저생활을 유지할 수 없는 경우에 실시하는 것이므로, 수급자는 항상 능력에 맞는 근로에 힘쓰고, 지출을 억제하며 기타 생활의 유지향상을 위하여 노력하여야 한다. 이에 위반하면 직접적인 제재는 없으나, 위반의 정도를 넘으면 제22조에 의한 지도와 지시가 행해지고 이에 따른 제재를 받는다.

② 신고의무

수급자는 거주 지역·세대의 구성에 변동이 있거나 소득·자산상황 등에 현저한 변동이 있는 때에는 지체 없이 관할 보장기관에 이를 신고하여야 한다.

③ 지도·지시에 따라야 할 의무

수급자는 보장기관이 급여의 목적달성을 위하여 수급자에 대한 조사·검진 등 필요한 지도 또는 지시를 받을 경우 이에 따라야 할 의무가 있다.

수급자가 정당한 이유 없이 보장기관의 지도 등에 따르지 않을 때에는 보장기관은 급여의 전부 또는 일부를 정지하거나 중지할 수 있다. 그러나 이 같은 지도·지시는 수급자의 자유를 존중하여 필요한 최소한도에 그쳐야 하며, 그의 의사에 반하여 강행되어서는 안 된다.

④ 비용반환에 대한 의무

급여의 정지·변경 또는 폐지에 따라 과잉 또는 잔여가 있을 때에는 보장기관의 청구에 의하여 이를 반환할 의무가 있다.

3) 이의신청권

국민기초생활보장법상의 권리구제는 다른 사회보장법과 마찬가지로 행정구제(행정심판)의 사법구제(행정소송)의 길이 열리어 있다. 또한 사법구제의 소송을 제기하기 전에 행정구제의 절차를 거쳐야 하는 이른 바 심사청구전치주의에 따라야 하는 것도 다른 사회보장법제의 경우와 마찬가지이다.

① 도지사 등에 대한 이의신청

수급자나 급여 또는 급여변경의 신청을 한 자는 그 결정의 통지를 받은 날부터 60日 이내에 시장·군수의 처분에 대하여 이의가 있는 경우에는 당해 보장기관을 거쳐 시·도지사에게 각각 서면 또는 구술로 이의를 신청할 수 있다.

이 경우 구술로 이의신청을 접수한 보장기관의 공무원은 이의신청서를 작성 할 수 있도록 협조하여야 한다. 이의신청을 받은 시장·군수는 10日 이내에 의견서와 관계서류를 첨부하여 이를 시·도지사에게 송부하여야 한다.

② 도지사 등의 처분 등

시·도지사가 시장·군수 등으로부터 이의신청서를 송부 받은 때에는 30日 이내에 필요한 심사를 하고 이의신청을 각하하거나 당해 처분을 변경 또는 취소하거나 기타 필요한 급여를 명하여야 한다.

시·도지사는 위의 처분 등을 한 때에는 지체 없이 신청인과 당해 시장·군수에게 각각 서면으로 이를 통지하여야 한다.

③ 보건복지부장관에 대한 이의신청

위 처분 등에 대하여 이의가 있는 자는 그 처분 등의 통지를 받은 날부터 60日 이내에 시·도지사를 거쳐 보건복지부장관에게 서면 또는 구술로 이의를 신청할 수 있다. 시·도지사는 이의신청이 있은 때에는 10日 이내에 의견서와 관계서류를 첨부하여 이를 보건복지부장관에게 송부하여야 한다.

④ 보건복지부장관의 재결

보건복지부장관은 이의신청서를 송부 받은 때에는 30日 이내에 필요한 심사를 하고 이의신청을 각하하거나 당해 처분의 변경 또는 취소의 재결을 하여야 하며, 지체 없이 당해 시·도지사와 신청인에게 각각 서면으로 재결내용을 통지하여야 한다.

9. 보장비용

1) 부담구분

공공부조비의 재원조달은 원칙적으로 전액 국가부담인 것이 통례이나 개발도상국에서는 이러한 공공부조에 대한 요구가 크기 때문에 다른 부문에서도 조달하고 있으며, 우리나라의 경우도 민간재원(이웃돕기, 결연금)이나 외국원조가 공공부조비의 일부를 담당하고 있다.

여기서 보장비용이라 함은 국민기초생활보장법에 의한 보장업무에 소요되는 인건비와 사무비 및 생활보장위원회의 운영에 소요되는 비용과 보장실시비용 기타 이 法에 의한 보장업무에 소요되는 비용을 말한다.

국민기초생활보장법에 의하면 재원은 전액 국가와 지방자치단체가 다음과 같이 부담한다(법§43).

① 국가 또는 시·도가 직접 행하는 보장업무에 소요되는 비용은 국가 또는 당해 시·도가 부담한다.

② 수급자를 국가 또는 시·도가 경영하는 보장시설에 입소하게 하거나 다른 보장시설에 위탁하여 급여를 행하는 경우에 그 급여비용은 국가 또는 당해 시·도가 부담한다.

③ 시·도, 시·군이 행하는 보장업무에 소요되는 비용 중 인건비·사무비와 생활보장위원회의 운영에 소요되는 비용은 수급자 분포, 재정자립도 등을 고려하여 다음과 같이 국가부담율, 시·군·구 부담비율을 차등하여 적용할 수 있다.

- 특별시가 관할하는 자치구의 경우에는 그 총액의 100분의 50 이하를 국가가 부담하고, 국가부담제외분의 100분의 50 이상을 특별시가, 그 100분의 50 이하를 당해 자치구가 부담한다.
- 광역시 및 도가 관할하는 시·군·구의 경우에는 그 총액의 100분의 80 이상을 국가가 부담하고, 국가부담제외분의 100분의 50 이상을 당해 광

역시 및 도가, 100분의 50 이하를 당해 시·군·구가 부담한다.

2) 보조금

국가는 매년 이 法에 의한 보장비용 중 국가부담예정합계액을 각각 보조금으로 교부하고, 그 과부족은 정산에 의하여 추가로 교부하거나 반납하게 한다.

시·도는 매년 시·군·구에 대하여 국가의 보조금에, 시·도의 부담예정액을 합하여 보조금으로 교부하고 그 과부족은 정산에 의하여 추가로 교부하거나 반납하게 한다.

지방자치단체는 그 지출한 보장비용의 총액이 이미 국가(시·군의 경우에는 도)로부터 교부받은 보조금과 당해 지방자치단체부담금의 합계액을 초과한 때에는 그 초과 지출된 금액에 대하여 보조금의 교부를 국가(시·군의 경우에는 도)에 신청할 수 있다.

지방자치단체는 그 지출한 보장비용의 총액과 이미 국가(시·군의 경우에는 도)로부터 교부받은 보조금 및 당해 지방자치단체부담금의 합계액을 정산한 결과 잉여금이 있는 때에는 그 잉여금에서 당해 지방자치단체부담금을 공제하고 잔여잉여금은 이를 국가(시·군의 경우에는 도)에 반납하여야 한다.

3) 보장기금

보장비용의 재원에 충당하기 위하여 보장기관은 일정한 금액과 연한을 정하여 보장기금을 적립한다. 지방자치단체가 적립하는 보장기금은 다음과 같다(법§44).

① 지방자치단체 또는 지방자치단체 외의 자로부터의 출연금

② 다른 기금으로부터의 출연금

③ 금융기관 또는 다른 기금으로부터의 장기차입금

④ 생업자금의 대여에 따른 이자수입

⑤ 공공근로의 실시와 발생하는 수익금

⑥ 기금의 운용수익

보장기금의 종류에는 생계 및 장제급여를 위한 생계보장기금과 의료 및 해산급여를 위한 의료보장기금이 있는데, 장제급여를 행함에 있어 사망자에게 부양의무자가 없는 때에는 시장·군수·구청장은 사망자가 유류한 금전 또는 유가증권으로 그 비용에 충당하고, 그 부족액에 대하여는 유류물품의 매각대금으로 이를 충당할 수 있다.

수급자에게 부양능력을 가진 부양의무자가 있음이 확인된 경우에는 보장비용을 지급한 보장기관은 그 비용의 전부 또는 일부를 그 부양의무자로부터 부양의무의 범위 안에서 징수할 수 있는데, 이 경우에 보장기관은 그 부양의무자와 미리 협의하여야 한다. 이 경우에 부양의무자가 부담하여야 할 금액에 관하여 보장기관과 부양의무자 사이에 협의가 이루어지지 아니하거나 협의할 수 없을 때에는 생활보장위원회의 심의를 거쳐 보장기관이 이를 정한다.

그리고 사위 기타 부정한 방법에 의하여 보호를 받거나 타인으로 하여금 보호를 받게 한 경우에는 보장비용을 지급한 보장기관은 그 비용의 전부 또는 일부를 그 급여 받은 者 또는 급여를 받게 한 자로부터 징수할 수 있다.

보장기관은 보호의 변경 또는 보호의 정지·중지에 따라 수급자에게 이미 지급한 보호금품 중 과잉지급분이나 잔여분이 있는 경우에는 즉시 수급자에 대하여 전부 또는 일부의 반환을 명한다. 다만, 이미 이를 소비하였거나 기타 수급자에게 부득이한 사유가 있는 때에는 그 반환을 면제할 수 있다. 반환된 금품은 모두 보장기금에 적립된다.

10. 운영상 보완을 요하는 사항

국민기초생활보장제도는 하위법령이 제정·공포됨으로써 법제적 측면에서는 완비되었다고 할 수 있으나 이 제도가 효율적이고 공정하게 시행되는지의 관건은 이 제도의 운영에 달려 있다고 하여도 과언이 아닐 것이다.

첫째, 수급자 선정기준에 대한 계속적인 보완이 필요하다.

현행의 기준도 나름대로 합리적인 근거에 의하여 정하여졌다고 하나 기본적으로 실제 시행한 결과를 바탕으로 정한 것이 아니기 때문에 실제로 나타날 수 있는 사정을 모두 고려하였다고 볼 수는 없다. 따라서 시행과정에서 나타나는 문제점 특히 수급을 반드시 받아야 할 사람이 불합리하고 경직된 기준에 의하여 수급대상에서 제외되는 일은 없어야 할 것이다.

둘째, 수급자 선정기준에 해당되는지의 여부를 판정하기 위한 복지인프라가 구축되어야 할 것이다.

수급신청인의 소득 및 재산을 파악하기 위해서는 이를 파악하기 위한 복지전산망이 구축되어 신속하고 정확하게 조사할 수 있어야 할 것이나, 아직까지는 관계부처간의 협조 미흡 등으로 적절하게 시행되고 있다고 보기는 어렵다. 또한 전산망에 의하여 실제소득과 재산을 모두 파악하기에는 어려움이 있기 때문에 사회복지공무원이 현장에 찾아가서 조사하여야 하나, 사회복지공무원이 아직까지는 매우 부족한 상태(현재 사회복지공무원이 4,800여명이나, 복지선진국의 경우와 같이 복지대상 250가구당 1인 수준으로 되기 위해서는 7,200명이 확보되어야 한다)이기 때문에 부정수급자가 발생될 소지가 크다고 할 것이다. 이 제도의 성공여부는 보호를 받아야 할 사람은 반드시 보호를 받아야 하고, 보호대상이 되지 아니하는 자는 반드시 보호받지 아니하도록 하는 것에 달려있다고 할 것이다.

셋째, 근로를 유인하기 위한 소득공제제도의 확대가 필요하다.

기초생활보장제도는 수급자의 실제소득이 최저생계비에 미치지 못하는 금액을 지급하는 제도이므로 구태여 수급자 입장에서는 힘들게 일하여 실제소득을 높일 이유가 없게 되는데, 일을 통한 소득의 일정비율만큼 추가적으로 생계비를 지급하는 제도를 도입하게 되면 최저생계비를 초과하는 일정범위 안에서의 소득을 더 올릴 수 있기 때문에 이 제도를 도입하게 되면 어느 정도의 근로유인효과를 거둘 수 있게 된다. 다만, 이 제도는 추가로 예산부담이 되기 때문에 이 제도를 대폭 확대하기는 어려울 것이나 합리적인 범위 안에서 현재의 소득공제제도에 대한 확대가 필요하다.

넷째, 자활사업의 기반을 확대하여야 한다.

생산적 복지제도를 정착하기 위해서는 수급자에게 직업알선, 직업훈련 등 자활사업을 실시하여 가난의 굴레에서 벗어나도록 하는 제도가 활성화되어야 할 것이나, 아직은 부족한 점이 많이 있다 할 것이다. 특히 조건부 수급자에 대하여는 자활사업의 실시가 그 기본이 되므로 조속한 시일 내에 자활사업의 기반이 확대되어야 할 것이다. 아울러 직업알선이나 직업훈련 등의 조건을 제시받은 수급자가 제대로 그 조건을 이행하는지의 여부를 판정할 수 있는 기준을 정하여 이를 엄격히 시행함으로써 자활사업이 형해화되는 우를 범하지 아니하여야 할 것이다.

다섯째, 부정수급자의 발생을 억제하기 위한 엄정한 법집행이 필요하다.

사위 기타 부정한 방법에 의하여 급여를 받거나 또는 타인으로 하여금 급여를 받게 한 자, 부정수급자 또는 부양기피 부양의무자에 대한 각종 제재규정을 더 엄하게 함으로써 재발을 방지하도록 하여야 할 것이다.

여섯째, 금년(2003년)부터는 재산의 소득환산제도가 시행되는데 이 제도에 따른 문제점이 클 것으로 예상되므로 수급권자의 적정한 범위를 정함에 있어서의 문제점을 사전에 제거하도록 하여야 할 것이다.

Ⅱ. 의료급여법

의료급여는 생활유지의 능력이 없거나 생활이 어려운 자 중 의료를 요하는 자에 대하여 진료·의학적 조치·수술과 기타 치료 및 시술·약제 또는 치료재료의 급여·병원 혹은 진료소에의 수용·간호·이송 기타 진료목적을 위한 조치 등에 해당하는 급여를 행하는 것이다.

의료급여는 주로 생활무능력자 및 일정수준 이하에 있는 저소득계층을 대상으로 그들이 자력으로는 의료문제를 해결할 수 없는 국가재정으로 의료혜택을 주는 공공부조 제도의 한 방법으로서 의료보험과 더불어 국민의료보장책의 중요한 수단이 되고 있다

의료급여법에 의한 의료급여는 공공부조의 원리에 의하여 그 비용을 원칙적으로 국가가 전담하는 데 비하여, 의료보험법에 의한 의료보험은 사회보험의 방식에 의하여 본인이 그 비용의 일부 또는 전부를 부담하는 점에서 양자는 근본적으로 구별된다. 의료급여법은 국민기초생활보장법과 함께 공공부조에 관한 법체계를 구성하는 양대 지주의 하나이다.

의료급여사업은 1961년 12월 30일 생활보호법이 제정·공포되고 동법 제5조에 의료보호에 관한 규정을 둠으로써 처음으로 제도화되었으나 동법 시행령이 1969년 11월 10일 제정·공포됨으로써 사실상 70년대 초에 들어 의료보호사업의 제도적인 기반이 마련·실시되었다. 당시 생활보호법에 의한 의료보호는 생활보호자를 대상으로 주로 국·공립 의료기관에서 무료진료를 실시하여 왔으나, 진료의 내용이 빈약하여 의료보장으로서의 실효를 거둘 수 없었다.

그러나 1976년 9월 전국민의료보장기반 확립을 위한 "의료시혜 확대방안"이 마련되고, 이어 1977년 1월 4일 "의료보호에 관한 규칙"이 제정됨으로써 생활보호법의 의료보호에 관한 법령상 미비점의 보완과 더불어 의료보호사업이 본격적으로 실시되었으며, 1977년 12월 31일 의료보호법이 제정·공포되고 잇달아 동법 시행령 및 시행규칙이 제정·공포되었고 2001년 5월 24일 이 법을 전문 개정하여 현실에 맞게 보완함으로써 명실 공히 공공부조제도로서의 의료보호사업이 정착하게 되었다.

이 법의 목적은 생활유지의 능력이 없거나 생활이 어려운 자에게 의료급여를

실시함으로써 국민보건의 향상과 사회복지의 증진에 기여함에 있다(법§1). 그러나 급여대상자가 다른 법령에 의하여 의료급여를 받고 있는 경우에는 이 법에 의한 의료급여를 행하지 아니한다(법§4).

1. 의료급여의 유형

다음의 경우에는 의료비를 공적으로 부담할 필요성이 있다.

① 소득수준이 극히 낮아 의료보험의 대상자로서 보험료 부담능력이 없는 자에게 의료혜택을 제공하려는 경우

② 의료보험에 가입시킬 경우 의료보험재정의 악화가 우려될 때

③ 의료 그 자체가 복지의료의 성격을 지니고 있는 경우

의료급여의 유형은 다음과 같다.

① 경제보장의료 : 환자 및 가족의 경제적 부담을 면제 또는 경감하기 위한 것

② 사회적 방위의료 : 전염성 질병과 같은 특수질병에 대해서 사회를 보호하기 위한 것

③ 재해발생의 원인자 내지 책임자의 손해보상의무에 기초를 둔 의료, 공해의료 등

④ 사회적 약자에 대한 사회복지의료 : 아동복지, 노인복지, 장애인복지 등에 관련된 의료

⑤ 치료가 곤란한 질병 또는 기병대책의료, 연구의료 등 : 아직 입법은 되지 않았으나 특수질병의 치료를 공비의료에 포함시켜야 한다.

2. 의료급여사업의 내용

1) 의료급여의 수급권자

의료급여수급권자(법§3)는 생계수단을 일시적으로 또는 영구히 상실하였거나, 일정한 소득이 있어도 일정기준에 미달되어 의료문제를 자력으로 해결할 수 없는 저소득층을 대상으로 한다. 의료급여수급권자 중 국민기초생활보장법에 의한 수급권자는 1종 및 2종 수급권자로 구분하는 바, 1종 수급권자는 다음의 자로 한다.

① 근로능력이 없는 수급자(18세 미만·63세 이상, 2004. 1. 1 이후는 65세 이상)

② 미취학 자녀 또는 질병·부상 또는 장애 등으로 거동이 곤란한 가구원이나 치

매 등으로 특히 보호가 필요한 가구원을 양육·간병 또는 보호하는 수급자

③ 보장시설에서 급여를 받고 있는 자

④ 보건복지부장관이 정하는 희귀난치성질환으로 6월 이상 치료를 받고 있거나 6월 이상 치료를 요하는 자가 속한 세대의 구성원

의료급여의 2종 수급권자는 다음과 같다.

① 국민기초생활보장법에 의한 수급자

② 재해구호법에 의한 이재민

③ 의사상자예우에관한법률에 의한 의상자 및 의사자 유족

④ 독립유공자예우에관한법률 및 국가유공자등예우및지원에관한법률의 적용을 받고 있는 자와 그 가족으로서 국가보훈처장이 의료급여가 필요하다고 요청한 자 중 보건복지부장관이 의료급여가 필요하다고 인정한 자

⑤ 문화재보호법에 의하여 지정된 중요무형문화재의 보유자 및 그 가족으로서 문화재청장이 의료급여가 필요하다고 요청한 자 중 보건복지부장관이 의료급여가 필요하다고 인정한 자

⑥ 북한이탈주민의보호및정착지원에관한법률의 적용을 받고 있는 자와 그 가족으로서 보건복지부장관이 의료급여가 필요하다고 인정한 자

⑦ 광주민주화운동관련자보상등에관한법률에 의하여 보상금 등을 받은 자와 그 가족으로서 보건복지부장관이 의료급여가 필요하다고 인정하는 자

2) 의료급여기관

(1) 의료급여기관의 설정

진료체계는 의료보호대상자가 질병에 걸리면 본인이 원하는 어느 의료기관에서나 진료를 받을 수 있게 하는 것이 당사자에게는 편리하겠지만 이로 인하여 일부 의료기관에 환자가 집중되는 현상을 초래하게 되면 의료기관의 균형 있는 발전을 기대할 수 없을 뿐 아니라, 의료비용의 낭비를 가져오게 되고 효율적 진료의 곤란 등 많은 문제점이 대두될 것이므로 진료체계를 확립할 필요가 있다.

그리하여 시·도지사는 진료지구를 설정하고, 각 진료지구마다 의료급여대상자 수·의료기관의 분포상황·교통편의 등을 고려하여 외래진료를 담당한 2차 진료기관을 지정하며 2차 진료기관에서도 치료를 할 수 없는 특수질환의 진료를 위하여 보건복지부장관이 특수진료기관을 지정하여 의료급여대상자로 하여금 진료체계에 따라 단계적으로 진료를 받도록 하고 있다.

(2) 의료급여기관

의료급여는 다음의 의료급여기관에서 행한다. 이 경우 보건복지부장관은 공해 또는 국가시책상 의료급여기관으로 적합하지 아니하다고 인정된 의료기관은 의료급여기관에서 제외할 수 있다.

① 의료법에 따라 개설된 의료기관
② 지역보건법에 따라 설치된 보건소·보건의료원 및 보건지소
③ 농어촌등보건의료를위한특별조치법에 따라 설치된 보건진료소
④ 약사법에 따라 등록된 약국

의료급여기관에서 제외는 의료기관은 다음의 의료기관 또는 약국을 말한다.

① 의료법 제31조의 규정에 의하여 개설된 부속의료기관
② 면허자격정지처분을 5년 동안에 2회 이상 받은 의료인 또는 약사가 개설·운영하는 의료기관 또는 약국(1년 이하의 기간 업무정지)
③ 업무정지 또는 과징금처분을 5년 동안에 2회 이상 받은 의료기관 또는 약국(1년 이하의 기간 업무정지)
④ 업무정지처분의 절차가 진행 중이거나 업무정지처분을 받은 의료급여가관의 개설자가 개설한 의료기관 또는 약국(업무정지처분이 끝나는 날까지)

(3) 의료급여기관별 진료범위

수급권자가 의료급여를 받고자 하는 경우에는 제1차 의료급여기관에 의료급여를 신청하여야 한다. 다만, 다음의 경우에는 제2차 의료급여기관 또는 제3차 의료급여기관에 의료급여를 신청할 수 있다.

① 응급환자인 경우
② 분만의 경우
③ 혈우병환자가 의료급여를 받고자 하는 경우
④ 제2차 의료급여기관 또는 제3차 의료급여기관에서 근무하는 수급권자가 그 근무하는 의료급여기관에서 의료급여를 받고자 하는 경우
⑤ 등록한 장애인이 장애인 재활보조기구를 지급 받고자 하는 경우

(4) 진료의 범위

① 제1차 의료급여기관에서 행할 수 있는 진료의 범위
㉠ 간단한 외과적 처치 그 밖의 통원치료가 가능한 질병의 진료

㉡ 장기치료가 필요한 만성질환으로서 입원할 필요가 없는 질병의 진료

㉢ 질병상태·이송거리 및 이송시간 등을 고려할 때 환자를 다른 의료급여기관으로 이송을 하여서는 환자의 생명에 위험이 초래되는 경우의 입원치료

㉣ 제1차 의료급여기관에서 입원진료를 받는 것이 수급권자에게 유리하다고 판단하여 보건복지부장관이 정하여 고시하는 입원진료

㉤ 지역보건법에 의한 보건의료원에서의 입원진료

② 약국에서 행할 수 있는 조제의 범위

㉠ 처방전에 의한 조제

㉡ 약사법의 규정에 의하여 처방전에 의하지 아니한 직접조제

③ 제2차 진료기관에서 행할 수 있는 진료의 범위

㉠ 제1차 의료급여기관 또는 다른 제2차 의료급여기관으로부터 의뢰받은 환자의 진료

㉡ 당해 의료급여기관에 입원하였던 환자로서 퇴원 후 경과의 관찰이 필요한 환자의 진료

㉢ 제3차 의료급여기관으로부터 회송받은 환자의 진료

④ 제3차 진료기관에서 행할 수 있는 진료의 범위

㉠ 특수진료

㉡ 제2차 의료급여기관으로부터 의뢰받은 환자의 진료

㉢ 당해 의료급여기관에 입원하였던 환자로서 퇴원 후 경과의 관찰이 필요한 환자의 진료

⑤ 의료급여의 내용 및 기간

이 법에 의한 수급권자의 질병·부상·출산 등에 대한 의료급여의 내용은 다음과 같다.

㉠ 진찰·검사

㉡ 약제·치료재료의 지급

㉢ 처치·수술과 그 밖의 치료

㉣ 예방·재활

㉤ 입원

㉥ 간호

㉦ 이송과 그 밖의 의료목적의 달성을 위한 조치

의료급여의 범위는 의료급여의 내용 중 비급여 대상을 제외한 모든 사항으로 한다.

수급권자가 의료급여기금의 부담으로 의료급여를 받을 수 있는 일수는 연간 365일로 한다. 다만, 정신 및 행동장애, 뇌성마비 및 마비성 증후군 등 보건복지부장관이 정하여 고시하는 질환을 가진 자에 대하여는 상한일수에 30일을 추가한 일수를 상한일수로 한다.

(5) 급여의 제한 등

시장·군수·구청장은 수급권자가 다음 각호의 1에 해당하는 경우에는 이 법에 의한 의료급여를 행하지 아니한다. 다만, 보건복지부장관이 의료급여의 필요가 있다고 인정하는 경우에는 그러하지 아니한다(법§15).

① 수급권자 자신의 고의 또는 중대한 과실로 인한 범죄행위에 기인하거나 고의로 사고를 발생시켜 의료급여가 필요하게 된 경우

② 제3자의 고의 또는 과실로 인하여 의료급여가 필요하게 된 경우,
이 겨우 의료보장기관은 제3자의 행위로 인하여 수급권자에게 의료급여를 한 때에는 그 급여비용의 범위 안에서 제3자에 대한 손해배상청구의 권리를 갖는다.

③ 수급권자가 정당한 이유 없이 이 法의 규정이나 의료급여기관의 진료에 관한 지시에 따르지 아니한 경우

보장기관은 수급권자의 소득·재산상황·근로능력 등에 변동이 있는 경우에는 직원 또는 수급권자나 그 친족 기타 관계인의 신청에 의하여 급여의 내용 등을 변경할 수 있다. 보장기관은 급여의 내용 등을 변경한 때에는 서면으로 그 이유를 명시하여 수급권자에게 통지하여야 한다.

보장기관은 수급권자가 다음의 경우에는 의료급여를 중지할 수 있다.

① 수급권자에 대한 의료급여가 필요 없게 된 경우

② 수급권자가 의료급여를 거부한 경우

이 경우에는 의료급여를 거부한 수급권자가 속한 세대원 전부에 대하여 의료급여를 中止시켜야 하며, 의료급여가 중지된 세대에 대하여는 그 해에 다시 의료급여를 행하지 아니한다.

3. 의료급여비용

1) 의료급여기금의 설치

급여비용의 재원에 충당하기 위하여 시·도에 의료급여기금을 설치한다. 기금은 다음의 재원으로 조성한다. 기금은 국고보조금, 지방자치단체의 출연금, 상환받은 대불금, 사위 기타 부당한 방법으로 의료급여를 받은 자로부터 징수한 부당이득금, 업무정지처분 대신 부과한 과징금, 당해 기금의 결산상 잉여금 및 그 밖의 수입금으로 조성한다.

기금은 일반회계와 구분하여 별도계정을 설정하여 관리하여야 하며, 급여비용, 급여비용의 대불에 소요되는 비용, 그 밖의 의료급여업무에 직접 소요되는 비용으로서만 사용하거나 상환을 조건으로 급여비용을 대불하는 경우 외에는 이를 사용하여서는 안 된다.

시·도지사는 기금에 여유자금이 있을 때에는 다음 각 호의 방법으로 이를 운용할 수 있다.

① 금융기관 또는 체신관서에의 예입

② 국·공채의 매입

2) 대불금의 상환

수급권자가 급여비용의 일부를 의료급여기금에서 부담하는 경우에 그 나머지 급여비용에 대하여는 수급권자 또는 그 부양의무자의 신청에 따라 의료급여기금에서 이를 대불할 수 있다. 의료급여비용을 대불받은 자는 대불금을 그 거주지를 관할하는 시장·군수·구청장에게 상환하여야 한다. 이 경우 대불금의 상환은 무이자로 한다.

대불금을 상환하여야 할 자가 대불금을 납부기한까지 상환하지 아니한 때에는 시장·군수는 납부기한이 경과한 날부터 6월 이내의 기간을 정하여(부당이득금의경우에는 10일 이상 15일 이내의 납부기간을 정하여) 독촉장을 발부하여야 하며, 그 납부기한까지 대불금 또는 부당이득금을 납부하지 아니한 때에는 지방세체납처분의 예에 따라 이를 징수할 수 있다.

3) 대불금의 결손처분

시장·군수·구청장은 다음 각 호의 1에 해당하는 사유가 있는 시·군·구의 의료급여심의위원회의 심의를 거쳐 대불금 및 부당이득금 등을 결손처분 할 수 있다.

① 체납처분이 종결되고 체납액에 충당될 배분금액이 그 체납액에 미달하는 경우

② 당해 권리에 대한 소멸시효가 완성된 경우(3년의 소멸시효)

③ 체납자의 재산이 없거나 체납처분의 목적물인 총 재산의 견적가격이 체납처분비보다 적은 것이 확인된 때

Ⅲ. 재해구호법

이 법은 재해가 발생하였을 때 피해자에 대한 구호를 실시함으로써 재해의 복구, 피해자의 보호와 생활안정에 기여함을 목적으로 하며, 구호의 대상은 한해·풍해·수해·화재 기타의 재해로 인하여 피해를 입은 이재민을 대상으로 응급적인 구호의 필요가 있을 때 이를 행하기 위하여 제정되었다(법§2).

1. 특별재해지역과 특별재난지역

먼저 재해구호법 적용의 전제로서 자연재해대책법상의 특별재해지역과 재난관리법상의 특별재난지역의 개념을 정리해 둘 필요가 있다.

1) 특별재해지역

태풍, 홍수, 폭풍, 해일, 호우, 가뭄, 폭설, 지진 기타 이에 준하는 자연현상으로 인해 생활 기반 상실 등 극심한 피해를 입었을 경우에 이를 효과적으로 수습하고 복구하기 위해 특별한 조치가 필요하다고 인정되는 지역에 대해 대통령이 선포한다. 자연재해를 입은 지역에 선포된다는 점에서, 인위적인 재난을 수습하기 위해 선포하는 특별재난지역과 다르다.

선포절차는 자연재해대책법(제62조의 2)의 규정에 따라, 재해대책위원회의 중앙본부장(행정안전부장관)이 필요하다고 인정되는 지역에 대해 위원회의 심의를 거쳐 특별재해지역으로 선포할 것을 대통령에게 건의하면, 대통령은 해당지역을 특별재해지역으로 선포하고 이를 공고한다.

특별재해지역으로 선포된 지역에 대해서는 대통령이 정하는 응급재해구회비용의 지급을 포함한 재해응급대책의 실시 및 구호와 복구에 필요한 행정, 재정, 금융, 세제상의 특별지원이 가능하며, 이에 필요한 사항은 대통령령으로 정한다.

2) 특별재난지역

대형 사고나 재난을 당해정부차원의 사고수습이 필요한 지역에 선포한다. 인위적인 재난을 입은 지역이 대상이 된다는 점이 특징이다.

대통령령이 정하는 재난의 발생으로 인하여 국기안녕 및 사회질서유지에 중대한 영향을 미치거나 재난으로 인한 피해와 효과적인 수습과 복구를 위하여 특별한 조치가 필요하다고 인정되는 경우에 중앙사고대책본부장은 중장안전대책위원회의 심의를 거쳐 재난지역을 특별재난지역으로 선포할 것을 대통령에게 건의할 수 있다(재난관리법 제50조). 건의 받은 대통령은 당해 지역을 특별재난지역으로 선포할 수 있다.

특별재난지역으로 선포된 지역에 대하여는 응급대책 및 재해구호와 복구에 필요한 행정, 재정, 금융, 세제 등의 특별지원을 할 수 있다(동법 제52조).

2. 구호의 실시기관

구호는 이재민의 거주지를 관할하는 서울특별시장·광역시장·도지사 및 시장·군수·구청장이 행한다. 서울특별시·도는 구호의 만전을 기하기 위하여 이에 관한 필요한 계획의 수립과 구호조직을 확립하여 항시 재해예방조치를 취하는 동시에 재해가 발생하였을 때에는 신속히 구호하여야 한다.

특별시장·광역시장·도지사는 매년 4월 말일까지 특별시 등의 재해구호계획을 세우고, 이를 시장·군수에게 통보하여야 한다. 시장·군수는 지역실정을 고려하여 매년 5월 말일까지 시·군의 재해구호시행계획을 세우고 이를 시·도지사에게 제출하여야 한다.

재해구호계획 및 재해구호시행계획에는 다음 각 호의 사항이 포함되어야 한다.

① 재해구호조직과 그 운영체계에 관한 사항

② 재해구호에 대한 교육 및 훈련에 관한 사항

③ 응급구호·의료·전염병관리 및 위생 등 보건의료에 관한 사항

④ 재해구호를 위하여 필요한 인력·시설·물자 등의 조달 및 비축·수송에 관한 사항

⑤ 그 밖에 재해구호에 관하여 필요하다고 인정하는 사항

구호기관의 재해구호활동을 지원하기 위하여 보건복지부에 재해구호본부를 둔다.

3. 구호의 종류

1) 수용시설(임시주거시설)의 제공

여기서 수용시설의 제공이라 함은 이재민이 다음에 해당하는 경우에 이재민을 공공시설 기타 천막 등에 임시 거처하게 함을 말한다.

① 재해로 인하여 주거시설을 상실하거나 사실상 거주가 불가능하게 된 경우

② 재해발생의 가능성이 높아 사전대피의 필요가 있다고 인정되는 경우

③ 이재주택의 응급수리대상은 재해로 인하여 사용 중이던 주택이 다음에 해당하게 된 경우로 한다.

- 건물이 완전히 없어졌거나 그 형태는 있어도 건물로서의 기능을 완전히 상실한 경우
- 건물의 주요 구조부인 기둥·벽·지붕 등의 일부가 파괴되어 건물로서의 기능이 상당부분 상실된 경우

④ 이재주택의 응급수리에 대한 보조비 지급기준은 응급수리에 소요되는 비용을 고려하여 보건복지부장관이 정하여 고시한다.

정부는 재해구호법의 규정에 따라 비상재해로 인하여 불의의 재난을 당한 이재민에게 응급적인 구호로서 장의비·위로금지급·생계구호 및 생계보조금·주택복구비 등을 지원하여 이재민의 조기생활안정을 도모하고 있다.

2) 급식 또는 식품·의료·침구 기타 생활필수품의 제공

(1) 응급구호

가옥이 전파, 유실 또는 반파된 자, 선박의 전파 또는 반파된 어민, 농경지·농작물의 피해 등으로 생활근거지를 상실한 자에 대한 구호

(2) 장기구호

응급구호 실시 후에도 계속 구호를 요하는 이재민에게 1월~3월(피해정도 및 생활정도에 따라 3개월 이상도 가능)간 구호

(3) 생계보조

이재민 세대의 주 수입원이었던 자가 재해로 인하여 사망 또는 실종된 경우,

그 유족의 생활터전을 마련하도록 그 가구의 소득과 농경지에 따라 생계보조금을 지급

3) 의료서비스의 제공

① 재해로 인한 부상자 및 질환자에 대하여는 보건소 기타 구호기관이 지정하는 의료기관에서 가료를 하게 한다.
② 이재민인 임산부에게는 그 구호기관이 조산비를 지급하지만 구호기관이 ①호의 의료기관에 입원시킨 때에는 급여하지 아니한다.

4) 전염병 예방 및 방역활동

① 재해가 발생하면 즉시 방역반 및 의료반을 편성하여 파견, 오염된 재해지역을 철저히 소독·방역을 실시하여 전염병의 발생을 예방하며, 부상자에게는 의료보호대상으로 지정하여 완치될 때까지 무료로 진료한다.
② 사망 또는 실종된 자의 유가족에게는 장례비와 사망실종자 위로금을 지급한다.

5) 위생지도

특히 수재의 경우 수인성질환의 전염이 심하므로, 조속히 방재작업에 철저를 기하여야 하며, 전염병 예방접종에 만전을 기하도록 하고, 이재민수용소의 방역, 식중독예방 기타 물은 반드시 끓여 먹도록 홍보·지도한다.

6) 장사(葬事)의 지원

재해로 인하여 사망한 자의 연고자에 대하여는 보건복지부장관이 정하여 고시하는 기준에 따라 장례비를 지급한다. 다만, 연고자가 없는 경우에는 구호기관에서 장례를 행한다.

재해로 인하여 사망한 자 또는 실종된 자의 수입이 당해 세대의 주된 수입원이었던 경우로서 그 재산·수입상황이 보건복지부장관이 정하는 기준에 미달하는 세대에 대하여는 예산의 범위 안에서 보건복지부장관이 정하는 기준에 따라 생계보조금을 지급할 수 있다.

4. 응급구호

구호기관은 재해로 인하여 이재민이 발생한 때에는 전체 재해발생상황을 파악하기 전이거나 재해발생이 진행 중인 때에라도 지체 없이 응급구호를 실시하고 그 재해의 상황과 재해구호내용을 보건복지부장관에게 보고하여야 한다. 구호기관은 구호를 행하기 위하여 특히 필요하다고 인정하는 때에는 의료·방역·급식 또는 물자의 취급을 업으로 하는 자에게 시설 또는 물자의 우선 사용 또는 판매에 관한 협력을 요청할 수 있으며, 이 경우 협력을 요청 받은 자는 정당한 사유가 없는 한 이에 협력하여야 한다. 이 경우 구호기관은 협력한 자에게 정당한 보상을 하여야 한다.

5. 토지 또는 건물 등의 사용

구호기관은 구호를 행하기 위하여 특히 필요하다고 인정하는 때에는 타인의 소유의 토지 또는 건물 등을 사용할 수 있다(법§7). 이 경우에는 미리 그 소유자 또는 점유자에게 통지하여 그 승낙을 얻어야 하며, 그 소유자나 점유자는 정당한 사유가 없는 한 이에 적극 협조하여야 한다. 구호기관은 토지 등의 사용으로 인하여 소유자 등에게 손실이 발생한 경우에는 정당한 보상을 하여야 한다.

1) 토지에 대한 보상

① 토지의 사용으로 인하여 수확이 불가능하게 되었거나 감소하게 된 경우 그 손실에 상당하는 금액
② 토지의 사용으로 인하여 그 토지에서 생기는 평상시의 수입이 없게 되었거나 감소한 경우 그 손실에 상당한 금액
③ 토지가 파괴된 경우 그 복구에 소요되는 비용에 상당한 금액

2) 건물에 대한 보상

① 건물의 사용으로 인하여 그 건물에서 생기는 평상시의 수입이 없게 되거나 감소한 경우 그 손실에 상당한 금액
② 건물이 파괴된 경우 그 복구에 소요되는 비용에 상당한 금액

3) 그 밖에 재해구호에 사용된 물자에 대한 보상

① 물자의 사용으로 인하여 가치가 감소하거나 사용이 제한된 경우 그 손실에 상당한 금액

② 물자의 사용으로 인하여 소멸한 경우 그 물자의 가격에 해당하는 금액

4) 손실보상금의 신청

손실보상을 받고자 하는 자는 다음 각 호의 사항을 기재한 서류를 갖추어 해당 구호기관에 손실보상을 신청하여야 한다(영§5).

① 손실을 받은 일시·사유 및 내용

② 청구금액과 그 산출내역

③ 증빙서류가 있는 경우 그 자료

위 신청을 받은 구호기관은 지체 없이 그 신청된 사항에 관하여 실태조사를 하고, 신청을 받은 날부터 1월 이내에 손실보상결정에 관한 사항을 신청인에게 서면으로 통지하여야 한다.

6. 구호협력의무

구호기관은 구호를 행하기 위하여 특히 필요하다고 인정할 때에는 의료·방역·급식 또는 물자의 취급을 업으로 하는 자에게 시설 또는 물자의 우선사용 또는 판매에 관한 협력을 요청할 수 있다(법§9). 이 경우 협력을 요청 받은 자는 정당한 사유가 없는 한 이에 협력하여야 한다. 이 때 구호기관은 구호업무에 협력한 자에게 정당한 보상을 하여야 한다.

① 이재민을 치료한 의료기관에 대하여는 의료급여법의 규정에 의한 의료수가 기준에 따라 진료비를 지급하며, 동원된 의료인과 간호보조원에게는 예산의 범위 안에서 보건복지부장관이 정하는 수당과 여비를 지급한다.

② 운송업자에게는 수송실비를 지급한다.

③ 구호업무에 동원된 인부에게는 일당을 지급한다.

이재민과 그 인근 거주자는 구호에 관한 업무에 협력하여야 한다. 서울특별시 또는 도는 특히 필요하다고 인정할 때에는 구호업무의 일부를 대한적십자사에 위탁할 수 있다. 이 경우 서울특별시 또는 도는 그 위탁한 구호업무에 소요된 비용

을 대한적십자사에 지급하여야 한다.

7. 구호비용의 적립

구호기관은 구호비용을 부담하기 위하여 매년 재해구호기금을 적립하여야 한다. 매년도 최저적립금은 최근 3년 동안의 지방세법에 의한 보통세의 수입결산액의 평균연액의 1,000분의 5에 해당하는 금액으르 하되, 서울특별시의 경우에는 1,000분의 2.5에 해당하는 금액으로 한다.

8. 재해구호제의 개선방안

1) 사전예방대책의 수립

① 예방교육과 홍보

현대사회에서 발생하는 수많은 재해는 그 원인을 자연적인 것만으로 한정 시킬 수 없다. 산업화의 영향으로 우리가 예견하지 못한 재해들이 발생하고 있기 때문이다. 특히, 각종 공사 현장에서 안전의식이 결핍되었을 경우 부실공사로 연결될 확률이 높으며 이는 다시 재해로 이어질 수밖에 없다. 따라서 우리 사회에 안전을 제일로 생각하는 의식과 문화를 정착시키고, 국민의식을 계도하기 위해 교육과 홍보를 강화해야 한다.

② 사전 예방차원의 예산편성

재해가 발생하게 되면 재해 당사자나 지역에서 입는 피해는 실로 막대하다. 일년에 약 6000억 원 정도의 복구비가 소요된다그 정부는 발표하고 있다. 그럼에도 불구하고 피해복구가 이루어 지지 않고 피해보상도 충분하지 않다고 원성이다.

그 이유는 피해조사 절차의 복잡성, 예산편성의 구조적 모순, 외형적 피해 위주의 피해산정 등에 있다고 보여 진다.

따라서 향후 방제대책은 사전 예방대책위주로 전환하고, 예산편성도 사전 예방차원 위주로 편성하여 재해발생요인을 사전에 제거하는 데에 집중투입토록 해야 한다.

2) 재해보험제도의 도입

재해로 인한 사회적 혼란과 경제적 손실을 줄이고 신속한 재해복구와 실질적인 생활 터전 마련을 위한 방안으로 재해보험제도를 도입해야 한다고 본다.

재해보험제도를 도입 시행하면 국민들은 재해위험에 노출되어 있다는 것을 상시 인식하게 되어 사유재산에 대한 재해위험을 줄이려는 노력할 것이기 때문이다.

3) 지역적 따른 유동성 확보

지역의 재해 위험도에 따라 사전 예방, 피해복구 등에 유동성을 갖도록 법적 장치를 마련해야 할 것이다.

Ⅳ. 의사상자예우에 관한 법률

이 법은 타인 위해를 구제하다가 신체의 부상을 입은 자와 그 가족 및 사망한 자의 유족에 대하여 필요한 보상 등 국가적 예우를 함으로써 사회정의의 구현에 이바지함을 목적으로 한다.

사무관리라 함은 법률상의 의무 없이 타인을 위하여 그 사무를 처리하는 행위로서(민법§734) 이웃 사람의 부재중에 수도고장을 수리한다던가, 집 잃은 아이를 보호하고 숙식을 제공하는 등이 그에 해당한다. 각자의 사무의 처리는 각자의 자유에 맡겨야 할 것이고, 함부로 타인의 일에 간섭할 것은 아니다. 만약에 이와 같이 간섭하면 불법행위로 되어 손해배상책임을 져야 하며, 호의로 타인의 사무를 처리한 자가 지출한 비용은 본인의 부당이득으로 되어 본인의 이익이 현존하는 한도에서만 반환하면 된다.

그러나 사무관리 원칙만을 적용한다면 아무도 타인의 긴급부조의 필요성을 목격하면서도 감히 도우려고 하지 않을 것이다. 그래서 민법은 상부상조의 이상에서 의무 없이 타인의 사무를 관리하는 행위를 적법한 행위로 인정하고, 관리자에게 적절하게 수행할 의무를 과함으로써 관리자의 가해적 간섭으로부터 본인을 보호하도록 하여 본인과 관리인과의 관계를 타당하게 규율하려고 한다. 이 법은 이와 같은 맥락에서 정하게 된 것이다.

국가는 직무이외의 행위로써 타인의 생명·신체 또는 재산의 급박한 위해를 구제하다가 다친 자 또는 사망한 자의 유족에게 생계급여·의료급여·미성년자녀의 교육급여를 행하여 이들의 살신성인의 행동으로 인하여 불행과 곤경에 빠지는 것을 예방하고 아울러 이들의 공적을 기림으로써 밝고 정의로운 사회를 건설하려고 노력하고 있다.

1990년 12월 31일 종전의 "재해구제로인한의사상자구호법"이 "의사상자보호법"으로 전면 개정되고, 1996년 12월 30일 제명을 "의사상자예우에관한법률"로 하고 내용을 일부 개정하였으며, 2001년의 개정에서는 보상금을 의사자의 유족에 대해서는 사망 당시의 국가유공자등예우및지원에관한법률에 의한 기본연금액에 240을 곱한 금액을 지급하는 등 파격적인 지원을 하도록 개정하였고, 사망자의 유족이나 의상자가 신청할 경우 보장기관(서울특별시장·광역시장 또는 시장·군수)은 국민기초생활보장법 및 의료급여법이 정하는 바에 따라 자녀의 교육급여, 취업보호, 장제급여 및 의료급여 혜택을 주도록 하고 있다.

1. 용어의 정의

이 법에서 사용하는 용어의 정의는 다음과 같다.

① **의사자** : 직무 외의 행위로서 타인의 생명·신체 또는 재산의 급박한 위해를 구제하다가 사망한 자와, 의상자로서 그 부상으로 인하여 사망한 자.

② **의상자** : 직무 외의 행위로서 타인의 생명·신체 또는 재산의 급박한 위해를 구제하다가 신체의 상이를 입은 자. 그 상이정도에 따라 1급 내지 6급으로 한다.

③ **의사자의 유족 또는 의상자의 가족** : 의사자 또는 의상자의 배우자(사실상의 혼인관계에 있는 자를 포함한다), 자녀, 부모, 조부모 또는 형제자매

2. 적용범위

이 법은 다음 각호의 경우에 적용된다(법§3).

① 타인의 생명, 신체 또는 재산을 보호하기 위하여 강도, 절도, 폭행, 납치 등 범죄행위를 제지하거나 그 범인을 체포하다가 의상자 또는 의사자가 된 때

② 자동차, 열차, 기타 승용물의 사고 또는 기타의 이유로 위해에 처하여 진 타인의 생명 또는 신체를 구하다가 의상자 또는 의사자가 된 때

③ 천재지변 기타 수난, 화재, 건물의 도괴, 축대나 제방의 붕괴 등으로 인하여 위해에 처하여진 타인의 생명 또는 신체를 구하다가 의상자 또는 의사자가 된 때

④ 천재지변 기타 수난, 화재, 건물의 도괴, 축대나 제방의 붕괴 등으로 인하여 일어날 수 있는 불특정 다수인의 위해를 방지하기 위하여 긴급한 조치를 하다가 의상자 또는 의사자가 된 때

⑤ 야생의 동물 또는 광견(狂犬) 등의 공격으로 인하여 위해에 처하여진 타인의 생명 또는 신체를 구하다가 의상자 또는 의사자가 된 때

3. 의사상자 발생보고와 심사위원회

1) 의사상자의 발생보고

의상자와 그 가족 또는 의사자의 유족으로서 이 법의 적용을 받고자 하는 자는 그 주소지를 관할하는 시장·군수·구청장(자치구의 구청장에 한한다)에게 각종 구호 등을 신청하여야 한다.

시장·군수·구청장은 신청을 받거나 제3조 각호의 1에 해당하는 사실을 알게 된 때에는 지체 없이 이를 보건복지부장관과 특별시장·광역시장·도지사에게 보고하여야 한다.

2) 의사상자심사위원회

보건복지부장관은 의사상자 발생의 보고를 받으면 5일 내에 의사상자심사위원회에 그 사실을 회부하여 심사·결정하도록 하여야 한다. 의사상자심사위원회는 보건복지가족부에 두며 위원장·부위원장 각 1인을 포함한 위원 15인 이내로 구성한다(영§3).

위원장은 보건복지부차관이 되고, 부위원장은 사회복지정책실장이 된다. 기타의 위원은 행정자치부·노동부 및 기획예산처 소속 2급, 3급 또는 이에 상당하는 공무원 중 소속기관장이 추천하는 자 각 1인과 보건복지부장관이 위촉하는 재해구호 및 사회복지사업에 관한 학식과 경험이 풍부한 자와 의학에 관한 학식과 경험이 풍부한 자로 한다.

의사상자심사위원회는 심사에 필요한 때에는 관계자를 소환하거나 조사할 수 있으며 국가 또는 공공단체에 대하여 관계사항의 보고 또는 자료의 제출을 요구할 수 있다.

4. 의상자 및 의사자 유족구호

의사상자에 대하여는 그 신청에 의하여 취업보호, 의료급여, 교육급여를 각각 실시한다. 의상자 또는 의사자 유족이 구호를 받고자 할 때에는 생계구호신청서 또는 의료구호신청서에 다음 각 호의 서류를 첨부하여 관한 서울특별시장·광역시장·시장 또는 군수에게 신청하여야 한다.

- 주민등록표 등본 1통
- 호적등본 1통
- 진단서(의상자에 한한다) 1통

① 생계급여

보장기관이 생계구호신청을 받은 때에는 보호의 필요가 없게 되었다고 인정될 때까지 생계급여를 하여야 한다.

의상자와 그 가족 또는 의사자의 유족의 생활안정을 도모하기 위하여 취업보호를 실시한다. 취업보호를 받고자 하는 의사상자 등은 관할 서울특별시장·광역시장 또는 시장·군수에게 취업보호를 신청하여야 한다.

신청을 받은 보장기관은 신청자의 연령·학력·자격 및 부상정도 등을 감안하여 직업훈련시설에 훈련을 위탁하거나 공공기관 기타 적정한 직장에 취업될 수 있도록 강구하여야 한다.

② 의료급여

의상자 및 의사자의 유족에 대하여는 그 신청에 의하여 의료급여법이 정하는 의료급여를 실시한다. 의료급여는 타인의 위해를 구제하다가 신체의 부상을 입거나 사망한 때부터 실시한다.

③ 교육급여

보장기관은 의사자 또는 의상자의 자녀로서 중학교·고등학교 또는 이에 준하는 학교에 재학 중인 자에 대하여는 그 신청에 의하여 수업료 등을 고려하여 보건복지부장관이 정하여 고시하는 기준에 따라 교육급여를 실시한다.

④ 장례급여

의사자에 대하여는 국민기초생활보장법이 정하는 장제급여를 실시한다.

⑤ 보상금

국가는 의상자 및 의사자의 유족에 대하여 그 신청에 의하여 다음의 기준에 따라 보상금을 지급한다.

㉠ 의사자의 유족에 대하여는 사망 당시의 국가유공자등예우및지원에관한법률에 의한 기본연금월액에 240을 곱한 금액

㉡ 의상자에 대하여는 제1호의 규정에 의하여 산출된 금액의 최고 100분의 100, 최저 100분의 40의 범위 안에서 부상의 정도에 따라 대통령령이 정하

는 금액

보상금은 의상자의 경우에는 그 본인에게, 의사자의 경우에는 그 배우자, 미성년인 자녀, 부모, 조부모, 성년인 자녀, 형제자매의 순으로 지급하다. 이 경우 동순위의 유족이 2인 이상인 때에는 이를 같은 금액으로 나누어 지급한다. 태아는 지급순위에 관하여는 이미 출생한 것으로 본다.

보건복지가족부장관은 허위 또는 부정한 방법으로 이 법에 의한 보상금 또는 보호를 받은 자에 대하여는 그가 받은 보상금 및 보호에 소요된 비용을 환수한다. 보건복지부장관은 환수를 하는 경우에 보상금 등을 반환할 자가 기한 내에 이를 반환하지 아니한 때에는 국세체납처분의 예에 의하여 이를 징수한다.

제5장 사회보험관련 행정법령

Ⅰ. 사회보험제도와 연금제도

Ⅱ. 국민연금법

Ⅲ. 사회보장협정관리(조약)

Ⅰ. 사회보험제도와 연금제도

1. 사회보험제도

사회보험(Social Insurance)이란 국가 또는 공공단체가 보험운영 주체가 되어 고용주 및 국가와 공동부담 또는 고용주와의 공동부담으로 납입한 보험료에 따라 일정연령에 도달했을 때 정기적 연금으로 지급하거나 지급사유가 발생했을 때마다 지급해 주는 제도이다.

사보험(私保險)은 사설영리단체인 보험회사가 보험운영주체가 되는데 반하여 사회보험은 사회를 대표하는 국가 또는 공공단체가 보험운영의 주체가 된다는 점에서 '사회보험'이라는 말을 붙이게 된 것이다.

사회보험은 가입이 강제적이고 보험료는 임금의 일정률로써 개인마다 보험료가 다르고 보험금은 보험료에 반드시 비례하지 않고, 물가상승에 따른 보험금의 조정이 가능하다

또한 사회보험은 자신의 기여로 얻어진 권리이므로 수급과 관련하여 수치심이나 오명을 느낄 수 없고 소득재분배효과가 세대 간 및 소득 계층 간에 넓게 이루어지므로 데모그란트(demogrant)나 공적부조에 의한 것보다도 크다고 할 수 있다.

사회보험의 재정부담은 국가, 사용자, 피용자 3자의 공동부담 또는 이들 중의 2자의 공동부담으로 이루어진다.

[그림 5-1] 사회보험 부담주체

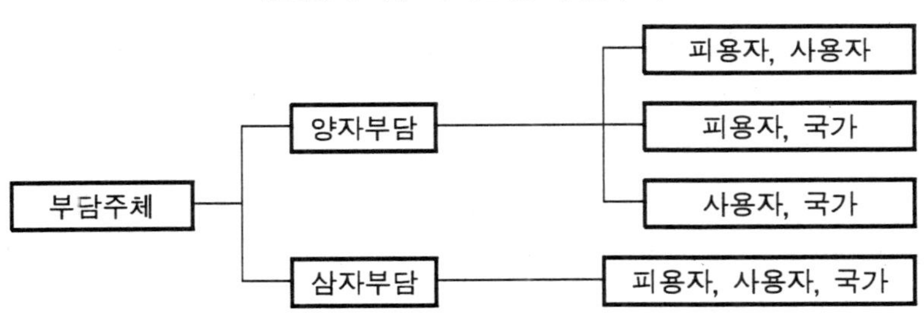

급부지출비용을 준비하는 재정방식에는 대표적으로 부과방식(pay-as-you-go)과 적립방식(accumulation of funds)이 있다. 부과방식은 당해연도의 급부비용을 당해연도에 조달하는 방식인데 현재의 근로세대가 낸 보험료가 그대로 당해연도 노령연금 급부비용으로 이전 충당되는 방식을 말하며, 적립방식은 장래에 대한 보험료의 부담을 평균화시켜 징수한 보험료를 적립 충당하는 방식이다.

2. 사회보험으로서의 연금제도

1) 연금제도의 의의 및 종류

사회보험제로서의 연금제도는 일반적으로 삼주연금체계(Three Pillar System)로 불리는 공적연금, 기업연금 및 개인연금의 세 가지로 구성되어 있다.

공적연금제도는 국가가 관장하는 연금제도로서 가입자의 전부 또는 일부가 그 가입이 강제되는 연금제도이다.

기업연금제도는 기업의 사업자가 관장하는 연금제도로서 대부분의 경우 퇴직금의 형태로 지급되고 있다.

개인연금제도는 연금제도를 하나의 금융상품으로서 취급하는 각종 민간금융기관에 의하여 관장되는 연금제도로서 그 가입여부는 가입자의 자유의사에 따르고 있다.

공적연금제도는 모든 국민에게 공통적으로 요구되는 최소한의 기본적인 부분만을 보장하는 데에 그 근본적인 목적이 있다. 개인이 이 공적연금제도에서 보장하는 수준 이상의 보장을 필요로 하는 경우에는 기업연금 및 개인연금 등 별도의 보험에 추가로 가입하여야 한다. 최근에는 기업연금과 개인연금의 역할이 차지하는 비중이 점차 커지고 있는 것이 세계 각국의 일반적인 추세라 할 수 있을 것이다.

현행 우리나라의 연금제도는 크게 공적연금제도와 사적연금제도로 구분된다.

공적연금제도는 일반국민을 대상으로 하는 국민연금제도와 특수직 종사자를 대상으로 하는 공무원, 군인 및 사립학교교직원연금제도가 있다.

사적연금제도는 기업연금제도로서의 퇴직금제도와 개인연금제도가 있다.

퇴직금제도는 근로자 5인 이상 사업체의 고용주가 종업원의 퇴직 시 일시금을 지급하도록 하는 근로기준법상의 제도이다.

개인연금제도는 각 금융기관에서 취급하는 연금제도로서 이에 대하여는 조세특례제한법 및 체신예금보험에관한법률에 의한 세제상의 혜택이 부여되고 있다.

참고로 각국의 공적연금과 기업연금의 급여수준을 비교하여 보면 다음 <표 5-1>과 같다.

<표 5-1> 각국의 연금 급여수준

(단위 : %)

국 가	공 적 연 금	기 업 연 금	계
미 국	50	20	70
독 일	65~75	10~15	75~90
영 국	40	20	60
프 랑 스	50	20	70
스 웨 덴	55	10	65
일 본	50	30	80

※ 자료 : 「일본경제신문」, 1995. 3. 31

2) 외국의 공적 연금제

(1) 미 국

1935년에 통과된 사회보장법(Social Secutiry Act)에 따라 미연방정부가 제공하게 된 사회보장보험(OASDHI; Old Age, Survivors, disability and Health Insurance)에 의해서 일반국민들에게 공적연금이 제공된다.

이 법의 제정 당시에는 상공업에 종사하는 65세 미만의 근로자에 한하여 적용되었으나 점차 적용범위가 확대되어 현재는 자영업자 등을 포함, 전 취업인구의 90% 이상이 가입되어 있다.

일정수준의 수입(1992년 기준으로 580달러) 이상인 모든 민간기업의 고용주, 근로자, 자영업자는 원칙적으로 가입이 강제된다. 또한 목사, 외국정보와 국제기관의 종사자, 농업노동자 및 가사사용자 등에게는 임의 적용되고 있다.

이 제도는 해마다 인플레이션과 임금상승분 등을 감안하여 급여금액을 조정하는 등 합리적으로 운영되고 있다.

OASDHI의 재원은 고용주의 분담금, 근로자의 임금이나 자영업자의 수입에 과세하는 사회보장세에 의해서 조달되고 있다.

(2) 영 국

영국의 공적연금제도는 1908년 「노령연금법」(Old Age Pension Act)에 의하여 성립되었다.

영국의 공적연금은 정액의 기초연금과 소득비례연금(SERPS; State Earnings Related Pension Scheme)으로 구성된다.

1946년 제정된 「국민연금법」에 의거하여 창설된 기초연금은 1948년부터 시행되어 16세 이상의 일반국민 전체에게 적용된다. 연금보험료는 가입자의 소득수준과 소득비례연금의 가입여부에 따라서 달라진다.

소득비례연금제도(SERPS)는 기초연금과는 달리 납부한 보험료수준에 따라서 급부금 수준도 결정되는 제도이다. 따라서 기업연금제도나 개인연금에 가입되어 있는 국민은 소득비례연금의 가입이 면제될 수 있다.

공적연금의 발족 당시에는 연금의 재정이 적립방식으로 시작되었으므로 가입자들의 보험료납부금과 정부의 일반재정으로 재원이 충당되었으나 1950년대 후반부터 재정이 악화되어 1960년 초 소득비례연금의 도입 시기에 맞추어서 적립방식을 부과방식으로 변경하였다.

(3) 독 일

독일에서는 1989년에 제정된 「폐질 및 노령보호법」과 1891년의 「임금노동자를 위한 노령 및 장애연금제도」에 따라 공적연금제도가 설립된 이후 1911년에 제정된 「직원연금법」에 의하여 모든 근로자에게 공적연금제도가 확대 적용되었다.

독일 공적연금제도의 특징은 제도를 가입자의 직업에 따라 세분화한 것으로, 일반 육체노동자(blue collar)를 대상으로 하는 근로자연금보험, 정신노동자(white collar)를 대상으로 하는 사무직근로자연금보험, 광산근로자연금보험, 소공업자연금보험 및 농업자노령부조 등으로 되어 있다.

연금혜택의 종류로는 노령연금(old-age benefits), 장애연금(disability benefits), 미망인연금 및 홀아비연금(widow's or widower's pensions), 고아연금(orphan's pensions) 등이 있다.

(4) 프랑스

프랑스의 공적연금제도는 「사회보장법전」에 의하여 운영되고 있다.

이에는 일반 근로자를 대상으로 하는 일반제도, 공적 및 준 공적 기관의 종사자를 대상으로 하는 특별제도, 농업자영자를 대상으로 하는 농업제도, 기타 자영업자를 대상으르 하는 자영업자제도가 있다.

이상의 제도는 보험료납부금에 의해서 재원이 조달되며, 또한 노령근로자수당 등의 무보험료연금제도가 보조적인 기능을 하고 있다.

(5) 일 본

일반국민을 대상으로 한 서구식 공적연금제도는 1942년에 설립된「노동자 연금보험」에 의해 시작되었다. 현재는 다음과 같이 여섯 가지 주요 공적연금제도가 존재하고 있다.

<표 5-2> 일본의 공적연금제도 현황

제 도 명	담당부처	취급기관	가입대상
후생연금보험	후생성	국 가	근로자
국가공무원 공제조합	대장성	공제조합	중앙공무원
지방공무원 공제조합	자치성	공제조합	지방공무원
사립학교 공제조합	문부성	공제조합	사립학교 교직원
농림어업직원 공제조합	농수성	공제조합	농협 등의 직원
국민연금(기초연금)	후생성	국 가	장영업자, 근로자

1961년에는 기존 공적연금제도에서 제외된 근로자와 자영업자들을 대상으로 국민연금기금제도가 발족되었으나 이는 공적연금제도에 포함되지 않는다.

3. 우리나라 연금제도

1) 연금제도의 현황

연금제도는 노후의 소득보장을 주요 목적으로 하는 제도로서 노인복지정책 중 노후소득보장정책의 핵심을 이루는 제도이다. 우리나라의 연금제도로는 1960년에 시행된 공무원연금, 1963년의 군인연금, 1973년의 사립학교 교직원연금이 시행되었으며, 국민연금은 1973년에 법이 제정되었으나 그간의 사정으로 미루어져오다가 1986년에 대폭 개정되어 국민연금이란 명칭으로 시행되었다(<표 5-3> 참조).

그러나 실질적으로 연금의 혜택을 받는 노인의 수가 극히 미미함을 감안할 때 아직 연금제도는 그 효과의 강력함에도 불구하고 노인들의 실질적인 소득보장의 방편이 될 수 없음을 알 수 있다.

<표 5-3> 우리나라 연금제도 현황

구 분	국민연금	공무원연금	군인연금	사립 교직원
근거법	국민연금법 1986. 시행	공무원연금법 1960. 시행	군인연금법 1963. 시행	사립교직원 연금법 1975
대 상	사업장 근로자	국가 및 지방공무원	장교 및 장기 복무 부사관	사립학교 교직원
보험료율	본인기여금 1.5% 사업자부담금1.5%	본인기여금 5.5% 국가부담금 5.5%	공무원 연금과 동일	본인기여금5.5% 법인3.5%, 국가2%
급여내용	노령연금, 장해연금 유족연금일시금	퇴직연금 퇴직일시금	퇴직연금 퇴직일시금	공무원연금과 동일
회 계	국민연금 특별회계	공무원연금특별회계	군인연금 특별회계	기업(법인)회계

우리나라 연금제도 중 가장 그 규모가 큰 국민연금의 경우 연금발족초기에 가입한 자가 연금수급연령에 해당하는 때는 2010년경이 된다. 이러한 계산을 토대로 한다면 앞으로 국민연금의 가입자의 범위가 전 국민을 대상으로 확대된다고 하더라도 2010년에는 전체 노인의 약 5%, 2020년에는 약 20%, 그리고 2030년에 이르러서야 약 50% 내외의 노인만이 현재 실시되고 있는 사회보장방식에 의한 연금제도로 인하여 소득보장을 받을 수 있을 것으로 보인다.

따라서 보험방식에 의하여 노령 층에 대한 소득보장이 정착될 때까지의 과도적인 조치로서의 제도가 필요하게 된다.

2) 연금제도 확대

정부의 연금제도 확대계획은 <표 5-4>에서 보여주고 있다.

이 외에도 노인들에게 실질적인 소득보장의 효과를 주는 것으로는 의료보험제도가 있는바 1989년 도시지역의료보험이 실시됨으로 인하여 모든 국민이 의료보험의 혜택을 받을 수 있게 되었지만 노인들이 주로 지역의보를 이용할 수밖에 없다는 측면에서 지역의보의 재정난이 가중되어 다시 보험료를 인상하게 되는 경우도 발생할 여지가 있어 문제점으로 지적되고 있다.

<표 5-4> 연금제도 확대계획

	1단계 1990~1991	2단계 1992~1996	3단계 1997~2001	4단계 2002 이후
1호 피보험자	5인 이상 사업장가입자 당연가입	좌동 당연가입	좌동 당연가입	모든 피용자 당연가입
2호 피보험자	18~60세 미만 전 국민 (1호 피보험자 제외)임의가입	18~60세 미만 세대주로서 1,3호 피보험자가 아닌 자, 당연가입	〃 〃 〃 무직 세대주	좌동
3호 피보험자		취업자로서 1호 피보험자가 아닌 일정소득 이상자 임의가입	〃 〃 5인 미만 피용자 당연가입	〃 〃 모든 자 당연가입

Ⅱ. 국민연금법

이 법은 1973년 국민복지연금법이 제정된 이래 1986년 국민연금법으로 개칭되고 그 후 수차례의 개정을 거쳐 1999. 4. 1부터 새로운 국민연금법으로 전면 시행되고 있다.

국민연금법은 처음에는 사업장 가입자를 중심으로 적용되었으나, 최근에는 '모든 국민'을 대상으로 적용되므로 우리나라 사회보장제도에서 건강보험제도와 함께 양대 지주르서 기능하고 있다.

이 법은 국민의 노령·폐질 또는 사망에 대하여 연금급여를 실시함으로써 국민의 생활안정과 복지증진에 기여함을 목적으로 한다(법§1).

국민연금제도는 생활수준의 향상으로 국민의 평균수명은 크게 늘어난 반면 출산율은 낮아져 부양해야 할 노령인구가 급격히 증가하는데 부양의식의 약화로 사회구성원 모두가 연대하여 부양비를 마련해야 하고, 본인도 소득능력이 있을 때 스스로 노후를 준비해야한다는 필요성에서 제기된다. 또한 산업화와 도시화의 진전은 각종 사고나 재해 등 사회적 위험을 증대시키고 있으므로 이러한 위험에 대비하여 생계안정대책을 세워야 한다는 것도 경시할 수 없는 요인으로 작용하고 있다.

1. 가입자

국내에 거주하는 18세 이상 60세 미만의 국민은 국민연금의 가입대상이 된다.

다만, 공무원연금법, 군인연금법, 사립학교교직원연금법의 적용을 받는 공무원·군인·사립학교교직원 기타 대통령령이 정하는 자는 제외한다(법§6).

1) 기본원칙

(1) 국민연금가입자는 대한민국 국민이어야 하므로 국적을 상실한 경우에는 가입자격을 상실하게 된다(법§12;1,§13:3).

국민연금법의 적용을 받는 사업장에 사용되고 있는 외국인 및 국내에 거주하는 외국인으로서 대통령령이 정하는 자를 제외한 외국인은 당연히 사업장가입자가 된다(법§102). 이 경우에 상호주의가 적용된다(법§102 단서).

(2) 국민연금가입자는 대한민국 국민으로서 반드시 국내에 거주하여야 하며, 국외로 이주한 경우에는 가입자 자격을 상실하게 된다(법§12:1,§13:3). 그러나 국내 본사에 근무하고 있는 우리나라 국민이 해외 현지법인 주재원으로 외국에서 근무하고 있는 경우에는 그러하지 아니한다.

(3) 국내에 거주하는 대한민국 국민 중 18세 이상 60세 미만인 자만이 국민연금에 가입할 수 있다. 근로기준법상 취업이 가능한 13세 이상 18세 미만의 근로자는 가입대상에서 제외한다.

그러나 국민연금 가입기간이 20년 미만인 가입자가 60세에 달한 때에는 65세까지 임의적으로 연금가입을 계속할 수 있으며(법§13:1), 13세 이상 18세 미만의 근로자는 본인이 원하는 경우에 사용자의 동의를 얻어 가입자가 될 수 있다(법§8:3).

2) 적용제외자

다음에 해당하는 자는 국민연금에 가입할 수 없다(법§6, 단서).

① 공무원연금법의 적용을 받는 공무원
② 군인연금법의 적용을 받는 군인
③ 사립학교교직원연금법의 적용을 받는 사립학교 교직원
④ 기타 대통령령이 정하는 자

대통령령에 의하여 국민연금 가입대상에서 제외되는 자는 다음과 같다(법§18의 2).

① 생활보호법에 의한 보호대상자 중 다음에 해당하는 자
  ㉠ 거택보호대상자
  ㉡ 시설보호대상자
② 국민연금법 제56조 제1항 내지 제3항의 규정에 의하여 노령연금의 수급권을 취득한 자 중 60세 미만의 특수직종 근로자
③ 법 제56조 제4항의 규정에 의한 조기노령연금의 수급권을 취득한 자

3) 가입자의 유형

가입자는 사업장가입자, 지역가입자, 임의가입자 및 임의계속가입자로 구분된다(법§7).

(1) 사업장가입자

사업장가입자라 함은 사업장에 사용된 근로자 및 사용자로서 법 제8조의 규정에 의하여 국민연금에 가입된 자를 말한다.

사업장가입자는 그 가입이 강제되는 당연적용사업장가입자와 가입이 임의에 맡겨진 임의적용사업장가입자로 구분된다.

① 당연적용사업장가입자

상시 1인 이상의 근로자를 사용하는 사업장과 주한외국기관으로서 상시 1인 이상의 대한민국 국민인 근로자를 사용하는 사업장의 근로자와 사용자이다.

종래 상시 5인 이상 사업장에서 2003. 7. 1부터 「상시 1인 이상의 근로자를 사용하는 사업장」으로 개정하고, 그 적용기간을 다음과 같이 정하였다.

㉠ 5인 미만 사업장 중 법인사업장 또는 전문직 종사사업장(약국, 부동산감정업, 변호사업, 법무사, 공인회계사, 세무사업, 건축설계 및 관련서비스업(건축사업에 한함), 병·의원, 수의업 등 사업장)은 2003. 7. 1부터 적용하고,

㉡ 2003. 7. 1부터 적용된 사업장을 제외한 5인 미만 사업장 중 국민건강보험 및 고용보험가입사업장은 2004. 7. 1부터 적용하며,

㉢ 기타 5인 미만 사업장은 2006. 1. 1부터 적용한다.

여기에서의 「근로자」는 직업의 종류에 관계없이 사업장에서 노무를 제공하고 그 대가로 임금을 받아 생활하는 자(법인의 이사, 기타 임원 포함)를 말하므로 다음 자는 근로자에서 제외된다.

- 일용근로자 또는 1월 미만의 기한부 근로자
- 비상임 이사, 1월간의 근로시간이 80시간미만 시간제 근로자 등 사업장에서 상시 근로에 종사할 목적으로 사용되는 자가 아닌 자

② 임의적용사업장가입자

임의적용사업장은 ㉠ 당연적용사업장에 해당하지 아니하는 사업장의 사용자가 신청하는 경우 ㉡ 당연적용사업장이 그 기준에 미달하는 경우에 해당한다.

③ 사업장가입자자격의 취득 및 상실

- 사업장가입자는 다음의 경우에 해당하는 날에 그 자격을 취득한다(법§11:1).

  ㉠ 당연적용사업장 또는 임의적용사업장에 근로자로 사용된 때 또는 그 사업장의 사용자가 된 때

㉡ 당연적용사업장으로 된 때

㉢ 임의적용사업장의 가입신청이 수리된 때

- 사업장 가입자가 다음 각 경우에 해당하게 된 날의 다음날에 그 자격을 상실한다(법§12:1).

㉠ 사망한 때

㉡ 국적을 상실하거나 국외에 이주한 때

㉢ 사용관계가 종료된 때

㉣ 임의적용사업장 가입자가 탈퇴신청이 수리된 때(당연적용사업장의 경우 탈퇴는 허용되지 아니한다)

㉤ 60세에 달한 때

④ 사업장 탈퇴

사업장가입자대상사업장이, 휴업·폐업·통폐합 신고를 하면 탈퇴된다. 임의적용사업장의 경우에는 18세 이상 60세 미만 가입근로자 3분의 2 이상의 동의를 얻어야 탈퇴할 수 있다.

(2) 지역가입자

지역가입자라 함은 사업장가입자 외의 자로서 법 제10조의 규정에 의하여 국민연금에 가입된 자를 말한다(법§3:1, 7호).

① 사업장가입자가 아닌 자로서 18세 이상 60세 미만인 자는 의무적으로 지역가입자가 된다(법§10 본문).

② 다음 자는 지역가입자가 될 수 없다(법§10 단서).

㉠ 다음 1에 해당하는 자로서 별도의 소득이 없는 자

- 국민연금가입대상제외자(법§6 단서)의 배우자
- 사업장가입자 및 지역가입자의 배우자
- 별정우체국 직원의 배우자
- 퇴직연금 등 수급권자의 배우자

㉡ 퇴직연금 등 수급권자

㉢ 18세 이상 60세 미만인 자로서 학생이거나 군복무 등으로 소득이 없는 자

㉣ 지역가입자격의 취득 및 상실

㈎ 지역가입자는 다음에 해당하게 된 날에 그 자격을 취득한다(법§11:2).

㉠ 사업장가입자의 자격을 상실한 때

㉡ 법 제6조의 단서에 의한 국민연금가입대상제외자에 해당하지 아니하게 된 때

㉢ 법 제10조 제1호의 규정에 의한 배우자로서 별도의 소득이 있게 된 때

㉣ 18세 이상 23세 미만인 자로서 소득이 있게 된 때

㈏ 지역가입자가 다음 경우에 해당한 날의 다음날에 그 자격을 상실한다.

㉠ 사망한 때

㉡ 국적을 상실하거나 국외에 이주한 때

㉢ 제6조 단서의 규정에 의한 국민연금 가입대상 제외자에 해당하게 된 때

㉣ 사업장 가입자의 자격을 취득한 때(당일 자격 상실)

㉤ 제10조 제1호의 규정에 의한 배우자로서 별도 소득이 없게 된 때

㉥ 18세 이상 23세 미만인 자로서 학생·군복무 등으로 소득이 없게 된 때

㉦ 60세에 달한 때

(3) 임의가입자

사업장 가입자 및 지역 가입자 이외의 자로서 18세 이상 60세 미만인 자는 국민연금관리공단에 가입 신청하는 경우에 임의가입자가 될 수 있다(법§10의 2).

① 임의가입자라 함은 사업장가입자 및 지역가입자 외의 자로서 제10조의 2에 의하여 국민연금에 가입된 자를 말한다(법§3:1).

② 임의가입자는 가입신청이 수리된 날에 그 자격을 취득하고(법§11:3), 사망, 국적상실, 탈퇴신청 등의 사유에 해당된 날의 다음 날에 그 자격을 상실한다(법§12:3).

(4) 임의계속가입자

임의계속가입자라 함은 국민연금가입기간이 20년 미만인 가입자가 60세에 달한 경우에 제13조 제1항의 규정에 의하여 가입자로 된 자를 말한다(§3:1).

① 국민연금가입기간이 20년 미만인 가입자가 60세에 달한 후 노령연금 수급요건인 20년을 채우기 위하여 65세까지 연장 가입하고자 하는 경우 임의계속가입자가 될 수 있다(법§13:1).

② 임의계속가입자는 국민연금가입기간이 20년 미만인 가입자가 60세에 달한 때에 그 자격을 취득하고, 사망, 국적상실, 탈퇴신청 등의 사유에 의하여 그 자격을 상실한다(법§13:3).

2. 비용부담

국민연금제도를 운영하는데 소요되는 비용은, ① 국민연금사업을 관리·운용하는 국민연금관리공단의 관리·운영비와, ② 국민연금의 급여비용 등 두 가지로 나누어 볼 수 있다. 전자는 국가가 부담하며, 후자는 국민연금가입자가 부담하는 것이 원칙이다.

국민연금의 재정방식에는 적립식과 부과식의 두 종류가 있는데, 우리나라에서는 양자를 혼합한 수정적립방식을 취하고 있다.

(1) 적립방식(Capital Funding System)은 가입자 각자에 대하여 개별계정이 설정되어 장래에 향하여 연금보험료가 적립된다. 이는 장래에 급여에 소요되는 액수를 현가로 평준화시켜 미리 적립하여 그 원리금으로써 급여에 충당하는 것이기 때문에 기금이 완전 적립된다.

(2) 부과방식(Pay-As-You-Go-System)은 매년도마다 지급될 연금액을 미리 산정하고 이에 필요한 금액을 당해 연도에 부과하는 재정방식을 말한다. 이 방식은 그 구분이 명확하고 커다란 변동이 없는 집단의 존재를 전제로 한다.

(3) 우리나라의 연금제도는 기본적으로 적립방식을 채택하고 있으나, 시행초기에 낮은 연금보험료로 출발하여 단계적으로 인상함으로써 후세대에게 일정한 부담을 전가한다는 점에서 두 가지 방식을 절충한 수정적립방식이다.

1) 기본원칙

사회보험으로서의 공적연금에 있어서는 자립재정이 원칙이다. 그러나 사회적 부양성 내지는 사회적 부조의 견지에서 비용의 일부를 국가가 부담하는 경우가 있다.

미국, 프랑스 등은 국고부담을 인정하지 아니하는 것이 원칙이나, 일본, 독일, 영국은 비용의 일부를 국고에서 부담하고 있다.

우리나라는 노·사 양자가 부담하는 것을 원칙으로 하고 있다. 다만, 국민연금관리공단의 관리·운영비만 국가에서 부담하고 있다.

(1) 국고부담

국민연금사업은 보건복지부장관이 이를 관장하도록 되어 있어(법§2), 그 사업의 관리·운영에 필요한 국민연금관리공단의 관리·운영비의 전부 또는 일부를 부담하도록 하고 있다(법§74).

(2) 연금가입자 부담

국민연금관리공단은 국민연금사업에 소요되는 비용에 충당하기 위하여 가입자 및 사용자로부터 가입기간 동안 매월 연금보험료를 징수한다(법§75).

연금보험료라 함은 국민연금사업에 필요한 비용으로서, 사업장가입자에 있어서는 부담금 및 기여금의 합계액을, 지역가입자·임의가입자 및 임의계속가입자에 있어서는 본인이 납부하는 금액을 말한다(법§3:1, 10호).

① 사업장가입자의 연금보험료는 기여금 및 부담금의 합으로 구성된다.
기여금은 사업장의 근로자 본인이 부담하는 부분이고, 부담금은 사업장의 사용자가 부담하는 부분이다(법§75:2). 이 경우 그 금액은 각각 표준소득월액의 1000분의 45에 해당하는 금액으로 한다(법§75:2).

② 지역가입자·임의가입자 및 임의계속가입자의 연금보험료는 모두 본인이 부담하며, 그 금액은 각각 표준소득월액의 1000분의 90에 해당하는 금액으로 한다(법§75:3).

2) 소득, 평균소득월액, 표준소득월액

소득, 소득월액, 표준소득월액의 개념은 연금보험료 산출에 사용하는 기본단위이므로 이를 명확히 정의하여야 한다.

(1) '소득'이라 함은 일정기간동안의 근로의 제공 또는 사업·자산의 운영 등에서 얻은 수입을 말한다(법§3:3, 3호).

① 사업장가입자 또는 국민연금에 가입된 사업장에 종사하는 사업장임의계속가입자의 소득의 범위는 근로자의 경우, 근로의 제공으로 얻은 금품 중 퇴직금, 학자금, 현상금, 번역료 및 원고료, 비과세근로소득 등을 제외한 것으로 한다(영§3:1).

② 사업장가입자 또는 국민연금에 가입된 사업장에 종사하는 사업장임의계속가입자의 소득의 범위는 사용자의 경우, 도매업·소매업·제조업·기타의 사업에

서 얻는 소득으로 한다(영§3:1).

③ 지역가입자와 60세 이상의 자로서 지역가입자의 요건을 갖춘 지역임의계속가입자의 소득의 범위는 농업소득·임업소득·어업소득·근로소득·사업소득으로 하되, 해당 가입자의 소득이 2개 이상에 해당하는 경우에는 합산한 것으로 한다(영§3:2).

(2) '평균소득월액'이라 함은 매년의 사업장가입자 및 지역가입자 전원의 표준소득월액의 평균치를 말한다(법§3:1, 4호).

① 평균소득월액은 매년 전년도 12. 31 현재의 사업장가입자 및 지역가입자 전원의 표준소득월액 총액을 사업장가입자 및 지역가입자 전원의 인원수로 나누어 산정한다(영§4:1).

② 평균소득월액은 당해 연도 4월부터 다음 연도 3월까지의 기간 동안에 지급이 개시되는 급여를 지급할 권리를 가지는 자에게 이를 적용한다(영§4:2).

(3) '표준소득월액'이라 함은 연금보험료 및 급여의 산정을 위하여 가입자의 「소득월액」을 표준으로 하여 등급별로 정하는 금액을 말한다(법§3:1, 5호).

등급별 표준소득월액은 다음과 같다.

① 가입자격취득시의 표준소득월액 결정은,

㉠ 사업장가입자·사업장임의계속가입자의 경우는 연보험료를 최초로 납부하거나, 연금보험료를 재개하는 때에 월 소득 액의 30배에 상당하는 액을 표준소득월액을 결정한다(영§6:1).

㉡ 지역가입자·지역임의계속가입자의 경우는 자격취득 시 또는 납부재개시에 종사하는 업무에서 얻는 소득으로서 당해 가입자 또는 대리인이 신고한 소득을 소득월액으로 하여 표준소득월액을 결정한다(영§6:2).

② 가입기간 중 표준소득월액의 정기 결정은,

㉠ 사업장가입자·사업장임의계속가입자의 경우는 종사기간이 3월 이상인지 여부를 기준으로 3월 이상인 때는 전년도 당해사업장에서 받은 소득총액을 월수로 나누어 결정하고, 3월 미만인 때는 「가입자격취득 시」의 경우에 준한다.

㉡ 지역가입자·임의계속가입자의 경우에는 가입기간 중 소득변경이 있느냐 여부에 따라 소득변경이 없는 때는 가입자격 취득 시에 준하고, 소득변경이 있는 때는 본인의 신고액을 연금관리공단이사회에서 심리·결정한다

(영§7:3, 4).

③ 임의가입자 등의 경우에는 매년 전년도 12. 31 현재 사업장가입자 및 지역가입자 전원의 표준소득월액을 기준으로 그 중위수에 해당하는 것이 표준소득월액에 해당하는 액으로 한다.

3) 가입자의 비용부담

(1) 사업장가입자의 연금보험료는 기여금 및 부담금의 합으로 구성된다.

① 기여금은 사업장가입자인 근로자 본인이 부담하는 연금보험료이다(법§3:1, 12호). 기여금의 금액은 표준소득월액의 1000분의 45로 한다(§75:2).

$$\text{기여금} = \text{표준소득월액} \times \frac{45}{1000}$$

② 부담금은 사업장가입자인 사용자가 부담하는 연금보험료이다(법§3:1, 11호). 부담금의 금액은 근로자가 부담하는 기여금의 액수와 동일하다.

(2) 지역가입자·임의가입자 및 임의계속가입자의 연금보험료는 모두 본인이 부담하며 그 금액은 표준월소득액의 1000분의 90으로 한다(법§75:3).

4) 연금보험료의 납부

연금보험료의 납부방법 및 절차 등은 모든 가입자에게 공통적으로 적용된다.

(1) 연금보험료의 납부자

① 사업장가입자의 경우, 사용자는 근로자가 부담할 기여금을 가입자에게 지급할 매월의 임금에서 공제하여 공단에 납부하여야 한다(법§77:1).

② 지역가입자·임의가입자·임의계속가입자는 본인이 직접 연금보험료를 납부해야 한다(법§76:1).

(2) 연금보험료의 납부기한

① 연금보험료는 그 납부의무자가 다음달 10일까지 납부하여야 한다(법§76:1 본문).

② 대통령령이 정하는 농업·임업·축산업 또는 수산업을 경영하거나 이에 종사하는 농어업인은 본인의 신청에 의하여 분기별 연금보험료를 해당분기의 다음달 10일까지 납부할 수 있다(법§76:1, 단서).

(3) 연금보험료의 선납

연금보험료는 선납할 수 있다(법§76:2). 이 경우 납부의무자는 선납하고자 하는 기간이 시작되는 달의 전달 15일까지 신청서를 공단에 제출하여야 한다.

① 연금보험료의 선납은 월을 단위로 하며 납부하여야 한다(영§48:1).

② 선납기간은 1년을 초과하지 못한다(영§48:3).

③ 선납에 다른 연금보험료의 감액은 월 보험료에 1년 만기 정기예금 이자율의 12분의 1 및 선납월수를 곱한 금액으로 한다(영§48:3 전단).

④ 연금보험료를 선납한 후 선납분에 해당되는 기간이 경과되기 전에 가입자가 그 자격을 상실한 경우에는 그 자격을 상실한자의 청구에 의하여 선납한 연금보험료 등 미경과 기간분에 해당하는 금액을 환부한다(영§48:2).

(4) 자동계좌 이체방법에 의한 납부(법§76:4)

공단은 연금보험료를 3월 이상 계속하여 자동계좌이체의 방법에 의하여 납부하는 자에 대하여는 연금보험료를 우편료 등 발송비용의 범위 안에서 감액하거나 추첨의 방법에 의하여 금품·경품을 제공할 수 있다(영§48의 2).

(5) 사업장가입자의 연금보험료 납기전 징수

사업장가입자 및 지역가입자에게 공과금 체납, 강제집행, 파산신고, 경매, 법인 해산 등의 사유가 있는 경우에는 납기전 징수를 할 수 있다(법§78).

(6) 연금보험료의 추후납부

① 법 제77조의 3:1에 해당하는 사유가 있는 자는 그의 신청에 의하여 연금보험료를 추후 납부할 수 있다.

② 추납보험료는 추후납부를 신청한 날이 속하는 달의 연금보험료에 추후납부하고자 하는 기간의 월수를 곱한 금액으로 한다(법§77의 3:2).

5) 연금보험료의 독촉 및 체납처분

① 연금보험료를 체납한 자에 대하여는, 사업장가입자의 경우는 납기경과 후 20일 이내, 지역가입자의 경우는 납기경과 후 3개월 이내에 10일 이상의 납부기한을 정하여 독촉장을 발부해야 한다(법§79:2).

② 독촉을 받은 자가 그 기한 내에 연금보험료 기타의 징수금을 납부하지 아니

한 때에는 공단은 보건복지부장관의 승인을 얻어 국세체납처분의 예에 따라 강제징수할 수 있다(§79:3).

6) 연체금

공단은 연금보험료의 납부의무자가 그 납부기한 내에 연금보험료를 납부하지 아니한 때에는 그 납부기한이 경과한 날로부터 체납된 연금보험료의 1000분의 50에 해당하는 연체금을 징수한다(법§80, 영§51:1).

(1) 연체금의 가산료

납기경과 후 3월 이내에 체납된 연금보험료를 납부하지 아니한 때에는 그 3월이 경과할 때마다 체납된 연금보험료의 1000분의 50에 해당하는 연체금을 최초의 연체금에 가산하여 징수한다. 이 경우 연체금의 합계액은 체납된 연금보험료의 1000분의 150을 초과하지 못한다(영§51:2).

(2) 연체금 징수의 예외

연체금징수요건에 해당하더라도 천재·지변, 전쟁·사변, 사업장 폐쇄 등의 사유가 있는 때는 연체금 및 연체금 가산료를 징수하지 아니할 수 있다(영§51:3).

7) 과오납의 처리

(1) 공단은 연금보험료·연체금·체납처분비 등의 징수에서 발생한 과오납금이 있는 때에는 다음에 열거된 순서로 충당하고, 나머지 금액이 있을 때는 이를 납부의무자에게 반환해야 한다(규칙§47:1).

① 체납처분비

② 연체금

③ 부당이득환수금

④ 미납된 연금보험료

⑤ 향후 납부해야할 1월분의 연금보험료

(2) 공단은 상기 과오납금을 충당하였거나 반환하고자 할 때는 문서로 그 처리내용을 납부의무자에게 통지해야 한다(규칙§47:2).

3. 급 여

국민연금에 가입하는 목적은 급여의 수급권을 취득하는 것이다.

근로능력을 상실한 자는 근로의 대가로 받던 보수에 갈음하여 급여를 받음으로써 생활에 필요한 생계수단을 확보할 수 있다.

국민연금 급여는 국민의 최저생활보장을 목적으로 하며, 그 연금급여액은 전체 가입자의 평균소득(균등부분)과 개인의 연금보험료를 결정하는 각자의 소득(비례부분)에 의하여 결정되므로 소득 계층 간에 상당한 정도의 소득재분배가 이루어진다.

따라서 국민연금 급여는,

① 소득보장제도이다

② 퇴직금제도의 문제점을 개선한다. 특히 퇴직금제도가 없는 자영자 또는 저소득일용근로자의 소득보장에 중요한 기능을 한다.

③ 소득재분배 기능을 한다. 특히 저소득계층일수록 납입액 대비 연금수입액의 비율이 더 높아지도록 설계되어 계층 간에 소득재분배 기능을 한다.

④ 연금액의 실질가치가 보장된다. 연금을 받는 동안에는 매년 물가변동율에 따라 조정함으로써 물가가 오르더라도 실질가치를 확실하게 유지해 준다.

⑤ 국가가 법률에 의해 지급을 보장해 준다.

1) 수급권자

(1) 최우선수급권자

사업장가입자, 지역가입자, 임의가입자, 임의계속가입자이다. 다만 유족연금의 경우에는 그 유족이 수급권자가 된다(법§62).

(2) 차선수급권자 : 미지급 급여

급여의 수급권자가 사망한 경우, 차선수급권자는 그 배우자, 자녀, 부모, 손자녀 및 조부모의 순에 의하여 수급권자의 사망 당시 수급권자에 의하여 생계를 유지하고 있던 자의 청구에 의하여 미지급 급여를 수령한다(법§51:1).

- 배우자, 부 또는 처는 사실상의 혼인관계에 있는 자를 포함한다(법§3:2).
- 급여를 받을 당시의 가입자 또는 가입자이었던 자의 태아가 출생한 경우에는 이를 가입자 또는 가입자이었던 자에 의하여 생계를 유지하고 있던 자녀로 본다(법§3:3).

(3) 국민연금수급증서의 교부

공단은 급여를 받을 권리를 가지는 수급권자에게 국민연금수급증서를 교부해야 한다(영§31). 이증서는 급여지급에 관한 증서이기 때문에 수급자에게는 급여청구권을 행사할 수 있는 근거가 된다.

2) 급여의 종류 및 병합

급여는 노령연금, 장애연금, 유족연금, 반환일시금 등 4가지로 구분된다.

(1) 노령연금은 가입기간이 10년 내지 20년 이상이고, 55세 내지 60세에 달한 때에 지급 받는 연금이다(법§56:1). 이 연금은 가입기간, 연령, 소득의 유무에 따라 ① 완전노령연금, ② 감액노령연금, ③ 조기노령연금, ④ 재직자노령연금, ⑤ 특례노령연금, ⑥ 분할연금으로 나누어진다.

(2) 장애연금은 가입기간 중에 발생하는 질병·부상으로 인하여 신체·정신상으로 장애를 입었을 때 그 장애가 계속되는 동안 지급된다(법§58:1).

(3) 유족연금은 가입자 또는 노령연금을 받던 자가 사망하였을 때에 그 유족이 계속하여 받는 연금이다(법§62:1).

(4) 반환일시금은 가입기간이 10년 미만인 가입자 또는 가입자이었던 자가 중도에 가입자격을 상실하였을 때에 본인 또는 유족이 청구하여 지급받는 연금이다(법§67:1).

(5) 병합 : 수급권자에게 2 이상의 수급권이 발생한 때에는 그 자의 선택에 의하여 그 중의 하나만을 지급하고 다른 급여의 지급은 정지된다(법§52). 이 경우 반환일시금은 병합조정의 대상이 되지 아니한다.

3) 급여의 지급청구 및 지급기관

(1) 급여는 수급권자의 청구에 의하여 공단이 지급한다(법§46:1).

(2) 공단은 지급할 급여액을 결정하거나 변경할 때에는 그 사실을 당해 수급권자에게 문서로 통지해야 한다(규칙§24:5).

4) 연금의 지급기간 및 지급시기

(1) 연금급여의 지금기간은, 그 지급해야 할 사유가 발생한 날이 속하는 달의 다음 달부터 수급권이 소멸한 날이 속하는 달까지 지급한다(법§50:1).

(2) 연금은 매월 말일에 그 전달의 금액을 지급하되, 지급일이 토요일이거나 공휴일인 때는 그 전일에 지급한다(법§50:2).

5) 급여의 구성 및 수준

연금액은 기본연금액과 가급연금액을 합한 금액을 지급한다(법§46:1).
이는 전체 국민연금가입자를 평균하여 볼 때 최종보수의 약 40% 수준이 된다.

연금급여액 = 기본연금액 + 가급연금액

(1) 기본연금액은, 연금수급 전년도의 평균소득월액 및 가입자 개인의 표준소득월액의 환산액을 합산한 액에 1000분의 1800을 곱한 액으로 한다(법§47:1).
다만, 가입기간이 20년을 초과하는 경우에는 그 초과하는 1년마다 1000분의 1800에 1000분의 50을 곱한 액을 가산한다.
이를 산식으로 표시하면 다음과 같다.

<표 5-5> 기본연금액 산출공식

$$1.8\,(A + B) \times \{1 + 0.05\,(n + \frac{m}{12})\}$$

· A : 연금수급전년도의 평균소득월액
· B : 가입자 개인의 가입기간중의 표준소득월액의 평균액
· 0.05 : 가입기간 20년 초과 매 1년에 대한 가산율
· n : 가입기간 20년 초과 연수
· m : 1년 미만의 가입기간

(2) 가급연금액은 수급권자가 권리를 취득할 당시 그 자에 의하여 생계를 유지하고 있거나, 노령·장애연금 수급권자가 그 권리를 취득한 이후 생계를 유지하게 된 자에 대하여도 가급연금을 지급하는 일종의 가족수당 성격의 부가급여이다(법§48, 영§36).

<표 5-6> 가급연금 산출(2003. 4월 현재)

지 급 대 상	요 건	가급연금액
배우자	법률혼 + 사실혼	연 177.750원
자녀	18세 미만 또는 장애등급 2급 이상 해당자녀	연118.500원 (1인당)
부모 (배우자 부모 포함)	60세 이상 또는 장애등급 2급 이상 해당 부모	〃

(3) 국민연금의 급여수준은 최저보장수준과 최고보장수준, 연금보험료와 급여와의 관계에서의 능력주의와 평등주의 연금슬라이드제 및 사적연금의 소득보장수준 등에 의하여 결정된다.

6) 급여지급의 제한 등

(1) 지급의 정지

당사자가 국민연금관리제도 관리·행정상의 의무불이행이나 협조의무를 다하지 아니한 때는 의무이행 또는 협조가 있을 때까지 그 지급정지를 인정하고 있다(법§73).

(2) 부당이득 등의 환수

공단은 허위 기타 부정한 방법으로 급여를 지급 받거나, 수급권이 소멸 또는 정지된 급여 기타 과오납된 급여를 지급 받은 자가 있는 때에는 대통령령이 정하는 바에 의하여 그 지급액을 환수하여야 한다. 허위 기타 부정한 방법으로 급여를 지급 받는 경우에는 대통령령이 정하는 이자를 가산하여 환수해야 한다(법§53).

(3) 수급권 보호

수급권은 이를 양도·압류하거나 담보에 제공할 수 없다(법§54).

(4) 미납금의 공제지급

공단으로부터 자금을 대여 받고 이를 상환하지 아니한 경우 이를 공제하고 나머지 금액을 급여로서 지급한다(법§54:2).

(5) 조세 기타 공과금의 면제

국민연금법에 의한 급여로서 지급된 금액에 대하여는 조세감면제한법 기타 법률 또는 지방자치단체의 조례가 정하는 바에 의하여 조세 기타 국가 또는 지방자치단체의 공과금을 면제한다(법§55).

(6) 고용보험의 병합조정

55세 이상 65세 미만의 노령연금 수급권자가 고용보험법 상의 구직급여를 지급받을 수 있는 경우에는 그 기간 동안 노령연금의 지급을 정지한다(법§93의 2).

4. 심사청구 및 재심사청구

1) 심사청구

심사청구제도는 국민연금제도의 관리·운영과 관련된 업무처리에 관하여 이해관계인이 이의를 제출할 수 있는 제도로서 이해당사자들의 불이익을 사후에 구제할 수 있는 제도이다.

(1) 심사청구대상

가입자의 자격, 표준소득월액 및 연금보험료 기타 국민연금법상의 징수금과 급여에 관한 공단의 처분과 관련하여 이의가 있는 사항이다(§88:1).

(2) 심사청구인·심사청구기관

① 심사청구인은 가입자 또는 가입자이었던 자가 되는 것이 원칙이다. 청구인의 대리인이 심사청구를 할 때에는 위임장을 첨부하여야 한다(영§65:3).

② 심사청구는 국민연금관리공단에 청구해야 한다.
공단은 행정관청은 아니지만 보건복지부장관에 갈음하여 또는 그의 위탁을 받아 국민연금제도를 운영하므로 행정관청과 같이 처분청의 입장에 서게 된다.

(3) 심사청구기간 및 방법

① 심사청구는 그 처분이 있음을 안 날로부터 90일 이내에 문서로 해야 한다(법§88:2). 다만, 정당한 사유로 인하여 기간 내에 심사청구를 할 수 없음을

증명한 때에는 기간이 경과한 후에도 심사청구를 할 수 있다.

② 심사청구는 시행령 제65조 제1항에 게기된 사항을 기재한 문서로 하되 청구인이 기명날인해야 한다(법§65:1).

(4) 국민연금심사위원회

국민연금제도의 운영과 관련하여 심사청구가 있는 경우 그 심사를 위하여 국민연금관리공단에 국민연금심사위원회를 둔다(법§89:1).

① 위원회는 위원장을 포함한 10인의 위원으로 구성한다(법§66:1). 위원의 임기는 2년으로 한다.

② 위원회의 의사는 재적위원과반수로 개의하고, 출석위원과 반수의 찬성으로 의결한다(영§69:1).

(5) 심사청구의 보정

위원회는 심사청구가 부적합하거나 보정이 가능하다고 인정하는 때에는 상당한 기간을 정해서 그 보정을 요구해야 한다(영§71:1).

보정은 서면으로 해야 한다(영§71:2).

(6) 심사청구의 종결

① 공단은 심사청구를 받은 날로부터 60일 이내에 결정을 해야 한다(영§76).

② 심사의 결정은 각하, 기각, 취소·변경 중 하나로 종결한다.

심사의 결정은 지체 없이 결정서의 정본으로 청구인에게 통지해야 한다(영§76:4).

2) 재심사청구

심사청구에 대한 결정에 대하여 불복이 있는 자는 그 결정을 받은 날로부터 90일 이내에 보건복지부에 설치되어 있는 국민연금재심사위원회에 재심사청구를 할 수 있다(법§90).

(1) 재심사청구의 대상

각하결정, 기각결정, 취소·변경 결정에 대하여 재심사 청구할 수 있다(법§90).

(2) 재심사청구방식

재심사청구는 서면에 의하여야 하고(법§92:1, 행심법§19:1), 재심사청구서를 공단 또는 보건복지부장관에게 제출하여야 한다(규칙§50의 3).

재심사청구서에는 행정심판법 및 국민연금법시행령상의 필요사항을 모두 기재해야 한다(영§79:1).

(3) 재심사청구기간

심사청구에 대한 결정에 불복이 있는 자는 그 결정통지를 받은 날로부터 90일 이내에 해야 한다(법§90).

(4) 국민연금재심사위원회

위원장을 포함한 7인의 위원으로 구성한다(영§80:1). 위원의 임기는 3년으로 한다(영§84).

5. 국민연금사업의 관장기관

공적연금제도의 운영은 국영방식 또는 자영방식으로 할 수 있다.

우리나라는 국영방식을 채택하고 있다(법§2). 국영방식은 정부의 특정 부서에서 공적연금에 관한 모든 사항을 관장·운영하는 형태를 말한다. 영국, 미국, 북부제국, 일본 등이 채택하고 있다.

국영방식은 공적연금의 사회성 공공성에 합치하고, 연금관리의 거대한 행정적·재정적 규모를 민간이 담당하는 것보다는 보다 효율적이라는 장점이 있다.

국민연금법은 국민연금의 관리주체를 국가로 하는 것을 원칙으로 하고 있으나, 특수법인체(법§24)인 국민연금관리공단을 설립하여 이에 국민연금사업을 위탁 시행하는 형식을 취하고 있다.

1) 운영조직

국민연금은 중앙행정기관인 보건복지부장관이 제도운영 전반에 관한 사항을 관장하고 사업의 집행은 국민연금관리공단에 의탁하여 운영되고 있다.

[그림 5-2] 국민연금의 운영조직도

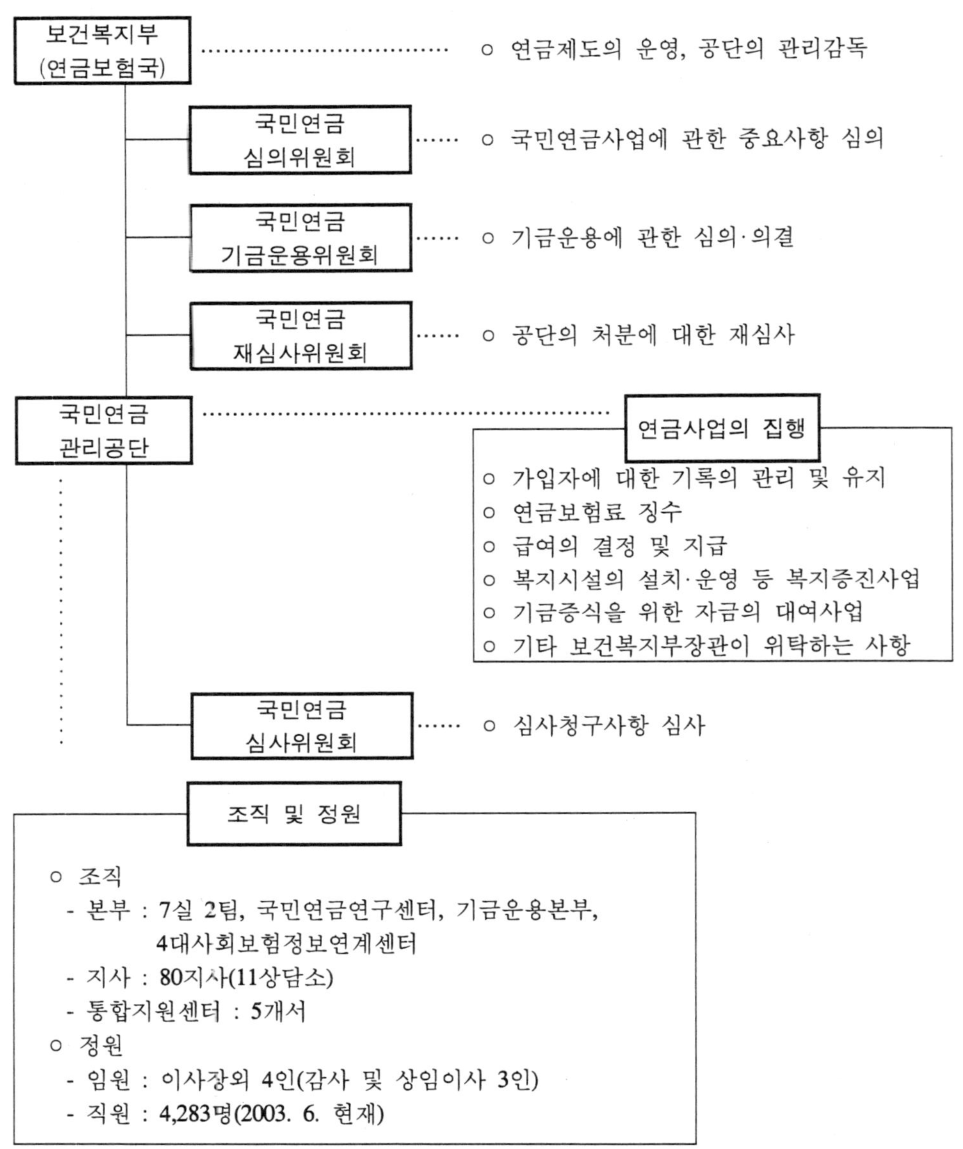

2) 사업체계

국민연금사업은 연금사업과 기금사업으로 대별되는데 연금사업은 기여금, 부담금 등 비용을 징수하여 제 급여를 지급하는 사업을 말하며 기금사업은 기금증식사업과 각종 요양시설의 설치·운영, 노인복지지설 지원 등 복지사업을 말한다.

[그림 5-3] 국민연금의 사업체계

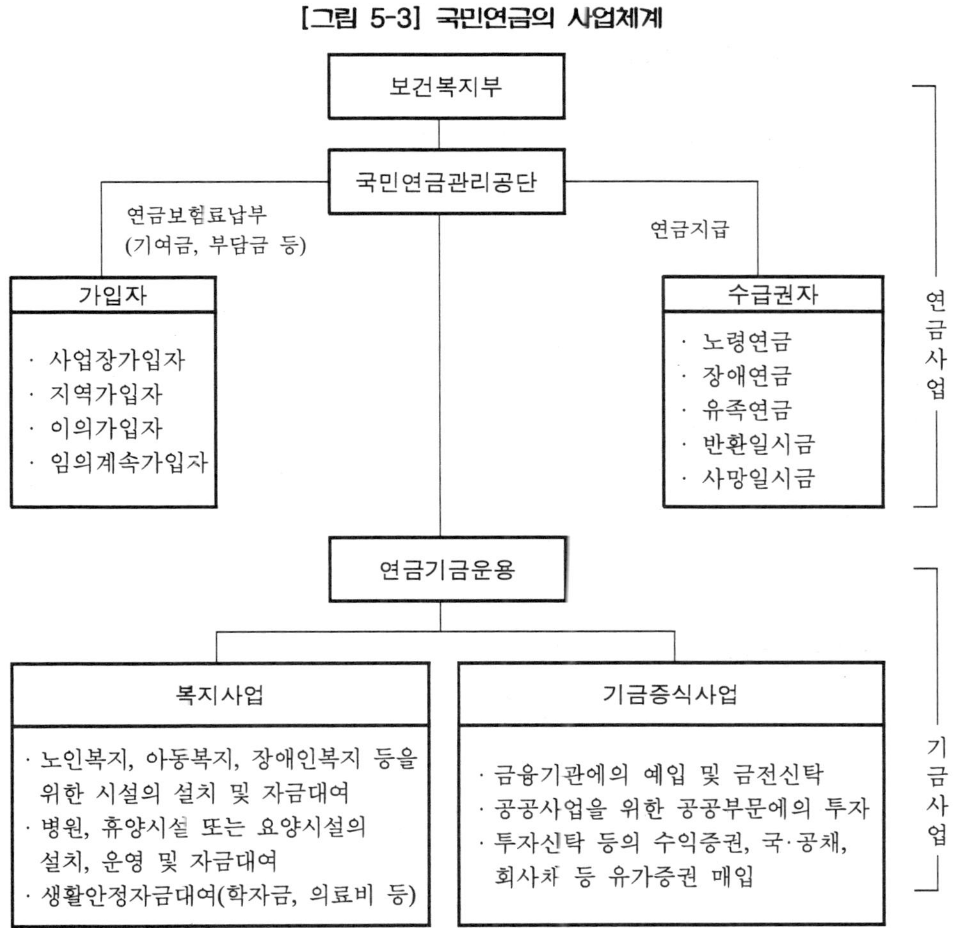

6. 국민연금기금

1) 국민연금기금의 설치·조성재원

① 보건복지부장관은 국민연금사업에 필요한 재원의 원활한 확보와 국민연금 급여에의 충당을 위하여 그에 필요한 책임준비금으로서 국민연금을 설치한다(법§82:1).

② 국민연금기금은 연금보험료, 기금운용수익금, 적립금 및 공단의 수입지출결산상의 잉여금으로 조성한다(법§82:2).

2) 국민연금기금의 관리·운용

① 기금은 보건복지부장관이 관리·운용한다(법§83:1).

② 보건복지부장관은 기금의 관리·운용에 관한 업무의 일부를 공단에 위탁할 수 있다(법§83:5).

3) 국민연금기금운용위원회

국민연금기금에 관한 사항을 심의·의결하기 위하여 보건복지부에 국민연금기금운용위원회를 둔다(법§84).

동 위원회는 위원장(보건복지부장관)을 포함한 19인의 위원으로 구성하고 민간위원의 임기는 2년으로 한다.

동 위원회의 산하에 실무평가위원회를 둔다(법§84의 2).

7. 국민연금법의 장점과 단점

1) 장 점

① 납부한 보험료에 대한 가치를 항상 보장한다.

연금액을 계산할 때 기 납부한 연금보험료의 기준이 되었던 과거의 소득을 지급시의가치로 환산한다. 즉, 20년 전에 100원을 냈다면 당시의 100원의 가치만큼 물가상승을 고려하여 연금액을 올려서 지급한다는 것이다.

② 국민연금은 민간보험회사와는 달리 영리를 목적으로 하지 않고, 각종 마케팅(판촉)비, 관리운영비 등 비용을 포함하지 않고 운영하기 때문에 그만큼의 혜택을 전 국민이 누릴 수 있다.

③ 국민연금은 납부한 금액과 상관없이 살아있는 동안 계속 지급된다. 본인이 연금을 받다가 사망한 경우에도 유족(배우자 등)이 사망할 때까지 안정적으로 지급받는다.

④ 국민연금은 가입자가 장애를 입은 경우 가입기간에 관계없이 장애연금을 받을 수 있다.

⑤ 국민연금은 국가가 보장하기 때문에 국가가 존재한 한 지급되므로 안정성이 보장된다.

2) 단 점

① 국민연금은 보편타당성의 원리에 의하여 운영되기 때문에 개인의 필요에 의해 한 사람이 2개 이상 가입할 수 없다.

② 국민연금은 개인의 필요에 의해 중간에 해지할 수 없다.

③ 국민연금제도는 지금의 세대에게 유리하도록 만들어져 있기 때문에 미래의 세대에게 부담을 줄 수 있다.

④ 강제가입과 함께 기금의 고갈로 인한 연금감소이다. 현행 국민연금제도는 최초 시행 당시 납부하는 금액에 비해 연금 수령액을 너무 많이 책정하여 현행대로 연금제도를 운영할 경우 일정시점(2035년 경)이 되면 기금이 고갈될 수밖에 없다. 기금 고갈 문제는 2003년 국민연금기금재정을 추계하여 이미 예견된 사항이기 때문에 이를 해결하기 위해 "적정부담, 적정급여"의 원칙을 법 개정안에 반영해 놓고 있다. 적정부담. 적정급여의 원칙은 적정한 수준으로 납부하는 보험료는 올리고 받을 연금액은 낮추자는 것이다.

3) 보완사항

노후생활의 기본대책이 "국민연금"이므로 이 제도가 지속적으로 운영되고 다음 세대에게 부담을 주지 않기 위해서는 '적정 부담, 적정급여' 의 원칙이 고수되어야 한다. 또 국민연금법 개정안에 '국가가 지급을 보장한다.'는 규정을 반영해야 할 것이다.

Ⅲ. 사회보장협정관리(조약)

사회보장협정은 체약 당사국간에 사회보장분야를 규율하는 조약으로서 협정이 발효되면 국내법과 같은 효력을 유지하게 된다.

우리나라는 2003. 7. 현재 캐나다 등 4개국과의 협정은 발효되었고, 이탈리아 등 9개국과는 서명을 완료하였거나 실무회담을 진행하고 있다.

1. 협정의 유형

사회보장협정은 적용범위에 따라 두 가지 유형, 즉 「가입기간합산협정」과 「보험료면제협정」으로 구분된다.

1) 가입기간 합산협정

(1) 양국에서의 이중적용방지와 가입기간 합산규정을 포함한 포괄적인 사회보장 협정 형태이다.

(2) 파견근로자와 같이 단기간 협정당사국을 왕래하면서 근로 또는 자영활동을 하는 자들은 그 기간 동안 한 국가의 사회보장제도에만 가입할 수 있다.

(3) 연금가입기간이 양국으로 분리되어 있어 양국 또는 어느 한 국가로부터 연금수급권을 취득하지 못한 자는 양국 가입기간을 합산하여 수혜권을 부여한다.

(4) 캐나다(1999. 5월 발효), 미국(2001. 4월 발효), 독일(2003. 1월 발효) 그리고 2003. 7월 현재 협상이 진행 중인 프랑스, 덴마크, 스위스, 벨기에 등이다.

2) 보험료 면제협정

(1) 양국에서의 가입기간 합산규정을 제외한 사회보장제도 이중적용 방지만을 규정한 협정형태이다.

(2) 파견근로자와 같이 단기간 협정당사국을 왕래하면서 근로 또는 자영활동을

하는 자들은 그 기간 동안 한 국가의 사회보장제도에만 가입할 수 있다.

(3) 가입기간 합산에 의한 급여수급권 보호, 국민연금 반환일시금 지급 등 관련사항은 적용하지 아니한다.

(4) 영국(2000. 8월 발효), 중국(2003. 5월 발효) 그리고 2003. 7월 현재 협상이 진행 중인 이탈리아, 네덜란드와의 협정 등이다.

<표 5-7> 국가별 진행 상황

발효(4개국)	서명(2개국)	회담진행(6개국)	교섭진행(1개국)
캐나다, 영국 미국, 독일	이탈리아, 네덜란드	프랑스, 덴마크, 스위스, 벨기에, 아일랜드, 일본 * 캐나다 퀘벡주	중국

※ 주 1) 한-이탈리아 협정 및 한-네덜란드 협정은 2003 하반기 중 발효 예상
2) 기타 회담진행국과의 협정은 2004년 이후 발효 예상
3) 중국과의 잠정조치협정은 2003. 5. 23. 발효되었으며, 본 협정은 교섭진행 중임

2. 협정의 주요내용

1) 적용에 관한 사항

(1) 동등대우

① 협정상대국 국민은 급여지급 등에 있어서 우리국민과 동등한 대우(협정국 이외의 외국인은 반환일시금 지급제한)를 하고 있으므로 연금급여는 물론 반환일시금과 등등하게 지급한다.

② 그러나 협정상대국 국민 이외의 제3국인에게 대하여는 반환일시금 지급에 있어서 동등대우를 불인정 한다.

<표 5-8> 협정별 동등대우 범위

협정당사국	협정적용 대상	동등대우 범위
한국-캐나다	국제 제한 없음 (피부양자 포함)	협정적용대상자 (단, 반환일시금은 협정 발효일 이후 가입기간분만 지급)
한국-영국	국제 제한 없음	협정당사국에 거주하는 협정적용대상자 (단, 반환일시금 제외)
한국-미국	국제 제한 없음 (피부양자 포함)	협정당사국에 거주하는 협정적용대상자
한국-독일	국제 제한 없음	협정적용대상자 (피부양자가 아닌 제3국인은 동등대우 대상에서 제외)
한국-네덜란드	국제 제한 없음	당사국 국민(단, 반환일시금 제외)

※ 한-이탈리아 협정, 한-중국 잠정조치협정은 동등대우에 관한별도 규정 없음

(2) 적용대상 법령

① 우리나라의 적용법령은 일반적으로 국민연금법령만을 적시하고 있으나, 사회보장법령이 통합법 체계인 국가와의 협정에서는 산재보험법령(미국), 고용보험법령(독일) 등 타 사회보험도 적용법령에 포함시키고 있다.

② 그러나 이들 타 사회보험은 가입기간 합산규정(급여부문)에는 적용되지 않고 이중적용 방지(보험료 면제)에만 적용한다.

(3) 법령적용 국가

협정이 적용되는 자들에게 보험료 납부의무나 급여의 중복 또는 수급권 미충족 등으로 생겨날 수 있는 법령간의 불일치 등을 방지하기 위하여 법령적용 국가에 대한 원칙을 명시한다.

① **원 칙**

㉠ 어느 일방당사의 국민이 타방당사국 또는 양 당사국에서 근로를 하는 경우 그가 근로하고 있는 국가의 법령을 적용한다.

㉡ 어느 일방당사국의 국민이 타방당사국 또는 양 당사국에서 자영활동을 하는 경우 캐나다, 미국, 영국, 중국, 이탈리아, 네덜란드와는 거주지 국가법령을, 독일과는 자영활동지 국가법령을 적용한다.

② 예외규정

㉠ 일방당사국에 등록된 사용자에게 고용되어 타방당사국에 단기간동안 파견된 경우에는 그가 근로하는 국가의 법령 대신에 그를 파견한 국가의 법령이 적용된다.

<표 5-9> 협정별 파견근로 인정범위

협정당사국	한-캐	한-영	한-미	한-독	한-이탈리아	한-네덜란드
파견인정 기간	5년	5년	5년	2년 (6년간 재연장 가능)	3년 (3년간 재연장 가능)	5년

※ 한-중국 잠정조치협정의 경우 파견인정기간의 제한범위가 없음

㉡ 선원과 항공승무원, 외교공관의 현지고용인 등은 국가별 협정에 따라 다음 국가의 법령을 적용한다.

<표 5-10> 법령적용 국가

협정당사국	한국-캐나다	한국-영국	한국-미국	한국-독일	한국-네덜란드
선 원	거주지국	거주지국	거주지국	각기적용	거주지국
항공승무원	거주지국	거주지국	거주지국	별도규정 없음	사업장 소재지국
외교공관의 현지고용인	별도규정 없음	주재국	본국	본국	본국

※ 주) 다만 외교공관의 현지고용인 등의 경우 한국-영국의 경우는 고용개시 3개월 이내 본국법, 한국-독일의 경우는 주재국 통상거주 시 6개월 이내 주재국법 선택 가능
※ 한-이탈리아 협정, 한-중국 잠정조치협정은 선원·항공승무원 등에 관한 별도규정 없음

2) 급여에 관한 사항

(1) 가입기간 합산

① 어느 일방당사국의 국민이 타방당사국 또는 양 협정당사국에서 가입기간을 가지고 있는 자가 한쪽 국가의 가입기간만으로는 급여수급권을 취득할 수

없는 경우에 그 국가에서의 가입기간과 중복되지 않는 다른 국가에서의 가입기간을 합산하여 급여수급권을 보장한다.

② 그러나 협정에서 합산을 위한 최소가입기간 요건을 설정한 국가의 경우(캐나다 12개월, 미국 18개월)는 반드시 그 요건을 충족하여야만 가입기간 합산이 가능하다.

(2) 급여 수급요건

① 협정에 의한 노령·장애·유족연금 급여는 그 국가의 법령과 양 당사국간의 협정에서 정한 최소 가입기간 등 수급요건을 충족하면 수급이 가능하다.

② 협정상대국 국민에 대한 반환일시금은 내국인과 동등하게 지급되므로 노령·장애·유족연금 수급권이 취득되기 전 사망, 귀국, 60세 도달 등 반환일시금 수급사유가 발생되면 본인 또는 그 유족에게 지급한다.

(3) 가입기간 합산에 의한 연금액 산정

협정에 의한 연금액은 양국의 합산가입기간에 의해 가상연금액을 계산한 후 합산가입기간 대비 국민연금가입기간이 차지하는 비율을 곱하여 그에 해당하는 비례연금액을 산출한다.

① 기본연금 산정공식

$$[\{2.4(A+0.75B)\times P1/P\}+\{1.8(A+B)\times P2/P\}]\times(1+0.05\ n/12)$$

- A : 연금수급 전 3년간의 평균소득월액의 평균액(균등부분), 공단이 매년 결정
- B : 재평가율을 반영한 가입자의 국민연금 가입기간 중 표준소득월액의 평균액 (소득비례부분)
- P1 : 협정국 가입기간을 포함한 전체 가입기간 중 '99. 1. 1. 이전 가입월수. 단, 국민연금과 중복되거나 1988년 전에 취득한 협정국 가입기간은 제외
- P2 : 협정국 가입기간을 포함한 전체 가입기간 중 '99. 1. 1. 이후 가입월수. 단, 국민연금 가입기간과 중복된 협정국 가입기간은 제외
- P : P1 과 P2의 합(가입자의합산 가입월수)
- n : 협정국 가입기간을 포함한 전체 가입기간 중 20년을 초과한 가입월수. 단, 국민연금과 중복되거나 1988년 전에 취득한 협정상대국 가입기간은 제외

② 비례연금액

<산정공식>

- 가급연금액 포함 금액대비 비례연금액을 산정토록 규정한 경우(독일 등)

연금액 = {기본연금액 × 지급률 × (국민연금가입기간 / 합산가입기간)}
+ 가급연금액(국민연금가입기간 / 합산가입기간)

- 기본연금액 대비 비례연금액을 산정토록 규정한 경우(미국, 캐나다)

연금액 = {기본연금액 × 지급률 × (국민연금가입기간 / 합산가입기간)}
+ 가급연금액

<산정예시>

수급조건(한-미 협정의 경우)

· 국민연금 가입기간 및 평균소득월액
- 1997. 10. ~ 1998. 3. 25등급(6개월), 1998. 4. ~ 2000. 3. 27등급(24개월)

· 미국 가입기간
- 1970 ~ 1993(24년 : 288개월), 1998 ~ 2000 (3년 : 36개월)
※ 합산가능한 미국 가입기간(1988년 이후 가입기간)
: 1988. 1. ~ 1993. 12. (72개월), 2000. 4 ~ 2000. 12. (9개월)

· 60세 도달일 : 2001. 3.

(4) 급여 등 청구

협정에 의한 급여결정 및 지급에 관한 청구서나 신고서 등은 양 당사국가의 권한 있는 당국 및 실무기관에 제출 가능하다.

(5) 급여의 지급

협정당사국간에는 급여지급 시 통화규제나 지급·송금 또는 자금이나 재정증서의 이전 제한 등 조치가 불가하다.

3. 이중적용면제 요청

1) 국민연금가입증명서발급 신청

(1) 신청대상자

① 국내에서 협정상대국으로 일정기간(미국, 영국, 캐나다, 독일 5년, 중국 기간제한 없음) 동안 파견된 자

- 국내에서 독일로 파견기간이 일정기간(3년)이 연장된 자
  - 추가 3년의 기간에 대하여는 양국 실무기관간의 상호합의가 있는 경우

에 한하여 가입증명서 발급이 가능

② 국내에 주로 거주하는 자로 협정 상대국에서 자영활동을 하는 자

- 미국, 캐나다, 영국, 중국 외에 독일에서 자영하는 자 제외

③ 기타 협정의 규정에 따라 상대국 보험료 납부면제가 가능한 국내사업장에 고용된 협정상대국 국민, 선원, 항공승무원 등

(2) **신청서 제출기관** : 국민연금관리공단 국제협력팀 또는 지사

(3) **제출서류**

① 국민연금 가입증명 발급 신청서 1부 …… 별지 제25호 서식

② 파견근무 명령서 등 파견을 입증할 수 있는 증빙서류 1부

(4) **가입증명서의 활용**

① 근로자·사용자용 국민연금가입증명서를 발급 받은 경우, 협정상대국의 연금실무기관에 제출하여 적용제외 신청한다.

※ 미국, 영국 등 연금보험료를 자진 신고하여 납부하는 국가의 경우는 신청 불필요

② 국민연금가입증명서가 발급된 자는 가입증명서 상에 나타난 파견기간 동안 협정 상대국 연금보험료(독일은 고용보험료 포함) 납부 대상에서 제외

③ 가입증명서 발급일 이전의 파견기간 동안 상대국에 납부한 보험료는 환급가능하다.

2) 협정상대국 가입증명서 제출

(1) **제출 대상자**

① 협정상대국에서 국내로 일정기간("파견근로 인정범위" 참조) 동안 파견된 자

② 협정상대국에서 국내로의 파견기간이 일정기간("파견근로 인정범위" 참조) 연장된 자

③ 협정상대국에 주로 거주하는 자로, 국내에서 자영활동을 하는 자

④ 기타 협정의 규정에 따라 국민연금보험료납부면제가 가능한 협정상대국 사업장에 고용된 우리 국민, 선원, 항공승무원 등

(2) **제출기관** : 국민연금관리공단 국제협력팀 또는 지사

(3) **제출서류** : 협정상대국 연금가입증명서(협정서식)

(4) **가입증명서의 활용**

① 근로자·사용자용 협정상대국 연금가입증명서를 발급 받은 경우, 공단에 국민연금적용제외 신청(적용제외 요청문서 및 가입증명서 원본 송부)한다.

② 협정상대국 연금가입증명서가 발급된 자는 가입증명서 상에 나타난 파견기간 동안 국민연금보험료 납부대상에서 제외

③ 가입증명서 발급일 이전의 파견기간 동안 공단에 납부한 보험료는 환급신청 가능하다.

※ 보험료 납부기간 전에 문서를 통해 과오납반환신청을 한 경우는 과오납금으로 지급되며, 과오납반환신청을 하지 않은 경우는 익월분 등 차기 납부 보험료에서 공제한다.

4. 협정에 의한 급여청구

1) 국민연금 급여

(1) 청구권자

① 노령연금

국민연금가입기간 만으로는 노령연금 수급요건이 충족되지 않아 국민연금과 협정상대국 연금제도의 가입기간 합산에 의해서만 노령연금 수급권이 발생하는 자

② 장애연금

국민연금가입기간을 가지고 있는 자로 협정상대국의 연금제도 가입기간 중에 장애가 발생한 자

③ 유족연금

- 국민연금 가입기간을 가진 자로 협정상대국의 연금가입 중에 사망한 자의 유족
- 양국에서의 합산가입기간이 10년 이상인 자로 가입자 자격을 상실한 후 사망한 자의 유족
- 국민연금 가입기간이 10년 미만인 자로 협정상대국의 연금 가입 중에 발생한 질병·부상으로 가입중의 초진일 또는 가입자 자격 상실 후 1년 이내의 초진일 부터 2년 이내에 사망한 자의 유족

- 협정에 의한 노령연금 및 2급 이상 장애연금 수급권자로 사망한 자의 유족

④ 반환일시금

- 가입기간이 10년 미만인 자로 60세에 도달한 협정상대국의 국민
- 가입기간 10년 미만인 가입자이었던 자로 사망한 협정상대국 국민의 유족 (단, 유족연금 수급권자는 제외)
- 가입자 또는 가입기간 10년 이상 가입하였던 자가 사망하였으나 연금보험료 미납에 따라 법 제72조 제2항의 규정에 의해 유족연금의 지급이 제한된 자의 유족
- 가입자 자격상실 후 국외로 출국한 협정상대국의 국민
- 타 공적연금의 적용을 받게 된 협정상대국의 국민

(2) 청구서 제출기관

① **국내 거주자** : 공단 지사 또는 국제협력팀(청구인이 직접 내방하여 청구서 작성)

② 협정상대국 거주자

- 협정상대국 연금 실무기관(한국급여청구서 비치 및 작성안내)에 직접 청구
- 공단(국제협력팀)에 우편청구 하는 경우는 재외공관 공증법에 의한 상대국 주재 영사의 확인 필요

③ **제3국 거주자** : 주재국 우리나라 공관(재외공관 공증법에 의해 영사 확인 필요)을 거쳐 공단(국제협력팀)에 우송

(3) 급여유형별 제출서류는 다음과 같다.

<표 5-11> 급여별 제출서류

급여유형	제 출 서 류
급여공통	· 한국급여청구서(별지 제26호, 제27호, 제28호 서식) · 국내 계좌로 지급하는 경우 : 국내은행의 예금통장 사본 · 해외송금하는 경우 : 해외송금신청서, 국외은행의 계좌증명서·사본
노령연금	· 본인확인 : 한국 주민등록등본, 해당국의 출생·거주증명서 · 가급연금대상자가 있는 경우 - 가족관계 확인 : 호적(제적)등본, 재외국민등록부등본, 거주사실증명, 사실혼증명 등 - 생계유지 확인 : 재학증명서(학원수강증), 재직증명서, 요양증명서(진단서), 사업자등록증사본, 건물등기부등본, 기타 증거를 달리하는 특수한 사유 입증자료, 금융기관(체신관서)의 송금내역서 - 장애증명 : 협정상대국 송부자료 또는 장애진단서(협정서식) ※ 우리 국민인 경우는 장애인 등록증으로 갈음 · 조기노령연금의 경우 - 근로자 : 근로계약서(또는 사용자확인서), 근로소득원천징수영수증(임금대장, 임금입출입예금통장 등) - 사용자 : 휴·폐업사실증명원 또는 사실상의 휴·폐업 사실 입증서류
분할연금	· 국민 : 호적등본 등 이혼사실을 입증할 수 있는 서류 · 외국인, 재외국민 : 결혼증명서, 국내거소신고사실증명원, 거주확인서 등 이혼사실을 입증할 수 있는 서류
장애연금	· 장애진단자료 - 장애진단 관련 협정상대국 실무기관의 송부자료(장애진단서, X-ray, CT 또는 MRI film 등) - 장애진단서(별지 28호서식)협정상대국 송부자료가 불충분한 경우 · 가급연금 대상자가 있는 경우 : 노령연금 부분 참조 · 업무상 재해의 경우 - 산재법·근기법 또는 선원법상 보상 수령여부 확인서류 · 제3자 가해 및 손해배상에 대한 합의 시 - 관련 입증서류(판결문 또는 합의서 등)
유족연금	· 사망확인 : 호적(제적)등본·사망진단서·사체확인서·사망증명서 · 가족관계, 생계유지, 장애증명 확인 : 노령연금의 가급연금 참조 · 초진일 심사자료 - 사망진단서·사체확인서, 사망증명서, 기타 초진일 확인 참고자료 ※ 우리 국민의 국내사망의 경우는 건강보험 진료내역 첨부 · 사망추정자료 : 수급권소멸·변경신고서(시행규칙 별지 제17호 서식) · 가급연금 대상자가 있는 경우 : 노령연금 부분 참조 · 업무상 재해의 경우 : 장애연금 부분 참조 · 제3자 가해 및 손해배상에 대한 합의시 : 장애연금 부분 참조
반환일시금	· 60세 도달로 인한 청구 - 여권사본, 외국인등록증사본 · 국외이주 사유에 의한 청구 - 여권사본, 항공권사본 또는 출입국사실증명, 외국인등록증사본 · 사망사유에 의한 청구 - 본인확인 : 여권사본, 외국인등록증사본 - 가족관계, 생계유지, 장애증명 확인 : 노령연금의 가급연금 부분 참조 · 타공적연금 가입에 의한 청구 - 여권사본, 외국인등록증사본, 재직증명서 등

2) 협정상대국 급여

(1) 청구대상자

협정상대국 급여수급요건 및 우리나라와 협정상대국의 협정에 규정된 최소가입기간(한-캐 협정 12개월, 한-미 협정 18개월) 요건을 충족한 자

(2) 청구서제출기관

① **국내 거주자** : 공단 지사 또는 국제협력팀(협정상대국 급여청구서 비치 및 작성 안내) 단, 미국은 미국재향군인청 필리핀 마닐라 지사
② **협정상대국 거주자** : 협정상대국 연금 실무기관 등

(3) 제출서류

① 사회보장협정에 의한 협정상대국 급여청구서
② **급여종별 첨부서류** : 국가별·급여별로 상이하므로 해당국 실무기관 등에 확인

◈ 참고문헌 ◈

<서 적>

1급사회복지사국가고시연구회, 필수1급사회복지사, 나눔의집, 2002
구자헌, 사회복지사, 홍익재, 1991
구종회, 한국의 사회복지발달사, 1996
김근조, 신고 사회복지법론, 광은기획, 1994
김기원, 사회복지법제론, 나눔의집, 2002
김만두, 사회복지법제론, 홍익재, 1992
김만두·한혜경, 현대사회복지개론, 홍익재, 1993
김병식 외, 사회복지행정론, 창지사, 2002
김양희, 가족관계학, 수학사, 1992
김영모, 한국가족정책연구, 한국복지정책연구소 출판부, 1990
김영모, 사회복지학, 한국사회복지연구회 출판부, 1992
김영모, 한국사회복지론, 법문사, 1981
김영종, 사회복지행정, 학지사, 2001
김유성, 사회보장법, 동성사, 1985
김익균 외, 사회복지행정론, 교문사, 2003
김종희, 사회복지행정론, 범론사, 1993
김태성·성경륭, 복지국가론, 나남출판, 1993
김태수·백종섭, 복지행정론, 대영출판사, 1999
김해동·정홍익, 사회행정론, 한국방송대학 출판부, 1987
김형식, 사회복지행정론(사회복지총서3), 동인(마포), 2002
나석권, 복지행정론, 대왕사, 1998
남선모, 사회복지법제특강, 보이스사, 2003
남일재 외, 사회복지행정론, 현학사, 2003
박경숙·강혜규, 사회복지사무소 모형개발, 한국보건사회연구원, 1992
박석돈, 사회복지서비스법, 명인, 1994
박송규, 사회복지법제론, 법문사, 2003
박옥희·권중돈, 장애인 복지의 현황과 과제, 한국보건사회연구원, 1994
박차상, 한국사회복지행정론, 대학출판사, 1999
봉민근, 지방복지행정론, 학문사, 1999
사회복지사 국가시험 연구회, 사회복지사 1급 국가시험 해설문제집, 은산미디어, 2002
성규탁, 사회복지행정론, 법문사, 1989
성영혜 외, 현대사회와 가족복지, 숙명여대 출판부, 1987
신섭중 외, 한국사회복지법제 개설, 대학출판사, 1993
신섭중, 사회복지법제, 대학출판사, 2001

위종희, 사회복지행정론, 전남대학교 출판부, 2003
윤찬영, 사회복지법제론, 나남출판, 2002
이경희 외, 가족복지, 형성출판사, 1995
이계탁, 복지행정학 강의, 나남출판, 1995
이계탁, 복지행정론, 고려원, 1986
이영희, 사회복지시설행정, 대구대학교 출판부, 1986
이재환, 사회복지행정론, 홍익재 1988
이충일, 사회복지법제론, 나남출판, 2000
이태영·고영훈, 사회복지법제론(사회복지총서5), 동인(마포), 2002
장인협, 사회복지학개론, 서울대학교 출판부, 1997
장인협 외, 사회복지행정론-이론과 실무, 서울대학교 출판부, 2003
최성재 외, 사회복지행정론, 나남출판, 2002
최성재, 사회복지행정론, 나남출판, 2001
최성재·남기민, 사회복지행정론, 나남, 1993
최영욱 외, 사회복지시설론, 범론사, 1990
최항순, 복지행정론, 신원문화사, 2000
한국행정연구원, 사회복지행정서비스전달체 연구, 한국행정연구원, 1998
함세남 외, 선진사회복지발달사, 홍익재, 1990
황의경·배광웅, 심신장애인 재활복지론, 홍익재, 1991
황진수, 현대복지행정론, 대영문화사, 1993
황진수, 복지행정론, 대영, 1993
황청일, 사회복지행정론, 청주대학교 출판부, 1995

<논 문>

강봉수, "지방자치단체에 있어서의 행정기능-사회복지행정", 지방행정, 7권 2호, 대한지방행정공제회, 1958
곽효문, "조선조 향약의 복지행정기능과 의의", 행정논총, 41권 1호, 서울대학교 행정대학원 한국행정연구소, 2003
곽효문, "조선조 자율전칙의 복지행정사적 의의", 행정논총, 39권 3호, 서울대학교 행정대학원 한국행정연구소, 2001
김동만, "고령화사회와 복지행정의 대응", 중앙행정논집, 15권 2호, 중앙대학교 국가정책연구소(중앙행정학연구회), 2001
김동배·이익섭, "도시지역 저소득층의 주거환경 및 가족기능에 관한 연구-번동 영구임대주택가구를 중심으로", 미발간, 1994
김성천, "가족복지의 이론체계 구성을 위한 일 연구", 사회복지 여름호, 한국사회복지협의회, 1997
김순양, "지방정부 복지행정 공무원의 전문성 제고방안에 관한 연구-일선 행정기관의 사회복지전담 공무원을 중심으로", 한국정책학회보, 10권 1호, 한국정책학회, 2001

김정우, "미국의 탈시설화 운동의 장애인 복지행정에 비추어 본 우리의 과제", 사회과학, 34권 1호, 성균관대학교 사회과학연구소, 1995
김태수, "지역복지의 개념과 지칭범위에 관한 연구", 경희행정논총, 제1권 1호, 경희대학교 행정대학원, 1997
김태수, "복지시설 운영체계의 개선을 통한 강서구 복지정책의 내실화 방안", 서울강서구 연구보고서, 1997
김흥식, "지방자치와 사회복지행정체계", 사회보장연구, 10권 2호, 한국사회보장학회, 1994
김흥식, "지역사회중심의 사회복지행정-기존 개편안들에 대한 평가와 그 대안의 모색", 지방행정연구, 7권 2호, 한국지방행정연구원, 1992
나병균, "프랑스 사회복지행정의 지방분권화와 사회복지 전문조직의 관계", 사회보장연구, 8권, 한국사회보장학회, 1992
민은식, "심신장애아 복지시설의 전문화 대책", 장애인의 재활과 복지, 삼육재활원, 1990
박민서, "지방복지행정의 환경요인 변화를 통한 지역복지 증진방안(상)", 지방행정, 50권, 대한지방행정공제회, 2001
박순일, "생활보호대상자의 영구임대아파트 현황과 정책과제", 한국보건사회연구원, 1995
서기원, "자치시대와 농촌문제-농촌복지행정의 과제와 추진방향", 지방행정, 38권 428호, 대한지방행정공제회, 1989
서기택, "고려시대의 구휼제도", 하상락 편, 한국사회복지사론, 박영사, 1997
성규탁, "사회복지 강의와 실습의 연계 - 사회복지행정교육", 연세사회복지연구, 1권, 연세대학교 사회복지연구소, 1993
신종순, "행정학강좌-복지행정", 지방행정, 32권 352호, 대한지방행정공제회, 1983
윤 욱, "사회복지행정의 조직화 과정에 관한 연구", 새마을 지역개발연구, 6권, 영남대학교 지역발전연구소, 1985
윤혜미 외, "사회복지 전문요원제도의 발전 방향에 관한 연구-문제점과 개선방안", 한국보건사회연구원, 1991
이갑숙, "사회복지행정체제 구축에 관한 조사연구-대전시공무원을 중심으로" 한국지방자치학회보, 11권 3호, 한국지방자치학회, 1999
이동수, "한국 복지행정의 지방자치 실제", 한국지방자치학회보, 12권 1호, 한국지방자치학회, 2000
장동희, "다산복지행정사상의 특징과 현대적 의의", 한국행정사학지, 5권, 한국행정사학회, 1997
정경배 외, "중앙과 지방의 사회복지행정 기능배분에 관한 연구", 한국보건사회연구원, 1992
정진모, "지역사회중심 재활사업의 필요성", 서울장애인복지관, 1987
진기남, "사회복지 행정전산화를 위한 제언", 연세사회복지연구, 3권, 연세대학교 사회복지연구소, 1996
진기남, "사회복지의 토착화를 위한 이론과 실천의 조화", 연세사회복지연구, 3권, 연세대학교 사회복지연구소, 1996

최일섭, "가족과 지역사회의 기능 강화-사회복지적 접근", 사회복지 겨울호, 한국사회복지협의회, 1987
최재선, "복지행정과 지방재정-서민생활안정을 위한 지방재정의 역할", 대한지방행정공제회, 1981
홍순혜, "장애인 시설재활과 지역사회재활", 남세진 편, 한국사회복지의 선택, 나남, 1995

<영 문>

Briggs, A.(1961), "The welfare State in Historical Perspective", *European Journal of socilogy. 2.*
Cameron, D.(1984), "Social Democracy, Corporatism, Labour quiescence, and the Representation of Economic Interest in Advanced Capitalist Society", in J. H. Goldthorpe (ed), *Order and Conflict in contemporary Capitalism*, Oxford : Clarendon Press.
Clyde, White R.(1950), *Administration of Public Welfare*, New York : American Books.
Crosland, C. A. R.(1967), *The future of socialism*, London : Cape.
Day, P. J.(1989), *A New History of Social Welfare*, Englewood cliffs, N. J. : Prentice-Hall.
Dunham, A.(1958), *Community Welfare Organizations*, New York : Thomas Crowell.
Esping-Andersen, G.(1985), *Politics and Markets*, Princeton : Princeton University Press.
______(1986), Power and distributional Regimes, *Politics and Society.*
______(1990), *The Three Worlds of Welfare Capitalism*, Princeton : Princeton University Press.
Fredericksen, Hazel(1957). *The Child and His Welfare*, 2nd ed., San f\Francisco : W. H. Freeman.
Friedlander, W. A. & R. Z. Apte(1980), *Introduction to Social Welfare*, 5th ed. Englewood Cliffs, N. J. : Prentice-Hall
George, V. and P. Wilding(1985), *Ideology and Social Welfare*, London : Routledge.
Giddens, Anthony(1994), *Beyond Left and Right : The Future of Radical Politics*, Polity Press.
Gilbert, Neil & Sprecht, Harry(1974), *Dimensions of social Welfare Policy*, Englewood-Cliffs, N. J. : Prentice-Hall.
Habermas, J.(1975), *Legitimation Crisis*, boston : Beacon Press.
Habermas, J.(1989), *The New conservatism : Cultural Criticism and the Historian's Debate*, Cambridge : The MIT Press.
Harper, E. B. & Dunham, A.(ed)(1966), *Community Organization in Action*, New York : Association.
Hillery, G. A.(1955), "Definitions of community : Areas of Agreement", *Rural Sociology*, 20.
International Labor Organization(1942), *Approaches to Social security.*
Kadushin, Alfred(1972), *Child Welfare Service*, New York : Macmillan.

Kahn, A. J. & Karaman, S. B.(1976), "Exploration in Family Policy", *Social Work*, 21(3).

Laporte, V. & rubin, J.(1979), *Reform and Regulation in Long Care*, New York : Preager, 1979.

Maclver(1921), R. M., *The Elements of Social Science*, Macmillan.

Mann, Michael(1988), *States, War and Capitalism*, Oxford : Basil Blackwell.

Mishra, R.(1977), *Society and Social Policy*, London : Macmillan.

Mishra, R.(1984), *The Welfare State in Crisis : Social Thought and Social Change*, Sussex : Wheatsheaf Books.

Mishra, R.(1990), The Welfare State in Capitalist Society : *Policies of Retrenchment and Maintenance in Europe, North America and Australia*, NY : Harvester Wheatsheaf.

Moran, M(1988), Review Article : Crisis of the Welfare State, *B. J. Pol. S.* 18.

O'connor, J. S.(1973), *The Fiscal Crisis of the State*, NY. : St. Martin's Press.

Offe, C.(1984), *Contradictions of Welfare State. Cambridge* : The MIT Press.

Offe, C.(1985), *Disorganized Capitalism : Contemporary Transformations of Work and Politics*, Cambridge : The MIT Press.

Oklahama, L.(1979), *The Balanced Service System*, Jim Taliaferro Community Mental Health Center.

Okun, Arthur M(1975), *Equality and Efficiency : The Big Tradeoff*, Washington, D.C. : The Brookings Institution.

Przeworski, Adam.(1985), *Capitalism and Social Democracy*, Cambridge : Cambridge University Press.

Rescher, Nicolas(1970), *Welfare*, Univ. of Pittsburg Press.

Robson. W. A(1976), *Welfare State and Welfare Society : Illusion and Reality*. London : George Allen & Unwin.

Rose, R. and G. Peters(1978), *Can Government Go Bankrupt?* NY. : basic Books.

Schottland, Charles I.(1963), *The Social Security Program in the United States*, Appleton-Century- Crofts, Division of Meredith Publishing company.

Sensat. Julius(1979), *Habermas and Marxism : An Appraisal*, London : Sage Publications.

Titmuss, Richard M.(1963), *Essays on The Welfare State*, London : Allen & Unwin.

Titmuss. Richard M.(1968), *Commitment to Welfare*, London : Allen & Unwin.

Trattner, W. I.(1989), *From Poor Law to Welfare State : A History of social Welfare in America*. 4th ed. N. Y. : The Free Press.

Weiner, M. B. and Others(1978), *Working with the Aged*, Prentice-Hall Inc.

Wilensky, M. H. L.(1975), *The Welfare State and Equality : Structural and Ideological Roots of Public Expenditures*, Berkeley : University Of California Press.

Wilensky, H. L. and C, N. Lebeaux(1965), *Industrial Society and Social Welfare*, NY : Free Press.

◈ 찾아보기 ◈

≪ㄴ≫

≪ㅇ≫

≪ㅎ≫

≪기타≫

사회복지법제론

2008년 8월 25일 초판인쇄
2008년 9월 1일 초판발행

저 자 김기옥 · 김진경
발 행 인 고 준 영
발 행 처 **법 영 사**

저저와의 협의하에 인지첩부를 생략함

135-835 서울시 강남구 대치동 611
전화 (501)8898(대) Fax (501)8895
등록 1987. 5. 11. 제3-125호(윤)
Homepage : www.bubyoungsa.co.kr
E-mail : bypuco@chol.com

※ 파본은 교환해 드립니다. 정가 **25,000원**

ISBN 978-89-7032-248-3